THE LAST DAYS OF JOHN LENNON

James Patterson
with Casey Sherman
and Dave Wedge

ジョン・レノン 最後の3日間

ジェイムズ・パタースン
ケイシー・シャーマン／デイヴ・ウェッジ
加藤智子＝訳

祥伝社

THE LAST DAYS OF JOHN LENNON by James Patterson
with Casey Sherman and Dave Wedge
Japanese translation rights arranged with
Kaplan/DeFiore Rights
through Japan UNI Agency, Inc.

本文中に〔　〕付きで記載された文章は、邦訳編集時に追加した説明です。

一九六九年六月一日、
ジョン・レノンはトロントのホテルで、
集まった友人たちとともに
「平和を我等に（Give Peace a Chance）」を録音した。
ジョンはコーラス隊に
「一緒に歌おう」と呼びかけてから、こう歌い始めた。
「みんなが話してる……」
今日に至るまで、人々はいまも彼について話し、
その歌を歌い続けている。
ジョンの人生を語り継ぐ人々に、謝辞を贈る。

ハリー・ベンソン

デヴィッド・ボウイ

ボブ・ディラン

ドクター・デヴィッド・ハレラン

ミック・ジャガー

ビリー・ジョエル

エルトン・ジョン

ケン・マンスフィールド

ポール・マッカートニー

キース・リチャーズ

ジェラルド・リヴェラ

PROLOGUE
プロローグ

一九八〇年十二月六日

男は、タバコの煙が立ち込める旅客機の客席に座っていた。財布を取り出し、中に入れてある拳銃所持許可証を眺める。もともとは二二口径の拳銃を買うつもりだったのだが、店員の勧めで三八口径にした。

「あのね、二二口径じゃ、押し入ってきた強盗に鼻で笑われるのがオチですよ。でも三八口径を持っていれば、だれもあなたのことを笑ったりはできなくなります。三八口径なら、一発で相手を倒せますからね」

拳銃を飛行機で持ち運ぶ方法については、連邦航空局に電話で問い合わせた。銃弾と一緒にスーツケースに入れて運ぶのが一番安全だと言われたので、その通りにした。拳銃は、ハワイの銃器店で合法的に購入したものだ。店員には、「護身用」だと言っておいた。

弾丸については、ことはそれほど簡単ではなかった。ホロー・ポイント弾は、ニューヨーク州では違法なのだ。空港のセキュリティーでバッグを調べられたら、逮捕されるかもしれない。

「きっと大丈夫だ」

飛行機を降りながら、男は自分に言い聞かせた。

このところ、やつらが何よりも警戒しているのはハイジャックだ。でも僕は、絶対にテロリストには見えない。

ラガーディア空港の手荷物引き取り用コンベヤーの前で、男は自分のバッグが出てくるのを待った。赤茶色のレンズの入ったパイロット風のサングラスの奥から、こっそりとセキュリティー係員のほうを見やる。

こちらを見ている係員は一人もいない。いい兆候だ。

男は自分のスーツケースを見つけ、手に取った。

追いかけてくるやつはいない。

そのまま出口に向かう。

やはり追っ手はいないようだ。

空港は、出張者や、クリスマスの買い物をしにニューヨークを数日だけ訪れた旅行客でごった返していた。だが、彼の存在を気に留める人はいない。だれかと目が合うことも、挨拶（あいさつ）されることもない。

僕はまるで透明人間だ、と男は思った。

ある意味、それは真実だった。彼は生まれてからずっと、透明人間のように扱われてきた。いかなる面においても目立たない人間であり、それが彼の大きな強みでもあった。どこにいても人混みに紛れることができたし、外見もいかにも無害そうだ。

「目立たないことが大事だ。いつでも、ごく普通の男に見えるように」

それはつまり、自分の心の中で起きていることとは、できるだけ距離を取ったほうがいい、ということでもあった。心の中は、危険な領域だからだ。

空港から出ると、外には明るい日差しが溢れていた。冬とは思えないほど暖かい。

男は歩道の端にスーツケースを置き、汗をかいて息を切らせながら、タクシーを探した。

スーツケースの中に銃と一緒に収まっている五つの弾丸のことを、一瞬考える。連邦航空局の係員は、気圧の変化が銃弾にダメージを与える場合もある、とも言っていた。

一発だけうまく機能してくれれば、それでいい。

弾丸は五つあり、薬包はホロー・ポイント型のスミス&ウェッソンのプラスＰという種類だ。相手を行動不能に陥らせ、最大限の損傷を引き起こすように設計されている。弾丸が柔らかい体内に撃ち込まれると同時に、キノコ形の先端が炸裂し、破片が極小の電動ノコギリのように回転しながら体の内側へと食い込んで、体の組織と内臓を切り裂くのだ。

一発命中させることさえできれば、ジョン・レノンを死へと導くには十分なはずだ。


イエロー・キャブが一台、目の前に停まった。

男はスーツケースをトランクに乗せると、後部座席に乗り込み、ドライバーに住所を告げた。

行き先は、セントラル・パークのすぐ近くにあるウェスト・サイドＹＭＣＡ。本当の目的地から、わずか九ブロックの場所だ。

男は最高の笑みを浮かべて、ドライバーに話しかけた。

「僕、録音エンジニアなんだ」

タクシーが発車する。

「ジョン・レノンとポール・マッカートニーと一緒に仕事をしてるんだ」

返事はない。

彼はドライバーの後頭部をじっと見つめ、こう思った。

「僕がこれから何をしようとしているか知っていれば、あんたもちゃんと僕の話を聞いたはずだ。僕のことを、どこにもいない男みたいに扱ったりはできなかっただろうな」

「ひとりぼっちのあいつ（Nowhere Man）」は、彼が昔から大好きなバンドであるビートルズの歌だ。そう、かつては、一番好きなバンドだった。だが彼らは、解散してしまった。

それに、「ビートルズはイエス・キリストより人気がある」というジョン・レノンの発言を、彼はいまも許してはいなかった。

あの発言は、完全な冒瀆（ぼうとく）だ。

タクシーは、マンハッタンに向かう車の列に加わった。だれもが、ロックフェラー・センターに向かって急いでいる。高さ約二〇メートルもあるクリスマス・ツリーが到着したばかりなのだ。いまごろ、数日後に迫ったツリーの点灯式典に向けて、電気技師たちがせっせと飾り付けをしているはずだった。

男は、コカインの入った袋を取り出した。握った手の甲に粉を一筋引き、鼻から吸い込む。ドライバーがバック・ミラーでじっとこちらを見ていた。

「きみもやる?」

ドライバーは黙って首を横に振り、視線を前方に戻した。

コカインを吸っても、期待していたような効果は得られなかった。強烈な満足感に満たされる代わりに、汗がだらだらと流れ落ち、怒りが湧いてくるばかりだ。その怒りはすべて、ジョン・レノンに向けられた。

男は、「でもどのみち、僕はあいつを撃ち殺す」と、ホールデン・コールフィールドの台詞(せりふ)をつぶやいた。

「やつの太った毛深い腹に、六発ぶち込んでやる」

目的地に着くと、男は料金を支払い、タクシーを降りた。ふと、警察が自分に群がるところを想像する。警官たちは銃を手に、彼を逮捕しようと殺到するだろう。それから、独房に閉じ込められて残りの一生を過ごすのだ。

想像すると、心が安らいだ。

これこそが、平安だ。

男はタクシーのドライバーに向き直り、名を名乗った。

「僕はマーク・チャップマンだ。この名前を次に耳にするときのために、覚えておくといい」

1

彼って、ちょっときみや僕に似てないかい?
――「ひとりぼっちのあいつ〈Nowhere Man〉」

「お前もきっと、ジョンのことが気に入るよ」

ポール・マッカートニーの友人、アイヴァン・ヴォーンは言った。

「すごいやつなんだ」

ポールも、ジョン・レノンのことを知ってはいた。といっても、遠くから見かけたことがある、という程度だ。ジョンもポールと同じアレートン～ウールトン路線のバスで通学していたが、彼は年上でもうすぐ一七歳だったし、言葉を交わしたことは一度もなかった。

その日、ジョンは自分のバンドであるザ・クオリーメンを率いてセント・ピーターズ教会の催しで歌うことになっていて、一五歳のアイヴァンとポールは、それを聞くために自転車で駆けつけたのだ。

といっても演奏を聞きたがっていたのはアイヴァンで、ポールのお目当ては女の子だった。

ときは一九五七年七月六日、土曜日。屋外に設けられたステージにクオリーメンが立つころには、気温はすでにかなり高くなっていた。

ジョンは「ショーティー」と呼ばれる膝丈のコートに、赤と白のチェックのシャツ、黒いスリム・ジーンズといういでたちで、デル・バイキングスのドゥーワップ・ソング「カム・ゴー・ウィズ・ミー（Come Go with Me）」を歌い始めた。

ポールはこのアメリカのポップソングを聞いたことはあったが、ラジオ・ルクセンブルクのデッカ・レコードの番組で耳にして、レコード店の試聴ブースで聞いてみた程度だった。

ポールは演奏を聞くともなしに聞きながら、集まった人々に目をやった。どの女の子に最初に声をかけよう？　そんなことを考えているとき、ジョンが歌詞を勝手に変えて歌っていることに気づいた。しかも、ギターは一切つかえることなく弾き続けている。その演奏スタイルがなんと呼ばれるものなのか、ギターに詳しいポールにも、見当がつかなかった。

ジョンはそのまま、雪崩れ込むようにジーン・ヴィンセントのロカビリー・ソング、「ビー・バップ・ア・ルーラ（Be-Bop-a-Lula）」を演奏し始めた。彼はステージを支配して、完全に自分のものにしていた。

とはいえそれは、驚くようなことではなかった。ジョン・レノンといえば、だれもが知る自信満々で怖いもの知らずの地元の「テッド」あるいは「テディ・ボーイ」だからだ。リバプールでは、もみあげを長く伸ばし、髪をポマードでアヒルの尻のような形にうしろ向きに撫でつけ、日夜喧嘩に明け暮れるタフで反抗的な労働階級のワルたちのことをそう呼んでいた。

ポールがアイヴァンに連れられて教会の講堂に入ると、クオリーメンのメンバーが次のセットの準備をしているところだった。ジョンは、札付きの不良として知られていた。何でも、実の母

1

親ではなく叔母と同居しているらしい。町のうわさでは、父親はジョンを捨てて出ていき、母親は別の男と同棲(どうせい)して未婚のまま娘を二人もうけているということだった。

そのとき突然、ポールの胸に自分の母親の記憶が蘇(よみがえ)った。

ポールの母、メアリー・マッカートニーが入院したのは、その前の年の十月二十九日のことだった。入院の理由は、ポールにも、弟のマイクにも知らされていなかった。そしてその二日後、ハロウィーンの日に、メアリーは亡くなった。ポールが後で知ったところでは、原因は乳がんだったという。その日から八カ月が経っていたが、母を亡くした強い悲しみはいまもポールの心を締め付けた。

そのころから、ポールは音楽にのめり込むようになった。弟のマイクは、いみじくもこう言ったという。「母親を亡くして、ギターに出会ったってわけか」

ポールの父、ジムは、若いころジャズ・ミュージシャンとして活動していたことがあり、「歌か楽器ができれば、パーティーに呼んでもらえるようになるぞ」とポールによく言っていた。

ポールが最初に手にした楽器は、トランペットだった。だが、エルヴィス・プレスリー、そして「キング・オブ・スキッフル」ことロニー・ドネガンの音楽に出会ったとたん、ポールはラッシュワース・アンド・ドリーパー楽器店に出かけていって、トランペットをゼニスのギターと交換したのだった。

ただし、問題がひとつあった。ギターは右利きの人用に作られていたが、ポールは左利きなのだ。そこでポールは、ギターを逆向きに、つまり、右手で指板を持って弦を押さえ、左手で弦を鳴らして弾けるように練習した。

セント・ピーターズ教会の講堂で、ポールは置いてあったギターをふと手に取った。弾き始めたのは、数日前に覚えたばかりの「トゥエンティ・フライト・ロック（Twenty Flight Rock）」。映画『女はそれを我慢できない』でエディ・コクランが演奏していた曲だ。

ただでさえかなり難易度の高い曲だが、ポールの場合さらにギターを逆向きに持って弾かなくてはならない。それでも、いまや「エルヴィスみたいになる」ことだけを人生の目標に据えていたポールは、いかにも余裕しゃくしゃくといった体でこの気まぐれに始めたパフォーマンスをこなしてみせた。

そばには、ジョンが目をぎゅっと細めて立っている。人を見下すかのようなその表情は、さっきステージで演奏中に見せていたものと同じだった。

「観客の次は僕を見下してるってわけか。僕のこと、ただの太っちょのガキだと思ってるんだろうな」とポールは思った。

❖ ❖ ❖

演奏が終わると、ポールは自分でも作詞に挑戦してみていることをジョンに話し、「エッセイを書くみたいに、クロスワードを埋めていくみたいに書くんだ」と説明した。

ジョンは、興味なさそうにうなずいた。

ポールは次に、そばにあったピアノの前に座ると、ジェリー・リー・ルイスのヒット曲「ホール・ロッタ・シェイキン・ゴーイン・オン（Whole Lotta Shakin' Goin' On）」を弾き始めた。音楽に深く入り込み、ジェリー・リーさながらにピアノのキーを叩く。

ふいに、肩にジョンの腕の重みを感じた。ジョンがポールに寄りかかって、右手で高音パートを器用に弾き始めたのだ。「こいつ、酔ってるな」、ポールは気づいた。

曲が終わると、「そろそろパブに移動するぞ」とジョンが言った。ポールの胸は高鳴った。

「リバプールで一番クールな男に、誘ってもらえたぞ」

だがその興奮の裏には、不安も隠れていた。父親を含め、大人たちは口を揃えてジョンのことをこう言っていた。

「あいつに近づくと、面倒に巻き込まれるぞ」

人を威嚇するような目つきに、長く伸ばしたもみあげ、襟を立てたシャツ。それが、人々の目に映るジョン・レノンだった。

「ジョンは、見かけることはあっても実際に知り合いになるのは難しい類の男だったんだ」

そのジョンとようやく知り合うことができたいま、ポールは彼についてまわった。

2

きみもバンドに入らないか?
――「ジョイン・トゥギャザー〈Join Together〉」

ポールはまだ一五歳だったが、ジョンにとってはそんなことはどうでもよかった。なんといってもポールはジョン自身と同じくらい、ロックンロールに夢中なのだ。

しかもポールは自分で曲も書いていて、ピアノも弾けた。そればかりか、ギターを逆さまに持って完璧に弾きこなすことさえできるのだ。

「ポールをバンドに誘うべきかな。でも、もしやつがバンドを乗っ取ろうとしたらどうする?」

ジョンはキャバーン・クラブの前の石畳に立って、悶々と自問自答していた。

キャバーン・クラブは、クオリーメンが初めてのギグをした場所で、リバプール市街地の青果物倉庫の地下にある有名なジャズ・クラブだ。

「ジャズ・バンドのおかげで、僕たちはオーディションさえしてもらえなかった」と、ジョンはのちに語っている。

だがこのころ、ジャズはいよいよ下火になりつつあり、クオリーメンが演奏していたようなスキッフル――英国版のジャグバンド・ミュージック――に取って代わられようとしていた。

2

でも、ジョンが本当に好きなのは、なんといってもアメリカのロックンロールだった。

その夜も早くステージに出ていって、荒削りなロックのリズムで観客を夢中にさせたくてうずうずしていた。ただし、キャバーン・クラブでロックンロールを演奏するのはご法度(はっと)だった。当時はどのクラブでも、ロックンロールの演奏は禁止されていたのである。

この年の前年、アメリカ映画『暴力教室』が英国で公開されたとき、十代の若者たちが映画館の座席を破壊して、ビル・ヘイリー&ヒズ・コメッツの歌う主題歌「ロック・アラウンド・ザ・クロック(Rock Around the Clock)」に合わせて踊り狂うという事態が英国各地で発生した。それ以来、ロックンロールは英国で不評だった。いまや保守的な層はロックンロールの破壊的な力に恐れをなし、BBCはラジオでもテレビでも決してロックンロールを流そうとしなかった。

それでも、ロックンロールの火は消えなかった。エルヴィス・プレスリーの「恋にしびれて(All Shook Up)」は、その少し前まで英国のヒット・チャートでずっと一位に君臨していた。

ジョンが初めてエルヴィスの名前を聞いたのは、学校の友だちからだった。音楽誌『ニュー・ミュージカル・エクスプレス』が、エルヴィスの特集を組んだのだ。記事によれば、この奇妙な名前のアメリカ人シンガーがステージで「ハートブレイク・ホテル(Heartbreak Hotel)」を歌って腰を振ると、女性ファンが泣き叫び、中には失神する者もいる、ということだった。

ジョンはさっそくエルヴィスのレコードを買って、家路を急いだ。そのころ彼は、母ジュリアの姉である叔母のミミ・スミスと一緒に暮らしていた。夜になるとポータブル・ラジオを抱えて布団に潜り込み、ボリュームを落としてラジオ・ルクセンブルクで流れるアメリカン・ロックンロールのヒット曲に耳を傾けた。

ミミはロックンロールを認めていなかった。こんな音楽を聞くのは「下層階級」の人間のすることでジョンは学校の勉強に集中すべきだ、というのが彼女の考えなのだ。そのジョンがバンドを結成したことも、今夜これから人前で演奏しようとしていることも、ミミは知る由もなかった。「ギターもいいけど、それで生活ができるようになんてならないわよ」というのがミミの忠告だった。

だがジョンは、まったく耳を貸さなかった。「自分はそのうち『アリスの不思議な国』を書いて、エルヴィス・プレスリーになるんだ、と思っていたよ」とジョンはのちに語っている。

どちらの夢も現実になるのは時間の問題だとジョンは確信していた。数日前、ミミが勝手に彼の部屋を「片付け」て絵や詩の作品を捨てたときには、ジョンは怒り狂ってこう言ってやった。

「詩を捨てやがったな。僕が有名になったとき、後悔するぞ」

禁止されているはずのテッド風の服を買ってくれているのが母ジュリアだと知ったら、ミミはなんて言うだろう、とジョンは思った。ジュリアもまた、ジョンと同じくらいエルヴィスに夢中だった。彼女は禁欲的なミミとは違い、レコード・プレーヤーを持っていて、赤みがかった髪を振り乱して歌ったり踊ったりするのが大好きだった。ジョンに最初のギターを買ってくれたのもジュリアだ。フラメンコ式のスペインのアコースティック・ギターで、弦はスチールだった。毎日練習していると、固い弦がグルーヴとともにジョンの指に食い込んだ。

その夜、キャバーン・クラブでバンド仲間たちと顔を合わせるころには、ジョンはポールをバンドに誘おうと心を決めていた。「ただし、あいつが調子に乗らないよう手綱を締めておかなきゃと思った」と、ジョンは後になって明かしている。

「それでも、あいつにはそれだけの価値があったんだ」

ジョンは共通の友人であるピート・ショットンを探し出し、ポールをバンドに誘っておいてくれと頼んだ。

❖
❖
❖

四弦ギターを肩から下げてキャバーン・クラブのステージに立ったジョンは、客席を睨(にら)みつけた。客の年齢層は、ほとんどが中年だ。

「まったく、堅物(かたぶつ)ばかりだな」

ジョンは振り返って、バンドのメンバーたちに合図を出した。

バンジョー奏者のロッド・デイヴィスが、慌ててジョンのそばに寄ってくる。

「ダメだよ。ここでロックンロールなんか演(や)ったら、生きたまま食われるぞ！」

ジョンは無視して、観客に向き直った。

「こいつらに、キングの音楽を味わわせてやろうぜ」

叫ぶように歌い始めたのは、エルヴィス・プレスリーの「冷たくしないで（Don't Be Cruel）」だ。クオリーメンのメンバーがそれに続く。

「本気の僕に、冷たくしないで」というコーラス部分を聞きつけたキャバーン・クラブのマネージャーが、メモを片手にステージに飛んできた。

メモには、こう書いてあった。

「いまいましいロックなんぞ、いますぐやめろ」

ジョンはメモを投げ捨てると、今度はジェリー・リー・ルイスになりきってカバー曲を演奏し始めた。その後は、最近のお気に入りであるバディ・ホリー&ザ・クリケッツのカバーが続く。

こうしてジョンは、アメリカのポップ・チャートに名を連ねるロックンロール・ナンバーを次々に演奏してみせた。

❖ ❖ ❖

ジョンは、リバプール北部のノリス・グリーンにあるニュー・クラブムーア・ホールでのクオリーメンのギグに、ポールを誘うことにした。彼らが住む地域からは、バスでかなり行ったところにあるクラブだ。

その日のオープニング・ナンバーは、アーサー・スミス&ヒズ・クラッカー・ジャックスの「ギター・ブギ（Guitar Boogie）」。一二小節から成るギター・ソロがある曲だ。ソロはシンプルで簡単なものだったが、ポールにとって、この日はクオリーメンとの初めてのセッションだっただけでなく、ギター・ソロを取ること自体も生まれて初めての経験だった。

ボーカルはジョンとポールが順番に担当した。一人がリード・ボーカルを取ると、もう片方がハーモニーを歌う、という具合だ。ジョンの強みは低音でポールの声は高めの音域が合っていた。

ポールのギター・ソロが始まった。

どういうわけか、指が動かない。指板にくっついてしまったかのように、固まっている。なんとか最後まで弾き終わるころには、ポールの丸い顔は真っ赤で、汗でびっしょりだった。ライブの後、会場にいる人が全員自分のほうを見ている気がして、ポールは生きた心地がしなかった。そして、あることを心に決めた。

「リード・ギタリストしての僕は、あの夜終わったんだ。それから二度と、ステージでリード・ギターは弾いてないよ」

❖ ❖ ❖

そんなある日、ジョンが寝室で小型のタイプライターを使って詩を書いていると、勝手口のドアをノックする音が聞こえた。

「ジョン、あなたのかわいいお友だちが来たわよ」

階下からミミが呼ぶ声がする。ミミはいつもそうやって、ジョンの友人たちを小バカにするような言い方をするのだ。ポールはのちに、こう語っている。

「ジョンとミミのあいだには、特別な絆（きずな）があると僕は思ってたよ。ミミはいつもジョンのことをからかってたけど、ジョンは絶対に悪く取らないんだ。ジョンはいつだってミミのことが大好きだったし、ミミもジョンが大好きだった」

そしてポールは、こうも言っている。

「ミミは僕のこともよくからかってたけど、まったく気にならなかった。本当は、僕のことをけっこう気に入ってたんだと思う。辛辣な言葉の端々から、じつは僕のことが好きだっていう本心が滲み出てたよ」

だがミミのほうは、気取ったアクセントで話すポールが自分をバカにしていると思っていた。

「『ジョンのかわいいお友だちのミスター・チャーミングは、いわゆるヘビ使いってわけね』、と思っていました。でも私は、騙されませんでしたよ」

ジョンがキッチンに降りていくと、ポールが立っていた。ミミはポールが手にしたギターに目をやり、騒音を出して下宿生たちに迷惑をかけないようにと釘を刺した。

ミミは夫を亡くした後、遺族年金と合わせて家計の足しにするために、リバプール大学の学生たちに部屋を貸していたが、ジョンはそんな下宿生たちにまったく興味を示さなかった。一方でジョン自身も、描きためた漫画と風刺画が評価され、リバプール・カレッジ・オブ・アートに入学を認められていた。「歯磨きのポスターかなんかのために、セクシーな女の子の絵を描く仕事でもできるかもしれない」というのが、彼の狙いだった。

「ミミ、僕たちの演奏、聞いてみない？」とジョンはミミに声をかけた。

ミミは「結構よ」と一蹴し、「音を出すなら玄関前のポーチに出なさい、ジョン・レノン。ポーチよ」とだけ言い渡した。

ジョンは玄関の扉を閉めると、「ギターの音が、ガラス窓とタイルにいい具合に反響するから」、ポーチで練習するのは好きなんだとポールに説明した。

だがしばらくしてミミが外出すると、二人はすぐさま二階に駆け上がった。一緒にリトル・リチャードのレコードを聞くのだ。二人はこのジョージア州メイコン出身のシンガーを崇拝していて、特にポールはリトル・リチャードのトレードマークであるシャウトを、「トゥッティ・フルッティ（Tutti Frutti）」や「ロング・トール・サリー（Long Tall Sally）」といった曲の通りに真似することもできた。

それでも、ジョンとポールにとっての「神」はやはりエルヴィス・プレスリーその人であり、二人は彼の信者だった。一緒にレコードを聞くだけでは飽き足らず、二人はエルヴィスの曲のコード進行を明らかにするために、一音残らず聞き取って分析した。

それまで二人が知っていたロックンロールの曲といえば、すべてC、F、Gまたは、Gセブンだけで書かれていた。だが、「ブルー・ムーン（Blue Moon）」については、その年の冬まで苦戦した後、当時ポールと同じ一五歳だったポール・アンカが一九五七年に録音したヒット曲「ダイアナ（Diana）」と同じ、C、Aマイナー、F、Gというコード進行であることを突き止めた。

ジョンはまるで熱に浮かされたかのように歓喜し、興奮した。これこそ、自分がずっと感じていたことが正しかった証拠だ、とジョンは思った。僕は、音楽をやるために生まれてきたんだ。

そしてポール・マッカートニーこそが、その相棒だった。

3

僕が立ち直るのを助けてほしい
——「ヘルプ！〈Help!〉」

「ブルー・ムーン」のコード進行をついに解き明かした日、ポールは興奮が冷めないまま徒歩で家路についた。できれば自転車に乗りたかったが、ギター・ケースがないせいでギターを剝き身のまま持って歩いていたので、そうもいかない。

ポールの父親は、自分の息子があのジョン・レノンと連んでいるとはよもや思ってもいなかった。だがポールにとって、父がジョンを気に入るかどうかは重要ではなかった。二人はいまや、友だちであり、ともに音楽を奏でる兄弟分なのだ。

もちろんジョンも、自分がポールの父親にどう思われているかはわかっていた。だからポールには、いかにも彼らしい言い回しで「親父に立ち向かえ！　クソくらえって言ってやれよ！」と伝えてあった。

ジョンの言う通りなのかもしれない、とポールは考えていた。ジョンがいかに深みのある人間か、父親にわかってもらうためには、どう説明すればいいんだろう？　ジョンは音楽だけでなく、絵画にも強い情熱を抱いている。しかも詩人でもあり、偉大な作家にだってなれるかもしれないのだ。

ポールは、シーズン・オフで閉鎖中のアラートン市民ゴルフ・コースを突っ切って近道することにした。

ポールはギターが得意だったし、歌にも自信があった。

でも、ギターと歌を両方同時にとなると、まだまだ練習が必要だった。だれもいないゴルフ・コースは、練習にまさにうってつけの場所だ。

ポールは足を止め、じっと耳を澄ました。前に何度か、ここで練習しているところを人に見つかったことがあり、そのときはすぐさま演奏をやめて歩き出した。

でも今日は、あたりは真っ暗で、人の気配もまったくない。ポールは担いでいたギターを下ろすと、何千人もの観客の前でステージに立つ自分を想像した。歓声が沸き上がり、手を叩き、自分の名前を叫んでいる。

勇気を振り絞り、覚悟を決めて、ギターを鳴らし始める。

続いて、歌だ。

観客は大喜びで歓声をあげる。女の子たちも大騒ぎだ。失神する子もいる。

ポールはリズムに乗り、声を張り上げて歌った。そのとき、背後でだれかが叫ぶ声が聞こえた。

「おい！」

ポールは、ギターを掻(か)き鳴らしていた手を止めた。

急いで振り向くと、男性が――それもなんと、警官が――近づいてくるではないか。

「どうしよう。治安妨害で逮捕される」とポールは思った。

「いまギターを弾いていたのはきみか?」

一瞬、違うと答えようか迷った。でも、ウソをついているのはあまりにも明白だ。

鼓動が速まるのを感じつつ、ポールは腹をくくった。

「はい、そうです」

背が高くがっちりした体格の警察官が、ポールの前に立ちはだかる。もし逮捕されたら、父さんになんて言えばいいんだ?

すると、警官が言った。

「ギターを教えてくれないか?」

4

あのころの僕より
いまのほうがずっと若いんだ
――「マイ・バック・ページズ〈My Back Pages〉」

次にジョンとポールが取り組んだのは、バディ・ホリーの「ザットル・ビー・ザ・デイ〈That'll Be the Day〉」だった。イントロのコードを解き明かすのだ。

二人はもう何週間も、この曲にかかりきりだった。

文字通り、膝を突き合わせるようにして向かい合わせに椅子(いす)に腰掛け、お互いがギターを弾く様子をじっと見つめる。左利きのポールと右利きのジョンが向かい合うと、まるで「だれかが鏡を掲げているみたい」だった。

ジョンは、めったに学校の授業に出なかった。そして、たまに出席すると反抗的な態度でずけずけとものを言い、何かと議論をふっかけては、強情な姿勢を崩さなかった。

「僕が攻撃的だったのは、人気者になりたかったからだ」と、ジョンはのちに打ち明けている。

「リーダーになりたかった。みんなが僕の言う通りに動いて、僕の冗談に笑い、僕を親分扱いすること。それが望みだった」

リバプール・カレッジ・オブ・アートでは、ジョンに好意的な同級生や教師もいれば、毛嫌いする者もいた。だが、ジョンを無視する者は一人もいなかった。

　それでも、ジョンが一番生き生きとするのは、だれもいないポールの家で、二人で「目と目を見合わせながらのセッション」をするときだった。ポールはこのころリバプール・インスティチュート・ハイスクール・フォー・ボーイズに通っていたが、まともに出席するのは月曜日だけで、それ以外の曜日は授業をサボってジョンと二人で緑色の二階建てバスの八十六番線に乗り込んだ。座るのは決まって、タバコの吸える二階席だった。

　ジョンは、この古びたバスが好きだった。綿のカバーの下にスプリングのごつごつとした感触を感じる座席や、ほっとするような暖かい空気。すっきり片付いたミミの家よりも、母ジュリアの家の雰囲気に近かった。ジョンは座席に腰を落ち着けて、ポケットから眼鏡を取り出した。

　ポールがその様子をじっと見つめる。

「僕が眼鏡をかけているところ、見たことないだろ。めったにかけないからね」

　ジョンの視力が悪化し始めたころ、ミミは彼を眼科に連れていった。その結果、極度の近眼であることがわかって分厚い眼鏡をかけるようになったのだが、一度幼稚園で友だちにからかわれて以来、人前では絶対に眼鏡をかけなくなってしまったのだ。

　でも、ポールの前では気にならなかった。ジョンにとって、ポールはすでに弟のような存在だったのだ。それも、恐ろしく才能があり、野心に溢れ、固い意志を持つ弟だ。

　二人はコード進行を繰り返し辿(たど)った。

4

次第に、ジョンがどうにかギターでイントロを弾きこなせるようになった。

成功を祝うために、ポールが紅茶缶からくすねてきたタバコの葉を父親の予備のパイプに詰めて、火をつけた。

ジョンは一口、煙を吸い込んで考えた。

「バディ・ホリーの曲は、ほとんど全部三つのコードだけで書かれてる。僕たちも、曲を書いてみるべきだ」

ポールが最初に作詞作曲のテクニックについて話をしてきたときには耳を貸さなかったジョンだが、いまや興味津々で話を聞き出しにかかった。

ポールは最初から話し始めた。

「ギターを持って座るんだ。ピアノでも、どっちでもいい。そして手始めに、メロディーを探して、コードの組み合わせやフレーズ、言葉の連なりなんかを見つけていくんだ」

ジョンはその創作プロセスに自分も参加したい、と感じた。だがすぐに、曲を書くのは簡単ではないと痛感することになった。

二人の最初の共作である「トゥー・バッド・アバウト・ソロウズ（Too Bad About Sorrows）」は未完成のまま終わり、続く「ジャスト・ファン（Just Fun）」も同様だった。次に二人が書いた「ビコーズ・アイ・ノウ・ユー・ラブ・ミー・ソー（Because I Know You Love Me So）」は、バディ・ホリー風の一曲になった。二人はすでに、ハーモニーをものにしつつあった。

ポールは、さっそく次の曲を書き始めようとノートをめくり、空白のページの一番上にこう書き込んだ。

「レノン＝マッカートニーによる次のオリジナル曲」

❖　❖　❖

ポールはジョンに、「僕の友だちに、『ローンチー（Raunchy）』を弾けるやつがいるんだ」と話した。ビル・ジャスティスの「ローンチー」は、そのころアメリカでヒットしていた難しいインストゥルメンタル曲だ。この曲を弾けるということは、かなり腕のいいギタリストであることを意味する。

「だれだ？」

「ジョージ・ハリスンだよ」

そう。小さな（リトル）ジョージ・ハリスンだ。

ジョンはジョージに会ったことがあった。もっさりした髪型の体の小さな少年で、年はまだ一四歳。ポールより八カ月年下で、リバプール・インスティチュートでは一学年下だ。

それでも、ポールはジョージのことをジョンに売り込み続けた。ギターがうまいだけじゃなく、ジョージはクールなんだ、とポールは説明した。しかも、服装もカッコよかった。彼はときに、大人たちを怒らせるためだけにとんでもなく洒落（しゃれ）た格好をすることもあった。ポールはジョージを評して、いい意味で「生意気」なやつ、と呼んだ。

それでもジョンは、「ジョージは若すぎる」と言って聞く耳を持たなかった。

4

「最初はあいつのことが気に入らなかったんだ」とジョンはのちに語っている。

「ポールはあの童顔のせいで一〇歳くらいに見えたし、ジョージはそのポールよりもさらに若かったからね」

一九五八年二月六日、クオリーメンは、ウィルソン・ホールでエディー・クレイトン・スキッフル・グループというバンドと競演することになった（バンドのリード・ギタリストはクレイトン、ドラマーはリンゴ・スターだった）。

ライブが終わると、ジョンは遊びに来ていたジョージを焚きつけた。

「クレイトンみたいにギターが弾けるなら、お前をバンドに入れてやってもいいぜ、ってジョンに言われたんだ」とジョージはのちに回想している。

ポールはこのときも、ジョージを応援した。「いけよジョージ！　見せてやれ！」

このオーディションを、ジョージはいとも簡単にパスした。

「『ローンチー』を弾いてみせたら、ジョンがバンドに入っていい、って言ってくれたのさ」

ジョンは、ジョージが「僕たちよりもずっとたくさんのコードを知っている」ことを認めざるを得なかった。

一四歳のガキと一緒にいるところを見られるのは、やはり少し恥ずかしかったが、ジョージの参加でバンドがより強力になったことにジョンは心から満足していた。

「これで、三人揃った」とジョンは思った。

5

僕は心を歌えないとき 思いを言葉にすることしかできないんだ、ジュリア
――「ジュリア〈Julia〉」

その日、コモンウェルス・デー〔英連邦加盟国の記念日〕を祝うパーティーで、ジョンはバンド仲間たちと一緒に石炭トラックの荷台で演奏していた。ギターを弾き、歌いながら観客に目をやると、家族が三人来ているのが見えた。

母親のジュリア、異父妹(いふまい)で母と同じ名前のジュリア、そしてもう一人の異父妹ジャッキーだ。三人は、ジョンの最高のファンでもあった。バンドに合わせて一緒に歌ってくれるし、歓声をあげてくれるのだ。ジュリアはいつも、母親というよりもジョンの友だちのように振る舞った。ジュリアとジュリアの内縁の夫であるボビー・ダイキンズ、その子どもたちと一緒にいると、ジョンはいまでも自分がよそ者のように感じることがあった。とはいえ彼らの住むブロムフィールド・ロード一番地の家にはよく顔を出したし、七月十五日火曜日に訪ねていったときには、ジュリアがミミに会うために出かけて留守だとわかってからも、しばらくそのまま母親を待つことにした。

5

その日、午後十時ごろになっても、ジョンはまだジュリアの家にいた。妹たちが二階で眠りについた後、ジョンとボビーは玄関の扉がノックされる音を聞いた。

戸口に立っていたのは、警官だった。彼はジョンをまっすぐに見てこう尋ねた。

「ジュリア・ダイキンズさんの息子さんですか？」

「そうです」とジョンは小さな声で答えた。

「残念ですが、お母さんは亡くなりました」

❖ ❖ ❖

ジュリアは、家に帰るバスをつかまえるためにメンローブ・アベニューを横切っているときに、車にはねられたのだった。ミミはすでに救急車でセフトン総合病院に同行しており、ジョンとボビーも急いで病院に向かった。

しかし到着しても、ジョンは病院に足を踏み入れることができずにいた。

ジュリアにお別れを言うことが、どうしてもできなかったのだ。

「ジュリアと僕は、そのころにはずいぶん仲良くなっていたよ。僕らはちゃんと通じ合ってた。うまが合ったんだ。彼女は最高だったよ」

喪失の悲しみは、怒りへと姿を変えた。

「ちくしょう、ちくしょう、ちくしょう。これで何もかも台無しだ。僕が責任を負うべき相手は、だれ一人いなくなっちまった」

❖　❖　❖

アラートン墓地で行なわれたジュリアの葬式は、まるで白昼夢のようだった。

ジュリアをはねた男はエリック・クレイグという名の非番の警察官で、仮免で運転を練習中だった。クレイグはこの事件で無罪判決を受け、唯一の処罰は一時的な停職処分だけだった。

判決が下りたとき、ミミはクレイグに向かって叫んだ。

「人殺し！」

ジョンは、ひとりぼっちで土の中に埋められているジュリアのことを思った。

もう決してジュリアは帰ってこないという恐ろしい真実が、ジョンの心を打ち砕いた。

お母さん、僕はあなたのものだった。でもあなたは一度だって、僕のものではなかったんだ。

5

一九八〇年十二月六日

マーク・チャップマンは、YMCAにチェックインした。

もしだれかが受付担当者にマークのことを尋ねたら、ああ、彼は常連だよ、と答えたはずだ。というのも、彼はつい先月もそこに泊まったばかりだったのだ。そのときも、マークはジョン・レノンを殺害するためにニューヨークにやってきていた。

宿泊費は一泊わずか一六・五〇ドルだったので、しばらくはここに滞在してダコタを見張ることができそうだ、とマークは考えていた。

ダコタ・アパートメントのドアマンは、マークに直接名前を教えてはくれなかったが、だれかにジェイと呼ばれているのをマークは耳にした。ジェイもまた、ビートルズのファンらしかった。そして、ウソつきでもあった。先月、ジェイはマークに、ミスター・レノンは「ニューヨークにいない」と言った。だがそのすぐ後、『ニューヨーク・タイムズ』の一面に、ジョンとヨーコの写真が掲載されたのだ。

マークはその夜、ジェイの言葉を信じたばかりに、ダコタでジョンを待たずに映画館に行ってしまった。そして、あのくだらない映画『普通の人々（Ordinary People）』を観たのだった。マークは、自分は「普通」とはかけ離れた人間だと自負していたが、映画でティモシー・ハットンが演じていたキャラクターには強い共感を覚えた。彼が映画の中で精神科医に胸の内を打ち明けるのを見て、自分もだれかに懺悔がしたい、と感じたほどだった。

マークにはかかりつけの精神科医はいなかったし、必要もなかった。だから、一番の理解者に話を聞いてもらうことにした。彼は公衆電話を見つけると、妻のグローリアに電話をかけた。彼女も、ヨーコと同じ日本人だった。

「家に帰るよ」と、マークは受話器に向かってささやいた。それから、あたりを見回してだれもいないことを確かめると、初めてその言葉を口に出した。

「僕は、ジョン・レノンを殺すためにニューヨークに来たんだ」

「帰って来て」とグローリアは言った。「うちに帰って来て」

「家に帰るよ。きみの愛は、僕を救ってくれた。計画は、実行しない」

だが今回は、家に帰るつもりはない。今度こそ目的を果たすのだ。レノンの死は、世界に真実を知らしめるだろう。あの男がインチキであり、ウソつきの罪人であることが、証明されるのだ。

グローリアは、夫は自分探しのためにニューヨークを再び訪れたのだと、そして、いずれは子ども向けの本を書こうとしているのだと信じていた。彼女はいつでもマークを信じ、彼に従い、あらゆる欲求を聞き入れた。グローリアは、マークが彼女に話すことなら何でも信じた。彼女は良きクリスチャンであり、良きクリスチャンの女性たるもの、夫のことを信じるものだからだ。

❖　❖　❖

シングル・ベッドと白黒のテレビを備えたＹＭＣＡの部屋に入ったマークは、念のため、扉の鍵がきちんとかかることをもう一度確かめた。それからスーツケースを開け、銃を取り出した。三八口径の回転式拳銃、チャーターアームズだ。覆面捜査官が使う銃身の短いスミス&ウェッソンの拳銃にそっくりで、暗殺に最も適した武器だった。

マークは、武器の扱い方を熟知していた。警備員として働いていたころ、二二口径を持ち運ぶのに必要な資格を取得するために、射撃練習場で何時間も訓練したのだ。いまでは、一瞬で射撃姿勢を取るのも、標的に狙いを定めるのも、お手のものだ。

もうすぐ世界中の人間が、マークが熟練の暗殺者であることを知るだろう。

かつては彼も、暴力に反対し、銃を捨てるべきだと人に説いていたことがあった。そして皮肉なことに、レノンこそが彼の目覚めのきっかけだった。

ビートルズはキリストよりも偉大だと、レノンはうそぶいたのだ。

マークはもちろん、キリストの側についた。そして、信仰心がもたらしてくれる「魂の掟（おきて）」に救いを求めた。彼はジョージア州のチャペル・ウッズ長老派教会に通うようになり、有意義な人生を歩み始めたのだ。

マークは人々に、銃は邪悪なものだと説いて回った。だがすぐに、そのやり方では足りないことに気づいた。言葉だけでは、行為に勝つことは決してできない。

近所に住む人々に教えを説き、レストランにパンフレットを置いてくるだけではダメだ。何かもっと、ずっと大きなことを成し遂げなくては。マークはＹＭＣＡの国際キャンプ指導員プログラムの一環で、レバノンに赴（おもむ）いた。すぐに内戦が始まって国に戻ることを余儀なくされたものの、その短い滞在中、彼は紛争地域の前線で人々の救済にあたるという、人生の偉大な意義を見出すことができた。

ベイルート東部のキリスト教教会では、パレスチナ人の兵士が四人を殺害するところを目撃した。さらに、軍幹部たちが、バスに乗っていた三〇人のパレスチナ支持派を殺害した場面にも遭遇した。この二つの光景は、彼の脳内に永遠に刻まれることになった。ベトナム難民キャンプで指導員を務めたときには、ベトナムの人々から、米兵によって家族を惨殺（ざんさつ）された話や、女性たちが強姦（ごうかん）された話も、毎日耳にした。

といっても、マークは彼らの話にきちんと注意を払っていたわけではない。大事なのは、自分がいかに彼らに教えを説き、正しい道に導いてやるかということだった。マークは彼らに復讐（ふくしゅう）の方法を教え、自分を迫害する者たちよりも強くなるにはどうすればいいかを説いた。

そうやってマークが自らの持てる力を人々に分け与えていたとき、レノンは何をしていただろう？　何もしていなかった。ダコタ・アパートメントの安全な塀に囲まれて、豪勢な有名人の生活をのうのうと送っていただけだ。

だれも何も所有していない世界を想像してごらん、とレノンは僕たちに言ったはずだ。だが、実際にやったのはその反対のことだった。あの男はいまや、何百万ドルもの金と、ヨットと農場とカントリー・ハウスを所有し、僕らのような人間を――彼のウソを信じ、レコードを買い、彼の音楽を人生の拠（よ）りどころとしてきた人たちを、笑いものにしているのだ。

レノンは、平和と愛についての歌を書いた。あんなのはすべて、まやかしだったのだ。彼自身、最近出た記事の中で認めているではないか。平和推進のためにいままでやってきたこと――ベッド・インも、コンサートも、すべてはただの見せかけだった。インチキの、偽物の、宣伝活動だったのだ。

マークは、ＹＭＣＡの個室の壁にかけられた鏡の前に立ってみた。映っているのは、二重顎の丸い顔をした男の姿だ。彼はそこに、かつての自分を――レノンを信奉し、ビートルズと神とキリストを信奉していた男の、微かな痕跡を見て取った。

だが、その男はすでに死んだ。先月、警備員としての仕事を辞め、出勤簿の退勤欄に「ジョン・レノン」と署名して職場を後にした、あの日に。

マークは、上半身がすべて鏡に映し出されるまで、何歩かうしろに下がった。そして、コートのポケットに入れてあった三八口径の拳銃を、片方の手で隠しながら取り出してみた。

そのまま、銃を構え、腰を低くして射撃姿勢を取るまでの流れを練習する。何度も繰り返し、ひとつの滑らかな動きで標的に拳銃を向けられるようになるまで。

マークは深呼吸をひとつして、自分がダコタの前に立っているところを想像した。僕はジョンにとっての聖ペテロだな、とマークは思った。彼以外のすべての「使徒」たちは、不安のあまり、自分の神が偽物であることから目を背けようとしている。何を説くべきなのか本当に理解しているのは、自分だけなのだ。チャーターアームズの拳銃が、その目撃者となるだろう。

心の中でリムジンが路肩に停まるところを思い描いた。レノンが車から降りてくる。ほかにはだれもいない。ボディーガードは連れ歩かない主義だからだ。彼は、大衆とともにある男なのだ。

レノンは群衆に向かって短く手を振り、ダコタの正面玄関に急ぐ。

「ミスター・レノン?」

レノンは、僕を無視するだろう。だが必ず、こちらを向かせてやる。マークは鏡を見つめながら素早く拳銃を取り出し、射撃姿勢を取った。

「ミスター・レノン」

今度こそ、レノンは振り向く。そして、自分に向けられた銃に気づく。でも、もう手遅れだ。

部屋の中で、マークは引き金を引いた。カチッという音とともに、軽い手応えがしただけだった。弾を込めていないからだ。だが彼の心の中では、銃声が鳴り響いていた。目の前の路面に、レノンが倒れるのが見えた。何か言いたそうだ。「ごめんなさい」だろうか。あるいは、「どうか僕の罪を許してください」だろうか。マークはもう一度引き金を引いた。

そして、もう一度。

もう一度。

全部で、五発。

これで終わりだ。レノンは、死んだ。

❖ ❖ ❖

マークは、拳銃にホロー・ポイント弾を込めた。アトランタで、友人で警官のダナからもらったものだ。

「このベイビーたちは、マジで最強だぞ」と、ダナは言った。

ダナには、治安の悪いニューヨークでの護身用に銃弾が必要なのだと説明してあった。

ダナは射撃の練習のためにマークを森に連れていき、いくつかコツを伝授してくれた。

おかげで、射撃の腕を格段に上げることができた。

レノンが生き延びる可能性は、ゼロだ。

マークは、フェイク・ファーの飾りがついた縁無しのロシア風ハットを被った。そして、ポケットに拳銃を滑り込ませ、そっと持ち手を握った。

銃は彼の手の中で、温かく感じられた。

マークは微笑んだ。たしかに、これは幸せだ。

6

何かがここで起きようとしている
――「フォー・ホワット・イッツ・ワース〈For What It's Worth〉」

一九六〇年五月五日、ジョン・レノンは、スレーター・ストリートにあるジャカランダ・クラブに向かっていた。

ジャカランダは、ジュークボックスとイタリア式エスプレッソ・マシーンのあるコーヒー・バーで、ティーンエイジャーの溜まり場として人気を集めていた。夜になると会員制のクラブになり、新進気鋭の若手バンドたちが、かつては石炭庫だった地下のスペースで演奏した。

その日、ジョンがジャカランダに着くと、バー・カウンターにはアラン・ウィリアムズが立っていた。もじゃもじゃした黒い口髭(くちひげ)をたくわえたこの小柄な男こそ、いまやリバプール音楽シーンの中心人物だった。

ジョンはアランに話しかけた。

「アラン、僕たちのために、一肌脱いでもらえないか?」

ウィリアムズは、夏でも欠かさず被っているシルクハットの位置を直すと、聞き返した。

「『僕たち』って? だれのことだ?」

6

「僕のグループだ。ビートルズだよ」

言葉遊びが大好きなジョンは、バディ・ホリーのバンドであるクリケッツをヒントに新しいグループ名を考えた。「beetles」の二つ目の「e」を「a」に変えて「Beatles」とすることで、「カブトムシ」と「ビート」という二重の意味を持たせたのだ。

ジョンは、ビリー・フューリーのオーディションがあると聞きつけて、自分たちも参加したいとウィリアムズに申し出た。

ウィリアムズはうなずいて、こう答えた。

「もちろんいいよ。で、メンバーは？」

ジョンはポールとジョージ、そして同じアート・カレッジに通う友だちで新メンバーのスチュアート・サトクリフの名前を挙げた。

ウィリアムズはスチュを知っていた。ジャカランダ・クラブの地下の壁紙を描いたのが、スチュだったのだ。

あるとき、スチュの描いた抽象画がウォーカー・アート・ギャラリーで売れ、思いがけない大金が手に入った。ジョンはスチュを説き伏せて、その金でヘフナー３３３の四弦ベースを買わせた。スチュはベースの弾き方をまったく知らなかったが、すぐに弾けるようになるだろうとジョンは信じていた。

それに、スチュの外見はグループにぴったりだった。痩(や)せ型で、もみあげまで繋(つな)がったあごひげを生やしていて、アメリカ人俳優のジェームズ・ディーンに似ていなくもない。のちにジョージは、ジョンはスチュの見た目が「めちゃくちゃクールだから」という理由でバンドに誘った、と明かしている。スチュは、クリップ式のサングラスをかけた洒落者だった。

「それで、ドラマーは？」とウィリアムズが尋ねた。

「ドラマーはいない」というのが、ジョンの答えだった。

ウィリアムズはそれを聞くと、「僕が探してやるよ」と請け合った。そして見つけてきたのが、トミー・ムーアという男だった。

トミーは既婚者で、しかもほかのメンバーよりずっと年上の二八歳だった。それでもトミーは、五月十日のオーディションには、ビン詰め工場での仕事の後に必ず駆けつけると約束してくれた。

ジョンたちはオーディションのために黒いシャツとジーンズ風のパンツを新調し、楽器や機材も新しいものを手に入れることにした。

ジョージは新品のフューチュラマのギターを、ポールはエルピコのアンプを買った。

ジョンが母親からもらった古いギターは、散々使い古されてすっかり壊れてしまっていた。ミミは新しいギターを買ってくれなかったので（「本当に欲しいなら、行動で示しなさい」と彼女は言った）、ジョンは仕事に就かざるを得なかった。

市の新しい水道局を建設する現場での、肉体労働だ。その長くて暑い夏、ジョンの手のひらには、いつも血が滲んでいた。

6

あるとき、キャス・アンド・カサノヴァズというバンドのリード・シンガーだったブライアン・キャスに会ったジョンは、「バンド名は何だっけ?」と聞かれて「ビートルズだ」と答えた。キャスは、この風変わりなバンド名を聞いて笑い転げた。それから二人で代わりのバンド名をあれでもないこれでもないと考えあぐねた結果、「ロング・ジョン・アンド・ザ・シルバー・ビートルズ」という名前に落ち着いた。

オーディションで、ジョンたちは三曲演奏した。一曲はジョンがリード・ボーカル、二曲目はポールがリード・ボーカル、三曲目はインストゥルメンタルだ。

スチュは曲を覚えることができなかったので、ミュージック・プロモーターのラリー・パーンズや観客たちに背中を向けて演奏した。

これはポールの発案で、「不機嫌なフリ」をすれば、サングラスの効果も相まって、「バカバカしくてやってられねぇ」という態度に見えるだろう、というのが狙いだった。

オーディションの結果は、落選だった。

ロング・ジョン・アンド・ザ・シルバー・ビートルズには、まだまだ練習が必要だった。

❖ ❖ ❖

ウィリアムズは、ジョンたちが練習できるようにジャカランダのステージを使わせてくれた。

ジョージがホウキの柄(え)にマイクをくくりつけ、ジョンがアート・カレッジで出会ったガールフレンドのシンシア・パウエルがそれを掲げて、歌っているメンバーのほうに向けてやった。

そんなある日、地元ミュージシャンのロリー・ストームと彼の率いるバンド、ハリケーンズが、リハーサルを聞きに訪れた。ハリケーンズのギタリストの名はジョニー・ギター、ドラマーの名はリンゴ・スター、本名リチャード（リッキー）・スターキーといった。

「あなた、なぜリンゴって呼ばれてるの？」とシンシアが尋ねた。

リンゴは片手を掲げて見せると、こう言った。

「指輪を三つも着けてるからさ。だから最初は、リングスって呼ばれてたんだ」

それからリンゴは、ひとつひとつの指輪について説明した。

「これは、一六歳の誕生日に母さんからもらったやつ。こっちは、ガールフレンドがくれた婚約指輪。それからこれが、じいさんの結婚指輪を形見としてもらったやつだ」

「タフガイって感じだな」

リンゴたちが去った後、ジョージがつぶやいた。

「髪には白髪の筋があるし、眉毛（まゆげ）も半分白いし、鼻はデカいし」

ジョンも残りのメンバーも、同感だった。

7

貧しい少年に何ができる
ロックンロールのバンドで歌う以外に
――「ストリート・ファイティング・マン〈Street Fighting Man〉」

その日、スコットランドのアロア・タウンホールにある大きな美しいダンスホールは、詰めかけた観客でいっぱいだった。

シルバー・ビートルズは、プロモーターのラリー・パーンズによってジョニー・ジェントルのバック・バンドに指名され、一〇日間のスコットランド・ツアーに出ていた。

ステージでは、まずビートルズがエルヴィスの「テディ・ベア（Teddy Bear）」と「想い出の指輪（Wear My Ring Around Your Neck）」を含む三曲を演奏し、その後、主役であるジェントルが登場するという段取りだった。

ジェントルはその名の通り、物静かで穏やかな男で、ビートルズは彼のバックで三〇分ほど演奏した。

その演奏たるや、まさに惨憺（さんたん）たるものだった。

❖ ❖ ❖

「僕たちの演奏、下手くそで最悪だったよな」

楽器を片付けながらジョージが言った。「恥かいたよ」

ジョージの言葉は、間違っていなかった。

それどころか、地元の興行主の一人が苦情を言うためにパーンズにわざわざ電話をして、彼らを「みすぼらしい、役立たずのグループ」と呼んでいたことまで聞かされたのだ。

それでもジョニー・ジェントルは気にしていないようだった。もともと船大工だったジェントルは、ギターを自作して、曲も自分で書いていた。ツアーで立ち寄ったインバネスでは、彼はジョンとジョージを相手に、本人いわく「ミドル・エイトまでは完璧の」未完成の曲を披露してみせた。

ジョンは曲を聞くと、歌詞を変えたほうがいいと提案した。半信半疑のジェントルが、言われた通りに歌ってみると、とたんに曲がスムーズに流れ出した。

「すごいな」とジェントルは感心して言った。「この歌詞、使わせてもらうよ」

バック・バンドとしてのギャラはギグ一回につき七五ポンドという約束だったが、支払いはまだだった。彼らは、夜は移動用のバンに泊まったり、干し草置き場で眠ったりもした。

なんとも惨(みじ)めな一週間だったが、ポールは後になってこのときのことを、「僕らにとって欠かすことのできない大事な体験だったよ。あのツアーのおかげで、この仕事はラクじゃないってことがわかったんだ。ちゃんと努力して、金の出どころがどこなのかもしっかり見極めなきゃいけないってことを理解した。僕らは、あの体験から多くを学んだんだ」と語っている。

一〇日後、リバプールに戻ったジョンを待っていたのは、ツアー出発前に受けた試験の結果通知だった。結果は、落第。それどころか、「来学期からは来なくていい」というリバプール・カレッジ・オブ・アートからの通告まで届いていた。

ミミはこの知らせを聞いて嘆き悲しんだ。彼女の目から見て、ジョンの未来はこれまでになく真っ暗にしか見えなかった。

同じころ、ポールもまたプレッシャーに直面していた。父親に、仕事を見つけるように言い渡されたのだ。ジョージと同じく、ポールもまたスコットランドへのツアーに出かけたせいで電気技工士の見習いをクビになっていた。

「さて、僕たちこれからどうする？」

八月の初め、顔を合わせた仲間たちにポールは問いかけた。

アラン・ウィリアムズが彼らに会いにきたのはその一週間後、一九六〇年八月十一日のことだった。

「いい知らせだぞ、きみたち。シルバー・ビートルズは、ドイツのハンブルクで演奏することになった」

ただしひとつだけ、厳しい条件があった。

「ドラマーを見つけろ。さもなくばこの話はなしだ」

解決策を思いついたのは、ポールだった。

「カスバ・クラブのオーナーの息子はどうだ？」

「ピート・ベストのことか？」とジョンが尋ねる。

ポールはうなずいた。「あいつ、自分のドラム・セットを持ってるんだ」

一八歳のピートはどう見ても初心者だったが、ジョンいわく、「一定のビートを十分な時間叩き続けることはできる」はずだった。

8

家を出て家族と離れたとき
僕はまだほんの子どもだった

——「ザ・ボクサー〈The Boxer〉」

一行がハンブルクのザンクト・パウリ地区に辿り着いたとき、時刻はすでに真夜中を過ぎていた。彼らはハリッジからフェリーでフック・ファン・ホランドに渡り、そこからはバンを運転してドイツ入りしたのである。

ドイツ語版と英語版の契約書にサインした後、五人は宿舎に連れていかれた。それは、バンビというポルノ映画館の奥にある、じめじめした暗い部屋だった。

バンビは「豚小屋みたいな、うらぶれたおんぼろの映画館」で、五人が演奏することになっているインドラ・クラブの正面に位置していた。クラブのオーナーであるブルーノ・コシュミダーは、五十代の元サーカス芸人で、戦争で負った傷が原因で片足を引きずっていた。

「平日の夜は、毎晩四時間半、演奏してもらう」と、コシュミダーは通訳を介して五人に告げた。

「休憩は三回、三〇分ずつ。週末の演奏は、一日六時間だ」

ジョンは顔から血の気が引くのを感じた。

「いままで最長でも二〇分しか演奏したことがないのに。六時間もぶっ続けでやれっていうのか？それも、これから四八日間、ずっと？」

こうしてビートルズは、一九六〇年八月十七日の夜八時、インドラ・クラブの演壇のような小さなステージに立った。奇しくも、ドイツ軍がリバプールを初めて攻撃し、ナチスの飛行機が波止場を爆撃したときから、ちょうど二十年目にあたる日だった。

ドラマーのピート・ベストはテンポを一定に保つのに苦戦していたが、ペダルでバス・ドラムを鳴らすのは得意だった。「とにかく一晩中、大音量でヘビーな四ビートを刻み続けてたよ」と、ジョージはのちに回想している。そのリズムに、観客も盛り上がりを見せつつあった。

ビートルズは、ドイツ人の観客たちに大受けだった。

歓声は、毎晩途切れなく続いた。

インドラでのビートルズの演奏時間は、合計で二〇四時間に及んだ。地元リバプールで典型的だった九〇分のステージで換算すると、一三六回分に相当する。

ジョンはのちに当時のことを、「歌いすぎて、喉が痛くなったよ」と半ばうれしそうに振り返り、その状態を「ハンブルク喉」と呼んだと回想している。

「一二時間ぶっ続けで客を踊らせるためには、こっちも全力でやらなきゃいけなかった。もしあのままリバプールに残っていたら、僕らは絶対あんなふうに成長できなかっただろうね」

十月半ば、再びハンブルクを訪れたアラン・ウィリアムズは、ビートルズの成長ぶりを目の当

8

たりにし、感嘆した。ジョンは、このビートルズ初期の日々を回想し、「僕たちはダントツで最高のバンドだった」と語っている。「僕らと張り合えるようなやつらは、どこにもいなかったよ」

気分が落ち込んで景気づけが必要になると、ジョンはレコード・レーベルの気取った社員を真似て、下手なアメリカ人風アクセントでこう叫んだ。

「みんな、俺たちは、どこへ向かっているんだい？」

すると、ほかのメンバーたちが同じく下手くそなアメリカ英語で応じた。

「てっぺんだよ、ジョニー！」

「みんな、てっぺんってどこだい？」

「ポップ界のてっぺん（トッパーモスト・オブ・ポッパーモスト）さ、ジョニー！」

「その通り！」

ブルーノ・コシュミダーから契約更新の申し出があったのは、このころだった。十月から十二月の末まで、インドラよりも大きくて人気もあるカイザーケラーというクラブで演奏しないかというのだ。しかも週末は、別のバンドと交代でステージを務めるという契約内容だった。

「別のバンドって？」とジョンが尋ねた。

「ロリー・ストーム&ザ・ハリケーンズだ」

ビートルズはついに、リバプールで一番人気があるバンドと肩を並べることになったのだ。

9

僕はひどいやつだった　でもいまはやり方を変えたんだ
――「ゲッティング・ベター〈Getting Better〉」

ポールのギターは、そろそろ替えどきだった。もうすっかり使い古して、いまにも壊れそうだったのだ。ジョンも、ギターをナチュラル・ブロンドのリッケンバッカー325に買い替え、一八ワットのフェンダー・デラックスも手に入れようかと思案中だった。

そしてポールは、ベーシストも替えどきだと考えていた。スチュの演奏は、上達はしていたものの、彼はそもそも音楽に対してあまり真剣ではなかった。「スチュがベーシストでいる限り、僕らは最高のバンドにはなれっこない」と、ポールは感じていた。

ポールがスチュを嫌っていることには、ジョンも勘づいていた。さらに、スチュが人目を引くほどの美人の写真家、アストリッド・キルヒャーと付き合い始めたことにもポールは嫉妬していて、それが状況をさらに悪化させていた。

アストリッドと彼女の友人のクラウス・フォアマンは、芸術家肌のドイツ人の若者で、そのころビートルズのメンバーと親しくなりつつあった。じつのところ、ジョンもまたアストリッドの恋の相手が自分ではなかったことを、不満に思っていた。

実際、ポールのスチュに対する音楽的な評価は妥当なものだった。ハンブルクの音楽シーンで皆の「兄貴分」と目されていた英国人ロック・ミュージシャン、トニー・シェリダンは、こう言っている。

「スチュアートは、とにかくベースをまともに弾けてなかった。あいつは九〇パーセントがルックスでもってたんだ。本当なら、ルックスはせいぜい五〇パーセントで、残り五〇パーセントは音楽的才能じゃなきゃいけないんだけどね」

だが、スチュのことでポールたちが頭を悩ませる必要はなかった。スチュのほうから、バンドを辞めると言い出したのだ。スチュは、アストリッドに結婚を申し込むつもりだった。

ポールは次に、「ピートのことも、なんとかしないと」と言い出した。「あいつのドラムは、どうにもパッとしない」

代わりにリンゴにドラムを頼めればどんなにいいか、とポールは思った。

このころ、ビートルズのメンバーは、ロリー・ストーム&ザ・ハリケーンズのドラマーであるリンゴとよく一緒に酒を飲むようになっていた。ジョージは、ハリケーンズのドラマーを初めて見たときは「感じの悪いやつ」だと思った、と回想している。「ところがそれがリンゴで、実際にはだれよりもいいやつだったんだ」

ジョンも、ポールと同意見だった。「リンゴのスタイルは好きだったよ。でも別のドラマーを雇ったばかりだったから、どうすることもできなかった」

代わりにジョンは、それまでよりも高いギャラを出す店での仕事を取り付けてきた。トップ・テン・クラブだ。

ポールとジョージは大喜びだった。トップ・テン・クラブといえば、生演奏を聞かせるバーとは別格の、本物のクラブだ。それに、サウンド・システムも本格的なものを揃えている。五人はそれまでにも何度かトップ・テン・クラブを訪れたことがあって、トニー・シェリダンのバックで演奏したこともあった。

十一月二十八日、スチュはアストリッドと指輪を交換し、正式に婚約したことをメンバーに報告した。そんなとき、ブルーノ・コシュミダーから事務所に顔を出すよう呼び出しがかかった。トップ・テン・クラブでの仕事の話が、コシュミダーの耳に入ったのだ。

一行が事務所に着くと、通訳がコシュミダーに代わって口を開いた。「これにサインを」手渡された契約書には、「ビートルズは十二月の一カ月、ハンブルクのほかのいかなるクラブでも演奏しない」と書かれていた。

ジョンはサインを拒み、契約書をコシュミダーのデスクの上に投げ返した。

時を同じくして、ジョージがまだ一七歳で正式な労働許可を得る年齢に達していないことが、ドイツの当局にバレてしまった。ジョージは即刻英国に強制送還されることになり、その夜は徹夜でジョンにギターの自分のパートを教えるはめになった。

「最悪の気分だったよ」とジョージはのちに振り返っている。「僕だけがリバプールから出られないまま、バンドのみんなはハンブルクに残って、それで何もかもおしまいなんだと思った」

9

残りのメンバーたちは機材と荷物を抱え、新たな職場となるトップ・テンへ向かった。バンビを去る前、ポールとピートは、置き土産として自分たちの使っていた部屋の壁にコンドームをいくつかぶら下げ、火をつけた。被害らしい被害といえば、コンクリートの壁に少し跡が残ったのと、あたりに嫌な匂いが充満した程度だった。

ところがその翌日、ジョンとポールとピートは「放火未遂」のかどでドイツの警察に逮捕された。

スチュはこの知らせを聞くと自分も警察署に出頭し、ドイツ語で「放火には一切関わっていません」と書かれた書類に署名した。

三人は個別に尋問を受けたのち釈放されたものの、翌朝には再び、トップ・テン・クラブにいたポールとピートが逮捕された。二人は手錠をかけられ、そのまま空港に連れていかれてパスポートを手渡され、ロンドン行きの飛行機に乗せられてしまった。

二人にとって、これが生まれて初めての空の旅となった。スチュはアストリッドとともにハンブルクに残ったが、ジョンはその直後に一人で帰国の途についた。

こんな不名誉な状況でこそこそと国に帰るはめになって、メンバーたちはすっかり意気消沈していた。

ジョンは、自問自答していた。「僕がやりたかったのは、こんなことだったのか？　本当に、これが望みだったのか？　これを続けるべきなんだろうか？」

ジョンの胸には、ビートルズはこれまでかもしれない、という思いが渦巻いていた。

10

要するにお前は、ロックンロールのスターになりたいんだな?
――「ロックン・ロール・スター〈So You Wanna Be a Rock 'n' Roll Star〉」

ジョンの心配は、杞憂に終わった。

一九六一年二月末にジョージが一八歳になると、ジョージ、ポール、ジョン、ピートの四人はハンブルクに戻り、トップ・テンでトニー・シェリダンをはじめとするトップ・ミュージシャンたちと一緒に演奏するようになったのだ。

さらに六月には、「トニー・シェリダン&ザ・ビート・ブラザーズ」の名でレコーディングも行なった。シェリダンが歌う五曲のカバー曲(「マイ・ボニー(My Bonnie)」、「ザ・セインツ(The Saints)」、「ホワイ(Why)」、「ノーバディズ・チャイルド(Nobody's Child)」、「テイク・アウト・サム・インシュランス(Take Out Some Insurance)」)に加え、ジョンが歌うティン・パン・アレーのスタンダード・ナンバー、「エイント・シー・スウィート(Ain't She Sweet)」、ジョージとジョンが共作したインストゥルメンタル曲の「クライ・フォー・ア・シャドウ(Cry for a Shadow)」も収録された。

ジョンの叔母、ミミは、のちに「マイ・ボニー」のレコードを誇らしげに下宿人に聞かせたという。ミミはこのレコードを聞いて初めて、ジョンは音楽で食べていけるようになるかもしれない、と思えたのだ。

スチュがバンドを抜けた後「しぶしぶながら」ベーシストの座に就くことになったのは、ポールだった。ポールはスチュのお下がりのベースを使うことは拒否して、左利き用のヘフナー1/500を手に入れた。スチュの古いベースは、クラウスが引き取った。

バンドは確実に、前に進んでいた。

だがジョンは、時間が過ぎていくことの重みを感じずにはいられなかった。

「二一歳になるのは、うれしいことじゃなかった」とジョンは振り返っている。

「自分は年を取りすぎてる。チャンスに乗り遅れた、一七歳じゃないとダメだ、と思ってたんだ。当時活躍していたスターのほとんどはまだほんの子どもで、僕よりずっと年下だったからね」

ジョンには、「僕は必ず成功する」という確信があったが、いつ、どうやってそれを達成するのかはわかっていなかった。ただ、自分たちには何か特別なものがある、とだけ直感していたのだ。

そう感じていたのは、ジョンだけではなかった。ハンブルクでのビートルズのライブはいつも超満員だったし、リバプールに戻ってからは、その人気がさらに加速しつつあった。リバプール最大のレコード店であるNEMSでは、ビートルズがシェリダンと録音した「マイ・ボニー」のシングルを買い求める客が絶えなかった。

キャバーン・クラブでは、司会とDJを務めていたボブ・ウーラーという男が、自作のニックネームでビートルズのメンバーを紹介した。
「『歌う憤怒（ふんぬ）』ジョン・レノン、『ロックする騒乱』ポール・マッカートニー、『アラブの王』ジョージ・ハリスン、『内気なビート』ピート・ベスト！」

この紹介が終わると、ステージに両足を大きく広げて立ったジョンが歌い始めた。ウーラーはこの立ち方を「ジョンのトレードマーク」と呼び、「前列の女の子たちは彼の脚を見上げて、股間から目を離さなかったもんだよ」と振り返っている。

ステージの合間の休憩時間には、当時キャバーン・クラブの近くで働いていたポールの父、ジム・マッカートニーが顔を出し、買ってきた食料品を預けて夕食の下ごしらえをしておくようポールに言いつけることがよくあった。

ある日の休憩時間、ジョンが女の子にタバコをねだっていると、ジョージが「ひどく身なりのいい、金持ちそうな男」と話しているのが目に入った。男は高級スーツに身を包み、金のシガレット・ケースを手にしている。ジョンが近づくと、男は歩み去った。
「いまの、だれだ？」ジョンは尋ねた。
「ミスター・エプスタインだ。ＮＥＭＳの店主だよ」とジョージが答えた。
「どうりで見覚えがあるわけだ」とジョンは思った。ジョンはそのころ、世間ではあまり知られていないR&Bのレコードを探すために、しょっちゅうＮＥＭＳを訪れていたのだ。

ブライアン・エプスタインはその後も何度かキャバーンにやってきて、ビートルズのメンバーと話をするようになった。ジョンは、ブライアンに注目されていると知って自尊心をくすぐられはしたものの、なぜ興味を持たれるのか、不思議に思った。

エプスタイン一家はＮＥＭＳの所有者で、その御曹司（おんぞうし）である二七歳のブライアンは、クイーンズ・ドライブに邸宅を持ち、愛車のフォード・ゾディアックを乗り回す金持ちだった。しかも彼は、王立演劇学校で身につけたと思われる、英国王室の一員のような英語を話した。

その年の十一月二十九日、ＮＥＭＳのオフィスに来るようブライアンから招かれたときも、ジョンはまだ疑心暗鬼だった。リバプールではそこら中で詐欺事件が起きていたから、ブライアンもそのような詐欺師の一人なのではないかという疑いをぬぐいきれずにいたのだ。

ビートルズのメンバーたちはレザーの服に身を包み、カウボーイ・ブーツを履いて、約束の時間に遅刻してブライアンのオフィスに到着した。しかも途中でグレープス・パブに寄ったせいで、全員ほろ酔いだった。

ジョンはブライアンに、一九六一年六月十九日にベルト・ケンプフェルトという人物とのあいだで、翻訳もされていないドイツ語の六ページにわたる契約書にサインしたことを話した。

「一八歳くらいのころは、僕らはありとあらゆる契約書にサインしたもんだよ。マネージャーもいなかったし、なにがなんだかまったく理解していなかったんだ」とポールはのちに語っている。

「いまの状況を考えると、どうやらだれかがきみたちの面倒を見たほうがよさそうだ」とブライアンは言い、一体いくら稼いでいるのかと尋ねた。

「一晩で一人七五シリング。キャバーンの相場よりは高いよ」というのが、彼らの答えだった。

ブライアンは、これを聞いてショックを受けた。このバンドには、もっと遥かに高い価値があると、本心から思っていたのだ。ブライアンは、のちにこう言っている。

「彼らの面倒をすべて私が見ることができなかったとしても、せめて演奏に対してまともな報酬が受け取れるようにしてやることはできるだろう、と思いました」

ブライアンとビートルズは十二月三日にもう一度顔を合わせ、契約書の内容を話し合った。ポールとブライアンは、ブライアンの取り分について交渉を続けた。

一〇パーセントにするか、あるいは一五パーセントか、二〇パーセントか?

ブライアンと組むことに対して、ポールが乗り気でないのは明らかだった。その後、時を経た後も、ポールがブライアンについて下した最高の評価は、せいぜい「勘のいい男」、そしてポール自身と同じく、「ステージでの見栄えにとても気を遣っていた」という程度のものだった。

だが、ジョンにとっては、躊躇する理由はひとつもなかった。

ブライアンは明らかに聡明な男だったし、金持ちで、物知りで、ロンドンに強いコネクションがあった。つまり、ジョンの気に入る要素をすべて兼ね備えていたのだ。

そして特に重要だったのが、ブライアンがリスクを恐れない男だったことだ。

一方で、ポールはリスクを避けるタイプだった。

ジョンはあるとき、ポールにこう言った。「いいか、自分が崖の上に立っていて、飛び込もうか迷っていると想像してみろ。飛び込め!　やってみるんだ!」

するとポールは答えた。「もちろん、飛び込むさ。きみが先に飛び込んで、そこがどんな様子なのか、大声で僕たちに教えてくれよ。もしそこがいい具合だったら、僕も飛び込むから」

ブライアンとの二回目の打ち合わせで、ジョンとポールはキャバーン・クラブでの仕事の話に加えて、トニー・シェリダンのレコードに参加したときにオリジナル曲を収録したことを話題に出した。ブライアンは、これを聞いて驚いた。「自分で曲を書くのか?」

ジョンはうなずいて、レノン＝マッカートニーのオリジナル曲のタイトルを挙げていった。

「『ライク・ドリーマーズ・ドゥ（Like Dreamers Do）』に、『ハロー・リトル・ガール（Hello Little Girl）』に……」

「あとは、『ラブ・オブ・ザ・ラブド（Love of the Loved）』っていうロック・バラードもある」とポールが付け加える。

ブライアンは口をつぐんだ。パフォーマーとしてはともかく、本当にまともに作詞作曲ができるのだろうかといぶかしんでいるようにも見えた。

だが、それからまず彼らの「スターとしての素質」を褒めた後、突然こう言い切った。

「きみたちは、間違いなくエルヴィスよりビッグになる」

ジョンは、度肝を抜かれて黙り込んだ。ほかのメンバーたちも同じだった。

ジョージは後になって、このときのことを振り返っている。

「ブライアンは、そういうところがうまいんだ。彼は、まだ起きていないことを現実にするやり方を知ってる。僕たちはうぬぼれていて自信満々ではあったけど、ブライアンに『きみたちは間違いなくエルヴィスよりビッグになる』なんて言われて、『ビッグって、一体どれだけビッグになりゃいいんだ？』って思ったよ。そんなことあり得ない、ってね。あまりにも夢みたいな話に聞こえたけど、結局ブライアンのそのやり方は正しかったわけだ」

そしてそんな自信こそ、まさにジョンが求めていたものだった。

ビートルズにはブライアンのような、足並みを揃えさせてくれる存在が必要だった。

ジョンは、後になって次のように認めている。

「ブライアンが登場するまでは、僕らはただぼんやり夢を見ていただけだった。自分たちが何をしているのか、どこに向かっているのか、何もわかっちゃいなかったんだ」

ジョンは、自分たちの成功を確信した。ビートルズは、だれよりもビッグになるのだ。

そして、ブライアンがそのために必要な階級も、金も、音楽界でのコネクションも、すべて兼ね備えた男であることは、だれの目にも明らかだった。

そして何より、ブライアンはリバプールの人間だった。彼もまた、ジョンたちの仲間なのだ。

「わかったよ、ブライアン」とジョンは言った。

「僕らのマネージャーになってくれ」

11

人の好みはそれぞれ違う
──「エヴリデイ・ピープル〈Everyday People〉」

一九六一年十二月十三日、ブライアン・エプスタインは、デッカ〔ロンドンの大手レコードレーベル〕のA&R〔アーティストの発掘・契約・育成や楽曲の制作を行なう〕担当であるマイク・スミスを、キャバーン・クラブに招待した。ビートルズの演奏を生で聞かせるためだ。ライブを観たスミスはビートルズをいたく気に入り、翌年の一月一日にロンドンに来るようにと彼らに伝えた。

そして同じころ、ビートルズは『マージー・ビート』誌上で行なわれたリバプールのバンド人気投票で、ジェリー&ザ・ペースメーカーズとロリー・ストーム&ザ・ハリケーンズを抑えて堂々一位に輝いた。張り切ったブライアンは、メンバー全員にクリスマス・プレゼントとして旅行用の目覚まし時計を贈った。カード代わりの名刺の裏には、「みんなが時間通りに来られるように、僕からのほんの気持ちです」としたためられていた。

ビートルズのその年最後の仕事は、十二月二十七日にキャバーンで開かれる「ビートルズのクリスマス・パーティー」というイベントだった。ところが直前になって、ピートから体調を崩して参加できなくなったと連絡が入った。

代わりのドラマー候補として、三人が口を揃えて挙げた名前は、リンゴ・スターだった。

「これで揃った、と感じたよ」と、その日、リンゴがバンドに加わったときのことを、ジョージはのちに次のように回想している。

「やっと実現したんだ、という感じで、すごくしっくりきた。ライブの後、僕らはみんなリンゴと仲良くなった。みんなリンゴのことが大好きで、一緒に飲みにいったりして時間を過ごしたよ。その点、ピートは一匹狼だった。ライブが終わると、いつもすぐに姿を消してしまってね」

だが年が明けても、ビートルズのドラマーはピートのままだった。リンゴは、トニー・シェリダンのバック・バンドに参加するために、ハンブルクに旅立ってしまったのだ。

デッカは、ロンドンのスタジオでのレコーディング・セッションをたんなる「コマーシャル・テスト」と呼んだが、ビートルズのメンバーにとって、それはまさに人生がかかったオーディションだった。ドイツでレコーディングをしたときに使ったのはスタジオではなく、高校に隣接する講堂だったから、本物のスタジオに入ること自体、彼らにとって初めての経験だった。

ジョンとポールとジョージは、ギターをスタジオのアンプに繋ぎ、ピートはついたての向こう側にドラムをセッティングした。音量はすべて、ガラス窓の向こうにいるエンジニアたちが四人の様子を見ながら機材を使って調整する、ということだった。

録音中であることを示す、赤いランプが灯った。

さあ、始まりだ。

❖ ❖ ❖

セッションを終え、リバプールでデッカからの返答を待つ四人に、ブライアンが言った。「いいかい。たとえ僕がでかい仕事を取ってきても、レザーの服のままじゃやらせてもらえないよ」

ジョンは答えた。「わかった。スーツを着るよ。金になるなら、風船でも何でも着てやるよ！別にレザーが大好きってわけじゃないからね」

これを聞いて、ポールもうなずいた。そろそろイメージを変えてもいいころだ。

「どちらにしても、全身レザーってのはそろそろ時代遅れだしね」

同時に、ポールの頭を疑問がよぎる。でも、これはいわゆる、魂を売るってやつなんだろうか？

「魂を売る、なんてふうには思ってなかった」と、ジョージはのちに語っている。

「ゲーム感覚だったよ。自分たちを売り込むためにはテレビに出なくちゃいけなくて、テレビに出るためにはスーツを着なくちゃいけない、というなら、スーツを着るまでだ。ひらひらしたドレスだろうが何だろうが、ライブがやれるなら何でもよかった」

「ついでに言っておくが」とブライアンは続けた。

「本当にいまよりも大きな舞台で仕事がしたいなら、ステージの上での飲食は禁止だ。汚い言葉を使うのも、喫煙もやめろ」

「わかったよ、やめるよ」、少なくともステージ上では、とジョンは胸の中でつぶやいた。

後になって、ジョンはこう説明している。「ブライアンは、僕らのイメージをクリーンにしようとしていた。成功したいなら、ステージの上でチキンを食うなんて行儀の悪いことはやめろってわけだ。僕らは、ブライアンについていくことにした」

一月二十九日月曜日、ブライアンはビートルズをバーケンヘッドにあるベノ・ドーンの店に連れていった。ブライアン行きつけの仕立屋だ。

四人は「下襟（したえり）は絶対に細め、パンツもものすごく細く」することを要求し、主任職人を閉口させた。だが本人たちは大はしゃぎでこの体験を楽しみ、店員の女の子たちを夢中にさせた。（しぶしぶとはいえ、ジョンがステージでスーツを着てネクタイを締める、という皮肉な事態に、ミミは大喜びし、笑い飛ばした。「ハハハ、これでみすぼらしい格好も終わりね、ジョン・レノン」）

一週間後、ブライアンはデッカの幹部に会うために、一人でロンドンに向かった。

役員専用のダイニング・ルームに通されたブライアンを待っていたのは、A&R部門トップのディック・ロウ、営業部長のスティーヴ・ビーチャー゠スティーヴンズ、彼のアシスタントのアーサー・ケランドという面々だった。

重役が揃っているのを見て、これは期待できそうだ、とブライアンは思った。

11

ところが、期待は大外れだった。

ロウが最初に口を開いた。

「ミスター・エプスタイン、率直に申し上げて、われわれはあの子たちのサウンドを気に入りませんでした。四人組のギター・グループは、もう流行りませんよ」

ブライアンはこの言葉に衝撃を受けたが、簡単には引き下がらなかった。

「みなさん、どうかしているんじゃないですか？　あの子たちの人気はこれから爆発的に広まります。いずれはエルヴィスよりビッグになるはずだと、私は信じています」

そう言うとブライアンは、「ビートルズ、人気投票で一位！」という見出しの躍る『マージー・ビート』を取り出し、幹部たちに見せた。

「この子たちは売れません、ミスター・エプスタイン。私たちは、この手のことはよくわかってる。リバプールでのレコード店の事業が好調なんでしょう。そちらに専念したほうがいい」

この侮辱的な言葉と見下すような口調こそ、ロンドン特有の気取った根性の表われだ、とブライアンは思った。

それでもブライアンは、説得の手をゆるめなかった。ビートルズを逃すのは大きな間違いだと彼らに理解させるために、詳しい情報を並べ立ててみせた。

「じゃあ、これでどうかな。トニー・ミーハンは知ってるだろう？」

「シャドウズの元ドラマーですか？」

「そうだ。彼はいま、うちのA&R部門にいてね。トニーなら、ティーンエイジャーが求めるものを直接見ていて、よく理解している」

ブライアンはトニーに会うことに同意はしたものの、二月十日にリバプールの自分のオフィスに戻るやいなや、トニーによるプロデュース計画を断る手紙を投函した。

手紙には、こう書かれていた。

「前回お会いした後、ビートルズは別の会社からレコーディング契約のオファーを受けました」

これは、真っ赤なウソだった。ブライアンは、ビートルズを却下したことを必ずデッカに後悔させてやると、心に誓っていたのだ。

「デッカの連中は、ランチ代程度の費用でビートルズと契約できたはずなんだ」とブライアンは思った。

実際、トニー・ミーハン自身も、何年も後になってこう振り返っている。「あらゆる意味で、完全な混乱状態だったよ。あれは、企業として取り返しのつかない大失敗だった」

12

ブルースが歌いたいなら、挫折も味わうものさ
――「明日への願い〈It Don't Come Easy〉」

パブに集まっていたビートルズのメンバーは、デッカから断られたという知らせを聞いて大きなショックを受けた。

「いずれ後悔するよ」と、ポールはディック・ロウの顔を思い浮かべて言った。

「後悔しすぎてくたばっちまえ」と、ジョンが吐き捨てた。

ジョンは後年、「デッカは、もっと洗練された感じを求めていたんだと思う」と語っている。

「僕たちはただ、デモを録っただけだった。いずれにしても彼らは、僕たちのポテンシャルを見抜くべきだったんだ。あのころはたくさんのマヌケたちが、みんな揃いも揃って同じようなものを探してたんだろうね」

ただしジョンは、音楽的なことにも触れ、「僕らのサウンドはナチュラルじゃなかった」とも認めている。オーディションの録音テープは、計一五曲、時間にして三五分ほどだったが、ジョンはほぼすべての曲に弱点があったことを認めざるを得なかった。

ジョンの歌声は正気を失った人のようだったし、ポールの声は女性のように聞こえた。唯一、完

壁主義のジョージはなかなかいい演奏をしていたが、ピートは悲しいかな、あまりにも凡庸なドラマーだった。しかもピートは、ステージでの存在感も致命的に欠けていた。アイコンタクトも笑顔もなく、ただうつむいてドラムを叩くだけだったのだ。

ピートには、デッカからの返事さえすぐには知らされなかった。ジョンたちは、ビートルズのメンバーとしてやっていくことに対してピートがどれほど真剣なのか、測りかねていたのだ。

「少なくとも、BBCには気に入られたみたいだな」と、ジョージが言った。ブライアンが、BBCラジオの「ヒア・ウィー・ゴー」という公開収録番組の仕事を取ってきたのだ。

彼らの演奏は、番組内の「ティーンエイジャーズ・ターン」という三〇分のコーナーで放送されることになっていた。ギャラは良かったし、何より何百万という数のリスナーの耳にビートルズの音楽を届けるチャンスだった。

ジョンたちは、新調したモヘアのスーツに真っ白なシャツ、細いネクタイといういでたちで収録現場に到着した。パンツは細身で、足元はヒール付きのチェルシー・ブーツ。髪型はそれまでのようなポマードで固めたオールバックではなく、前髪をまっすぐ前に梳かしつけた「モップ・トップ」という見慣れないスタイルになっていた。

最初にこの髪型に挑戦したのは、スチュだった。彼のオールバックに辟易した婚約者のアストリッド・キルヒャーが、カットしたのだ。それを見たジョージがひどく気に入り、同じようにしてくれとアストリッドに頼んだ。ポールとジョンは、しばらくは疑わしげにそれを見ていた。

12

アストリッドの記憶によれば、ジョンはつねに物事を斜に構えて見るようなところがあった。

「だから、たかだかヘアスタイルのことでさえ、最初はゲラゲラ笑い続けていたわ。でも最後には、自分も同じ髪型にするって言い出したの。それがジョンという人よ。いつもそんな調子だった」

最終的に、ピートだけがポマードで塗り固めたスタイルを貫いた。

それについて、アストリッドはこう言っている。

「ピートは髪がカールしていたから、どちらにしてもあの髪型にはできなかったの」


ルックスはぶっ飛んでいたが、ビートルズはBBCのステージで品行方正に振る舞った。演奏したのは、「ハロー・リトル・ガール（Hello Little Girl）」、チャック・ベリーの「メンフィス・テネシー（Memphis）」、ロイ・オービソンの「ドリーム・ベイビー（Dream Baby／How Long Must I Dream）」、そしてマーヴェレッツの「プリーズ・ミスター・ポストマン（Please Mr. Postman）」の四曲だ。

二五〇人の観客は若者ばかりで、ビートルズの演奏に歓声と手拍子で応えて盛り上がった。演奏を終えてステージを降りたジョンは、満足感に浸っていた。特に「メンフィス」の歌唱は上出来だったし、「プリーズ・ミスター・ポストマン」でモータウン・サウンドを英国の音楽ファンに届けられたことがうれしかった。

前年の夏、ボブ・ウーラーは『マージー・ビート』に寄せた記事の中で、「ビートルズは、歓声の主原料」と書いた。そして実際にその夜、ビートルズが最後の曲を歌い終えるころには、会場にいた女の子のほぼ全員が歓声をあげていた。

ピートが、「放送は僕の家で聞こうよ」と提案した。

反対する者はいなかった。

ピートの母モナが持っているラジオ付きレコード・プレーヤーのラジオグラムが、一番良質の
ＦＭモノラル電波を受信できるからだ。

ラジオを通して聞く自分たちの音楽は、最高だった。

ジョンたちは、ピートの家のリビングでぴょんぴょん跳ね回った。

普段は無表情なピートさえ、興奮を抑えることができなかった。

「僕たちは、ただのレコーディング・スターじゃない」とピートが声をあげた。

「ラジオ・スターだ！」

13

人生はとても短い
――「恋を抱きしめよう〈We Can Work It Out〉」

ブライアン・エプスタインは、すっかり意気消沈していた。ロンドンの音楽エージェントたちを相手に、ひどく苦戦していたのだ。彼はボブ・ウーラーに、「ビートルズなんて名前には意味がないから、名前を変えろ、と言われるんだ」と打ち明けた。

ボブは、この考えに反対だった。ビートルズにはすでに地元のファンが大勢ついているというだけでなく、短い名前のほうが有利だ、と言うのだ。「ポスターに載せるとき、短い名前のほうがでかい文字で印刷できるだろ」というのが、ボブの言い分だった。

ジョンはブライアンに苛立ち（いらだち）を募らせ、彼がマネージャーとしての仕事をせずに、自分たちにすべてやらせていると言って責め立てた。ただし、それが事実でないことはジョン自身にもわかっていたのだ。その証拠に、いったん興奮が収まると、「ちゃんと頑張ってくれているのはわかってるよ」と言ってブライアンを安心させた。

後年、ジョンはこのころのことを、「とにかく僕たち対やつらっていう構図だったんだ」と振り返っている。

だがその後も、ブライアンが話を持ちかけるレコード・レーベルはひとつ残らずビートルズとの契約を断ってきた。一九六二年の三月ごろになると、ビートルズのメンバーもさすがに希望を失いかけていた。

「ちくしょう。これからどうすればいいんだ？」とポールはつぶやいた。

彼らにできることといえば、演奏し続けることだけだった。

続く四月と五月、ビートルズは再びハンブルクに渡ることになる。ブライアンが前回の強制帰国に関わる問題を見事に解決して、ハンブルクで一番のロック・ライブ・ハウスであるスター・クラブでの仕事を取ってきたのだ。

今度こそ本物の主役としてステージに上がるんだ、と、四人は奮い立った。

一九六二年四月十日、ジョン、ポール、ピートの三人は、マンチェスターからハンブルクに飛んだ。翌日、後発の便でやってきたブライアンとジョージを迎えに、ハンブルク空港に戻った三人は、到着ターミナルでスチュの婚約者のアストリッドと、友人のドイツ人クラウス・フォアマンの姿を目にして驚いた。

「やあ、スチュはどこだい？」とジョンが声をかけた。

アストリッドが答えた。

「スチュは死んだわ、ジョン」

❖　❖　❖

13

アストリッドが何を言っているのか、ジョンにはわからなかった。

「彼は『ウソだ、ウソだ、ウソだ！』と言って、手を振り回し始めたわ」と、のちにアストリッドはその日のことを回想している。

たしかにスチュは、ジョンによこした手紙の中でも、最近リバプールに帰省したときにも、ひどい頭痛に悩まされているとこぼしてはいた。

だが、彼はまだ二一歳だったのだ。あいつが死ぬなんてことが、あっていいのか？

「ポールは慰めようとしてくれたわ。私の肩に腕を回して、『本当に残念だよ』と言ってくれてね。ピートは泣きじゃくっていた。座り込んで、涙が涸れるまでただただ泣いていたわ。ジョンは、ヒステリーを起こしていた」と、アストリッドは語っている。

「ジョンがベンチに座って背中を丸めて、震えながら体を前後に揺らしていたのを覚えているわ。この知らせにどう向き合えばいいのか、だれにもわからなかった」

「同世代で死んだやつなんて、あのころはまだほとんどいなかった」とポールは振り返っている。

「僕たちはみんな、まだ若かったからね。死ぬのは年寄りだけだと思ってたんだ。だからスチュが亡くなったときは、本当にショックだった。それに、僕の場合は罪悪感も少し混ざってたんだ。僕とスチュの関係は、すごく良好って感じではなかったからね」

スチュのひどい頭痛の原因は、死後に明らかになった。脳内にできた血液塊が、徐々に大きくなっていたのだ。ジョンたちが知らせを受けた前日、スチュは重度のひきつけを起こし、脳内出血を起こして亡くなったのだった。

スチュの母、ミリーは、息子を引き取るために、ブライアンとジョージと同じ飛行機でハンブルク入りしていた。彼女はスチュの遺体とともにリバプールに戻ったが、ジョンたちはハンブルクにとどまった。

アストリッドはリバプールでの葬式から戻ると、ジョンとジョージを自分の家の屋根裏に連れていった。そこは、スチュが絵を描くのに使っていた場所だった。

「そこで、僕の写真を撮ってもらえないかな？」とジョンが聞いた。

アストリッドはカメラを用意し、その日の午後中、ジョンとジョージを撮り続けた。

何十年も後、アストリッドは自分が撮った写真を見ながら、ジョンが「少年のような、寂しそうな男」に見えたこと、一方でまだ一九歳だったジョージは、「しっかりとした強さのある顔つきで、ジョンに『これからは僕がきみの面倒を見るよ』と言っているようだった」ことを語っている。

「僕は、スチュを尊敬していたんだ」と、友を偲(しの)んでジョンは言った。

「あいつならいつも僕に本当のことを言ってくれるって、信頼していた」

ジョンはアストリッドと、とても長い時間をかけて語り合った。

13

人生のことや恋愛のこと、自分とスチュのこと、そして喪失のこと。

「ジョンは、だれかに去られるのはスチュで二人目だ、と言っていたわ」とアストリッドはのちに明かしている。

「最初はお母さんが去って、今度はスチュだって。それが、彼の怒りの根底にあるものだったと思う。愛した人が、いつも自分のもとを去ってしまうってことが」


同時に、ジョンはきわめて現実的な面も持っていた。

「きみは、決めなきゃいけない。スチュと一緒に死ぬのか、自分の人生を生きるのか」と、ジョンはアストリッドに告げた。

「正直になって、心を決めるんだ。ずっと泣いているわけにはいかないよ、前に進まないと」

それこそが、ジョンがいつもしてきたことだった。


だが、ジョンの喪失の哀しみは、別の形をとって表われた。

ジョンは酒を浴びるように飲み、「プレリー」と呼ばれる薬を大量に飲むようになった。

プレリーは、当時ドイツで販売されていたダイエット薬、プレルディンのことで、興奮作用があった。ハンブルクでビートルズのミュージシャン仲間だったロイ・ヤングは、「ジョンは薬を大量に飲んでいて、眠ろうとしても文字通りまぶたを閉じることもできなかった」と回想している。

ジョンは、ある夜は便座を首から下げた姿でステージに上がったり、また別の夜には逮捕され、保釈されるはめになったりした。そして、リバプールに残してきたガールフレンドのシンシアに頻繁に手紙を書く一方で、毎日取っ替え引っ替えいろんな女の子と遊んでいた。

ジョンが自分を守るために使う常套(じょうとう)手段は、ユーモアだった。

四月十三日金曜日、スチュが亡くなったわずか数日後に、ビートルズが初めてスター・クラブのステージに立ったとき、クラウス・フォアマンは観客席から彼らを見ていた。

「ジョンは掃除のおばさんのような格好でステージに登場した」と、クラウスはのちに回想している。ジョンはステージを歩き回りながらマイクを倒し、ポールやジョンの体を掃除する真似をして、ピエロのような派手な見せ物をやってみせた。

「クラブにいた客は笑っていたよ。彼らは、スチュが死んだことを知らない。スチュの存在すら知らないやつらだった。見ていて、背筋がゾクッとしたよ。でも、あれこそまさに、ピエロの仕事だった。悲劇に喜劇を持ち込むんだ」

フォアマンは、こうも言っている。

「腹の皮がよじれるほど可笑(おか)しかったよ」

❖ ❖ ❖

一九六二年、五月九日。

ジョージが電報を振り回しながら、興奮に目を見開いて部屋に駆け込んできた。

13

「レコード契約が取れたぞ！」

おめでとうボーイズ
ＥＭＩからレコーディングの要請あり
新曲を練習されたし

「ボーイズ」は、すぐさま返信した。

［ジョン：］いつ大金持ちになれる？
［ポール：］印税前金として一〇〇〇〇ポンド送金されたし
［ジョージ：］新品のギター四台注文よろしく

特に重要だったのが、「新曲を練習されたし」という文言だった。普通このような場合には、レコード会社が曲を選ぶのが常だったが、今回ビートルズは、オリジナル曲を収録できるのだ。
議論の末、ポールとジョンは、初期の曲の中で最も出来のいい「ラヴ・ミー・ドゥ（Love Me Do）」を練り直すことにした。
まずは、曲のキーをGに変えてブルージーな要素を強く打ち出す。そして、最近発売されたばかりの「ヘイ！ ベイビー（Hey! Baby）」に影響されたジョンが、みんなの賛同を受けて、ハーモニカのパートを入れることになった。

さらに、ピートはテンポに変化をつけるスキップ・ビートを取り入れようと提案した。予想外の案だったが、演奏してみると効果は抜群だったので、ジョンとポールはこれを採用することにした。

一週間後には、新曲がさらに二曲完成していた。「アスク・ミー・ホワイ（Ask Me Why）」と、「P．S．アイ・ラヴ・ユー（P.S. I Love You）」だ。

こうして、六月二日土曜日にハンブルクからリバプールに戻るころには、EMI傘下のレーベルであるパーロフォンでのレコーディングに向けて、レノン＝マッカートニーによる新曲が三曲完成していた。

レコーディングの本番まで、四日を切っている。

やるべきことは、山ほどあった。

14

たかがロックンロール、だけど俺は好きなのさ
──「イッツ・オンリー・ロックン・ロール〈It's Only Rock 'n' Roll (But I Like It)〉」

それから三日間、ビートルズは猛然と練習を重ね、六月五日火曜日にロンドンに向けて旅立った。翌六日の夕方、彼らはアビイ・ロードにあるEMI第二スタジオの巨大な空間に、持参した使い古しの機材を運び込んだ。

スタジオには、「クリケットの試合で使うみたいな、どでかい真っ白なついたてがどーんと立っていた」とポールは回想している。「長い階段を登ると、コントロール・ルームがあるんだ。そこはまるで偉大な神様たちが住む『天国』で、僕らは下界の住人、という感じだった。それはそれは緊張したよ」

ポールはこのとき、心の中でビートルズが暗黙のうちに守ってきた秘密がバレないことを祈っていた。「じつは、僕らはだれ一人として、譜面を読むことも書くこともできなかったんだ。僕らのやり方は、口笛だった。ジョンが僕に向かって口笛を吹いて、僕が吹き返す、っていう風にね」

その日、ビートルズはパーロフォン側が選んだ四曲を録音することになっていた。「ベサメ・

ムーチョ（Besame Mucho）」と、「ラヴ・ミー・ドゥ」、「P．S．アイ・ラヴ・ユー」、「アスク・ミー・ホワイ」のオリジナル三曲だ。

研究者のような白い上着を着たレコーディング・エンジニアたちに、始める時間だぞと声をかけられたとき、彼らの緊張は頂点に達した。

四人は互いに顔を見合わせ、心の中でこう思った。

「僕たち対やつら。リバプール対ロンドンだ」

そして、赤い録音ランプが灯った。

❖　❖　❖

その日、テープ・レコーダーの操作を担当していたのは、クリス・ニールという男だった。ビートルズが最初の二曲を演奏し終わると、ニールはバランス・エンジニアのノーマン・スミスのほうを見やってこう言った。「大したことないな」

スミスはこう答えた。「おい、下の食堂に行って、ジョージを連れてこいよ。彼の意見を聞いてみよう」

ジョージとは、パーロフォンのトップ、ジョージ・マーティンのことだ。

このころ、ＥＭＩの出版部門であるアードモア＆ビーチウッドは、将来的に利益をもたらしそうな曲の著作権を手に入れるべく躍起になっていた。それを受けて、ＥＭＩのスーパー・スターだったクリフ・リチャード＆ザ・シャドウズ並みの金をもたらす存在にビートルズを押し上げることが、当時のマーティンの目論見だった。

のちにマーティンは、次のように説明している。

「当初は、そんな具合に考えたよ。メンバーのうちだれか一人をリード・シンガーにできないかってね。でも実際に彼らに会ってみて、これは計画通りにはいかないぞと気づいた」

マーティンはコントロール・ルームに入り、ビートルズの演奏する「ラヴ・ミー・ドゥ」に耳を傾けた。

スミスの主な懸念は、彼らの使っている古ぼけた機材だった。

「あいつらの機材から聞こえるのは、大量のノイズとブンブンいう機械音、それからなんだかさっぱりわからない音だけだ」

マーティンは、ポップ・ミュージックにはあまり関心がなかった。だが、自身もクラシック音楽の演奏者である彼には、「ラヴ・ミー・ドゥ」の問題点が即座にわかった。

アレンジメントだ。

❖ ❖ ❖

背が高く、身なりの整った三十代の男性がスタジオに入ってくるのを目にして、リバプール出身の若者四人は、演奏をやめて気を付けの姿勢で立ち尽くした。男は、赤い馬の模様が入った黒いネクタイを締めている。

彼は四人に歩み寄ると、「パーロフォンのヘッド、ジョージ・マーティンだ」と自己紹介した。

マーティンのてきぱきした英語のアクセントは、彼の思惑通り、相手を威圧する効果を発揮した。といってもじつは、彼は上流階級の出身でも何でもなかった。

挨拶が済むと、マーティンは「ラヴ・ミー・ドゥ」についていくつか改善したい点がある、と告げた。そしてまず、ジョンがサビの部分を歌いながら同時にハーモニカを吹くのは無理だ、と指摘した。

「別のだれかが『ラヴ・ミー・ドゥ』のところを歌わなきゃダメだ。さもなきゃ、歌のタイトルを『ラヴ・ミー・プァー』に変えなきゃいけなくなる。ポール、きみが『ラヴ・ミー・ドゥ』の部分を歌ってくれないか?」

さらに、ジョージ・ハリスンはエレキ・ギターをアコースティック・ギターに持ち替えることになった。

マーティンがコントロール・ルームに戻る。

ビートルズは、「ラヴ・ミー・ドゥ」を頭から演奏し始めた。

ポールにとって、重大な瞬間が訪れた。

「すべての音が消えて、バッキングもなし。スポットライトが当たるのは、僕だ」

ポールはマイクに顔を近づけながら思った。

ジョージ・マーティンは、彼らの様子を見つめ、耳を澄ました。

ポール・マッカートニーの声が震えている。

何度テイクを取り直しても、震えは止まらなかった。

「拷問のような二〇分だったな」と、ため息をつきながらスミスが言った。

だがなんといっても一番の問題は、ドラマーの腕前が標準以下という点だった。

「あいつは使えない」とプロデューサーのロン・リチャーズが言った。

「ドラマーを代えないとダメだ」

マーティンもうなずいた。

「彼らに、コントロール・ルームに来るよう伝えてくれ」

❖ ❖ ❖

ビートルズの四人は、言われるまま狭いコントロール・ルームに体を押し込み、なんとか立つ場所を見つけた。小さな部屋に、タバコの煙が立ち込めている。彼らは、見慣れない最新の機材を穴の開くほど見つめた。

マーティンは、たったいま録音したテープを四人に聞かせた。曲が終わり、部屋が静寂に包まれる。最初に口を開いたのは、ピートだった。「いいと思うな」

マーティンは首を横に振り、問題点を次々に挙げ始めた。

エンジニアのケン・タウンゼンドによれば、このとき四人はマーティンから、「ずいぶんな説教をくらっていた」という。

そしてノーマン・スミスいわく、「彼らは、何も言い返さなかった。一言もだ」

話を終えたマーティンが、問いかけた。

「いいか、ずいぶん色々と言わせてもらったけど、きみたちは一言も発してない。何か気に入らないことでもあるのか？」

気まずい沈黙が続いた後、ジョージがのんびりとした口調で言った。

「そうだな、まず、あんたのネクタイが気に入らない」

マーティンはこの侮辱に鼻を鳴らした。

張り詰めた空気が永遠に続くかと思われた、そのときだった。

ビートルズのメンバーが、笑い出した。

マーティンも、つられて笑う。

まさか彼らに笑わされることになるとは思ってもみなかったが、マーティンはクラシック音楽の次にコメディが大好きだった。笑いこそ、気まずい空気をほぐし、大惨事にもなり得る状況を救ってくれるものだ。

リバプールからやってきた若者たち――少なくとも、ジョンとポールとジョージは、それから二〇分のあいだ、スタジオにいた全員を、笑いの渦に巻き込んだ。

一方ピートはというと、いつも通りスタジオの隅で黙っていた。

ビートルズがスタジオを去るころ、ノーマン・スミスは笑いすぎて流れ出る涙を拭きながら、

「やれやれ！　あいつらのこと、どう思います？」とマーティンに尋ねた。

ジョージ・マーティンは、のちにこう話している。

「たしかに、彼らにはずば抜けた才能があると感じたよ。でもそれは音楽の才能というより、彼らの持つカリスマ性だった。彼らと一緒にいると、満ち足りて幸せな気分になるんだ。音楽は、二の次のようなものだった」

「僕をこんな気分にさせるのなら、観客にも同じ効果があるに違いない」とマーティンは思った。

15

恋心は隠しておかなくちゃ
――「悲しみはぶっとばせ〈You've Got to Hide Your Love Away〉」

リバプールに戻ったビートルズは、ある一人の人物と向き合う覚悟を固めようとしていた。その人物とは、ビートルズの一員、ピート・ベストだった。

ジョンとポール、ジョージの三人は、ピートをクビにするというつらい仕事をブライアンに頼むことにした。ジョージはのちに、こう認めている。

「僕らは感情的な面をうまく扱うことができなくて、ブライアン・エプスタインのところに行って『あんたがマネージャーなんだから、やってくれよ』と頼んだんだ」

ブライアンはこの知らせを聞いて動揺した。

「ピートをクビにすべきじゃないと思う」と、ブライアンは主張した。

だがほかの三人は、ピートにはすでに十分チャンスを与えたと感じていた。

当時リバプールで活動していたあるドラマーは、一九六二年のある午後、キャバーンでのランチタイム・セッションの後に、マンドリン・クラブでポールとピートを見かけたときのことをこう回想している。

15

「ポールはピートに、ある曲で使いたいドラムのパターンを教えようとしていたんだ。ピートは言われた通り叩こうとするんだけど、うまくできないみたいだった」

「ピートはもはや、僕らの足かせになってしまっていた」とポールは振り返る。

「どうするべきか……彼は素晴らしいドラマーだっていうフリをして、ごまかし続けるべきなのか？　でも、ピートの腕前が僕らの期待にかなわないことは、あまりにもはっきりしていたんだ」

「代わりのドラマーの候補はいるのか？」

「リンゴだ」とジョンが答えた。

「リンゴは音が大きすぎる」とブライアンが返す。「僕は嫌だな」

「でも僕らは・・・リンゴがいいんだ」

ジョンは、なぜビートルズにはリンゴが必要なのか、理由を並べ立てた。リンゴがいると、ステージの上でもそれ以外でも、これでビートルズは完全なグループだ、と感じられる。それに、リンゴのほうもビートルズに興味を持っているようだ。

「ピートの代わりに、リンゴを入れる」

ジョンは宣言した。ジョンたち三人は、リンゴこそ、ビートルズをより良いバンドにするための鍵となる存在だと信じていた。

一九六二年、八月十六日、ＮＥＭＳのオフィスでバンド・ミーティングが開かれた。

だが、現われたのはブライアンとピートの二人だけで、ジョン、ポール、ジョージの三人は姿を見せなかった。

『マージー・ビート』にのちに掲載された記事によれば、ピートは「友好的に」バンドを去った、とされている。だがそれは、真実とは程遠かった。

ピートにしてみれば、二年近くも続けたバンドがレコード契約を摑んだ瞬間に、マネージャーから突如クビを告げられたのだ。彼が受けた傷は、深かった。

「ビートルズがこれからいろんな土地に行くことも、ヒット・チャートに名前が載るようになることも、わかってた。それが実現する寸前に放り出されて、僕は大きなショックを受けた」と、ピートはのちのインタビューで語っている。

「しかもクビを告げられたとき、その場にほかのメンバーがいなかったことで、さらに傷ついた。残酷で不誠実なやり方だったよ。僕は首の周りに重りを巻きつけてピア・ヘッド〔リバプールにある埠頭〕から飛び降りなくてはいけないような気分だった」

❖　❖　❖

一九六二年八月十八日、リンゴ・スターは自分のドラム・セットをキャバーン・クラブに運び込んだ。これから、二時間のリハーサルが始まるのだ。

ジョンはすぐに、リンゴの外見ががらりと変わっていることに気づいた。彼は髭を剃り落としただけでなく、髪型もジョンたちと同じスタイルに変えていたのだ。それは、ピートが決してやろうとしなかったことだった。

ジョンは最初からリンゴが好きだったし、じつを言えば、尊敬の念さえ抱いていた。

ジョンもリンゴも、機転がきき、臆せずにものを言う性格だったし、愚鈍なやつには我慢がならないというたちだった。どちらも父親がいない家庭で育ち、酒と女の子とユーモアを愛し、何であれ自分の身に起きることを楽しもうとする姿勢も似ていた。リンゴはきちんとした教育はほとんど受けていなかったにもかかわらず、知性に溢れていた。頭が切れるのだ。

ジョンはのちに、リンゴに対して少し気後れしていたことについて、あるジャーナリストにこう語っている。

「リンゴはほとんど教育を受けていないのに、いろんなことに対して意識が高いんだ。こっちは、二歳のころからずっと学校に通っている身だ。なんとも落ち着かない気分だったよ」

リハーサルは驚くほどうまくいき、四人は最高に楽しい時間を過ごした。

彼らの相性は、完璧だった。

「リンゴが入ったことを、僕らはみんなとても喜んでいた」と、ジョージがのちに語っている。

「あの瞬間から、僕らは前に動き出した。ビートルズは、次なる次元へと進んだんだ」

ただし、ファンの中にはそう思わない者もいた。

ピートは地元のファンに愛されていたので、クビになったという知らせはすぐにリバプールの音楽シーンを駆け巡った。その週の日曜日、ビートルズがキャバーン・クラブに出演するころには、客はうわさでもちきりだった。しかもファンの多くは、ほかのメンバーがピートに嫉妬したことがクビの原因だ、と信じているようだった。

ビートルズがステージに立つと、客席からは「ピート・ベストは永遠（フォーエバー）！　リンゴは退場（ネバー）！」というヤジが上がった。

「ピートは女の子たちに大人気だったんだ」とリンゴはのちに語っている。「でも僕はといえば、痩せた髭もじゃの、みすぼらしい男だろ。ブライアンだって、僕を入れることに反対だった。僕には個性がないと思ってたんだ。だいたい、せっかくハンサムなやつがいるのに、なにもわざわざブサイクな男を入れる必要ないだろ、というわけだ」

ブライアンは、これで自分は「リバプールいちの嫌われ者」だ、と宣言した。


その三日後、ローカル・テレビ局であるグラナダ・テレビの撮影隊が、ビートルズのランチタイム・セッションを収録するためにキャバーンにやってきた。

ビートルズがテレビ・カメラの前に立つのは、これが初めてだった。

その日、ビートルズの演奏に観客は熱狂した。リンゴを迎えた彼らのサウンドはよくまとまっていて、四人は最高の時間を過ごした。無愛想なピートとは違い、リンゴはいつも笑顔だったし、演奏しながら声をあげて笑ったりもした。

この日撮影された映像には、大喝采（だいかっさい）を浴びるビートルズの姿が映っている。ただし、テイクの合間には「ピートを出せ！」というファンの叫び声も聞こえた。

じつはその日、ピートはそこにいたのだ。彼は客席で、ビートルズの演奏を聞いていた。

ピートは何年も後になって、「こっそり忍び込んで、こっそり出ていった」ことを自叙伝の中で明かしている。

「少し時間が経てば、ファンもリンゴの存在に慣れるだろう」とジョンは思っていた。

それに、そもそもいまの彼にはピートのファンの反応を気にしている余裕などなかった。

ジョンは明日、結婚するのだ。

❖ ❖ ❖

「若すぎるわ！」

ミミの声がキッチンに響き渡る。

「シンが赤ん坊を産むんだ。明日結婚することにしたけど、式に来る？」と、突然ジョンに告げられたのだ。

その翌朝、ジョンと、長年のガールフレンドであるシンシア・パウエルは、戸籍登記所で結婚の誓いを述べ合った。立会人はポールとジョージ、新郎付添人はブライアンだった。

登記所の建物を出ると、外はどしゃぶりの雨だった。

何もかもがまるで夢の中の出来事のように思えて、彼らは笑い転げた。

16

一〇人の人にこうしろと言われることが、僕にはできない
——「ドック・オブ・ザ・ベイ〈(Sittin' on) The Dock of the Bay〉」

ブライアンが、一枚のアセテート盤レコードをジョンに手渡した。

「これは何だ？」

「EMIから出るきみたちのファースト・シングルだ。火曜日にもう一度スタジオに入って、この曲を録音することになった。ミスター・マーティンは、この曲ならナンバーワンが取れると言ってる」

ビートルズのメンバーはブライアンの店に集まり、渡されたレコードを聞いてみた。それは「ハウ・ドゥ・ユー・ドゥ・イット（How Do You Do It）」という甘ったるいポップ・ソングで、四人はまったく気に入らなかった。

ポールはレコードを掲げてみせて、苛立ちを隠さずに言った。

「なあ、こいつをどうすりゃいいんだ？」

彼らは、曲をアレンジしてみることにした。

キャバーンでのライブを再開したビートルズは、そこで自分たちのオリジナル曲も歌うようになった。九月三日月曜日、ロンドンでのレコーディングの前日には、ジョンの書いた「プリーズ・プリーズ・ミー（Please Please Me）」がお披露目された。

❖ ❖ ❖

そして、一九六二年九月四日火曜日、午後二時。ビートルズは再び、アビイ・ロードのスタジオに足を踏み入れた。ジョンも、ほかのメンバーも、前回よりはずっと不安が少なかった。なんといっても今回は、ちゃんとしたドラマーがついているのだ。

「こんなにうまくいくなんて、夢みたいだ。僕がポールを誘って、ポールがジョージを誘って、ジョージがリンゴを連れてきた」とジョンは思った。

「プリーズ・プリーズ・ミー」のリハーサルをしていると、コントロール・ルームからジョージ・マーティンが下りてきた。

マーティンはまずリンゴのほうを向くと、「ドラムを少しトーン・ダウンして」と告げた。

息の詰まるような沈黙が訪れた。マーティンは、さらにたたみかけた。

「テンポをいまの二倍にすれば、なんとか使える曲になるかもしれないな」

とはいえ、その日のレコーディングの目的は「プリーズ・プリーズ・ミー」ではなく、「ハウ・ドゥ・ユー・ドゥ・イット」を録音することだ。二テイクとも精一杯の演奏をしたが、やはりこの曲はどうしても気に入らない、と四人は感じていた。

「自分たちの曲がやりたいんだ」とジョンが口火を切った。

「どこかのだれかが書いた、ヤワな曲なんかじゃなくね」

マーティンはジョンのこの要望に対して、挑戦を突きつけた。

「いいか、ジョン。もしきみたちがあの曲と同じくらいいい曲を書いてきたら、レコーディングさせてやろう」

これで、この問題はかたがついたかに思われた。

ところが数日後、リバプールに戻っていたビートルズに、ブライアンを通してマーティンから「もう一度スタジオに来るように」という伝言が届けられた。

「ビートルズのファースト・シングルは、『ラヴ・ミー・ドゥ』だ」というのだ。

四人にとって、願ってもいない知らせだ。

こうなったらやるべきことは、これが正しい選択であることを証明するだけだ。

とはいえ、「ハウ・ドゥ・ユー・ドゥ・イット」を推したジョージ・マーティンの選択も、決して間違ってはいなかったことがのちに証明された。数カ月後にジェリー&ザ・ペースメーカーズがこの曲をリリースすると、初登場でチャート一位に輝いたのだ。

17

僕たちは、世界を変えたいだけ
――「レボリューション〈Revolution〉」

一九六二年十月五日、金曜日。

「ラヴ・ミー・ドゥ」が発売された日、ジョンはミミにレコードをかけて聞かせた。

「ミミ、どう思う?」

「これで名前を売り出せると思ってるなら、大間違いよ!」とミミは答えた。

「僕は有名になるって言ったろ」とジョンが返す。

ミミは、「私がいつも心配しているのはね、ジョン、あなたが有名というより、悪名を馳(は)せるようになるんじゃないかってことですよ」と切り返した。

幸い、ミミ以外のリバプールの住人たちの反応は、好意的なものだった。

後年リンゴは、「リバプール中の人が、町をあげてレコードを買いにいったんだ。みんな、いっせいにね」と誇らしげに回想している。

リバプールのファンたちは、忠実で、人数も多かった。あまりにも多くの人がレコード店に押しかけたので、ブライアンが売り上げ枚数を稼ぐために自腹で一万枚のレコードを買い占めたのだ、というわさがたちどころに流れたほどだった。

「リバプールでは、発売から二日間ですごい数のレコードが売れた。町の連中はみんな、僕らが成功するのをいまかいまかと待ってたからね。でもロンドンの販売業者たちは、イカサマだと思ったらしい」とジョンは説明している。

「みんな、『あのエプスタインとかいう男が買い占めてるんだ』と思ったそうだ。でも、そんなことはしていないよ」


買い占めこそしなかったものの、ブライアンはビートルズのプロモーション活動をフル回転で進めていた。パーロフォンはほとんど宣伝活動をしてくれなかったので、その分ブライアンが走り回ったのだ。その結果、「ラヴ・ミー・ドゥ」は『レコード・リテイラー』誌のトップ五〇にぎりぎり潜り込み、四十九位を獲得した。

次にブライアンは、ビートルズにとって長年のアイドルであるリトル・リチャードとのコンサートの仕事を取ってきた。一九六二年当時のリトル・リチャードは、五〇年代に見せた強烈な個性は影を潜めつつあったものの、いまもビートルズにとって憧れの存在だった。

ジョンはこのときのことを、「崇拝のあまり、体が固まって動かなかった」と思い返している。一方でリトル・リチャードのほうは、ポールとジョージについては「感じがよかった」と振り返っているものの、ジョンにはあまりいい印象を抱かなかったようだ。

だが彼らの音楽のこととなると、リトル・リチャードは正真正銘ビートルズの大ファンだった。

17

彼は、『ニュー・ミュージカル・エクスプレス』誌のインタビューで、アラン・スミスの質問に答えてこう語っている。

「ビートルズの連中は、そりゃあ素晴らしかったよ。もし彼らを実際に見ていなかったら、白人が歌っているなんて思いもしなかっただろうね。彼らの音楽は、本物の黒人のサウンドだった」

❖
❖
❖

自分のバンドのデビューとほぼときを同じくして、音楽界全体に革命が起きようとしていたとは、このときのジョンは知る由もなかった。

「ラヴ・ミー・ドゥ」がリリースされたのと同じ日に、ビーチ・ボーイズのデビュー・アルバム『サーフィン・サファリ』がＥＭＩから発売された。

同じころ、海の向こうのニューヨークでは、アメリカ人評論家のナット・ヘントフが『ＮＭＥ』の週刊コラムで「アメリカのシティ・フォーク・シンガーの中で最も衝撃的」と評した二一歳のボブ・ディランが、西四十三丁目のタウン・ホールで演奏していた。

そのわずか数カ月前、イラン出身のフェリ・アスガリという名の若い学生が、ロンドン西部の地下にあったイーリング・クラブというライブ・ハウスで、週に一度のＲ＆Ｂナイトを始めた。クラブは瞬く間にロンドンで最もホットな店のひとつとして知られるようになり、そこで演奏するＲ＆Ｂミュージシャンたち――中でも、ブルース・ギタリストのアレクシス・コーナーとシリル・デイヴィスは、人々の喝采の的となった。

そして四月、コーナーはこの店で、若きR&Bファンのブライアン・ジョーンズを、ロンドン・スクール・オブ・エコノミクスに通う一九歳の学生だったミック・ジャガーと、その友人キース・リチャーズに紹介した。

こうして、ロック史の輝かしい一時代が始まろうとしていた。

ビートルズ、ビーチ・ボーイズ、ボブ・ディランがデビューを飾るのとちょうど同じころ、ジョーンズ、ジャガー、リチャーズの三人がローリング・ストーンズを結成し、サリー州で彼らの十回目のライブを演奏していた。

ミック・ジャガーは当時を振り返って、こう言っている。

「あのころストーンズは、ロンドンの小さなクラブで演奏してた。チャック・ベリーの曲や、ブルースなんかを演ってたんだ。そして、自分たちのことを完全に唯一無二の生き物で、ほかに僕たちみたいなやつはいないと思っていた。そんなとき、リバプールから来たバンドの話を耳にしたんだ。長髪で、薄汚れた服を着てて、レコード契約も済んでいる。そしてブルージーなハーモニカの入った『ラヴ・ミー・ドゥ』という彼らの曲は、ヒット・チャートにも入った、とね。それを聞いて、そのひとつひとつの要素の組み合わせに、僕は吐き気を覚えるくらい衝撃を受けた」

ビートルズとローリング・ストーンズは、よく同じクラブで演奏していた。ある夜、ミック・ジャガーは、揃いのスウェードのコートを身にまとった四人の姿を目にした。

「何だありゃあ！　僕もあれと同じコートが欲しい」とミックはつぶやいた。「僕も、ああいうロング・コートを手に入れなきゃ。でもそのためには、金を稼がないとな」

「ラヴ・ミー・ドゥ」はヒット・チャートを上昇し続けていた。

ビートルズは、いままさに表舞台に出ようとしていたのだ。

❖　❖　❖

「ラヴ・ミー・ドゥ」は、『レコード・リテイラー』のチャートで四十六位につけた。

次の週は、四十一位。そこから、さらに上昇を続けていった。

「その朝は家に一人でいたんだ。それで、『NME』を見たら、僕たちが二十七位に入っていた。興奮で頭がぼうっとなったね」と、ポールはのちに語っている。

「『あったぞ！　僕らの名前が載ってる！』ってね。体が震えたよ」

チャートに載るということは、紛れもない成功の証（あかし）だ。

「二十七位になったときは、まさに最高の気分だった」

それから二週間のあいだ、ビートルズはまたしてもハンブルクに出かけなくてはならなかった。

四人は嫌がったのだが、ブライアンが有無をいわさず彼らをドイツに送り込んだのだ。

だが、遠征から帰ってきても、「ラヴ・ミー・ドゥ」は『NME』トップ三〇で二十七位を維持していて、ほかのチャートでも上昇を続けていた。

その年の十二月の末、四人は五度目の、そして最後のハンブルク遠征に出かけた。

ジョンはのちに、ハンブルクでの経験をこう描写している。

「行きは少年、帰りは老人」

❖　❖　❖

ジョージ・マーティンに会うためにロンドンに飛んだビートルズの四人は、彼の言葉を聞いて呆気（あっけ）に取られた。「アルバムを出すべきだと思うんだ」

しかも、ただのアルバムではない。ビートルズのオリジナル曲をフィーチャーするというのだ。

当時はまだ、シンガー・ソングライターという概念はほぼ存在しなかった。だがジョンとポールは、この機会を逃さずに掴むべきだと判断した。

問題は、クレジットをどうするかだ。作者として名前をクレジットされる者には、追加の収入が入ることになる。しかも、運が良ければ多額の金になる可能性さえあるのだ。

ポールはジョンに問いかけた。「ジョージに嫌な思いをさせたくないし、三人で曲を書いたほうがいいのかな？　それとも、いままで通りシンプルにいくべきかな？」

結局、ジョンとポールは二人で曲を書き続けることに決め、「レノン＝マッカートニー」という作曲デュオとしてやっていくことにした。ブライアンとのミーティングで、二人はこの計画を提示した。

「よし、それなら、『レノン＝マッカートニー』、『マッカートニー＝レノン』というように、その都度名前の順を入れ替えよう」とブライアンが提案し、名前の順は作曲への貢献の度合いによって決めることになった。ただし、この取り決めは一度も明文化されず、結局は「レノン＝マッカートニー」という表記がその後も使われ続けることになる。

ポールはこの表記について、「僕は気にしなかった」と言っている。

「ゴロもいいしね。『ロジャース&ハマースタイン』みたいなものさ。『ハマースタイン&ロジャース』じゃキマらないだろ」

その直後、ジョージはバンドの中のある変化に気づいた。

「ジョンとポールから、『流れ（グルーヴ）は僕らが作る。お前たちは見てればいい』という雰囲気を感じるようになったんだ」と、彼はのちに振り返っている。

十一月二十六日月曜日。ビートルズは、ＥＭＩ第二スタジオに戻り、「プリーズ・プリーズ・ミー」とB面の「アスク・ミー・ホワイ」を録音した。

今回のレコーディングは、もめごともなく順調に進んだ。「ラヴ・ミー・ドゥ」の成功に勇気づけられたジョンたちは、前回よりもさらにリラックスしてレコーディングに臨むことができたのだ。四人はセッションを楽しみ、ステージ上でいつも見せているような相性の良さをスタジオでも発揮することができた。

ジョージ・マーティンは、ジャーナリストのアラン・スミスに次のように語っている。

「僕がビートルズを好きなのは、素晴らしいユーモアのセンスを備えているからだ。そしてもちろん、才能もね。彼らと仕事をするのはとても楽しい。というのも、彼らは何事にも深刻になりすぎないところがあってね。もちろん能力は高いが間違えることもある。でも彼らはそれを笑い飛ばせるんだ。僕が思うに、彼らはショー・ビジネスの世界でかなりのところまでいくだろうね」

コントロール・ルームからマーティンが見守る中、ビートルズは与えられた三時間でシングル二曲を録音し終えた。

最後にマーティンがトークバックのボタンを押した。彼の上品な英語が、スタジオ中に響いた。

「諸君。きみたちの最初のナンバーワン・レコードが、たったいま完成したぞ」

18

僕は、何もわかっちゃいなかった
――「恋する二人〈I Should Have Known Better〉」

一九六三年を通して、ビートルズは各地へツアーに繰り出した。一月には、ジョージ・マーティンの予想通り、「プリーズ・プリーズ・ミー」がチャート一位に輝いた。そしてこの後、ビートルズの発表するシングルは、一二曲連続して一位を獲得することになる。

二月のある日、ビートルズは初のLPレコード『プリーズ・プリーズ・ミー』に収録するための残り一〇曲を、たった一日で録り終えた。

その中には、レノン＝マッカートニーによるオリジナル曲に加えて、彼らの大好きなアメリカのR＆Bも数曲入っていた。

そのうちのひとつが、前年にアイズレー・ブラザーズがヒットさせた「ツイスト・アンド・シャウト」だ（アイズレー・ブラザーズは後年、ビートルズの大ファンとなったリトル・リチャードの推薦で、ロックの殿堂入りを果たすことになる）。

ジョンはこの曲を、焼けつくように強烈な絶叫ボイスで歌い上げた。そのあまりの激しさに、周囲はジョンが声帯を痛めるのではないかと心配したほどだった。

「あの曲については、いつも苦々しく、恥ずかしく思っていた」とジョンはのちに告白している。「もっとうまく歌えたはずなんだ。いかにも、なりふり構わず必死に頑張ってるやつって感じになってしまった」

数十年後、ビートルズの「ツイスト・アンド・シャウト」は、『ローリング・ストーン』誌の読者投票で、ロック史に残るボーカル・パフォーマンス第三位に選ばれることになる。

ビートルズの四人は、アメリカの音楽シーンも制覇したいという野望を抱くようになっていた。だがそこには、逃れられない現実があった。それまでにアメリカで成功した英国のバンドは、ほぼ皆無だったのだ。

現地のチャートで一位を達成するまで、アメリカ・ツアーは行なわない、と、ジョンは心を決めた。のちにジョンは、アメリカのリスナーについてこう言っている。

「いったん彼らの心を摑んだら、完全に僕らのものにできることはわかってた。僕らは、新しかったからね」

だが、一九六三年九月、イリノイ州ベントンに住む姉のルイーズを訪ねたジョージが、気がひるむような情報をたずさえて帰国した。

「僕らは、アメリカでまったく知られていない。これは、簡単にはいかないぞ」

一方英国では、国民全員がビートルズのことを知っているかのようだった。

18

十月にビートルズがスウェーデンでのツアーを終えて帰国したとき、彼らをヒースロー空港で迎えたファンの数は、当時アメリカで大人気を博していたバラエティー番組の司会者、エド・サリヴァンを驚かせるに十分だった。この盛り上がりはアメリカの音楽市場でも通用する、と踏んだサリヴァンは、ビートルズを「エド・サリヴァン・ショー」に招待することにした。

さらに十一月には、ビートルズが英国王室の前で演奏することが決まった。エリザベス女王と皇太后から、毎年開かれる女王主催のチャリティー・イベントでのコンサートに出演してほしいと依頼があったのだ。

出演者のリストには、マレーネ・ディートリヒやバート・バカラックなどそうそうたる名前が並んでいて、コンサートには女王の妹であるマーガレット王女と、王女の夫であるスノードン伯爵も出席するとのことだった（女王本人は、エドワード王子を妊娠していたため出席しなかった）。

ロンドンのウェスト・エンドにあるプリンス・オブ・ウェールズ・シアターで開かれたこのきらびやかなコンサートは、ジョンの発したある一言によって、人々の記憶に確実に残るものとなった。

ジョンは、ステージの上でいたずらっぽい笑みを浮かべ、マイクに向かってこう言った。

「最後の曲では、みなさんにもご協力いただきたいと思います。安い席のかたは、手を叩いて。そのほかのかたは、宝石をジャラジャラいわせて」

不躾（ぶしつけ）な冗談ではあったが（ジョンは当初、「クソみたいな（ファッキン）宝石をジャラジャラいわせて」と言うつもりだとブライアンに告げていた）、観客はすっかり魅了された。

イベントの後、皇太后は「ビートルズは、たいへん魅力的でした」というコメントを残し、『デイリー・ミラー』紙は「ビートルズの賑やかな若者たちが、ロイヤル・バラエティー・パフォーマンスの中年の観客たちの首を振らせ、ティーンエイジャーみたいに『ビートル』させる様子を眺めるのは、じつに愉快だった」と報じた。

その年は、ビートルズにとってうれしいオマケ付きで幕を閉じた。

ロンドンの『イブニング・スタンダード』紙が、「一九六三年……ビートルズの年」と銘打ったのだ。

さらに、この年ビートルズは、ある記録も打ち立てた。一九六三年十一月二十二日、ケネディ大統領が暗殺されたのと同じ日、ビートルズのセカンド・アルバム『ウィズ・ザ・ビートルズ』が、ロックのアルバムとしては英国で初めて、一〇〇万枚の売り上げを達成したのである。

続く一九六四年一月十三日には、シングル「抱きしめたい（I Want to Hold Your Hand）」がアメリカで発売された。

その翌日、ビートルズはパリ・ツアーに旅立った。権威あるオランピア劇場で三週間にわたって演奏するのだ。パリに到着した四人は、高級ホテルのジョルジュ・サンクにチェックインした。

そんな四人のもとに、とあるフランス人のＤＪから、ボブ・ディランの二枚目のアルバム『フリーホイーリン・ボブ・ディラン』が送られてきた。

「パリにいた三週間、僕らはあのアルバムを聞き続けた」と、ジョンは振り返る。「僕らはみんな、ディランに夢中だったよ」

ジョンは、ディランがファースト・アルバムのカバー写真で被っているのとそっくりのレザーの帽子を持っていて「みんな、僕がディランの真似をしたって思うだろうな」と嘆いてみせた。

コンサートのチケットは完売となり、劇場は「ビートレ！　ビートレ！　ビートレ！」（「Beatles」のフランス語読み）と叫ぶファンの大集団に取り囲まれた。


当初、英国のマスコミは、「ビートルマニア」現象が英仏海峡を越えることにも、ましてや大西洋を越えることにも懐疑的だったが、一月十七日にある知らせが入ると、四人が泊まるホテルに記者たちがどっと押しかけた。

ビートルズの新しいシングルが、発売からわずか三日で二五万枚を売り上げたのだ。

同じ日、キャピトル・レコードからブライアン宛てに電報が送られた。

「『抱きしめたい』がアメリカでナンバーワンになった」

ロード・マネージャーのマル・エヴァンズによれば、ビートルズは彼ら流のどんちゃん騒ぎでこの知らせを祝った。

「何かうれしい出来事があると、彼らはいつもそんな具合だった。子どもみたいに飛んだり跳ねたりするんだ。彼らにとって、それまで経験した何よりも喜ばしいことだったからね。無理もないよ」

『デイリー・エクスプレス』紙のカメラマン、ハリー・ベンソンもそんな場面を目撃した一人だ。

ベンソンは二〇一九年のインタビューで、「ある朝、彼らの部屋に記者たちが招かれた。するとポールが、『このあいだの枕投げはすごかったよな』と言ったんだ」と回想している。

「僕はとっさに顔を上げて、『デイリー・メール』のカメラマンのほうを見た。こいつもいまの話を聞いていただろうか、と思ってね」

答えは、ノーだった。このおいしいネタを掴んだのは、ベンソンだけだったのだ。

「枕投げですって?」と、ベンソンは聞き返した。

「ジョンは周りを見回して枕を掴むと、ポールの後頭部を思い切り叩いた。試合の始まり、ってわけだ」

18

一九八〇年十二月六日

社会なんてものは僕にとってなんの意味もない。

あるとすれば、利用すべき道具としてだけだ。

マークは、ＹＭＣＡの建物を出て歩きながら考えていた。

他人はモノであり、僕の快楽の対象でしかない。

僕は、だれでも騙すことができる。

ジョン・レノンが世界中を騙したのと同じように。


ダコタ・アパートメントは、ＹＭＣＡからわずか数ブロックの距離だ。

通りを歩いていると、どちらを向いてもレノンの顔が目に入った。

『ダブル・ファンタジー（Double Fantasy）』の広告だ。

新聞の売店やレコード店、大きな看板などにレノンの顔が現われるたびに、マークは焦点を定めるようにそれを見つめた。あれが、僕の標的だ。

初めてダコタの前に立ったときは、圧倒され、恐怖を感じた。フェンスに施された何体もの黒い鋳鉄製(ちゅうてつせい)のガーゴイルが、大きく口を開け、体と尻尾(しっぽ)を鉄柵に絡み付けてこちらを睨んでいた。

だが、ゴシック・リヴァイヴァル様式のこの建物を道の向かい側からじっと見つめ、ガス灯で照らされた仄暗い玄関アーチの奥を覗き込んでいると、恐れが少しずつ遠のき、興奮に変わっていくのが感じられた。通りを渡るころには、『オズの魔法使い』でエメラルドの都に足を踏み入れるドロシーのような気持ちになっていた。

建物の前には、三人のファンが立っていた。一目でもレノンの姿を拝もうと――そして運が良ければサインももらおうと、そこで待ち構えているのだ。

マークはドアマンのジェイに目をやった。

愛想のいい男で、おそらく計画の邪魔にはなるまい。

レノンを殺すことをついに決意したいま、彼を止めるものは何ひとつなかった。

そのとき、道向かいの歩道にあるベンチがマークの目に留まった。あそこからなら、レノンが二人目の妻であるヨーコとともに住んでいるという七階の窓がよく見えるはずだ。

窓には日除けが下され、カーテンがかけられていた。だが、家の中を見る必要はない。ダコタでのジョンの生活については、本に載っていた写真を含め、詳細に調べ尽くしてある。レノンは夜じゅう出歩き、昼間は家で寝ていることが多い。いまごろ、幼い息子のショーンに昼食を作ってやっているかもしれない。

どうすれば、レノンをアパートの外に誘き出すことができるだろう？

爆弾を仕掛けたと、脅迫してもいいかもしれない。前にホノルルでやったことがある。公衆電話からイリカイ・ホテルに電話をかけて、爆破予告をしたのだ。

あのときは、ホテルの客が避難するのを、すぐそばで眺めた。すべてを掌握しているのは自分なのだと思うと、人々が逃げていく光景はいっそう素晴らしいものに見えた。

ホテルからぞろぞろと出てくる客を待ち構えて一人ずつ撃っていくことができたら、きっともっとゾクゾクしただろうと、彼は思った。

マークは、さっきファンたちがたむろしていた場所に目をやった。一人は立ち去ったようで、いまは二人の女性が残っていた。

マークは、ベンチから立ち上がった。

通りを渡りながら、彼はポケットに手を滑り込ませ、銃をその手に握ってみた。

頭の中で、「イマジン」のピアノのイントロが鳴った。

「想像してごらん、ジョン・レノンが死んだって」

マークは、自分にしか聞こえないように小さく歌った。

「そんなに難しくはないよ……」

19

ぼんやりした頭で、後部座席に乗り込む
──「ルーシー・イン・ザ・スカイ・ウィズ・ダイアモンズ〈Lucy in the Sky with Diamonds〉」

「彼らがあれほどうまくいっていることに対して、私はある意味、申し訳なく思っているんです」『オブザーバー』紙に「奇跡的な好機をものにした、聡明な若者」と評されたブライアン・エプスタインは、そう認めている。「ただ、私は彼らのビジネス面を管理するのにあまりにも忙しくて。それに、彼らを独り占めしてはいけないと感じているんです」

一九六四年二月七日、ビートルズはパンアメリカン航空一〇一便に乗り込んだ。彼らにとって、アメリカへの初めての旅だ。

機上には『イブニング・スタンダード』の記者で二二歳のモーリーン・クリーヴ、『デイリー・エクスプレス』カメラマンのハリー・ベンソンなど、多くのジャーナリストたちの姿もあった。シンシア・レノンはビートルズの一員でこそなかったが、その日の乗客の中で最も有名な人物の一人ではあった。『デイリー・エクスプレス』の報道で、いまや英国中の人が、シンシアと赤ん

坊のことを知っていた。同紙は前年、「ビートル・ジョンは既婚者だった」という見出しの記事で、二人の存在をすっぱ抜いたのだ。

ジョンとシンシアの息子、ジョン・チャールズ・ジュリアンは、一九六三年四月八日にリバプールで誕生した。普段はジュリアンと呼ばれていたが、その本名には特別な名前が三つも並んでいた。

まず、父ジョンの名前。次に、シンシアの父親、チャールズ。そして、ジョンの母、ジュリアだ。お産の日、ジョンはツアーで不在にしており、セフトン総合病院に駆けつけることができたのは一週間後だった。ジュリアンの後見人（ゴッドファーザー）は、ブライアンが買って出た。

ジョンが既婚者で子どももいるという事実が明るみに出たのは、まさにビートルズの人気が頂点に達しようというときだった。そのため周囲は、被害を最小限にとどめるために対策を講じた。

十月、ジョンは、入念に準備した記事を『ミラベル』誌に掲載し、ツアー中の生活の様子に加えて、叔母であるミミに育てられた生い立ちや、母の悲劇的な死など、自分の過去についても語った。ジョンは記事の最後で妻シンシアに触れ、次のように打ち明けている。

「彼女のことをもっとお話ししたい気持ちもあります。でも、僕は、結婚はプライベートなものであり、あまりにも大切なものなので、大っぴらに話すべきではないという古風な考え方を持っているのです。どうぞご容赦、ご理解のほどを」

パンアメリカン航空一〇一便の機上では、赤ん坊のジュリアンがシンシアの腕の中で眠っていた。いくつもあるジョンの気分のパターンに（その気分の裏に、つねに理由があるというわけではなかったにせよ）慣れっこのシンシアは、ジョンの肩に手を置くと、「何を考えてるの？」と声をかけた。

ジョンは、写真家ボブ・フリーマンの妻でモデルのソニー・フリーマンとの会話を思い出していた。ボブの撮った、ビートルズの四人の顔が半分影に覆われている写真は、『ウィズ・ザ・ビートルズ』、そして、二週間前に発売されたばかりのアメリカ版『ミート・ザ・ビートルズ』のカバーに使われていた。

ジョンは板張りの壁に囲まれたフリーマン家のアパートの部屋で、よく夜遅くまで話し込んだ。「生きることや、死ぬことについて話した。若いときは、だれでもそういうことをするもんだ」

そしてジョンは、自分は銃で撃たれて若くして死ぬような気がする、という予感のことも、ソニーに打ち明けていた。

「ちょっと緊張しているだけさ」と、ジョンはシンシアに言った。

英国ではビートルマニアたちの熱狂ぶりがいよいよ高まりを見せていたが、ＥＭＩ傘下のアメリカのキャピトル・レコードは、ビートルズの配給を引き受けることに最後まで難色を示し、アメリカでリリースするアルバムの曲はレーベル側が選ぶという条件付きで、ようやく契約に踏み切ったのだった。

キャピトルが過去に――それも、何度も――ビートルズとの契約を断ったことは、彼らの関係に禍根を残していた。だがそのキャピトルも、ここにきてついに全米でプロモーション活動を開始させ、本腰を入れてビートルズを売り込み始めたようだった。

彼らは、「ビートルズがやってくる」と印刷したステッカーを五〇〇万枚ばらまき、アメリカ全土のディスク・ジョッキーたちにビートルズのレコードの束を配って、ラジオで流させていた。ビートルズのアメリカ上陸に先立ってキャピトル・レコードが発表したプレス・リリースでは、ジョンが次のように描写されている。

「固い意志を持つ二三歳の男性で、その険しい顔つきは、怒れる若者という印象を与える」

その「険しい顔つき」はいま、妻シンシアに向けられていた。

シンシアは、荷物に入れてあったファン・レターの束を取り出すと、ニューヨークのシャロン・フロッドという女性からの手紙を声に出して読んで聞かせた。

「ご存じないかもしれませんが、あなたがたがアメリカに来てくださるのは、あの十一月二十二日に起きた悲劇以来、初めての明るい出来事なのです。この哀しみは個々の胸にしまわれており、公に語られることはないとはいえ、いまも深く喪に服しているこの国にとって、あなたたちはあの事件以来初めての喜びの光なのです」

「悲劇」とは、一九六三年十一月二十二日に起きたジョン・F・ケネディ大統領の暗殺のことを指していた。

その日はEMIが英国で『ウィズ・ザ・ビートルズ』を発売した日というだけでなく、「CBS

モーニング・ニュース」のマイク・ウォレスが、アメリカで初めてビートルズの映像をテレビで流した日でもあった。

演奏しているビートルズを映したこの映像は、その日の夜ウォルター・クロンカイトのニュース番組で再度放送される予定になっていたのだが、ケネディ暗殺事件が起きたために、十二月十日まで再び日の目を見ることはなかった。

それから、約二カ月が経っていた。

太平洋を渡る飛行機の中で、リンゴもまた重圧と戦っていた。彼はのちにこう語っている。

「触手のあるでかいタコが、僕らをニューヨークに引きずり下ろそうとしているような気がしたよ」

機内には、プロデューサーのフィル・スペクターの姿もあった。

彼は、英国のポップ・スターたるビートルズが乗るジェット機であれば墜落しないだろうという理由で、アメリカ行きの飛行機に同乗させてもらったのだ。

スペクターは、ビートルズのファンでもあった。彼は後年『ローリング・ストーン』誌で、「ポール・マッカートニーとジョン・レノンが、これまでに登場した中で最も偉大なロック・シンガーであることは明らかだ」と語っている。

「ビートルズがビートルズたる所以(ゆえん)は、彼らがロジャース&ハートやロジャース&ハマースタイン、それにガーシュインやなんかと同等の音楽家だというだけじゃない。彼らは、とにかく素晴らしいシンガーなんだ。二人は、声を自由自在に操ることができる」

ジョンとスペクターは、スペクターが最近ロンドンで親しくなったというバンドの話を始めた。ローリング・ストーンズだ。

ジョンたちも、その年の春にすでにローリング・ストーンズのメンバーと顔を合わせていた。ストーンズは、ロンドン郊外にあったクロウダディー・クラブというブルースの店でハウス・バンドを務めていて、ある日曜の夜にビートルズが店を訪れたのだ。

その日ビートルズは、「サンク・ユア・ラッキー・スターズ」というテレビ番組を収録した帰りだった。四人は、ストーンズのリード・シンガーのマイク・ジャガー（その後すぐ、「ミック・ジャガー」として世界中で知られることになる）にすっかり感銘を受けた。ジョンは特に、ブライアン・ジョーンズのハーモニカのテクニックにも心を奪われていた。

ビートルズとストーンズは、よくバックステージで一緒に時間を過ごすようになった。ある日ストーンズが、デビュー・シングルとして出したチャック・ベリーのカバー曲「カム・オン（Come On）」（このシングルは鳴かず飛ばずに終わった）に続く持ちネタがないことを明かすと、ジョンはレノン＝マッカートニーのオリジナル曲「アイ・ウォナ・ビー・ユア・マン（I Wanna Be Your Man）」を使ってはどうかと申し出た。

ジョンは、その夜のことをこう回想している。

「（ポールと二人で）部屋の隅に行って、その書きかけだった曲を完成させた。みんなはそのまま座って話してたよ。僕らがそこへ戻ると、ミックとキースが言ったんだ。『ウソだろ、見ろよ。こいつら、隅へ行ったかと思ったら曲を書いちまった』」

ストーンズは「アイ・ウォナ・ビー・ユア・マン」をカバーし、ヒット・チャートで十三位まで上り詰めた。

「それがきっかけになって、ミックとキースは自分たちも曲を書いてみようと決めたらしいよ」

とジョンはスペクターに説明した。

そこへ、通路の向こうからポールがやってきた。機長からの重要なメッセージを預かってきたのだ。それは「彼らに、大勢の人が待ち構えていると伝えてくれ」というものだった。

20

美しい人々の一員になった気分はどう？
――「ベイビー・ユーアー・ア・リッチ・マン〈Baby, You're a Rich Man〉」

エド・サリヴァンの予想通り、アメリカでもビートルズの行く先々でファンが大勢押しかけた。名称が変わったばかりのジョン・F・ケネディ空港の到着ロビーには、四〇〇〇人以上が詰めかけ、彼らのアイドルの姿を一目見ようと首を長くして待ち構えていた。

CBSの音楽ディレクターであるレイ・ブロックは、この騒動の正体について持論があり、さして騒ぐほどのことでもない、と考えていた。

「私の見る限り、彼らがほかと違っているのは髪型だけだ」とブロックは言った。「一年間、様子を見てみよう」

だが、髪型は実際のところ重要だった。音楽情報誌の『キャッシュボックス』は、「もうすぐアメリカの企業は、こぞって長髪のグループを探すようになるだろう」と予想した。

心理学者のジョイス・ブラザーズ博士は、『ニューヨーク・ジャーナル・アメリカン』紙に掲載された「なぜ人々はビートルズに夢中になるのか」という記事の中で、「ビートルズが見せる行動のいくつかは、女性的な要素を感じさせる。たとえば、あの長い髪を払う仕草などだ。若い女性ファンたち（一〇〜一四歳）は、そのような仕草に最も夢中になっているようだ」と分析してみせた。

ブルックリン在住のファン、ジューン・クレイトンは、ニューヨークの『デイリー・ニュース』紙に取材され、「ビートルズって、ほんとにキュートなの」と語っている。「特にリンゴがキュートね。彼らが髪をくしで梳かす様子ったら！」

ニューヨークに辿り着いたビートルズは、ブロードウェイのハマースタイン・シアターのステージに上がる前にまず、集まった報道陣の相手をしなければならなかった。

「カツラを被ってるんですか？」と記者の一人が尋ねた。

ジョンはいかにもジョンらしい表情を浮かべて、この詮索を断ち切った。「もしいるなら、それは本物のフケを落としてるやつだね」

一方で、ビートルズの四人以外は、全員がカツラを被っているようだった。まず、エド・サリヴァンが番組でビートルズを紹介するときに、モップ・トップのカツラを被ってみせた。

次に、マイアミへの移動では、機長がビートルズのカツラを被って飛行機を操縦した。

そして極めつきは、レーベルが配った「ビートルズ・キット」（中身はサイン入りの写真、「ビートルズ大好き」と書かれたバッジ、カツラ）という公式の販促品セットだった。

アメリカのご意見番たちは、なぜファンがこれほどビートルズに夢中になるのか、その理由を突き止めようと躍起になった。といっても、もはやそれは謎でも何でもなく、『デイリー・ミラー』紙がすでにはっきりと言葉にしていることだった。

いわく、「ぶっ飛んでいて、賑やかで、ハッピーで、ハンサムなビートルズを好きにならない人がいるとしたら、よほど不機嫌な堅物だけだろう」。

アメリカ・ツアー中のビートルズの一挙一動は、ドキュメンタリー作家のメイスルズ兄弟が捉えていた。

待ち構える群衆の金切り声に唖然(あぜん)としながら四人がJFK空港に降り立つ瞬間や、四台のリムジンに一人ずつ別々に乗せられて、五番街にあるプラザ・ホテルの十二階の客室に辿り着く様子を収めた映像は、一九六四年二月にグラナダ・テレビで放送されたのち、映画『What's Happening! The Beatles in the USA（報告！　アメリカでのビートルズ）』として公開された。

「アメリカ人には、絶対理解できないだろうな」と、リンゴはのちに語っている。「いまじゃキッズがリバプールにやってきて、『わあ、彼らはここから始まったのか！』なんて言ってるけどさ。僕らにしてみれば、『アメリカに来たぞ！　音楽はここから始まったのか！』っていう感じだった。とにかく音楽のことばかり考えていたからね」

二月十日、プラザ・ホテルのバロック・ルームで、カメラのフラッシュが焚かれる中、ビートルズは二枚のゴールド・ディスク（一枚につき売り上げ一〇〇万枚を意味する）を贈られた。一枚は、アルバム『ミート・ザ・ビートルズ』、もう一枚はシングル「抱きしめたい」の売り上げに対するもので、「抱きしめたい」は一九六三年十二月二十六日に急遽(きゅうきょ)リリースされた後、わずか数週間後の二月一日に、アメリカのヒット・チャートで一位を獲得していた。

一九六四年二月九日、夜八時。七三〇〇万人の視聴者と、実際に劇場にいた七二八人の観客が、ビートルズの演奏を目撃した。劇場の外では、「アロンゾ・タスクはビートルズが大嫌い」という謎めいたプラカードを掲げた若い男性のほか、ビートルズに抗議する変わり者が二人ほど現われ、周囲をがっちり固める警察とやりあっていた。

テレビ番組には、「女性たちにはおあいにく、彼は既婚者です」というテロップが流れていたが、そんなことではファンたちの熱気は収まらず、「ジョン、シンシアと離婚して」と書かれたプラカードを持った女性たちもいた。

のちにエアロスミスのギタリストとなるジョー・ペリーは、このころまだ小学生だった。

「男子は、どうでもいいような風を装わなきゃならなかった」と、ジョーは回想している。

「女子は大騒ぎで、ノートに小さなハートを描いたりなんかしてた。『ポール大好き』とか、そういうやつだよ。でも男子のあいだにも、口には出さないけど、みんなビートルズが好きだっていう暗黙の了解みたいなものがあったと思う。素直に言葉にすることはできなかったけどね」

同じころロング・アイランドのヒックスヴィルでは、一四歳のとある音楽少年が、テレビの中のビートルズを見つめていた。「エド・サリヴァン・ショーで、最初にジョンに目がいったんだ」と、ビリー・ジョエルは振り返る。

「ジョンはそこに立って、周りを見回していた。『これを茶番と言わずして、なんと言う？』って顔をしてね」

20

エド・サリヴァン・ショーの最初の音楽コーナーで、ビートルズは一曲目に「オール・マイ・ラヴィング（All My Loving）」、二曲目にペギー・リーのバラード「ティル・ゼア・ウォズ・ユー（Till There Was You）」のカバー、三曲目に「シー・ラヴズ・ユー（She Loves You）」を歌った。「シー・ラヴズ・ユー」は、ジョンとポールが英国ニューカッスルのホテルでそれぞれのベッドに座って向き合い、ギターを爪弾きながら作った曲だった。

ポールの父ジムはこれを聞いて、「『シー・ラヴズ・ユー、イエス、イエス、イエス』じゃダメなのか？　アメリカかぶれは、もうたくさんだよ」とこぼしたという。

三日後の二月十二日はカーネギー・ホールでのコンサートで、ビートルズは三〇分のステージを二回演奏した。ホールに集まった三〇〇〇人近いファンたちの振る舞いは、お世辞にも行儀がいいとは言いがたく、ある地元のＤＪは、ファンたちの嬌声（きょうせい）を「これまで聞いたことがある中でも最悪の、耳をつんざくような嫌な音だった」と評した。

あまりの音量に、ジョンが群衆に向かって「黙れ！」と怒鳴りつけたほどだった。

『ニューヨーク・ヘラルド・トリビューン』紙は、ビートルズ・ファンの金切り声を「ＢＭＴアストリア線（ニューヨーク市クイーンズ区内を走る地下鉄の路線）が五十九丁目と七番街のあたりで立てる、あの身の毛もよだつような音に似ている」と描写している。

ジャーナリストのミヒャエル・ブラウンによれば、ワシントンＤ．Ｃ．でのライブでは、歓声のあまりの大きさに、「ステージのそばにいた警官の一人が、ベルトから三八口径の弾丸を二つ取り出して、耳に詰めた」という。

彼らの人気の凄まじさは、公演に支障をきたすようにさえなっていた。

人気ラジオ局、WFUNマイアミの音楽ジャーナリストだった、当時二一歳のラリー・ケインは、「彼らは一度もサウンド・チェックをしなかった。だいたいいつも、時間がなかったんだ。彼らの使っていた貧弱な音響機材をいまどきのミュージシャンが見たら、驚くだろうね。スタジアムのアナウンス用のシステムを通して音を流したコンサートもあったよ」と回想している。

マイクのセットアップについて、「どこの会場でも、僕らの希望通りにはしてくれなかった」と、ジョンはのちに話している。「マイクの位置が間違ってたり、音量が足りなかったりね。アマチュアののど自慢大会のような具合にマイクをセットするんだ。やつらは、僕らの音楽をまともに受け取ろうとしていなかった。頭にきたよ」

❖ ❖ ❖

ビートルズは、二月十六日にフロリダ州マイアミに到着した。

このとき、マイアミ国際空港に降り立ったビートルズを迎えた五〇〇〇人のファンたちの中に、マイアミ・スプリングス中学校に通う一三歳の少女、リン・ヘンダーソンがいた。

ジャーナリズムの授業を取っていたリンは、工作紙で自作した報道バッジを胸につけ、ビートルズが乗ったリムジンに走り寄った。警備の警察が、彼女の後を追った。

そのとき、リンの手作りのバッジがジョンの目に留まった。ジョンは警察を制止すると、ポールとリンゴとともに彼女のインタビューに答えた。「それから、ジョンが私に投げキッスをして、窓が閉まって車は走り去りました」と、リンは回想している。

　リンはこのインタビューを学校に提出し、Aを取ることができた。


　優等生の評価を受けたのは、ビートルズも同じだった。

　エド・サリヴァンが四人を紹介したときのコメントは、「いままで番組で招いたゲストの中で、最も感じのいい若者たち」というものだった。

　ビートルズの四人にとって、ヤシの木を見るのも、拳銃をたずさえた警官たちを見るのも、初めての体験だったが、あちこちで待ち受ける報道陣とのやりとりには、もう慣れっこだった。

「あれも、ビートルズのメンバーであるがゆえの体験だった」とジョージがのちに振り返ったのが、二月十八日、マイアミ・ビーチのフィフス・ストリート・ジムでの出来事だ。一九六〇年のオリンピックで金メダルを獲得した二二歳のボクサー、カシアス・クレイが、ヘビー級世界チャンピオンのソニー・リストンとの試合に備えるべくトレーニングに励んでいるところに、ビートルズが「あちこち引き回された挙句に、報道陣でいっぱいの部屋に投げ込まれて、写真を撮られたり質問されたりした」のである。

　クレイ（のちにモハメド・アリの名で知られるようになる）は、ジョージいわく「とてもキュート」で、ビートルズとふざけまわって何枚も一緒に写真を撮った。数日後に迫った試合では、三一歳のリストンの勝利を予想する声が圧倒的に優勢だったが、クレイはこの日の出来事の後、韻（いん）を踏んだ挑戦的なコメントを残した。

「ビートルズが俺を訪ねたことをリストンが知ったら／あいつは逆上、俺は快勝！」

リストンはというと、この挑発を鼻で笑ってみせた。

「みんながキャーキャー言ってる、あのろくでなしどものことか？　あのデカ鼻野郎に比べたら、俺の犬のほうがドラムがうまいよ」

だが、ビートルズとクレイに関するリストンの読みは、大きく外れることになる。二月二十五日、カシアス・クレイはソニー・リストンに勝利し、彼を王座から引きずり降ろした。

そしてビートルズは（ジョージの二一歳の誕生日を祝って一息ついた後）、スタジオに戻って次の大プロジェクトに向けてレコーディングを開始した。

ビートルズは、映画で主演することになったのだ。

21

うまくいって、本当によかった
――「愛しておくれ〈Gimme Some Lovin'〉」

ビートルズの主演映画の撮影は、七週間かけて行なわれる予定だった。仮タイトルは『ビートルマニア』。ビートルズの大人気に便乗した、ありがちな安っぽいティーン向け映画になるだろうというのが、大方の予想だった。

一九六四年三月には、マイアミでの休暇中にポールとジョンがわずか二、三時間で書き上げた「キャント・バイ・ミー・ラヴ(Can't Buy Me Love)」が、英国発のシングルとしては初めて、アメリカと英国で同時にヒット・チャート一位を獲得した。このシングルは発売前からゴールド・ディスクに認定され、最初の一週間の売り上げは二〇〇万枚に達した。

これによりビートルズは、アメリカのヒット・チャートの上位五曲を独占するという快挙を成し遂げることになった。

一方で映画については、テレビ・コンサート出演直前のビートルズを三六時間にわたって追いかけるという内容で、ジョンは当初、それほど期待はしていなかった。ところが、ジョンの大好きなラジオ・コメディ『ザ・グーン・ショー』のテレビ版を実現させた立役者であるリチャード・レスターが監督を務めることになったのを知り、ジョンの胸は高鳴った。ジョンに言わせれば「ビートルズは、『ザ・グーン・ショー』が体現した反逆精神の申し子」だったからだ。

脚本を担当することになったアラン・オーウェンもまたリバプール育ちで、『ライム・ストリート行きの路面電車はない（No Trams to Lime Street）』というリバプールを題材としたテレビ番組の脚本で高い評価を得ていた。ジョンはふざけて、「リバプールじゃ、ライム・ストリートは売春婦がいた場所として有名な通りなんだぜ」と茶化しつつも、オーウェンを「リバプールらしい会話を書くことで知られている」と認めている。

ジョンは最初こそ、「問題は、僕たちの台詞を書けるのは僕たちだけってことだ」と文句を言っていたものの、レスターとオーウェンが示す映画への情熱に、自分の音楽に対する熱意と同じものを感じ取り、映画の制作に対して徐々に前向きな気持ちになりつつあった。

だが実際の撮影となると、ふてくされた態度は健在だった。「クソつまらんな」と、ジョンはレスターに言い捨てた。厳密な撮影スケジュールや、早朝のモーニング・コール、延々と続くセットでの待ち時間に、うんざりしていたのだ。

レスターは、制作が始まってすぐ、この映画にはちょっとした演技も必要だと判断した。白黒のモキュメンタリー〔フィクションをもとに、ドキュメンタリーのように見せかける演出手法〕として撮影することで、ビートルズ独自のユーモアを捉えようと考えたのだ。そして、そのユーモアの背後にある重要な要素が、四人の絆だった。

レスターはのちに「彼らには徒党のような団結感があって、それは素晴らしいものだった」と振り返っている。

「そこには『僕たち対世界』とでも言うべき、彼らの世界観があったんだ」

撮影も終盤に入るころ、セットにいたリンゴが、今日もまた「キツい日の夜だな」、と口にした。

「それ、どういう意味？」と、そばにいた若い女性が聞き返す。

「リンゴ語だよ」とジョンが解説した。

「ウケを狙ってるわけじゃなく、ただ口をついて出たんだ」

リンゴはのちに、彼独特の言葉選びについてこう説明している。

「昔はよく、何かひとつのことを言っているあいだに頭に別のことが浮かんできて、それがすっと下りてきたんだ。あの日は一日中働いて、夜も仕事だった。僕は、いまはまだ昼だと思いながら出てきて、『キツい日……』と言ったんだ。言いながら周りを見たらもう暗かったんで、『……の夜だ！』となった」

レスター監督はこれをひどく気に入り、制作の最後の段階になって、タイトルを『ビートルマニア』から『ハード・デイズ・ナイト（A Hard Day's Night）』に変更することを、ジョンに告げた。

こうなると、ジョンとポールは同じタイトルの新曲を書かなければならなくなる。

結局、二人はこの曲を二四時間で書き上げた。

その過程で少しだけ手助けしたのが、ジャーナリストのモーリーン・クリーヴだった。アビイ・ロードでのレコーディングに向かうタクシーの車内で、ジョンは書いたばかりの歌詞をモーリーンに見せた。歌詞は、ジュリアン宛てにファンから送られてきたバースデー・カードに書きつけられていた。「きみの待つ家に帰ると／疲れが消える」

「疲れ」という言葉がいまいちね、とモーリーンが意見を述べると、ジョンは彼女のペンを借りて、こう書き直した。「きみの待つ家に帰ると／きみのおかげで／元気になれる」

ジョンはこの曲について、完全に自分が作ったものだと主張している。

「僕が歌ってるシングルは、『ラヴ・ミー・ドゥ』以外ほとんど全部、僕が中心になって作った。僕が歌ってるか、僕が書いたか、あるいはその両方だ」

ただし「『ハード・デイズ・ナイト』をポールが歌ったのは、音程が高すぎて僕には声が出なかったからだ」と認めている。

いずれにしても、二人はつねに成果を出し続けた。ジョンはポールとの曲作りのプロセスについて、次のように語っている。

「一緒に作るときもあったし、別々のときもあった。四時間でできた曲もあれば、二〇分でできた曲もある。三週間もかかった曲もあったな」

二人の曲作りをそばで見ていたシンシアは、「ジョンは、ポールの持つ細部への注意力や正確さを必要としていた」と説明している。「そしてポールには、自由自在に広がるジョンの発想力が必要だったの」

21

映画の公開に先立って、ビートルズは初の世界ツアーでサウンド・トラックの新曲を披露した。その行き先は、遠くオーストラリアにまで及んだ。

六月十一日、彼らがシドニーに到着すると、一九五六年に新設されたばかりだった当地のテレビ局は、これをニュースとして大々的に取り上げた。

オーストラリアでの反響をことのほか喜んだ関係者が、ツアーの広報マネージャーのデレク・テイラーだった。一九六三年五月、『デイリー・エクスプレス』の記者としてマンチェスターのオデオン・シネマでのライブでビートルズに出会って以来、デレクは彼らに夢中だった。オーストラリアの熱狂的なファンたちを横目に、デレクは次のように語った。

「僕は、彼らに心を奪われたんだ。だれだって、そうなって当たり前だろ?」

のちにデレクはツアーのことを、こう回想している。

「どこの国でも空港に着くたびに、まるでシャルル・ド・ゴール〔フランスの第十八代大統領〕が到着したみたいな騒ぎなんだ。というよりむしろ、救世主かな。四人が通る道の脇にはぎっしり人が並んでいて、怪我人が松葉杖(まつばづえ)を投げつけ、病人は車に押し寄せ、まるでビートルズのだれかに触れてもらえば、自分は治るとでも思っているみたいだった。沿道にはおばあさんが孫たちと一緒に立って、救い主が現われた、というような表情で僕らの車が通り過ぎるのを見ていたよ」

ジョンはこのツアーに、自分の救世主を連れてきていた。ミミだ。かつては喧嘩が絶えなかった二人だが、ジョンは「ミミにはたくさん借りがあるんだ」と認めていた。「母が亡くなった後は、彼女がほとんど一人で僕を育ててくれた。素晴らしい女性だよ」

そのミミだけは、ツアーにつきものの狂乱から守られていた。メルボルン公演で前座を務めたザ・ファントムズのギタリスト、ノエル・トレシダーは、「ツアーに参加している人ならだれでもいいから一緒に飲みにいきたい、っていう女の子たちが大勢いたよ」と回想している。

そんな騒ぎの中で、ジョンはこれまでになく音楽に集中しようとしていた。

ニュージーランドのウェリントンでの公演で機材の問題が解決できないことがわかると、残りの日程をすべてキャンセルすると言い張ったほどだ。

コンサートの予定は、映画公開の数日前までぎっしり詰まっていた。

七月六日、英国に戻ったビートルズは、マーガレット王女、スノードン公爵、ローリング・ストーンズとともに、ロンドン・パヴィリオンで『ハード・デイズ・ナイト』のプレミアに出席した。

映画は公開直後から非常に高い評価を受け、サントラは莫大な利益を生み出した。五〇万ドルの経費に対し、六週間で五八〇万ドルを売り上げたのだ。さらに一九六五年のアカデミー賞では、脚本賞と最優秀音楽賞（ビートルズの楽曲ではなく、ジョージ・マーティンによるスコア）の二部門でノミネートされた。

『ハード・デイズ・ナイト』はたんなる宣伝素材というだけではなく、ビートルズというリバプール生まれのミュージシャンたちが持つカリスマとウィットを描き出す、マルクス兄弟風のシュールレアリスム調のモキュメンタリーであり、れっきとした芸術作品でもあった。

『ヴァラエティ』誌は、この映画を次のように評している。

「この作品には、ビートルズを祭り上げようという意図は感じられない。むしろ、まるで彼らが自然に振る舞っているかのように見せかけるという作り手の目論見が成功しているシーンでこそ、彼らの姿は最も輝いて見える」

一方でジョンたちの耳には、リバプールのファンたちがビートルズに幻滅しているといううわさが入ってきていた。

故郷リバプールでこの映画がどのように受け止められるのかは、未知数だった。

キャバーンで最後に演奏したのは一九六三年八月のことで、いまではもう彼らの名前は出演者リストに載っていない、とさえ聞かされていたのだ。

「これぞリバプール、だな」と、ポールが不満げに言った。

ロンドンでのプレミアから、リバプールで映画が封切られるまでの四日間、四人は身の縮む思いを味わった。ジョンはあるインタビューでファンについて、「人気が出るまでのあいだだけ、好きでいてくれるものだ」と語っている。

また、リンゴによれば、このころ「友人たちが次々とロンドンに訪ねて来て」、次のように宣告していったという。「リバプールでは、お前たちは終わりだよ」

いよいよ訪れた公開初日、リバプールのオデオン・シネマを訪れた四人が目にしたのは、見慣れた町の通りに彼らの姿を一目でも見ようと詰めかけた、何千人ものファンたちの姿だった。故郷に錦を飾ったビートルズとその音楽は、地元民にいまも愛されていたのだ。

ジョンは自分たちの映画について、「ジェームズ・ボンドの映画ほどは面白くない」と評している。そのころロンドンでのプレミアを九月に控えていた００７シリーズ第三作『００７ゴールドフィンガー』のキャッチコピーは、「彼が指を触れるものは、すべて興奮へと変わる」だった。

ジョンはいまや、主演のショーン・コネリーに次いで、この言葉に相応しい人物になりつつあった。

22

俺たちはすごい高みに登れるんだ
死ぬなんてごめんだぜ

——「ワイルドでいこう！〈Born to Be Wild〉」

その年の八月、ビートルズは再びアメリカへと向かい、カナダと合わせて計二六回の公演を行なった。この北米ツアーは、壮絶だった。あらゆる意味で、常軌を逸していた。現地のファンたちの熱狂ぶりは、極限まで高まっていた。

たとえば、当時一五歳だったサンディ・スチュワートは、ビートルズの泊まるホテルに潜り込むためなら何でもやった。当時を振り返って、サンディは一番のお気に入りだったジョンについて、「ジョンはすごく知的でウィットがあるように見えた。それに、体つきもとてもセクシーだったし。私はジョンに夢中だったわ」と語っている。

「人生のいろんなことがうまくいかないようなとき、自分の部屋にこもってビートルズを聞いた。特に大好きなジョンのことを考えてね。彼らには、私が必死で探し求めていた何かがあったの」

『サンフランシスコ・エグザミナー』紙に掲載された「荒れ狂うビートルズは、いかに英国を支配したか」という記事の中で、モーリーン・クリーヴは「ジョージが一番ハンサムで、彼はその事実を楽しんでると思う」と語っている（モーリーンは今回のツアーにも『イブニング・スタンダード』の記者として同行していた）。

あるアメリカのファンは、「ジョージって、まつ毛がセクシーなの。まつ毛がセクシーなのよ！」とうっとりとして語った。

ビートルズの魅力について、ジョン自身は次のように分析している。

「僕たちがうまくいったのは、メンバーが四人いたからだ。僕らのうちのだれも、一人では成功しなかっただろうね。ポールは強さが少し足りないし、僕には女の子に受ける要素が足りない。ジョージは寡黙すぎるし、リンゴはドラマーだ。でも、だれでも僕らのうち少なくとも一人くらいは好きになるだろうと思っていたし、実際そうなった」

演奏のあいだ、観客はメンバーに向かってさまざまなモノを投げつけた。特に多かったのが、キャンディーだ。これは、最初はジョージへの贈り物として始まった習慣で、かつてある記事に甘いものが好きだというジョージの発言が掲載されたことがきっかけだった。

だが一九六三年の時点では、ジョージはファン・レターへの返事の中でキャンディー投げをやめてほしいと訴えている。

「僕らはジェリー・ビーンズが好きじゃないし、フルーツ・ガムも何も好きじゃない。だから、これからはそういうものを僕らに投げつける前に、ステージの上でお菓子を避けなきゃいけない僕らの気持ちを考えてみてほしい。頼むから、自分たちで食べてくれないか？　第一、あれは危ないんだ。僕は一度、ハードキャンディーが目に当たったことがある。ぜんぜん笑えないよ！」

だがジョージの願いも虚しく、ファンたちのこの行動は加速していった。ハードキャンディーや、フラッシュ用電球、ヘア・カーラーなどを投げつけられることについて、リンゴは「あれは、痛いんだよ」と説明している。「ちょうど、ひょうみたいでさ」

ジョンは、「イメージを壊しちゃいけない」という理由で、ステージ上で瓶底眼鏡をかけることを拒んでいた。そのため、ファンが投げつけたものがコンタクト・レンズに当たって、痛みのあまり倒れてしまったことさえあった。

「後頭部に、何かがゴツンと当たったんだ」とジョンは当時の様子を振り返る。「見ると、靴が飛んできていた。一人がそういうことをすると、みんな『なるほど、靴か』と考え始める。『靴なら、彼らの注意を引ける。頭に靴が当たったら、飛んできた方向を見るはずだもの』とね」

このころビートルマニアたちの熱狂は、広報担当だったブライアン・サマーヴィルの言葉によれば、「完全に制御不能」なレベルに達していた。

ツアーに同行していたカメラマンのデヴィッド・マグナスは、当時のビートルマニア現象をこう回想している。「あるとき楽屋にいたら、女性のスタジオ・スタッフが僕の肩に手を置いて言ったんだ。『触らせて。ビートルズと同じ部屋にいたんでしょ』とね」

「アメリカで僕らが体験したことは、英国で体験したことと同じだった」と、リンゴは言う。「ただ規模が一〇倍だったから、ぜんぜん違うように感じたんだよね」

ジョンはのちに、「朝から晩まで、平穏な瞬間は一切なかった」と語っている。

一九六四年のアメリカは、英国とは大きく異なっていた。

ジョンとシンシアは、ロンドンのアパートの前で「かなり奇妙な人たち」に出くわすことに慣れてはいたが、そうした人たちは危険というより、たんに煩(わずら)わしいだけだった。

だがアメリカでは、武装した警察が周囲を警備していたし、人気者の大統領が銃で暗殺された事件もまだ記憶に新しかった。つまり、何か悲惨なことがいつ起きてもおかしくない、という空気があったのだ。

外で金切り声をあげているファンの集団の中には、邪悪な考えを抱く者も交じっているのだろうかと、ジョンは思いを巡らせた。

ジョンのこの考えは、決して過剰な被害妄想ではなかった。

ダラスとラスヴェガスでの公演の直前に、「爆弾を仕掛けた」という電話がかかってきたのだ。それでもジョンは、ステージ上で演奏しているあいだだけは、聖域にいるかのように感じることができた。

「ギターがアンプに繋がっているあいだは、自分は安全だと感じることができる」と、ジョンはある記者に話している。「やつらにやられるんじゃないか、という気分にならずに済むんだ」

ビートルズのツアーには、英国とアメリカの記者たちがつねに同行していた。飛行機の中では、四人はポーカーやモノポリーをして時間を潰(つぶ)した。ウェスティングハウス社の上級特派員だったアート・シュレイバーは、こう回想している。「ジョンはいつもすごくゲームに熱中して、興奮していたよ。サイコロを投げるときは、いつも立ち上がってた」

だがシュレイバーは、ジョンの別の面も目撃している。それは、『ハード・デイズ・ナイト』の撮影現場でリチャード・レスター監督も目にした、ジョンのダークな一面だった。

「どんな状況でも、彼は一歩引いたところに立って、僕やみんなの弱い部分を見極めていた」とレスターは振り返っている。「ジョンはいつも、観察してたんだ」

本来はエンターテイメントではなく政治担当のベテラン記者だったシュレイバーは、「ジョンがアメリカの事情にあまりに詳しいので、驚いたことを覚えてるよ」とのちに語っている。

「ジョンが不可解に感じていたのは、この国の暴力的な部分だった。ケネディの暗殺や、南部のデモ参加者に対する警察の一方的な蛮行、それに、どこに行っても銃を目にすることなどだ。ジョンの中に、すでに活動家の精神が芽生えつつあったのが見て取れたよ」

ジョンはたしかに活動家ではあったが、社交は苦手だった。特に、慈善事業のためのイベントに参加しろと言われると、あからさまに苛立った。

「社交のための催しは大嫌いなんだよ」とジョンは語っている。「ろくでもない行事やら式典やらに引っ張り出された。あんなのは全部、インチキだ」

ワシントンD.C.の英国大使館でのカクテル・パーティーで、大使らの横柄な態度がジョンの怒りに火をつけたこともあった。「あいつらは、マナーなんてひとつもわかっちゃいないんだ」とジョンは怒り狂った。

一九六四年八月二十三日には、ハリウッド・ボウルでの公演が行なわれた。チケットは何カ月も前に、発売からわずか四時間で売り切れていた。ハリウッド・ボウルはステージを覆う白い貝のような形の屋根が印象的な野外劇場で、ハリウッドの黄金時代に建てられた、アメリカで最も重要なコンサート会場のひとつだ。

ジョンはこの会場が気に入り、のちに「ハリウッド・ボウルみたいな場所では、観客が大騒ぎしていてもちゃんと音を聞かせることができた。音響がいいんだ」と語っている。

観客の歓声は、ジョージ・マーティンにとって大きな悩みの種だった。マーティンは、キャピトル・レコードのためにコンサートを録音しなくてはならなかったのだ（この音源は一九七七年になるまで発表されなかった）。数千人のビートルズ・ファンが上げる金切り声の中での録音作業について、マーティンは「ジャンボジェット機のうしろにマイクを取り付けるようなものだった」と語っている。

ファンの絶叫の中でどうにか演奏を続けるために、リンゴは自分なりの解決法を編み出した。「みんなの音をまとめるために、僕はただひたすらオフビートを刻み続けたんだ」と、リンゴはのちに話している。「曲のどの部分を演奏しているのかは、三人の口や体の動きを見て察するしかなかったよ」

四人はカリフォルニアでの時間を楽しんだが（リンゴは、「僕はあのとき、ハリウッドと恋に落ちたんだ」と語っている）、ネガティブな報道も発生した。

四人は厳しい管理下に置かれていたにもかかわらず、ある日の深夜、ブロンドの若手女優ジェーン・マンスフィールドがビートルズの滞在する豪邸を訪れ、ポール以外の三人をロサンゼルスにあるウイスキー・ア・ゴー・ゴーという店に誘い出すことに成功したのだ。

一行はぞろぞろと店に入っていき、ジョンとマンスフィールド、ジャーナリストのラリー・ケインが同じテーブルについた。「ふと気づいたら、そういうことになってた」とラリーはのちに回想している。「ジョンがマンスフィールドを抱きしめて、二人がいちゃつき始めたんだ」

マンスフィールドは、店ではプライバシーが確保されていると請け合ったが、そんなことはまったくなかった。実際には店の中はカメラマンだらけで、大混乱をきたしていたのだ。

マンスフィールドはジョンとジョージのあいだに座り、二人の太腿に手を置いて、カメラに向かってポーズをとってみせた。押し寄せてくる人々に苛立ったジョージは、カメラマンのボブ・フローラに向かって飲み物を投げつけ、フローラはその瞬間をすかさずカメラに収めた。

ジョージの写真は、翌日にはメディアに出回った。「飛行機の中で新聞を読んでいたら、僕が水のグラスを投げている写真が出てたんだ」と、ジョージは振り返っている。

マネージャーのデレク・テイラーはこの出来事について、「これは実際、何度も人に言われることだけど、これから先『きみたちはどこにも出かけないんだな。息苦しくならないのか?』とだれかに聞かれたら、ジェーン・マンスフィールドと夜遊びに出かけたあの日のことを思い出してため息をつくだろうよ」と語っている。

翌週、ビートルズはニューヨークに戻った。

ジョンは今回のニューヨーク滞在中にボブ・ディランに会いたいと考えていて、『サタデー・イブニング・ポスト』紙のアル・アロノヴィッツに仲介を頼んであった。

一九六四年春にフランス人のDJが送ってきた『フリーホイーリン・ボブ・ディラン』を聞いて以来、ディランに会うことはジョンの夢だったのだ。

ジョンはいまや、詩人としても活動していて、イラストと詩をまとめた処女作『絵本ジョン・レノンセンス（In His Own Writes）』（邦訳版『絵本ジョン・レノンセンス』は、一九七五年に晶文社から刊行。二〇一一年に筑摩書房で文庫化）が一九六四年三月、『ハード・デイズ・ナイト』の撮影中に発売されていた。ポールいわく、「ボブ・ディランが詩を書くってことが、ジョンにとって彼をより魅力的な存在にしていた」という。

一九六三年、二〇歳のときに『フリーホイーリン・ボブ・ディラン』のレコーディングを始めたディランは、いまでは二三歳になっていた。このアルバムでディランは新たな方向に舵(かじ)を切り、いまやジョンやポールと同レベルの多作のソングライターとなっていた。ファースト・アルバムでは、全一三曲中ディランが書いたのはわずか二曲だったが、『フリーホイーリン・ボブ・ディラン』ではそれが一三曲中一一曲にまで増えたのだ。

ちなみに、一九六二年に出たディランのファースト・アルバムには、「朝日のあたる家（The House of Rising Sun）」という作者不明の古いフォーク・バラードが収録されている。

一九六四年の初夏、アニマルズという英国のバンドがこの曲を独自の味付けでカバーし、アメリカのヒット・チャートでのビートルズによる連続一位を破って、ナンバーワンに輝いた。

これを受けてファブ・フォー〔ビートルズのニックネームのひとつ〕は、「おめでとう、ビートルズ（というグループ）より」という電報をアニマルズに送ったが、じつは彼らはこの祝福の裏で、ブリティッシュ・インヴェイジョン〔一九六四年ごろにポップ・ミュージックをはじめとする英国文化がアメリカを席巻した現象〕の立役者としての地位を奪われてしまうのではないかという不安を膨らませていた。

ディランもまた、このアニマルズによるカバーに深い感銘を受けた。彼がエレキ・ギターを演奏するようになったのは、彼らの影響だと言われている。

ディランは、当時最も個性の際立ったフォーク・シンガーだった。ジョンは、彼の歌詞についてこう考えていた。「自信が持てないときのために、ディランは歌詞に二重の意味を持たせるんだ。そうすれば、間違いなくヒップでいられる」

ブライアン・エプスタインは、ビートルズが泊まっていたパーク・アベニューのホテル・デルモニコのスイート・ルームで、あるパーティーを開催した。キングストン・トリオや、ピーター・ポール＆マリー（彼らは一九六三年にディランの「風に吹かれて（Blown in the Wind）」をカバーし、『ビルボード』誌で二位を獲得していた）をはじめとするアメリカのフォーク・グループを招待して、ビートルズのメンバーたちと交流する、というのが会の趣旨だった。そのパーティーが始まってしばらくしたころ、スイート・ルームの電話が鳴った。

「ミスター・アロノヴィッツから、ロビーに到着したと電話があった。ミスター・ディランも一緒だ」と、ブライアンがジョンに告げた。

「ジマーマンだ」とジョンが答えた。「ディランの苗字は、ジマーマンだよ。僕の名前はジョン・ビートルじゃなく、ジョン・レノン。それと同じだ」

アロノヴィッツはのちに、ディランとジョンを引き合わせたことを自分のキャリアにおける「最高の業績」と呼んだが、二人の出会いはぎこちないものだった。飲み物は何がいいかと聞かれ、ディランはいつも通り「安いワイン」をリクエストしたが、ブライアンはヴィンテージのシャンパンしか用意していなかったのだ。

このとき、アルコールとは別の向精神性物質が話題にのぼった。

「『抱きしめたい』のあの歌詞すごくいいね」とディランが言った。「『ハイになるぜ（アイ・ゲット・ハイ）、ハイになるぜ（アイ・ゲット・ハイ）』っていうやつ」

「いや、じつはね」とジョンが答えた。

「あれは、『隠すことはできない（アイ・キャント・ハイド）』って歌ってるんだ」

彼らはみんなで大笑いし、ディランは「僕ときたら、きみたちは大麻のことを歌ってるんだとばかり思ってたよ」と言った。

ジョンとポールが、気まずそうに視線を交わす。「その、じつは僕たちはマリファナを吸ったことがないんだ」と、ジョンが打ち明けた。

さっそく、ディランのロード・マネージャーであるヴィクター・メイミュダスが、一人に一本ずつ大麻タバコ（ジョイント）を巻いた。

「まずは毒見係に渡して」と、ジョンがリンゴを指さす。

リンゴはジョイントの煙を何口か吸い込むと、ゲラゲラと笑い出して止まらなくなった。

次にジョンが自分の分に火をつけた。ブライアンも、それに続く。

しばらく経つと、ハイになったポールが、人間の存在意義に関する哲学的見解をぺらぺらとまくし立てながら、部屋を歩き回って人々を順番に抱きしめ始めた。

リンゴとジョージは、体を折り曲げてひたすら笑い続けている。

部屋の電話が鳴り、受話器を取ったディランが「はい、ビートルマニアです」と答えたときには、ヒステリックな笑いが頂点に達した。

「あの夜は、本当に楽しかった」とジョージはのちに振り返っている。「すごくいい気分だったんだ。素晴らしい夜だった」

メイミュダスは、こう回想している。「ポールが僕のところにやってきて、一〇分くらい僕をハグしてたよ。そして言うんだ。『本当に素晴らしかった。大麻が大好きになっちゃったよ。全部きみのせいだぞ』」

「何を話したかは、あまりよく覚えていない。ハッパを吸って、ワインを飲んで、いわゆるロックンローラーらしい振る舞いをして、一緒に笑ってた。シュールレアリスムってことさ」と、ジョンはのちに語っている。「あれこそ、パーティーだった」

23

俺は年寄りになる前に死にたいんだ
——「マイ・ジェネレイション〈My Generation〉」

ロンドンに住み続けていたのは、ポールただ一人だった。

ときは一九六五年三月。その前月に、ビートルズは二本目の主演映画の制作に取り掛かっていた（仮タイトルは『きみを抱きしめる八本の腕（Eight Arms to Hold You）』で、公開時には『ヘルプ！ 四人はアイドル（Help!）』という題がつけられた）。

リンゴは、当時一八歳だったリバプール出身の美容師、モーリン・コックスと結婚して、ジョンが家族とともに住むセント・ジョージズ・ヒルに引っ越した。

ジョンはそこで、シンシアと二歳になったジュリアン、ネコのミミ（叔母の名前をつけた）とともに暮らしていた。

ジョージもまた、そこから遠くないイーシャーにあるクレアモント・エステイトで、ガールフレンドでモデルのパティ・ボイド（パティは『ハード・デイズ・ナイト』にエキストラとして出演したときにジョージと出会った）と一緒に住んでいた。

ジョンの元アシスタントは、「基本的にジョンは怠(なま)け者だったよ。ウェイブリッジでだらだら過ごして満足していたからね」と語っているが、ジョン自身はこう主張している。

「本当はロンドンに住みたかった。でも、もう少し事態が収まるまでは、リスクを負いたくなかったんだ」

だが、近い将来に「事態が収まる」兆しはどこにもなかった。ビートルズは絶好調だったのだ。「ハード・デイズ・ナイト」の次に出したシングル、「アイ・フィール・ファイン（I Feel Fine）」は、アメリカでも英国でもチャート一位を獲得していた。英国のチャートにおいては、ローリング・ストーンズがリリースしたハウリン・ウルフの名曲「リトル・レッド・ルースター（Little Red Rooster）」のカバー・バージョンを、一位の座から蹴り落とす形になった。

その年、レノン＝マッカートニー作詞作曲による楽曲は、七曲がナンバーワンに輝くことになり、ジョンとポールはアメリカのチャートにおける年間ナンバーワン・ヒット数で新記録を打ち立てた（「抱きしめたい」、「シー・ラヴズ・ユー」、「キャント・バイ・ミー・ラヴ」、「ラヴ・ミー・ドゥ」、「ハード・デイズ・ナイト」、「アイ・フィール・ファイン」に加えて、完成後にビートルズには相応しくないと判断され、英国のデュオ・グループ、ピーター＆ゴードンに提供された「愛なき世界（A World without Love）」もあった。ピーターは、当時ポールが付き合っていたジェーン・アッシャーの兄だった）。

独身貴族のポールは、ウェイブリッジのセント・ジョージズ・ヒルにあるジョンの家で行なわれる作曲セッションに、スポーツカーのアストンマーティンを自分で運転していくことが多かった。だがその日の朝、ポールは珍しく、ハイヤーを雇うことにした。

やってきた運転手は疲れ切った様子で、自分の一週間のスケジュールをこう表現した。

「一週間八日（エイト・デイズ・ア・ウィーク）だよ」

リンゴの「ハード・デイズ・ナイト」と同じく、このフレーズはビートルズの生活をうまく言い表わしているように思えた。もっとも、ジョンはこれを曲に仕立てた過程について「録音もなかなかうまくいかなかったし、曲としてまとめあげるのはたいへんだった」と語っている。

「エイト・デイズ・ア・ウィーク（Eight Days a Weeks）」は、一九六四年十二月にリリースされたアルバム『ビートルズ・フォー・セール（Beatles for Sale）』に収録された。アメリカでは一九六五年二月にシングルとして発売され、ビートルズにとってアメリカにおける七曲目のナンバーワン・ヒットとなった。だが、こうした成功の裏にあったのは、四人を駆り立て続ける殺人的なスケジュールだった。

アルバム『ビートルズ・フォー・セール』に関するBBCのレビューには、ジャケット写真の四人の姿が「率直に言って、疲れ切っているように見える」と描写されている。二年間ノンストップでレコーディングとツアーと映画撮影に駆り出されてきたことで、四人の疲労は目に見えるレベルに達していたのだ。

一息ついて自らを振り返るような時間は一瞬たりともなかったこの時期、ジョンは皮肉なことに、まさにその忙しい作曲作業を通して、「自分自身の感情についてようやく考え始めた」とのちに語っている。その結果、この時期以降のジョンの楽曲には、よりダークでパーソナルな要素が強く出るようになっていったのだった。

ハンブルクで一日一二時間演奏し続けるために「プレリー」(プレルディン)を使ったように、それまでのビートルズは、過酷な公演スケジュールを乗り切るために「薬」に頼ることが多かった。だが、のちに明らかになったところによると、『ヘルプ! 四人はアイドル』の撮影中は、ビートルズは薬ではなく、つねに「大麻をキメた」状態で、監督のリチャード・レスターは、その様子を「ハッピー・ハイ」と呼んでいた。

リンゴによれば、四人は映画の撮影中、「朝食代わりに大麻を吸っていた」という。移動中に空港の関税を通るときには、係員に疑われないように、スタッフたちが巧妙な仕掛けを施した。まずタバコを一カートン買って、箱からタバコを抜いてジョイントを詰め、アイロンを使ってセロファンのパッケージを巧妙に元に戻したのだ。

「僕はつねに、生きるためにドラッグを必要としていた」とジョンは認めている。「ほかの三人もそうだったけど、僕はいつもみんなより多く摂取していた。薬も、何もかもだ。たぶん、僕がみんなよりクレイジーだからだろうね」

そして、一九六五年の春、ジョンとジョージは新たな向精神性物質を体験することになる。LSDだ。

「さあ、行こう」

ジョージは妻のパティに呼びかけた。

ジョージとパティ、そしてジョンとシンシアは、ロンドン在住の歯科医ジョン・ライリーの自宅で、おいしいディナーをご馳走になったところだった。

四人はその後、とあるクラブでリンゴと落ち合って、ブライアン・エプスタインが最近プロデュースしているバンドのライブを観ることになっていた。その中には、ハンブルクでの友人、クラウス・フォアマンの新しいバンドも含まれていた。

「まだコーヒーを飲んでいないじゃないか。もう淹れてあるんだ。とてもうまいコーヒーだよ」

そう言って、ライリーとそのガールフレンドは、出発しようとするジョンたちを引き止めた。

四人は勧められるままコーヒーを飲んだ。だがジョンは、飲み終わるとすぐ、もう行かなくてはと切り出した。

「もうすぐ、僕たちの友だちの出番でね。今日は、彼らの初めてのライブなんだ」

「帰らないほうがいい」と、ライリーは言った。四人はたったいま、LSDを摂取したところだというのだ。「コーヒーに仕込んであったんだ」と、ライリーは打ち明けた。

ジョンはこれを聞いて、怒り狂った。「一体、なんてことをしてくれたんだ?」

ライリーはなおも四人を引き止めようとしたが、彼らはそれを振り切って家を出た。ジョージはのちに、このときのことを振り返り、「ライリーはたぶん、そのまま乱交パーティーが始まって、全員とヤレるとでも思ってたんだろう。そのためにあんなことをしたんじゃないかな」と語っている。

四人はそのまま、パティの運転するオレンジ色のミニで走り去った。

「車がどんどん小さくなっていって、着くころには自分たちの体が車の外に出てしまっているような気がしたわ」とパティは回想する。

シンシアは、世界が歪(ゆが)んでいくように見えることに怯(おび)え切っていた。いわく、「まるで突然ホラー映画の中に放り込まれたような感じだった」という。

一方でジョンは、この体験を楽しんでいた。「僕らは道でバカ騒ぎして、みんなで『窓を割れ！』と叫んだ。つまり、すっかりイカレちまってたんだ。完全にぶっ飛んでた」

そのあいだジョージのほうは、超越的な体験を味わっていた。「何かを味わうことも、話すことも、見ることとも、考えることとも、聞くことも、初めてまともに体験している気がした」

四人がレスター・プレイスのアド・リブ・クラブに辿り着き、エレベーターに乗り込むと、中に小さな赤いライトが灯っているのが目に入った。

それを見たシンシアが、パニックを起こして叫び始めた。

「僕たちは全員、火事が起きてると思ったんだ。でも実際には、ただの小さな赤いライトだった」とジョンは回想している。「みんな叫びまくって、頭に血が上ってヒステリー状態だったよ」

エレベーターの扉が開くと、四人は幻の火事のことを伝えるべくリンゴのもとに急いだ。

何もかも、まるでジョンの大好きな『不思議の国のアリス』の中の出来事のようだった。

四人はジョージが運転するミニで、なんとか家に辿り着いた。

「実際は時速一五キロくらいだったと思うけど、一五〇〇キロでぶっ飛ばしてるみたいに感じたよ」とジョンは振り返っている。

ジョンとシンシアは、そのままジョージの家に泊まることにした。

ジョンはその夜、ジョージの家が「大きな潜水艦」になり、「五メートルくらいある壁の上に浮いているその潜水艦を、自分が操縦する」という幻覚を体験した。そしてそのまま深夜まで起きていて、四つの顔が並んでいる絵を描き、顔の横に「きみが正しい！」という吹き出しを加えた。

「そりゃもう、本当に怖かったけど、最高の体験だったよ」とジョンはのちに語っている。

24

やぁ暗闇よ、僕の古い友よ
――「サウンド・オブ・サイレンス〈The Sound of Silence〉」

『ヘルプ！　四人はアイドル』サウンド・トラックの制作は、順調に進行しているかに見えた。だが、タイトル曲の「ヘルプ！」がいかにジョンの不安に満ちた内面を的確に表わしているか、だれも気づいていなかった。

「この曲で、僕は自分がもっとずっと若かったころのことやなんかを歌っている」とジョンは言う。「でも本当はあの時期こそ、僕の『太ったエルヴィス』時代だったんだ」

ジョンはずっと気分が優れず、エルヴィスさながらに体重も増えていた。その原因は、紛れもなくストレスだった。二冊目の著作となる『らりるれレノン（A Spaniard in the Works）』〔邦訳版『らりるれレノン』は、二〇〇二年に筑摩書房から刊行〕の発売が一九六五年六月に迫っているにもかかわらず、原稿を書き上げることができずにいたのだ。

いまやジョンにとって、文章を書くことは学校の課題のように感じられた。

ジョンとポールのあいだにはつねにお互いに対するライバル意識が存在していたが、『ヘルプ！』

サントラ収録曲の作曲過程では、それが頂点にまで高まりつつあった。二人を駆り立てていたのは、EMIとの厳しい契約内容だった。

ジョンはのちに『ローリング・ストーン』誌のインタビューでこう語っている。

「あいつらは、『じゃあ、これからアルバムを作るから、二人で会って、何曲か書いてきて』という具合なんだ。たんなるお仕事、というノリなんだよ」

ポールは、ビートルズ初の三分超えとなった「涙の乗車券（Ticket to Ride）」を、一九六五年二月のある日の午後にジョンの家で書いたときのことをこう回想している。

「あの曲のメロディーは、二人で一緒に書いた。リード・ボーカルはジョンだったから、全体としてはジョンの貢献が六〇パーセントということになるかな」

ところがジョンが『プレイボーイ』誌に語ったところでは、彼の果たした役割はそれ以上だったという。ジョンは「あの曲は、僕が書いた。最も早いヘヴィーメタルのひとつだ」と言い、「ポールの貢献は、リンゴがドラムを叩いて貢献したのと同じ程度のものだ」と断じている。

二人の共作作業は、これまでになく増えてもいた。二人は作詞作曲をしながら口喧嘩をすることもあり、ときにはそれが罵り合いの口論に発展した。

「あるとき、言い争いがいったん落ち着くと、ジョンは眼鏡を少し下げてこっちを見て言ったんだ。『僕はこんなやつなんだ』ってね。そしてまた眼鏡をかけ直した」とポールは回想している。

「ジョンの素顔を見たように感じるのは、そういう瞬間だった。彼自身が世間に見せるのを恐れていた、ジョン・レノンの姿をね」

24

ジョンは、前に進みたくてうずうずしていた。彼は、ツアーの過酷さがビートルズにアーティストとしての死をもたらしていると考えていた。

「それが、僕らがミュージシャンとしてまったく前進できていない理由だった。なんとかツアーを成功させるために、僕たちは自分を殺していた。それでダメになったんだ」

たしかに、ジョンの言うことには一理あった。だが同時に、ビートルズがいい音楽を生み出し続けていたこともまた事実だ。大衆に好まれるポップ・ソングではあったが、ファンが望むものを生み出すことが、彼らの仕事でもあったはずだ。彼らは「抱きしめたい」や「プリーズ・プリーズ・ミー」といった曲の力で世界的なスターになった。それに、「エイト・デイズ・ア・ウィーク」はエネルギーに溢れていて、聞く人をいい気分にさせてくれる曲だ。

彼らの作り出す音楽は、たしかにメインストリームだった。そして、ポールはメインストリームを好んでいた。商業的なソングライターであることを、楽しんでいたのだ。

ポールの心はつねにインスピレーションに対して開かれていて、夢の中で歌を思いついて目を覚ますこともあった。

「ベッドから出て、ピアノの前に座り、Gを鳴らした。それからFシャープ・マイナー・セブンス。それに導かれて、B、そしてEマイナー、そしてまたEに戻る。そんな具合に、論理的に進んでいった」

ポールにとって、こうした音楽的なひらめきは「何よりもマジカルなもの」だった。

ある朝、そうやってできた新しい曲に、ポールは「スクランブル・エッグ」という風変わりな名前をつけた。

映画の撮影中のセットでもポールはこの曲を書き続け、監督のリチャード・レスターを苛立たせた。『ハード・デイズ・ナイト』が大成功したおかげで、新作映画の予算は前回よりもずっと増えていた。しかも今回は、白黒ではなくカラーだ。だが、撮影に割り当てられた時間は四週間しかなかったので、レスター監督はポールに曲をさっさと仕上げないのならセットに置いたピアノを撤去すると通告した。

「まったく、ポールときたら、いつも例の曲の話ばかりだ。ベートーヴェンか何かのつもりかよ」とジョージはからかった。

一九六五年の六月、ポールとガールフレンドのジェーン・アッシャーは、休暇先のポルトガルで長距離ドライブを楽しんでいた。ジェーンが昼寝をしているあいだ、ポールは一人で鼻歌を歌った。

「ダ、ダ、ダ……イエスタデイ…サドゥンリー……ファニリー……メリリー……」

そうやって、歌詞が出来上がっていった。

「あの曲は、何カ月も未完成のままだった」とジョンは回想している。タイトルについても、ポールはいつまでも心を決められずにいた。ジョンによると、「ポールと一緒に曲を書こうとしたりレコーディング・セッションの計画をしたりすると、いつもあの曲の話になった」という。

「そしてある朝、ポールが目を覚ますと、曲もタイトルも出来上がってた。これで完成ってわけだ。おとぎ話みたいに聞こえるけど、実際にそうだったんだ。あの曲のことをネタにずいぶんみんなで笑ったから、ポールにはちょっと申し訳ない気さえしていたよ」

レコーディング・セッションは、その月末、ポールの二三歳の誕生日の直前に予定されていた。ようやく完成したポールの新曲を聞いて「サウンドがビートルズらしくない」と感じたジョージ・マーティンは、クラシックの弦楽四重奏をバックに、ポールがソロで歌うのはどうかと提案した。レコーディングの日のランチ休憩中、ポールはチェリストのフランシスコ・ガバロに歩み寄って言った。「この『イエスタデイ（Yesterday）』って曲は、大正解だね」

だが、この予想が現実になるまでには、しばらく時間がかかった。「イエスタデイ」は『ヘルプ！』のサントラに収録されたものの、映画の中では使われず、英国ではシングル・カットすらされなかったのだ。

しかしその一方で、アメリカではシングルとして発売され、ナンバーワンに輝いた。

この曲への関与について尋ねられたジョンは、きっぱりとこう言っている。

「『イエスタデイ』には、僕は一切関わっていない」

25

死ぬってどういう感じか、私は知ってるの

――「シー・セッド・シー・セッド〈She Said She Said〉」

「心配しないで！」と、アメリカの映画会社ユナイテッド・アーティスツのポスターは謳っていた。「『ヘルプ！』の公開はもうすぐだから」

だが、サントラの発売に合わせて実施されるビートルズのアメリカ・ツアーで警備にあたる警察にとっては、心配するなと言われても無理な話だった。一九六四年八月のニューヨーク公演を報じる『ロング・アイランド・スター・ジャーナル』紙は、「ビートルズが歌うのはロックンロールだが、彼らのせいで警察が歌うはめになるのは、嘆きのブルースだ」と報じている。

ところがその一年後には、ビートルズの警備体制はさらに強化されることになった。

四人は、マンハッタンからクイーンズのワールズ・フェアに向かうヘリコプターの中にいた。到着したら、六〇人の警察が警護する護送車に大急ぎで乗り換え、今夜の公演会場に向かうのだ。会場のシェイ・スタジアムには、この日のために特設ステージが設けられていた。

ヘリがスタジアムの上空に差し掛かると、ジョンの耳にファンたちの絶叫が飛び込んできた。声はエンジンの轟音に掻き消されることもなく、ヘリの中まで届いていた。

「ポール、キスを投げて、リンゴ、指輪を投げて」と書かれた横断幕がはためき、フラッシュの光がマシンガンのように焚かれた。

アメリカでの興行主であるシド・バーンスタインは、目を丸くしてこの光景を眺めていた。

「ここが山のてっぺんだよ、シド」と、ジョンは言った。

❖ ❖ ❖

ロサンゼルスでビートルズが借り切った豪邸には、オリピック・サイズのプールがついていた。ジョンとジョージには、ここで達成すべき秘密のミッションがあった。

「ツアー中は、いい夜もあれば、そうでもない夜もあった」とリンゴは振り返る。「でも結局、どの夜も同じだったよ。楽しいことといえば、夕方にホテルで大麻やなんかを吸うことくらいだったんだ」

ジョンとジョージが、ポールとリンゴと共有したいと考えていたのも、まさにそこだった。LSDについて、ジョージはのちにこう語っている。「圧倒的な幸福感に満たされたんだ。神の存在を感じて、芝生の一本一本に神が宿っているのがわかった。一二時間で何百年分もの体験をしているようだった」

もっと深い体験もあった。それまで、ジョンはいつも最年少のジョージをからかって「ギターを弾くガキ」として扱っていた。

「アシッド〔LSDの俗称〕を摂取した後、僕とジョンはとても興味深い関係を体験した」とジョージは言う。「僕はほかのだれよりもジョンに親しみを感じた。ジョンの眼を見つめるだけで、僕たちの絆が感じられたんだ」

ジョンも同じことを感じていた。自分とジョージについては「僕ら二人が一番イカレてた」と言い、一方で「ポールはジョージや僕よりも少し安定している感じだった」と話している。

ジョンとジョージは、洗礼を受けていない者には「共感できない」と明言していたが、ポールは自分の考えを曲げなかった。ジョージいわく、ポールは自分だけがLSDをやらないことについて「ずいぶん取り残された気分」を味わっている様子だったという。

だが、リンゴが試してみることにしたときでさえ、ポールは最後まで踏みとどまった。「僕はそういうふうに育てられたんだ」と、ポールはのちに語っている。「『悪魔のドラッグには気をつけろ』ってね」

ジョージは後年、ポールをしつこくからかったことを認め、「僕らはみんな、ポールに対してちょっと冷たくあたっていたと思う。僕らはやってるのに、お前はやらないのか、という感じでね」と振り返っている。

ポール以外の三人は、バーズのメンバーだったデヴィッド・クロスビーとロジャー・マッギン、そして俳優のピーター・フォンダと一緒にアシッドを飲んだ。

フォンダが、上空を飛ぶヘリコプターを指さした。彼らのいる豪邸に近づこうと、かなり低空を飛んでいる。それは、彼らにとってもはや見慣れた風景だった。

「望遠レンズを持って、家のすぐ上まで飛んでくるんだ。僕が大麻を吸ってるのか、ＬＳＤをやってるのか、写真に撮って確認するためにね」と、フォンダはのちに『エスクァイア』誌に語っている。「僕は、『やあどうも、このクソッタレども！』って感じだった」

「成功するには、ろくでなしでなくてはならない。それは事実だよ」とジョンはのちに語っている。「そしてビートルズは、世界でも最低のろくでなしたちだった」

その日、ジョージだけは一人で落ち着かない気分のままだった。

フォンダはそんなジョージをなだめようと、一〇歳のときに自分が体験したある危険な事故の話を始めた。いわく、間違えて自分の腹を銃で撃ったことがあるというのだ。この話は、どうやら真実らしかった。彼の腹部には、一〇センチほどの傷跡があったからだ。

フォンダは、ささやき声でこう繰り返した。

「死ぬってどういう感じか、俺は知ってるんだ」

❖ ❖ ❖

そのころジョンは、一人になってシンシアへの手紙を書いていた。そこには、ジョンの切実な願いと後悔の念が綴られていた。

「僕たちは、青春をすべてビートルズに捧げてしまった」

ジョンはシンシアと、二歳半になった息子のジュリアンのことを思って悔やんだ。

「ジュリアンのこれまでの人生のほとんどの時間を、一緒に過ごすことができなかった」

その二年前の一九六三年、ジョンは「ツアーは、いい気晴らしだ。リバプールから抜け出して、新しい土台を作ることができる」と語っていた。だがいまは、その新しい土台が生み出す生活の重みに、潰されそうな気分だった。

「僕は楽屋で、ジュリアンと過ごせたはずの時間のことを考えて、何時間も過ごしている。ジュリアンが同じ部屋の中にいるのに、クソみたいな新聞なんかを読んで過ごしちまった、あの最低の時間のこともだ。こんなのは全部、間違ってる！　このままじゃジュリアンは十分僕に会えない。ジュリアンに僕のことを知ってほしいし、愛してほしい。そして僕がいないことを寂しがってほしい。僕がきみとジュリアンに会えなくてすごく寂しいのと同じくらい……」

26

労働者階級の英雄(ワーキング・クラス・ヒーロー)になるってのは、大したもんだよ
――「ワーキング・クラス・ヒーロー〈Working Class Hero〉」

一九六五年十月二十六日。バッキンガム宮殿の警備にあたる警察は、詰めかけた何千人もの群衆を前にてんてこ舞いだった。集まった人の中には、宮殿の門をよじ登ろうとする者さえいた。といっても、彼らのお目当ては女王ではなかった。その朝、女王陛下に謁見(えっけん)して勲章を授与される一八九名の中に、ビートルズの四人の名前があったのだ。

遡(さかのぼ)ること数カ月前、なんの変哲もない茶色い封筒がジョン、ポール、ジョージ、リンゴそれぞれの自宅に届けられた。中には、叙勲を知らせる通知が入っていた。そして六月十二日には、女王の三九歳の誕生日の叙勲名簿にビートルズの名前が含まれていることが、一般に公表された。四人に授けられることになったのは、大英帝国勲章だった。ビートルズに授与されるのは、五つあるランクのうち一番下のものではあったが、ポップ・バンドが受章するのも、二五歳以下の者が受章するのも、史上初のことだった。

ほかの受章者の中には、リバプール出身の得体の知れない若者たちと同列に並べられることを嫌がる者もいて、中には抗議のために勲章を返上した人さえいた。その一人、フレデリック・ワッ

グ大佐は、次のように斬って捨てた。

「ビートルズへの叙勲によって、この国が体現するすべてのものが踏みにじられた。彼らの演奏を聞いてみたが、ひどい代物だ」

だが世間一般の反応は、それよりもずっと好意的だった。

ビートルズへの叙勲は勲章の価値を貶（おとし）めるものだ、という意見について、リバプール在住の男性は、「ある面では」賛成するものの、「彼らはいいこともたくさんしたと思うよ。ビートルズの悪口は、一切聞いたことがないしね。彼らが人々にとって悪い模範だったことは一度もないと思う」と話している。

そしてある女性ファンは、当然のように「素晴らしいことよ！　もらって当然よ。ビートルズって最高だもの」と語った。

本人たちは当初、この事態を「バカげてる」と感じたものの、「これもほかのことと同じ、ゲームの一部みたいなものだ」と解釈することにした。

その日、バッキンガム宮殿（ジョン流に言えば「バック・ハウス」）の王座の間での授与式典には、四人の家族は出席しなかった。代わりにそこには、誇らしさでいっぱいのブライアン・エプスタインの姿があった。

ジョンたちはといえば、自分たちの身に降りかかったとんでもない事態をなんとか笑い飛ばしてやろうと必死に強がってはいたものの、間違いなくこの状況に圧倒されていた。

彼らがまずやったのは、宮殿のトイレで大麻を吸うことだった。

ジョンは「何より、僕らは笑い転げたい気分だった。でも、実際自分が受章するとなると、笑ってはいられなかったよ」と回想している。「僕たちは王室なんてものは支持しちゃいないけど、実際宮殿に入って女王の前に立ってみると、すごいと思わざるを得ないもんだよ」とジョンは言う。「まるで夢みたいだった。素晴らしかったよ」

ジョンは授与された勲章を小さな化粧箱に入れ、メンディップスのミミの家に持ち帰った。ジョンはミミの前で女王の役を演じ、勲章を彼女の胸元に留めると、この勲章は僕よりもミミに相応しいよ、と告げた。

❖ ❖ ❖

女王に会うことに関しては、四人とも、少なくとも最初のうちはそれほど興味がなかったのは確かだ。

だが、謁見の相手が王（キング）となると話は別だった。

八月二十七日。公演が休みだったこの日、ロサンゼルスに滞在していたビートルズは、彼らのヒーローに会えるかもしれないと告げられた。エルヴィス・プレスリー、その人だ。

四人は大喜びでこのチャンスに飛びつき、ベル・エアにある彼の家を訪ねた。

ジョンは後年、エルヴィスについて「あの人は、僕らにとって完全にアイドルだったんだ」と話している。

ポールの言葉によれば、四人は「彼の大ファンで、英雄のように崇拝し切っていた」。

ジョージはこの面会について、ビートルズを代表してひとつだけ条件を出した。「もし今回もいつもと同じような、メディアにへつらうバカ騒ぎになるようだったら、やめておこう」

この日、ブライアン・エプスタインとエルヴィスのマネージャーのあいだでは、写真撮影も録音も抜きの極秘面会ということで合意がなされていた。だがファンやメディアはどこからかこの情報を聞きつけ、ベネディクト・キャニオンでビートルズが借りていた豪邸から彼らの乗るリムジンの後を追って、ベル・エアのエルヴィスの自宅までぞろぞろとついてきた。四人はこの望まぬ騒ぎに気を取られないように、車の中でジョイントを数本吸って気持ちを落ち着かせた。

それでもなお、ジョンがのちに語ったところによれば、円形の客間にエルヴィスが入ってきたときの四人は、揃って「ビビりまくって」いた。長年焦（こ）がれてきたアイドルを前にして、ジョンの心臓は高鳴った。「エルヴィスだ！　本物のエルヴィスだ！」

エルヴィスの周囲には、当時彼のガールフレンドだったプリシラや、「メンフィス・マフィア」と呼ばれる取り巻き連中が五、六人いた。全員の紹介が終わると、たちまち気まずい沈黙が流れた。この場で何を言ったらいいのか、だれにもわからなかったのだ。

次に何が起きるのだろう？　だれもが戸惑っていた、そのときだった。

エルヴィスが口を開いた。

「もしきみたちがただそこに座って僕のことを見つめてるだけなんだったら、僕はもう寝るよ。この会は、王（キング）との謁見のようなもののつもりで企画したんじゃない。みんなで座って音楽の話をして、できれば少しセッションでもできればと思ったんだがね」

これを聞いて、部屋は笑いに包まれた。キングはフェンダーのベースを爪弾き始め、ギターもいくつか持ってこさせた。

ジョンはギターを手に取り、ポールはエルヴィスにベースの手解きをした。「アイ・フィール・ファイン」の演奏が始まり、リンゴは「近くにあった木製の家具を指で叩いてバックビートを刻んだ」。

ジョージはこのジャム・セッションにしばらく参加したが、やがて輪を離れ、あたりを歩き回り始めた。「あのパーティーのあいだ中、僕はだれかが大麻を持っていないかと探り回ってた」とジョージは振り返っている。だが結局、成果はなかった。「連中はどっちかというと、『コカインとウイスキー』系の人たちだったんだよね」

数時間後、午前二時ごろになって音楽がやみ、四人は帰路についた。ジョンが、家を出る前に気づいたことを口にした。「エルヴィス、（大麻で）ハイだったな」

ジョージは驚きもせずにつぶやいた。「僕らみんな、そうだろ？」

27

ああ、いまが終わりの一歩手前だなんて、きみは信じないだろうね
――「明日なき世界〈Eve of Destruction〉」

ビートルズは、新曲を必要としていた。

契約上、クリスマスの時期までに六枚目のアルバムをリリースしなくてはならなかったのだ。しかも、収録曲はすべてレノン＝マッカートニーのオリジナル曲で、カバーはなし。それも、一曲残らず傑作であることが求められていた。

周囲が焦るのには、理由があった。英国でもアメリカでも、ライバルたちがビートルズの後釜を虎視眈々と狙っていたのだ。

ローリング・ストーンズは、ギターを胸の位置に高く抱えるリバプール式の堅苦しいスタイルについて、冗談めかして攻撃した。

「だからお前らはロックするだけなんだ」と、キース・リチャーズはジョンに言った。「お前らには、ロールはできないのさ」

一九六五年の夏、ローリング・ストーンズのシングル「サティスファクション（Satisfaction）」

がビートルズの「ヘルプ！」を抑えて、彼らにとってアメリカで初のナンバーワンに輝いた。

キース・リチャーズとミック・ジャガーは、作詞作曲に関してもビートルズに迫る勢いだった。ポールは「スクランブル・エッグ」のメロディーを夢の中で思いついたが、リチャーズは「僕は眠っているあいだに『サティスファクション』を書いた」と豪語した。いわく、ベッドのそばにカセット・プレーヤーが置いてあり、「巻き戻してみたら、『サティスファクション』が入ってたんだ」というのだ。


ジョンは自分の邸宅で、キング・サイズのベッドに寝転がっていた。

もう五時間もそうしていたが、なんのアイディアも浮かばない。と、突然ジョンの頭にあるフレーズが降りてきた。

「どこにもいない男（ノーウェア・マン）」

ジョンは数分で、曲を書き上げた。

ポールは、この曲のコーラス部分を仕上げたときのことをこう回想している。

「ジョンが『どこでもない場所（ノーウェア・ランド）』と言うと、僕が『だれのためでもない（フォー・ノーバディ）』と言う。そんな具合に、二人で協力し合って作ったんだ」

ビートルズは、それから一週間のあいだに計七曲を書き上げた。

ジョージ・マーティンはつきっきりでレコーディングに立ち会い、耳を澄まして音を聞き、四人の様子を見守り、必要なアドバイスを与えた。マーティンは、ジョンの振る舞いにこれまで以上に困惑していた。のちにマーティンはジョンの様子をこう語った。「ギターのチューニングすらしようとしないんだ。彼には、実際的なことが何ひとつできなかった」。

ある夜、ビートルズが深夜までレコーディングに励んでいると、コントロール・ルームでトークバック・ボタンが押され、スタジオにブライアンの声が響いた。ジョンは、神経を集中し、耳を澄ました。

「このサウンド、何かがひっかかるんだよな」とブライアンが言った。

スタジオに、気まずい沈黙が流れた。ブライアンは明らかに酔っていたし、連れの男性にいいところを見せようとしているのは一目瞭然（いちもくりょうぜん）だった。

ジョンは、それまでにも何度も繰り返してきたように、役割分担を明確にすべくブライアンに告げた。

「きみは自分の取り分の分だけしっかりやればいい。音楽のことは、僕たちに任せろ」

四週間後の十一月十二日、アルバムは完成した。

タイトルを決める段になって、ジョンが茶化した。「『大麻（ポット）アルバム』にしようぜ」

四人はレコーディングのあいだ中ハイになって笑い転げていたことを思い出し、もう一度大笑いした。

ポールが口にしたのは、ある年老いたブルース・ミュージシャンがローリング・ストーンズについて言った言葉だった。「ミック・ジャガーね。たしかにあいつらはうまいよ。だがやつらには、

27

プラスチック製の魂（プラスチック・ソウル）しかない」

最終的に決定した「ゴム製の魂（ラバー・ソウル）」というフレーズの言葉遊びを、ジョンは気に入っていた。当時英国では、ゴム製の靴底（ラバー・ソウル）が流行っていた。靴が湿気にやられないように、ゴム製の靴底を貼り付けて補強するのだ。

だが、この直後に浮上することになるジョンの暗い過去は、靴底のように簡単に修復できるものではなかった。

28

心のスイッチを切って、力を抜いて、下る流れに漂いなさい
——「トゥモロー・ネヴァー・ノウズ〈Tomorrow Never Knows〉」

そのころスタジオの外では、予想もしなかった事態が持ち上がっていた。

長年不在にしていたジョンの父、アルフレッド・レノン（通称「アルフ」または「フレディー」）が自分の半生を語った記事が、雑誌に掲載されたのだ。記事を載せた『ティット・ビッツ』誌は、露出度の高い服をまとった若い女性の写真の表紙に「男を貧乏愛人に貶める女たち」といった派手な見出しが躍る類のゴシップ週刊誌だった。

さらにアルフは、息子のジョンと同じくミュージシャンになることを決意したようだった。ビートルズの新作アルバム『ラバー・ソウル（Rubber Soul）』の発売日と同じ日に、「ザッツ・マイ・ライフ（マイ・ラブ・アンド・マイ・ホーム）（That's My Life (My Love and My Home)）」というタイトルのシングルをリリースしたのだ。

『ラバー・ソウル』について、当時スペンサー・デイヴィス・グループのボーカルだったスティーヴ・ウィンウッドは、「あのアルバムは、すべての扉をこじ開けた」と語っている。「『ラバー・ソウル』が、音楽というものをまったく新しい次元へと連れていった。そして、いわゆる六〇年代

ロックの時代をスタートさせたんだ」

一方で、アルフのミュージシャンとしてのキャリアは一日で終わりを告げた。彼のシングルは、まったく売れなかったのだ。アルフはこれを知って、ひどく不満がった。

そんな中でジョンはといえば、不満どころの騒ぎではなかった。ある日突然、自分の留守中に予告もなしに自宅に現われた「いまいましいアルフ」(ジョンはときに、父をそう呼んだ)を、シンシアが親切にも家に招き入れたと聞かされたからだ。

ずっと不在だったアルフがジョンの人生に姿を現わしたのは、その少し前、一九六四年四月一日のことだった。ブライアンから電話があり、アルフがオフィスに来ていると告げられたのだ。しかも、ジャーナリストを伴って。

ジョンはこの知らせを受けて、ロンドンのNEMSエンタープライズに向かった。父に会うのは、じつに一七年ぶりだった。「父に借りがあるとは思っていない」と、ジョンはいつも言っていた。「父に助けてもらったことは一度もない。いまの地位は自分で手に入れたものだし、僕にとって音楽は、学校に通ったこと以外では一番長く続けていることだ」

その日、ジョンとアルフの再会を目撃した人の一人は、「感動の再会、という感じではなかったね」と回想している。「とてもピリピリした雰囲気だったよ」

「で、何が望みだ?」と、ジョンが冷たい声で聞いた。

アルフは、自分の言い分を話し始めた。仕事で航海に出ているあいだに、妻ジュリアが男をつくって出ていったこと。ミミをはじめとするスタンリー家の女性たちが、最初からアルフを決して受け入れようとしなかったこと。彼女たちに強要されて、ジョンの親権をすべてジュリアに受け渡すほかなかったこと。ジョンは、話を聞きながら、凍りついていた気持ちが少しだけ解けるのを感じた。ミミやほかの叔母たちがどれほどタフか、ジョン自身もよく知っていたからだ。

「真実を世間に知らせるべきだ」とアルフは訴えた。

だが実際には、アルフは利用されているにすぎなかった。

背後で糸を引いていたのは、タブロイド紙『デイリー・スケッチ』だった。ジョンをはじめとするビートルズのメンバーへの独占インタビューを取り付けることを条件に、アルフの自伝を掲載するという取り引きを申し出たのだ。

その事実はすぐに、ジョンたちの知るところとなった。

ブライアンはビートルズへのインタビューの打診を断り、アルフの自伝は結局『ティット・ビッツ』に掲載されることになったのだった。

アルフは再び、今度はジョンの在宅時に家を訪れた。彼は今回、自分のマネージャーまで連れてきていた。

ジョンは、アルフが大掛かりな歯の治療をしたことに気づいた。

レコード会社に「歯をなんとかしろと言われた」のだと、アルフは説明した。「一〇九ポンドもかかったよ。いまも返済中で、月に一〇ポンド支払ってる」

「父に会うのは、それが二度目だった」

父との再会について、ジョンはのちに回想している。「すぐに帰ってもらったよ。あの男を僕の家に上げる気はなかった」

後日、アルフのマネージャーが『デイリー・メール』に語ったところによると、アルフはジョンに対して「お前が俺のレコードが売れないように細工していることはわかってる」と言って責めたという。父のこの糾弾に対して、ジョンは一切聞く耳を持たなかった。

「僕には、父親代わりとなる存在が多すぎるほどいた」と、ジョンは後年語っている。それでもなお、ジュリアンの父親としてどうあるべきか、ジョンは悩み苦しんでいた。

「僕は決して、世界最高の父親なんかじゃない。もちろんベストは尽くしているつもりだけど、僕は短気な男だし、落ち込むことも多い。アップダウンが激しいんだ」

そんな自分を訪ねてきたアルフを、ジョンは嫌悪もあらわに追い返した。

❖ ❖ ❖

LSDによる幻覚体験を数えきれないほど繰り返す中で（ジョンはのちに、一〇〇〇回ほどやったと語っている）、「幼少期の記憶がたくさん蘇ってきた」とジョンは明かしている。

一九六四年に出版された『ザ・サイケデリック・エクスペリエンス（The Psychedelic Experience）』が、ジョンをLSDの世界にさらに引き込んだ。中でも、本に綴(つづ)られたいくつかの言葉が、飛び出すようにはっきりとジョンの目に飛び込んできた。

あがくのはやめて。

自分の神性を信じなさい。自分の脳を信じなさい。自分の仲間たちを信じなさい。疑う気持ちが出てきたら、心のスイッチを切って、力を抜いて、漂いなさい。

『ザ・サイケデリック・エクスペリエンス』は、幻覚剤を治療目的で用いる可能性について論じた本だ。著者であるティモシー・リアリーとラルフ・メツナー、リチャード・アルパートは、ハーバード大学の心理学者だったが、ＬＳＤやサイロシビンなどの向精神性物質を摂取したうえに、学生にも摂取を強要したかどで大学を追放されていた。

ジョンはこの本のメッセージを、次のように捉えたと語っている。

「僕は自分のエゴを破壊しなくちゃならないと思い、実際にそうしたんだ」

だから、もちろんブライアンが一九六五年の十二月に英国全土を巡るツアーを敢行しようと提案したとき、ジョンは拒んだ。結局、国内では九回だけコンサートを行なうことで合意し、その後国外三カ所を回ったのちに、一九六六年に再び夏のアメリカ・ツアーを行なうことが決まった。

一九六六年の四月六日、四人はスタジオに入り、ジョンが「アシッド・アルバム」と呼ぶレコードを録音した。

スチュアート・サトクリフが生きていて、アルバム『リボルバー（Revolver）』のジャケットをデザインしてくれたらどんなにいいかと、ジョンは思った。一九六三年から一九六五年にかけて、英国版のビートルズのアルバム・ジャケットはカメラマンのロバート・フリーマンが担当していて、『ラバー・ソウル』の写真を引き伸ばしたような加工も彼の手によるものだった。

だがジョンは、もっと新しい何かを求めていた。そこで彼は、ハンブルク時代の友人でドイツ人アーティストのクラウス・フォアマンに連絡を取り、一九六四年のオーストラリア・ツアーで出会って以来ビートルズの公式カメラマンを務めていたロバート・ウィテカーと組んで、絵と写真を融合させた革新的なジャケットをデザインするように依頼したのである。

このころ「ひっきりなしにアシッドをやっていた」ジョンは、新しいアルバムのために「悲しい、アシッド風の曲」を書いた。その出だしは、「彼女は言った/死ぬってどういう感じか、私は知ってるの」というもので、前の年にロサンゼルスでピーター・フォンダが語った幼少期のエピソードが元になっていた。

そしてアルバムの最後の曲はこれがいいと言って、ジョージ・マーティンにある曲を聞かせた。

「トゥモロー・ネヴァー・ノウズ」だ。

アコースティック・ギターを弾きながら、ジョンは『ザ・サイケデリック・エクスペリエンス』で読んだ文章をそのまま歌ってみせた。

「心のスイッチを切って、力を抜いて、下る流れに漂いなさい……」

一九八〇年十二月六日

「きみたち、だれかさんを待ってるんだろ?」

警戒心を抱かせないように精一杯の笑みを浮かべて、マークはダコタ・アパートメントの前に立っていた二人の若い女性に話しかけた。

まずは、雑談からだ。人を思い通りに動かすためには、まずは獲物に安心感を与えなくてはならない。魅力をふりまき、親切さを垣間見せ、おべっかを会話にうまく挟むこと。これを繰り返せば、相手の警戒心を解くことができる。

グローリアに出会ったのは、ハワイの旅行代理店だった。店員だった彼女に、マークは世界一周旅行がしたいのだと告げた。グローリアは、決して実現することのないマークの世界旅行のために、何時間も、いや何日も費やして、詳細にわたる計画を練ってくれた。一緒に時間を過ごせば過ごすほど、彼女はマークに夢中になっていった。

ダコタの前にいた二人の女性は、マークをいかにも不審そうに見やった。だがそれくらいは、想定内だ。なんといっても彼らは見知らぬ他人同士であり、ここはニューヨークなのだ。この街では毎日、毎時間のように忌まわしい事件が起きている。魅力的な若い女性たちが警戒するのも無理はない。

「じつはね」と、ブルネットの巻き毛の女性が言った。「私たち、あなたのことを待ってたの」

28

女性はマークの足元から頭まで、さっと一瞥（いちべつ）してから付け加えた。「でも、がっかりだわ」

この侮辱に、マークは激しく傷ついた。そして、それが相手に伝わるように、表情に出してみせた。心の傷を相手に見せることは、重要だ。そうすれば加害者は、生来持っている善良さと、失礼な人間だと思われたくないという強い欲求に動かされて、無防備さをさらけ出す。その瞬間に、相手を支配すればいい。

マークは、ポケットの中の銃に手を伸ばした。

「からかっただけよ」と、巻き毛の女性は微笑んで言い、握手を求めて手を差し出した。

マークは銃を放し、彼女の手を握って名を名乗った。

「私はジュード・スタイン。こっちは友だちのジェリー・モールよ」

「ヘイ、ジュード、そんなに落ち込むなよ（ドント・メイク・イット・バッド）」マークは口ずさんで、くすくす笑った。「きみにこんなこと言ったの、きっと僕が初めてだろうな」

ジェリー・モールが、うんざりしたような声を漏らした。

僕のことを、そこらへんにいる男と同じだと思っているんだろう、とマークは思った。だが、それは違う。そのうちわかるさ。

この女たちのゲームに、付き合ってやってもいい。ただし、いまだけだ。二人はどうやら、優越感を抱いているようだ。ダコタの近くに住んでいるというだけで、自分たちはだれよりもレノンのことを詳しく知っている、特別なファンなのだと思っているのだろう。

「ジョン・レノンがここに住んでいるって聞いたんだ」と、マークは無邪気に言った。「サインがもらえたらいいなと思ってさ。彼はいま、ニューヨークにいるの?」

「ひとつだけ確実なことはね」とジュードが答えた。「ジョン・レノンはいま、ニューヨーク・シティのどこかにいるってことよ」

マークは、喜びで胸がいっぱいになるのを感じた。彼は今度こそ、心から微笑んだ。

マークは二人に、大ファンであるジョン・レノンに会いたくてハワイからはるばる来たのだと話した。話しながら、彼は相手の反応をじっと見定めていた。二人はマークの狙い通り、彼のことをごく普通の人間だと思っているようだ。

マークは、もう少し相手の話を引き出してみることにした。二人はともに二〇代後半で、ジョンとヨーコに話しかけてもらうために、過去五年間にわたって毎晩のようにここに来ているのだと彼に話した。

「私たち、ずっとここにいるのよ」とジュードは言った。「ジョンとヨーコも、私たちのことよく知ってるわ」

「すごくよく知ってるの」とジェリーが付け足した。「私たち、彼らの家族みたいなものだから」

……でたらめ言いやがって。マークは、二人を怒鳴りつけてやりたかった。レノンはファンのことなんか気にかけちゃいない。あいつは、僕たちにウソをつくだけなんだ。

ジュードが続けた。「十月に、ジョンとショーンへのバースデー・プレゼントを渡したくてここで待ってたの。そうしたらヨーコが私たちに気づいてくれてね。プレゼントを持ってきたって話したら、どうなったと思う? なんと、家にあげてくれたの!」

28

ジェリーも隣で、興奮した金切り声をあげてみせた。「彼らのアパートによ！」

「私たち、なんていうか、ショック状態みたいになっちゃったわ。あんなに呆然（ぼうぜん）としたのは、生まれて初めて」

もうすぐ、もっと呆然とすることになるよ。マークは頭の中でそう言って、微笑みを浮かべた。

「部屋に入ったら、ヨーコがショーンを呼んできたの」と、ジュードはしゃべり続けた。「プレゼントをあげたら、ダイニングでお茶を飲んでいかないかって聞いてくれたのよ。信じられる？」

お前には、何も見えていないんだな。分別がなく、知性もなく、心は空っぽだ。レノンは、キリストじゃないんだよ。僕が、それを証明してあげる。

「ええっ、それは……」と、マークは言い、まるでサンタの秘密の工房に招かれた小さな子どものような、驚きと好奇心に満ちた表情を浮かべてみせた。「すごいな！」

マークは二人に、話を続けるようにうながした。もし二人の話が本当なら、役に立つかもしれない。実際二人は、ドアマンを含めアパートに出入りする人全員を知っているようだったので、おそらく本当にあったことなのだろう。レノンが帰宅したら、きっとこの二人になら話しかけてもいいと――いや、むしろ話しかけたいと思うはずだ。そして、レノンは近づいてくるだろう。僕のほうに。

マークは再び、ポケットの中で銃を握りしめた。興奮が走り、肌に細かな電流のようなざわめきを感じた。

ジュードが、ふいに話しかけてきた「『ダブル・ファンタジー』は聞いた？」

「まだなんだ」

「買ったほうがいいわよ。私が思うに、ジョンの最高傑作なんじゃないかな。それに、ここに持ってくればジョンにサインしてもらえるかも」

完璧な作戦だ、とマークは思った。

アルバムを手にしていれば、レノンが立ち止まってサインをしてやろうという気になる可能性が高まる。レノンにアルバムを手渡して、それからコートのポケットに手を伸ばす。ペンを取り出そうとしているように見えるだろう。

でも、実際に取り出すのは銃だ。そして、彼に向かって発砲する。

マークは二人に手を振って別れを告げ、コロンバス・アベニューを北に歩き始めた。しばらく行くと、ウィンドウにレノンのポスターを掲げたレコード店があった。彼はそこで『ダブル・ファンタジー』を買い求め、カバーをじっと見つめた。

ジョンとヨーコがキスをしているモノクロの写真だった。

マークは、ここに写っているのが自分だったらと想像した。

僕が、前のめりになって、ヨーコにキスをしている。

その隣には、血まみれのレノンの死体が横たわっているはずだ。

午後遅くになって、彼はダコタに戻った。二人組の女性は、まだそこにいてジョンを待っていた。マークは二人の隣に立ち、アルバムのカバーを裏も表もじっくりと眺めた。

ジュードとジェリーは二人とも、アルバムの中で「アイム・ルージング・ユー（I'm losing You）」が一番いいと口を揃えた。「ジョンの感情がひしひしと感じられるの」と言って、二人はため息をついた。

マークは、アルバムに収録された曲をまだ一曲も聞いていなかったが、レビューは十分すぎるほど読んでいた。彼は二人に、ヨーコによる手厳しい返歌である「アイム・ムーヴィング・オン（I'm Moving On）」のほうが上をいっていると反論した。なんといってもヨーコはこの歌の中で、ジョンが「インチキになりつつある」と看破してみせたのだ。

次は、僕が同じことをする番だ。

「でも僕は、きみたちと議論するために、はるばるここまで来たわけじゃない」と彼は言った。「それに僕はこの街で、ジョン・レノンに会うだけじゃなく、何かそれ以上のことができそうな気がしているんだ」

そのとき、ダコタの前の道に一台の車が停まった。

マークは、そっとポケットに手を入れ銃に触れた。車から出てきたのは、レノンではなかった。それから車が停まるたびに、アドレナリンが自分の体を駆け巡るのを感じた。

車に乗っているのは、ジョン・レノンだろうか？　降りてきて、僕たちに挨拶するだろうか？

そのたびに、マークの手は銃の持ち手を握りしめた。

夕方になっても、レノンが現われる気配はなかった。マークは、その日は切り上げて帰ることにした。心配ない、明日がある。ＹＭＣＡに戻って、作戦を練り直そう。

29

身から出たサビってことなんだろう
――「ベイビー・ブルー〈Baby Blue〉」

一九六六年二月末、当時二五歳だったモーリーン・クリーヴは、二六歳のジョン・レノンにインタビューを申し込んだ。モーリーンが『イブニング・スタンダード』の記者としてビートルズの取材を始めたのは一九六三年の二月のことで（当時はまだロンドンの新聞に名前が載るというだけで大ごとだった）、二人はそれ以来、友人としても付き合うようになっていた。

とはいえ、ジョンの自宅に招かれてインタビューができるという事態は、彼女にとって快挙と言っていい出来事だった。しかも、ジョン以外の三人も、一人ずつ独占インタビューに応えてくれるというのだ。

ジョンがこのインタビューに応じたのは、友人であるモーリーンへの好意のしるしという意味合いだけでなく、声を大にして言いたいことがあったからだった。

気の利いた皮肉な一言やふざけた言葉遊びをふりまくジョンは、「いたずらビートル」、「利口な（スマート）ビートル」と呼ばれるようになっていた。だがジョンに言わせれば、自分もほかの三人も、世間が思うようなただの気楽な「モップ頭（トップ）」の若者ではなかった。

彼らは、激化するベトナム戦争や、世界に溢れる社会的不公正などの重要な問題について、自由な発想で考える力を持った、四人の人間なのだ。それを世間に示したいとジョンは考えていた。

「ビートルの生き方とは？　ジョン・レノンの場合」と銘打たれたジョンの独占インタビュー記事は、三月四日付の『イブニング・スタンダード』に掲載された。

モーリーンは記事の中で、ジョンがさまざまな話題について独学で学んでいて、特に最近では、ジョージが紹介してくれたインド音楽や、世界中の宗教に関する本を読むことにはまっていると伝えた。

インタビューは、さまざまな話題に及んだ。中盤に差し掛かったころ、ジョンがある予想を口にした。「キリスト教は、いずれ消えるよ」

ジョンは次のように続けた。

「衰退して、消滅すると思う。別にことさら議論するようなことじゃない。僕の言っていることは正しいし、それはいずれ証明されるだろう。僕らはいまや、キリストより人気がある。ロックンロールとキリスト教、どっちが先に消えるかな。イエス・キリスト本人はいいとしても、弟子たちが間抜けで凡庸（ぼんよう）だったんだ。あいつらが、全部ねじ曲げて台無しにしてしまった」

ジョンは後年、記事に対する英国での反応について「何件か新聞に投書があって、それに対する反論も同じくらいあった。『そいつがそう言ったからって、何だっていうんだ？　そもそもジョン・レノンってだれだ？』とか、『人それぞれ意見があって当たり前だ』とかね。それっきり、話題にもならなかった」と語っている。

　このころ、ビートルズの優等生的なイメージは崩れつつあった。

　ビートルズのカメラマンだったロバート・ウィテカーは、「僕は世界中で、ビートルズの四人を神のように崇（あが）める人々を見てきた。僕の目から見れば、四人ともごく普通の、どこにでもいるようなやつらなんだけどね。でも、ファンたちが彼らに傾ける情熱を見ていると、一体キリスト教はどこに向かうんだろうと考えざるを得なかったよ」

　そのウィテカーに、これまでとは違うテイストの写真を撮らないかと持ちかけられたとき、四人は大喜びで飛びついた。

「みんなは僕らのことを、天使か何かみたいに思っていた。だから、僕らは生命ってものについてちゃんと考えてる人間だってことを、世間に示したかったんだ」とジョンは言う。

　ウィテカーも、同じ考えだった。「ピカピカにクリーンなビートルズの写真を撮るのは、もううんざりだった。それで、ポップ・アイドルのイメージを覆（くつがえ）してやろうと考えたんだ」とウィテカーはのちにインタビューで語っている。

　三月末、ビートルズは二六歳だったウィテカーとの写真撮影に臨んだ。そこで撮影されたのは、食肉処理業者（ブッチャー）の白衣を着た四人が、いくつもの肉片とバラバラになった赤ん坊の人形を手に微笑んでいる、シュールレアリスムの影響を感じさせる写真だった。

「ウィテカーは僕らがブラック・ユーモアやダークな冗談が好きなことを知っていたんだ」とポー

ルは振り返る。「僕たちの目には、それほど挑発的なアイディアとは映らなかった。ただ人形と、たくさんの肉があるっていうだけだったよ」

ちょうどそのころキャピトル・レコードは、八月に予定されていたビートルズの次のアメリカ・ツアーに合わせて、『ヘルプ！ 四人はアイドル』、『ラバー・ソウル』、『リボルバー』のアメリカ版でカットされた曲を集めて、そこにすでにリリース済みのシングル「恋を抱きしめよう（We Can Work It Out）／デイ・トリッパー（Day Tripper）」を加えた『イエスタデイ・アンド・トゥデイ』というレコードを発売する計画を立てており、そのジャケットのための写真を必要としていた。

ジョンはこれに、ウィテカーの「ブッチャー」ショットを使うことを思いついた。

この写真はすでに、ブライアンの反対をよそに、英国での連続一位十枚目となるシングル「ペーパーバック・ライター（Paperback Writer）」の販促素材に使われていたが、英国では写真に関する苦情は一切出ていなかった。キャピトルは当初この写真をジャケットに使うことを渋ったが、結局は受け入れ、発売日である一九六六年六月十五日に先んじて七五万枚のアルバムを各地に発送した。

ところが、受け取ったレコード店のほとんどが、このアルバムを店頭に並べることを拒んだのだった。

議論の的となったこのアルバム・ジャケットについて、ジョンは記者会見で「これはベトナム戦争と同じくらい重要なことだ」と説明した。「あの戦争のように残虐（ざんぎゃく）な行ないを大衆が容認できるのなら、このジャケットだって受け入れられるはずだからね」

いずれにしても、キャピトルはこれを容認しなかった。六月十四日、キャピトルは発送済みだったアルバムを回収し、追加の物流費と製造費をかけて、ウィテカー撮影による別の写真（フタの開いた大型旅行トランクの周りに、四人が集まっている写真）に差し替える措置を取ったのだ。

こうして「ブッチャー・カバー」はいまでも珍重されるコレクター・アイテムとなった。

だが一方で、チャート一位を獲得したにもかかわらず、キャピトルにとって『イエスタデイ・アンド・トゥデイ』は、ビートルズのレコードの中で唯一赤字のアルバムとなったのだった。

❖　❖　❖

八月のツアーに先立ち、ビートルズの広報担当で「ファブ・フォー」という呼び名の生みの親でもあるトニー・バーロウが、『イブニング・スタンダード』のモーリーン・クリーヴによる記事をアメリカの『デイトブック』誌に送った。この雑誌はティーン向けとはいえ、進歩的なヴィジョンを掲げる社会派刊行物であり、ビートルズの四人のお気に入りだったのだ。

バーロウは「インタビュー記事のスタイルや内容は、『デイトブック』の方向性にぴったりだと思う」という編集長宛ての手紙を同封し、『デイトブック』側もこれに同意した。

こうして、記事は『デイトブック』九月号（発売は七月中旬）に載せられる運びとなり、その表紙には記事からの引用文（八つあるうちの二つ目）として、ジョンの「ロックンロールとキリスト教、どっちが先に消えるかな」という言葉が掲載された。

この話題を最初に取り上げたのは、AP通信だった。続いて二人のディスク・ジョッキーが、ジョン・レノンを糾弾してイエス・キリストの名を守るべく、キャンペーンを開始した。

「ダグ・レイトンとトミー・チャールズだ。いいか、われわれの素晴らしい『ビートルズ・ボイコット』運動は、いまも継続中だ」と、レイトンはアラバマ州バーミンガムのWAQY－AMで呼びかけた。「ビートルズが言ったことを、決して忘れるな」

二人は話題性を高めてリスナーを増やそうと、ビートルズのレコードを集めて燃やすイベントまで開催した。チャールズはラジオでこう訴えた。

「ビートルズのレコードやグッズを持っているリスナーは、今週中にアラバマ州バーミンガムにある一四カ所の回収場に持っていくのを忘れないように」

この二人のDJが仕掛けた騒ぎがこの後どれほどの騒動に発展していくことになるか、ビートルズの四人は知る由もなかった。

30

どんな見方をしたところで、あなたの負け
——「ミセス・ロビンソン〈Mrs. Robinson〉」

ダグ・レイトンとトミー・チャールズによる扇動的なキャンペーンが功を奏し、WAQY－AMの聴取率は上昇していた。二人はバーミンガム市議会から巨大な木材粉砕器を借りてきて、それを「ビートルズ粉砕器」と名付けた。そして、ビートルズのアメリカ・ツアーが始まる三日前の八月八日、集まった若者たちが粉砕器にレコードや写真を投入し、粉々に砕いた。

ペンシルバニア州選出の上院議員、ロバート・フレミングは、八月十六日にフィラデルフィアのJFKスタジアムで予定されていたビートルズの公演を中止にし、州内すべてのジュークボックスからビートルズのレコードを取り除くべきだと訴えた。

フレミングは記者たちに対し、こう語っている。

「私たちは、ビートルズがいなくてもまったく問題なくやっていける。だが、イエス・キリストなしでは生きていけない人は大勢いるのだ」

マサチューセッツ州の民主党代表議員、チャールズ・イアネロは、サフォーク・ダウンズ競馬場（伝説的名馬であるシービスケットが、かつてここで出走した）でのビートルズのコンサート

30

を中止するよう求めたが、ボストン市によって却下された。イアネロ議員はこれを受け、「自らを偉大なる神の上に置くとは、この四人の変人どもは、一体自分たちを何様だと思っているんだ？　彼らがこの国の若者たちのモラルに、何かいい影響を与えるとでも？　私たちは、すでに十分すぎるほど問題を抱えているんだ」と嘆いてみせた。

問題を抱えているのは、ジョンも同じだった。

ブライアン・エプスタインのマネージャーで、ビートルズ・ファンクラブの秘書でもあったフリーダ・ケリーが、ウェイブリッジにあるチューダー調を模したジョンの邸宅に袋いっぱいの手紙を届け、シンシアがそれを二つの山に分けた。ファン・メールと、ヘイト・メールだ。

ジョンは毎日シンシアに、今日はどちらの山のほうが高かったか尋ねた。答えは毎日、同じだった。「家に届けられる手紙には、脅迫や憎しみ、敵意が溢れていた」とシンシアはのちに語っている。

超能力者（サイキック）たちからは、ジョンの未来に関する予言が次々に届いた。その中には、ビートルズの四人は飛行機事故で死ぬだろう、というものもあれば、ジョンはアメリカ・ツアーの最中に銃で撃たれて死ぬだろう、というものもあった。

一九六六年八月五日（アメリカでは八月八日）、アルバム『リボルバー（Revolver）』と、両A面シングル「エリナー・リグビー（Eleanor Rigby）／イエロー・サブマリン（Yellow Submarine）」が発売された。このときすでに、一四カ所での公演が予定されるアメリカ・ツアーの開始まで、一週間を切っていた。四人はこの時点で、観客の歓声への対策を考えていた。どうせ何を演奏してもファンの声に掻き消されてしまうのだから、新曲は一切演奏しないと決めたのだ。だが報道陣への対策はというと、準備らしい準備はまったくできていなかった。

八月六日、ブライアン・エプスタインはニューヨークのアメリカーナ・ホテルで記者会見を開き、ツアーの開始前に事態の火消しにあたったが、望んだような効果は得られなかった。

会見の後、ブライアンはビジネス・パートナーのナット・ウェイスに尋ねた。「ツアーをキャンセルしたら、損害はどれくらいになる?」

「一〇〇万ドルだ」とウェイスは答えた。

さらにビートルズには、どうしてもこのツアーを敢行したい金銭的な理由がもうひとつあった。英国の税金だ。

その年の春に行なわれた『リボルバー』のレコーディングでは、ジョージ・ハリスンが作詞作曲した「タックスマン(Taxman)」も収録された。これは労働党のハロルド・ウィルソン首相が導入した、高所得者を対象とした九五パーセントの累進付加税を辛辣に風刺した曲で、ジョージはこの中で、「五パーセントが少なすぎると思うなら/全部取っていかないことに感謝しなさい」と歌った。

ビートルズの会計士だったハリー・ピンスカーは、「彼らは不満がっていたよ」と語っている。「だからジョージは『タックスマン』を書いたんだ。彼らは貧乏だった少年時代を経て、一生懸命働いて、金を稼いだ。ところが今度はその金を持っていかれそうになっていたんだからね」

一方で、アメリカ・ツアーの収入については累進付加税を払う必要がなく、しかもその額は約四〇〇〇万ドル（現在の価値で換算すると三二〇〇〇万ドル以上）に達することが見込まれていたのだ。

出発前、ロンドンのヒースロー空港で、ジョンはシンシアと固い抱擁を交わした。ビートルズはシカゴに到着すると、市内のゴールド・コーストに位置するアスター・タワー・ホテルにチェックインした。ときは一九六六年八月十一日、夜。インターナショナル・アンフィットシアターでの二回の公演を前に、ジョンは二十七階のスイート・ルームで木製の椅子に座り、手の震えを止めようと一人孤独にもがいていた。

「もしきみたちの身に何かあったら」とブライアンが言った。「僕は決して自分を許さないだろう」

31

こんな日が来るなんて、だれも教えてくれなかった
――「ノーバディ・トールド・ミー〈Nobody Told Me〉」

八月十二日、ジョンとポール、ジョージ、リンゴの四人は、トニー・バーロウが宿泊していたスイート・ルームで記者会見を開いた。会見には、三〇名以上の記者が集まっていた。バーロウが見守る中、ジョンは神妙な顔つきで腰を下ろし、テーブルに並べられた何本ものマイクに顔を近づけた。

「僕は、ビートルズがキリストや神や教会よりも偉いと言いたかったわけじゃない」とジョンは説明した。「あのとき、キリストよりも人気があるものの例として、テレビや映画や車や、何か僕ら以外のものを挙げてもよかったんだ。僕が『ビートルズ』と言ったのは、それが僕には手っ取り早かったからというだけだ。どんな結果を生むかなんて、考えもしなかった。一切ね」

ジョンは集まった記者たちに対して、自分の言葉が「キッズ向けの雑誌（『デイトブック』のこと）に載ったとき」に、本来の意図の「意味や文脈があっという間に奪い去られて、みんながそれぞれ好きに解釈し始めた」と話した。

ポールは、バンド仲間であり友人であるジョンに同情していた。「ジョンの言葉は文脈を無視し

て引用されたために、大きな誤解を受けることになった」と、ポールは二〇一九年のインタビューで振り返っている。「ジョンが言いたかったのは、教会の信徒が減っているってことだったんだ。だからあの騒動のあいだ中、僕はジョンのことが気の毒でたまらなかったよ」

このときの記者会見について、ジョンはのちに「本当はやりたくなかった。あいつらに殺されるかもしれないと思ったからだ」と語っている。「(アメリカでは)物事を何でも真に受けるんだ。そして、だれかを撃ってしまった後になって、じつは大した問題じゃなかったって気づくんだよ」

ソルトレイクシティの『デザレット・ニュース』紙は、その日の夜、一万三〇〇〇人の寛容なファンたちが「ビートルズをシカゴに歓迎した」と報じている。

AP通信によれば、八月十三日のデトロイトのオリンピア・スタジアムでは、ジョンを糾弾するプラカード(「イエスは私たちを救い、ジョンは罪を犯す」、「イギリス野郎は国に帰れ!」)を掲げる者もいたものの、その数は「ジョン・レノンの発言がきっかけで始まった抗議運動をものともしない」三万人のファンに大きく劣っていたという。

クリーブランド・スタジアムでは、八月十四日にビートルズのコンサートが予定されていた。当地では、コンサートに行く者は除名処分にする、と信者たちに申し渡すバプテスト教会牧師まで登場する一方で、カトリック教会の総本山であるヴァチカンは、「無神論者が増え、多くの人が信仰を忘れつつある現状に関するジョン・レノンの最近の発言には、いくばくかの根拠があることは否定できない」としてジョンを擁護した。

だが、ヴァチカンからの言葉をもってしても、ビートルズのレコードを焼き払う大規模な「ビートルズ焚火（ボンファイア）」の計画を止めるには至らなかった。

八月十一日、AP通信は、サウスカロライナ州のチェスターで撮影された一枚の写真を掲載した。そこには、白人至上主義団体クー・クラックス・クラン（KKK）のグランド・ドラゴン（KKKの幹部を指す）が、燃え盛る十字架の炎にビートルズのアルバムをくべる姿が写っていた。

そして、そもそもの仕掛け人だったWAQY－AMディスク・ジョッキーのトミー・チャールズが、ジョンの謝罪を受け入れ、バーミンガムでの焚火を取りやめるという声明を出したにもかかわらず、八月十三日、テキサス州ロングヴューのラジオ局KLUEによって、ビートルズ焚火は決行された。

さらにその二日後には、ロングヴューに住む十代の少女が手に松明（たいまつ）を持ち、積み上げられたビートルズのレコードに火をつけている写真が、UPI通信により報道された。この報道が出るころ、ビートルズはすでに八月十五日のコンサートのためにDCスタジアム（のちのRFKスタジアム）に到着していた。

アメリカン・リーグで負け続きのシーズンを送っていたワシントン・セネタース（DCスタジアムを本拠地としていたプロ野球チーム。現在のテキサス・レンジャーズ）のクラブハウスで、ビートルズの四人は、記者たちが繰り出す変化球さながらの質問に応戦していた。

この記者会見に先立って『ワシントン・ポスト』のリロイ・アーロンズがスクープしたインタ

ビュー記事は、ビートルズに同情的な論調で、「『自分の考えをうまく表現できない』 ビートルズのメンバーが発言を謝罪」という見出しがつけられていた。

アーロンはこの記事で、二五歳のジョンの宗教観は「結論というよりも、まだ模索中のもの」だと説明し、一〇日間にわたる「焚火」について「実際にレコードを燃やされたのは、本当にショックだった。自分がこの世界に新たな憎しみのかけらを生み出してしまったのだとわかっていながら、見て見ぬふりをすることはできなかった」というジョンの言葉を紹介している。

その「憎しみのかけら」は、赤、白、緑のローブをまとった五人の男たちという姿をとって、スタジアムの前に現われた。メリーランド州プリンス・ジョージズ郡のKKKのメンバーだ。といっても彼らはDCスタジアム周辺でデモを行なっただけで、コンサートへの影響はなく、ツアーはそのままフィラデルフィア、トロント、ボストンへと続行された。

ボストンでのコンサートには、ハイアニス・ポートからはるばるやってきたロバートとエセル・ケネディ夫妻の十代の子どもたち、ジョセフとキャサリーンの姿もあった。この日、コンサートの観客総数は二万五〇〇〇人に及んだ。

八月十九日金曜日は、メンフィスのミッド＝サウス・コロシアムでの二公演が予定されていた。メンフィスではそれに先立つ八月十日、市長と行政委員会が「メンフィスはビートルズを歓迎しない」という意思をビートルズ側に伝えることを、全会一致で採択していた。

トニー・バーロウのもとには、「ビートルズがメンフィスに来たらジョン・レノンを暗殺する、という狂信者からの殺害予告があった」という知らせも届いていたが、ビートルズはそのままチャーター便に乗り込んだ。

「ジョンを最初に降ろせよ。やつらの狙いはジョンなんだから」とジョージが冗談を言うと、ジョンは健気な殉教者さながらにこう返した。「いっそのこと、僕の体に的を描けよ」

だが本心では、ジョンは怯え切っていた。

それは、ジョージも同じだった。ケネディ大統領の暗殺から三年も経っていないということもあり、「つねに、絶え間なく」、「恐怖を感じていた」という。

リンゴもまた、このときのことを「アメリカでは、つねに緊張感があった」とのちに語っている。「彼らが銃を持ってるってことは知ってたからね」

このような状況下にあっても、五ドル五〇セントのチケット代を払ってコンサートに詰めかけた熱狂的なファンの数は、二万人以上にのぼった。ある若い女性ファンは、取材に答えてこう語っている。「イエス様を愛してるけど、ビートルズのことも愛してるの」

❖　❖　❖

チャーター便を降りたビートルズは、警察の特殊任務部隊に取り囲まれながら、ミッド＝サウス・コロシアムに向かう護送車に乗り込んだ。同行した関係者の一人は、こう振り返る。「スナイパーに攻撃されるかもしれないから、車の中で寝そべらなきゃいけなかった」

最初の公演は午後四時に幕を開け、何事もなく終了した。

31

二回目の公演中、ジョージが「イフ・アイ・ニード・サムワン（If I Need Someone）」（この曲は英国では『ラバー・ソウル』に、アメリカでは『イエスタデイ・アンド・トゥデイ』に収録された）を歌い出したときだった。銃声のような大きな爆発音が、会場に響き渡った。

「僕らはみんな、顔を見合わせた」とジョンは回想している。「みんな、自分以外のだれかが撃たれたとばかり思ったんだ。あのとき、事態はそれくらい差し迫ってたからね」

ステージを下りた四人は、先ほどの爆発音は二人のティーンエイジャーが二階席から爆竹を投げ入れた音だったと聞かされた。

さらにこの日は、同じく十代の少女二人組が、別のものをこっそり会場に持ち込んでいた。テープ・レコーダーだ。このとき録音された「爆竹テープ」の存在が明らかになったのは、二〇〇七年になってからだった。オーストラリアの『シドニー・モーニング・ヘラルド』紙がこのテープのレビューを掲載し、爆発があった瞬間のビートルズの様子を「注目の的であるビートルズは、（爆発の瞬間）演奏のテンポが二倍になり、レノンのリズム・ギターははっきりとわかるほどに乱れた」と伝えている。

一方、一九六六年のＵＰＩの記事では、「ドラマー、リンゴ・スターのブーツを履いた足元で、爆竹が大きな音を立てて爆発したとき、四人は瞬（またた）きひとつせず、一音もミスをせずに演奏を続けた」と報じられていた。

メンフィス公演が終わり、ツアーは残すところ六都市となった。

八月二十日、シンシナティ・クロスリー・フィールドでのコンサートが悪天候で順延となった(「僕らが予定通りステージに上がれなかった唯一のギグだ」と、ジョージはのちに語っている)。翌二十一日昼、シンシナティで延期となったコンサートをこなした後、その日のうちに大雨の中セント・ルイスのブッシュ・スタジアムに移動することを余儀なくされたとき、四人の我慢は限界に達した。

ポールはのちにこの日のことを、次のように振り返っている。

「ギグの後、大きくて空っぽの、ごついワゴンに乗り込んだんだ。引っ越しトラックみたいなやつさ。中には椅子も何もないんだ。僕たちは何かにしがみつこうとしながら車の中をあっちへ滑り、こっちへ滑りしてた。そのときだよ。みんながこう言い出したんだ。『こんなツアー、どこが面白いんだ。もうこんなのはたくさんだ』ってね」

八月二十八日のハリウッド・ボウルでのコンサートに先立って四人がロサンゼルスに到着したとき、キャピトル・レコードの幹部、ケン・マンスフィールドは、ジョンの表情に強いストレスが滲み出ているのを見て衝撃を受けた。

「その数年前にジョンと会ったときは、気楽で明るい感じだったんだ。それが六六年に再会したときは、雰囲気がガラッと変わってしまっていた。自分の発言からなんとかして抜け出そうと、必死にもがいている感じだったよ」とケンはのちに振り返っている。

ジョンは、自分の発言が強い反発を生み、それがさらに雪だるま式に膨れ上がっていったことについてのちにこう語っている。「みんながすごく規模の大きな映画の中にいて、僕らはその映画に引きずり込まれて元に戻れなくなってるような気がしたんだ」

八月二十九日月曜日は、ツアー最後の公演が予定されていた。

サンフランシスコのキャンドルスティック・パークでの、三〇分のコンサートだ。

AP通信のカメラマンが撮影したこの日の写真には、ビートルズへの極端に異なる反応を示す二つの横断幕が捉えられている。

ひとつは「神はビートルズを救う」というもの、そしてもうひとつは「イエスはあなたを愛する。ビートルズは、愛してくれるのか?」というものだ。そして、ファンの掲げる別の横断幕には、こう書かれていた。「ジョンは私たちを救う」

アメリカ・ツアーという試練から救い出されたいと切に願っているのは、ビートルズのほうだった。だがまずは、記念となるものが必要だ。ポールはステージに上がる直前、広報のトニー・バーロウに初めての頼みごとをした。「録音しておいてくれないか?　今日のコンサートを、録っておいてくれ」

「ペーパーバック・ライター(Paperback Writer)」を歌い終わったポールは、マイクに向かって言った。「みなさん、ぜひ一緒に、手拍子したり歌ったり、しゃべったり、何かしてください。というわけで、次の曲は……おやすみなさい」

そして四人が演奏したのは、「ロング・トール・サリー(Long Tall Sally)」だった。かつて、一九六〇年十二月のリザーランド市庁舎でのギグで、オープニング・ナンバーだった曲だ。その日バーロウが録音したテープは、この曲が終わる前で止まっている。

ジョンは三人に続いてステージを下りる前に、舞台の上から観客席をじっと見つめた。そして、その光景を最後に目に焼き付けると、空港に向かう護送車に急ぎ足で乗り込んだ。

ロンドンに向かう飛行機の上で、ジョージがグラスを掲げた。

「さてと。これまでだ。僕はもう、ビートルじゃない！」

この三年前、ビートルズの人気が爆発的に高まったころ、ジョンはあるジャーナリストに将来像を尋ねられ、自信たっぷりに「いまやっていることをさらに膨らませていくだけだ。まあ、いま何を言っても来週には気が変わっているだろうけどね」と答えている。「いま僕たちがやってることは、ショー・ビジネスなんかじゃない。別のものだ。みんなの想像とはまったく違ってる。ここから次のステージに進むことはできない。これを始めたら、後は終わるだけってことさ」

九月十日、『リボルバー』がアメリカのチャートでナンバーワンを獲得したのとときを同じくして、ビートルズは英国に戻った。

ビートルズの最後のツアーは、こうして幕を閉じた。

32

愛と希望とセックスと夢……
――「シャッタード〈Shattered〉」

「ジョン、もしきみが望むなら、きみはとても面白い俳優になれるよ」と、リチャード・レスターは言った。そして、自身が監督するブラック・コメディ映画『ジョン・レノンの僕の戦争（How I Won the War）』に、グリップウィードという名前の兵士の役で出演しないかとジョンに打診した。

ジョンは、この誘いに応じることにした。だが、一九六六年九月にスペインのアルメリアで実際に撮影が始まってみると、ジョンは散々な思いをすることになった。

まず、台詞を覚えるのに悪戦苦闘した。さらには、出番を待つあいだ退屈に耐えなければならないことも、ジョンにとっては大きな苦痛だった。

彼はスペインで自分のロールス・ロイスを乗り回し、毎日のようにアシッドを摂取した。そうやってトリップを繰り返しながら、ジョンは一人、リバプールでの子ども時代の思い出に浸った。

ブライアン・エプスタインとは、ロサンゼルス以来ほとんど顔を合わせていなかった。彼はロサンゼルスで、元恋人に裏切られ、現金の詰まったブリーフケースを盗まれるという不幸に見舞われていた。

しかもそのブリーフケースには、彼の性的指向を裏付けるさまざまな証拠も入っていたのだ。

ブライアンはその対応に追われ、ビートルズの最後のコンサートさえ見逃すはめになった。

そのあいだもずっと、ジョンの頭の中では音楽が鳴り続けていた。ストロベリー・フィールドの孤児院のブラス・バンドだ。ジョンは、ミミの言いつけを破ってゴシック調の古い孤児院の敷地に忍び込み、草が伸び放題の庭で木登りに興じた子ども時代を、懐かしく思い出していた。

ジョンは一九六八年の『ローリング・ストーン』のインタビューで、「ストロベリー・フィールズのヴィジョンが見えるんだ」と語っている。「ストロベリー・フィールズは、望みさえすればどこにでも現われるのさ」

だが、同じくリバプールでの思い出に着想を得た一九六五年のバラード「イン・マイ・ライフ(In My Life)」とは違い、今回の曲のイメージには、ヒッピー的な深淵（しんえん）さがあった。

歌詞は、ペンの先から流れるように出てきた。ジョンはさっそく、ポータブルのテープ・レコーダーでデモ音源を録音した。

スペインでの休暇をリンゴとモーリン夫妻とともに過ごすあいだ、ジョンとシンシアはジョンのドラッグの使い方を巡って口論を繰り返した。シンシアはのちに自叙伝で「ジョンはまだ、人生の意味を探し求めていた」と書いている。「一方で私は、人生で欲しかったものはもう手に入れたと感じていた」

『ジョン・レノンの僕の戦争』の最後の出演シーンで、ジョンの演じる登場人物は死を迎えることになる。「こんなふうに終わるだろうって、僕にはわかってた」という台詞を口にした後、彼は直接、カメラに向かって語りかける。

「きみも、こんなふうに終わるってわかってたはずだ。そうだろ?」（映画は一九六七年十月に公開された。評判はぱっとしなかったが、最期を迎えるジョン・レノンの姿に感情を揺さぶる強い力があったことは、批評家も認めざるを得なかった。だがおそらく、この映画がもたらした何よりも大きな影響は、ジョンが劇中でかけていた丸い「おばあちゃん眼鏡」だ。ジョンはこの後、この丸眼鏡をトレードマークとして使い続けることになる）

「ストロベリー・フィールズ・フォーエバー」の書きかけの歌詞で頭をいっぱいにして、ジョンはスペインから帰路についた。短時間で一気に書き上げるそれまでのやり方とは違い、ジョンはじっくり時間をかけてこの曲に取り組んでいた。

❖　❖　❖

ある日、地元の新聞を読んでいたジョンは、一九六六年に制作されたある白黒映画に関する記事を目にした。監督は、分野を超えたグローバルな前衛芸術家集団であるフルクサスのメンバーでアヴァンギャルド芸術家の、オノ・ヨーコという日本人女性だった。

現在はニューヨーク近代美術館に保存されているこの映画は、『ナンバー・フォー（フルックスフィルム十六番)』という五分半の作品で、フルクサス創始者ジョージ・マチューナスの言葉によれば、「歩いているさまざまな人のお尻を連続して映した映画」だった。

ジョンはこれを読んで笑い声をあげたが、心の中では、オノ・ヨーコというアーティストの辛辣で正直な姿勢に興味を惹かれていた。

そんなとき、友人のジョン・ダンバー(彼の妻でミュージシャンのマリアンヌ・フェイスフルは、一九六六年にミック・ジャガーとの不倫をスクープされた)から、自身が一年前から共同経営者を務めるメイフェアのインディカというギャラリーでの個展を見に来ないかという誘いがあった。個展のタイトルは「未完成の絵画とオブジェ」、アーティストの名前はオノ・ヨーコだった。

ジョンは十一月八日のオープニングの前日、まだヨーコが展示会の設営を終える前に、会場を訪れた。

ヨーコは、黒いセーターに黒いパンツという服装で、同じく真っ黒な長髪を真ん中で分けてまっすぐ背中に下ろしていた。

「準備が終わるまでだれも入れないでって言ったでしょう」、ヨーコがダンバーに向かってぴしゃりと言い放つ。彼女は最初、ひどく怒っている様子だったが、ジョンの姿を見るとこう言った。

「あなたのあとをついてまわって、見張っておくことにするわ」

「ジョンはきれいに髭を剃ってて、スーツを着てたわ」とヨーコはのちに回想している。「それまでに会ったことのある英国人の男は、みんなちょっと貧弱な印象だった。ジョンは、私が初めて目にしたセクシーな英国人男性だったの」

32

ヨーコはジョンの七歳年上で、二人目の夫であるアメリカ人アーティストと結婚していた。二人のあいだには、ジュリアンと同い年のキョーコという娘がいた。

「それで」とジョンは言った。「どんなイベントなの？」

ヨーコがジョンに、小さなカードを手渡す。ジョンがカードを開けると、そこにはひとつの単語が書いてあった。「息をしろ（Breath）」

「つまり、『息を吐く』とかそういうこと？」ジョンはそう尋ねて、大袈裟にハアハアと呼吸をしてみせた。

「そうよ。それでいいの」、そう言ってヨーコは微笑んだ。

個展の展示物の中には、二〇〇ポンドという値がつけられたリンゴもあった。ひょっとしてこの女、有名人である僕の金を狙ってるのか？　ジョンは一瞬、ひるんだ。

ヨーコはその後も、展示を見て歩くジョンの後をついてまわった。「天井の絵（Ceiling Painting）」という作品の前で、ジョンは足を止めた。置いてある白い脚立を登り、虫眼鏡を手に取って、天井から下がっている小さなカードを覗き込む。

カードの真ん中には、とても小さな字で、「YES」という言葉が書いてあった。

ヨーコのポジティブなメッセージに、ジョンは微笑み、すっかり心を奪われた。

「素晴らしいと思ったよ」とジョンはのちに語っている。「作品に込められたユーモアを、僕はすぐに理解したんだ」

ギャラリーを出たジョンは、妻の待つ家に帰った。その夜、ベッドでシンシアの隣に身を横たえながら、ジョンはヨーコのことを考え続けていた。

❖ ❖ ❖

波のように上がっては下り、下がっては上がる感情に翻弄(ほんろう)されながら、ジョンはアビイ・ロードの第二スタジオに入った。ときは、一九六六年十一月二十四日。彼はアコースティック・ギターを手に、ポール、ジョージ、リンゴの三人と、ジョージ・マーティン、レコーディング・エンジニアたちの前で、ようやく書き上がった新曲を歌ってみせた。

「初めて『ストロベリー・フィールズ・フォーエバー』を聞いたときは、不意打ちをくらった気分だった」と、ジョージ・マーティンはのちに振り返っている。「ジョンがアコースティック・ギターを弾いて一人で歌うのを聞いただけで、これは素晴らしい作品だと感じたよ」

だが、ジョンはそのサウンドに満足できずにいた。

ポールとジョージ、リンゴに指示を出しながら、幻想的な雰囲気のものからメタリックなものまで、さまざまなバージョンで演奏してみた末に、ジョンは二つのアレンジをくっつけてひとつの曲にしてはどうかとマーティンに提案した。

「その案には二つ問題がある」とマーティンは説明した。「まず、二つのバージョンはキーが違う。そして、テンポも違う」

「きみなら、うまくやれるよ」、ジョンはそう言って選択を放棄し、この曲をマーティンの手に委ねることにした。

32

そう、この曲については、それでよかった。

だが、ビートルズにのしかかる巨大なプレッシャーや、行き詰まった結婚生活、そして不安定に彷徨い続ける自分の心からは、逃げることができない。どちらの方向に足を踏み出すべきか決めることができるのは、ジョン自身しかいなかった。

一九八〇年十二月六日

ジュード・スタインと友人のジェリーは、夕方五時過ぎにダコタ・アパートメントの前に戻った。その日の午後知り合った、ハワイから来たマーク・チャップマンという男が、日本食レストランでディナーをおごってくれると約束したのだ。

男は、ダコタ前で待ち合わせをしようと言った。

「マークは来てないみたいね」とジェリーが言った。

「少し待ってみよう。遅れてるのかも」

「早くしてほしいな。寒くなってきたわ」

それに、もうすっかり暗くなった、とジュードは思った。

この街では、昼間でも決して安全とはいえない。夜ともなれば、まるでホラー映画だ。「腐ったリンゴ（ニューヨーク）」では、その年、殺人、強姦、強盗、車中泥棒などの犯罪率が過去最高を記録していた。街を出ていく人が続出しているのも、無理はなかった。

ここにはもう、普通の人なんて住んじゃいないんだわ、とジュードは思っていた。この街には、もっと普通の人が――マーク・チャップマンみたいな人間が必要なんだわ。彼みたいにきちんとしていて、愛想が良い人が。それに親切だし、礼儀正しい。ああいう人とだったら、デートしてもいいな。

ジェリーはジョンが出てくるのをもう少し待ちたいと言ったが、ジュードはホームレスの男がこちらに向かって歩いてくるのが気になっていた。

そのゾンビのような不気味な歩き方を見て、きっとクラックでハイになっているんだとジュードは思った。「貧乏人のコカイン」と呼ばれるクラックはいまや街中に蔓延(まんえん)していて、クラック中毒者による強奪や殺人などの犯罪が頻発していた。

「警察って、一番必要なときには近くにいないのよね」とジュードは言った。「もう行きましょう」

二人が立ち去ろうとしたそのとき、アパートの前にイエロー・キャブが停まった。中から現われたのは、革のジャケットを着たジョン・レノンだった。彼は手にしていたタバコ（銘柄はもちろん、ジタンだ！）を一口吸い、二人に向かって手を振った。

そして、そのまま建物の中に入ると思いきや、ジョンは二人のほうに向かって歩いてきた。

そして、熱心なファンである二人の名前を呼んで挨拶し、自分の新作アルバムについて数分のあいだ二人と立ち話をした。

「ビートルズ時代以降では、最高の作品になったと思うよ」とジョンは言った。「この二〇年で、本当に生きてるって実感できたのは初めてなんだ」

マークったら、待ち合わせに来ればよかったのに、とジュードは考えていた。来ていれば、あなたの夢は叶ったのよ。ジョン・レノンの隣に立って彼とお話しする、絶好の機会だったのに。

33

あまり気分がよくないんだ
――「フィーリン・オールライト〈Feelin' Alright?〉」

一九六六年のクリスマス、ビートルズの有料ファンクラブの会員たちは、メンバーからのクリスマス・メッセージを収録した毎年恒例のソノシート・レコードを受け取った。「パントマイム　エヴリウェア・イッツ・クリスマス（Pantomime: Everywhere It's Christmas）」と名付けられたそのレコードには、ビートルズ独特のユーモアを詰め込んだ六分半の寸劇と、「ストロベリー・フィールズ・フォーエバー」のレコーディング中に収録された限定ソングが収められていた。

だがアビイ・ロードの第二スタジオでは、クリスマス・ムードは雑音にすぎなかった。ビートルズは、十一月の末からずっとレコーディングにかかりきりだったのだ。

一九六六年五月十六日にキャピトルからリリースされたビーチ・ボーイズの『ペット・サウンズ（Pet Sounds）』と、ジョンの「ストロベリー・フィールズ・フォーエバー」に触発されたポールは、わずか一週間後の十二月二十九日、同じくリバプールの思い出を歌った「ペニー・レイン（Penny Lane）」のピアノ・パートを録音した。

33

それはまさに、ジョンとポールがずっと昔からやってきたことだった。

「ジョンが『ストロベリー・フィールズ・フォーエバー』を書けば、僕はあっちに行って『ペニー・レイン』を書いてくる、といった具合だった」とポールはのちに語っている。「お互いに競争していたんだ。でもそれはあくまで、切磋琢磨する友好的な関係だった」

レコーディングは続いていたが、アルバムを作るにはまだまだ曲が足りなかった。だが、ブライアンはいますぐに新たなヒット曲を必要としていた。

「最高のシングルが要るんだ」とブライアンがせっついた。「使える曲はある？」

「そうだな、いまあるのは三曲だ」とマーティンが答えた。「そのうち二曲は、これまで彼らが作った中で最高の曲だよ。この二曲で、ものすごいシングルが作れるぞ」

こうして、両A面シングル「ストロベリー・フィールズ・フォーエバー／ペニー・レイン」が誕生し、二月にリリースされることが決まった。

一月三十一日、ビートルズは撮影のためにケントを訪れていた。「『ストロベリー・フィールズ・フォーエバー』のためのテレビ映像を撮りにいったんだ」と、ジョンは一九六七年のインタビューで説明している。「休憩時間にある店に入って、ミスター・カイトという男の出ているサーカス・ショーの古いポスターを買ったんだ」

ジョンはそのポスターを、自宅の居間の壁に飾っておいた。

アメリカでは、ラジオで「ペニー・レイン」がかけられたことがきっかけで両A面シングルはナンバーワンを達成したが、英国では、バラード歌手のエンゲルベルト・フンパーディンクの「リリース・ミー（Release Me）」に一位を譲る結果となった。ビートルズのシングルが二位に終わったのは、一九六三年の「プリーズ・プリーズ・ミー」以来、初めてのことだった。

ジョンは、この結果を気にしていなかった。「どんなものにだってチャンスがある。エンゲルベルト・フンパーディンクのことは気にしてないよ。彼らは彼らの音楽をやる。それを聞く人たちもいるってだけだ」

一九六六年は、英国でもアメリカでも、新たな実力派のライバルたちがビートルズを追い上げつつあった。四月十五日にリリースされたローリング・ストーンズの四枚目の（アメリカでは六枚目の）アルバム、『アフターマス（Aftermath）』は、チャート一位を達成した。このアルバムは、ミック・ジャガーとキース・リチャーズにとって二つの意味で初の試みとなった。アルバムの全曲を二人で共作したうえに、すべてカリフォルニアのRCAスタジオで録音したのだ。

そして八月十五日には、ジェファーソン・エアプレインがRCAからデビュー・アルバム『ジェファーソン・エアプレイン・テイクス・オフ（Jefferson Airplane Takes Off）』を発表し、いわゆる「サンフランシスコ・サウンド」を世に送り出した。

さらに、十二月九日には、ザ・フーのセカンド・アルバム、『ア・クイック・ワン（A Quick One）』が英国のチャートで四位まで上り詰めた。

ジェファーソン・エアプレインに一九六六年十月十六日に加入したリード・シンガー、グレイス・スリックは、「六〇年代にロック・バンドに所属しているっていうのは、やっちゃいけないのは人殺しだけ、ということを意味していた。それ以外なら、何でも許されたんだ。金をもらって世界中を旅して、ロックンロール・スターだっていうだけで人々に崇められていた」とのちに語っている。

それまでのビートルズの人気は、コンサートでのパフォーマンスの力によるところが大きかった。だがツアーをやめたいま、ファンを魅了する新たな方法を、スタジオの中で見つけなくてはならなかった。

「僕にとっては、地獄のようにつらい時代だった」、この不安に満ちた変化の時期についてジョンはそう語っている。

そんなとき、ポールがあるアイディアを思いついた。「分身のような、別のバンドになるのはどうだろう? たとえば、『サージェント・ペパーズ・ロンリー・ハーツ』っていう名前のバンドだ」と、ポールはジョンとジョージ、リンゴに提案した。「じつはもう、そのタイトルで曲を書き始めているんだよ」

第二スタジオには煙が立ち込め、そこここに置かれたティー・カップにはタバコの吸い殻が浮かんでいた。そんな中ジョンたちは、オーケストラを使ったコンセプト・アルバムを作るというポールのアイディアに耳を傾けていた。ふいにジョンがギターを鳴らし始めた。ポールがそのそばに座り、ピアノでハーモニーを奏でる。

そのときジョンの頭に、ポールの壮大なアイディアを実現する方法がひらめいた。「曲をいくつか作って、こしょう（ペパー）を二振りすれば、コンセプトの出来上がりだ」

いずれにしても、この時点で四人にとってはっきりしていたのは、このアルバムの音楽は人前で演奏するにはあまりにも複雑なものになるだろうということだった。

「ペパー軍曹にツアーをさせればいいんだよ」とポールは言い、ジョージ・マーティンをピアノのほうに呼び寄せた。ポールはこのとき、ウェイブリッジのジョンの家でミスター・カイトのポスターを見て思いついた曲のメロディーを書いている最中だった。

「トランポリン、宙返り、大きな輪、ガーターヘビ、馬……全部揃ってた」とポールは振り返る。「パブロ・ファンクの公演ポスターで、『ミスター・カイトのために（ビーイング・フォー・ザ・ミスター・カイト）』って書いてあった。あの曲は、そのポスターをそのまま歌にしたようなものだよ」

この曲を録るとき、ジョンは「これはサーカスの場面だ。サーカス独特の、あの雰囲気の中にいる感じを出したい。この曲を聞くと、おがくずの匂いがしてくるようにしたいんだ」と注文を出した。

ジョージ・マーティンは、ジョン特有のコミュニケーションを「何であれ、雰囲気で伝えるんだ。あるいは色とかね」と描写している。だがマーティンはすでに、ジョンの発する抽象的な言葉を音楽に落とし込む術（すべ）を身につけていた。

「これでいける」、マーティンが用意したオルガンとハーモニウム、バス・ハーモニカのアンサンブルを聞いて、ジョンは感じた。

33

そんなある日、ポールはいつものように、作曲セッションのためにジョンの家を訪れた。見ると、ジョンが息子ジュリアンの描いた絵を手に持っている。そこにはジュリアンの友だちの姿が描かれ、「ダイアモンドをつけたルーシーが空の上にいるところ（ルーシー・イン・ザ・スカイ・ウィズ・ダイアモンズ）」という手書きの題がつけられていた。二人は絵を持って、いつも作曲に使っている二階の部屋に向かった。

「セロファンの花、新聞のタクシー」とポールが言う。

するとジョンが、「万華鏡の目、鏡のネクタイ」と返す。

気づくと二人は、かつてのようなテンポのいいキャッチボールで曲作りを進めていた。

ポールは、昔からよく知るジョンの姿をそこに見出し、うれしくなった。「最近のきみは、郊外の家で中流階級の暮らしに閉じ込められてるよね」、ポールは長年の友人にそう告げた。

ジョンの妻シンシアも、すっかり変わってしまった夫の様子に戸惑っていた。彼女はのちに、このころのジョンとの関係について「意思疎通がほとんどできなくなっていた」と打ち明けている。「ドラッグが、彼の創造性をほとんどすべて破壊してしまった」というのが、シンシアの見方だった。

だがジョン本人はといえば、「ストロベリー・フィールズ」、「ビーイング・フォー・ザ・ベネフィット・オブ・ミスター・カイト (Being for the Benefit of Mr. Kite)」、「ルーシー・イン・ザ・スカイ・ウィズ・ダイアモンズ (Lucy in the Sky with Diamonds)」といった楽曲を通して、ファンとこれまでになく深く繋がることができていると感じていた。

三月二十一日の夜、第二スタジオで「ゲッティング・ベター（Getting Better）」の歌入れをするポールとジョージを待つあいだ、退屈を紛らわせるためにアンフェタミン〔覚醒剤の一種〕を飲もうとしたジョンが、間違えてLSDを摂取するという事態が発生した。

ジョンは、ぐるぐると自分の頭を巡っていた内面的な悩みが、身に迫る現実的な危険へと突如姿を変えたことを悟った。

「ジョージ、なんだかあまり気分がよくないんだ」とジョンはマーティンに訴えた。「意識を自分に集中できないみたいだ」

外の空気を吸わせようにも、スタジオの外には、いつものようにファンが大勢たむろしている。マーティンは、唯一だれにも邪魔されない安全な場所である屋上に、ジョンを連れていくことにした。ジョンは屋上に立ち、晴れた夜空を見上げた。

「なあ、素晴らしいと思わないか？」と、高さが四五センチほどしかない手すりに上半身を預けて星を眺めながら、ジョンが言った。

「僕には、ただの星にしか見えないけどね」、そっとジョンの手を引いて手すりの側から安全な場所へと導きながら、マーティンは答えた。

❖　❖　❖

「ジョンは、曲に鋭さを加えるのがうまかった」とジョージは言う。

『サージェント・ペパーズ・ロンリー・ハーツ・クラブ・バンド（Sgt. Pepper's Lonely Hearts Club Band）』の制作過程で、その鋭さはますます研ぎ澄まされていった。

ジョンはこのアルバムについて、「僕たちのキャリアにとって、ここが一番重要なステップだ。必ず、これだと思えるものに仕上げなくては」と感じていた。

ビートルズが一九六三年二月十一日に一枚目のアルバムである『プリーズ・プリーズ・ミー』を録音したとき、レコーディングにかかった時間は一〇時間だった。そして、十三枚目となる最新LP『サージェント・ペパーズ』の録音にかかった時間は、七〇〇時間。金額にして、一〇万ドル（現在の価値で換算すると、七五万ドル以上にあたる）という大金が費やされた。

ブライアン・エプスタインは、新作アルバムのために二回にわたり発売パーティーを主催した。最初のパーティーが行なわれたのは一九六七年五月十九日のことで、会場はロンドンにあるブライアンの自宅だった。ここに招待客の一人として招かれていたのが、当時二五歳だったアメリカ人写真家のリンダ・イーストマンだった。リンダの経歴に目を留めたブライアンのアシスタントが、彼女を招待したのだ。

じつはポールはその数日前、バッグ・オネイルズというクラブで偶然リンダに出会っていた。ビートルズと同じく英国発のバンドで、リンダにとって最初の有名人の顧客だったアニマルズのメンバーに案内されて、ロンドンを見て回っている最中だったのだ。ポールとリンダはすぐに意気投合したが、ポールはこのとき、長年のガールフレンドであるジェーン・アッシャーとの真剣な付き合いが続いており、一九六七年のクリスマスには婚約を発表する予定になっていた。

二回目のパーティーは五月二十八日で、ブライアンが新しく購入したばかりの別荘で行なわれた。ポールは不参加だったが、ジョンは皆の度肝を抜くような方法でこのパーティーに登場した。ジプシー・キャラバンを思わせる色鮮やかなペイントを施した、巨大な一九六四年製ロールス・ロイス・ファントムV（全長六メートル、幅二メートル）を、ここぞとばかりにお披露目したのだ。

ジョンの運転手だったレス・アンソニーはこの車について、「まず最初に、スプレー・ペンキで全体を真っ黄色に塗ったんだ」と説明している。それから、よくあるラテックスの住居用ペンキを使って、手の込んだロマ民族風のデザインや占星術のシンボルなどを「手で描いていった」という。

「初めてあの車を運転したときは、カメラマンの集団やパテ〔英国のニュース制作会社〕の記者たちに追い回されたよ」

「ジョンとその友人たちは、けばけばしい黄色のロールス・ロイスに乗って、五月の花が咲き誇るのどかな田園地帯の農道を走ってきた。舞踏会に向かうカボチャの馬車みたいにね」と、パーティーの招待客の一人だったトニー・ブラムウェルは回想している。

シンシアの記憶では、ジョンの愛車のお披露目は「まるで学校の遠足のような雰囲気だった。町や村を通り抜けるたびに、渋滞が起きた。群れをなした人々が、ヤジを飛ばしたり手を振ったりしながら窓のスモークガラスに顔を押し付けて、こんなクレイジーな車に乗っているのは一体どんな人間だろうと、中を覗き込もうとしてきた」という。

この外装に、腹を立てる人もいた。「このけだもの！　よくもロールス・ロイスにこんなことを！」そう怒鳴ってきた老女のことを、ジョンは後年、何度も愉快そうに語っている。

だが、この「サイケデリック・ロール」が、アルバム『サージェント・ペパーズ・ロンリー・ハーツ・クラブ・バンド』が体現する反体制的な姿勢と時代精神を、そっくりそのまま反映していたことは間違いなかった。

アルバムの最後のトラック「ア・デイ・イン・ザ・ライフ（A Day in the Life）」のラストでジョージ・マーティンが技術を駆使して実現させた、オーケストラによる不協和音のクレッシェンドさながらに、一九六七年六月の『サージェント・ペパーズ・ロンリー・ハーツ・クラブ・バンド』世界同時発売に向けた期待は、どんどん勢いを増していた。

ＥＭＩは、新アルバムからは一切シングルを出さないことを決定した。これは、発売前にレコードを受け取るディスク・ジョッキーや批評家たちに、ビートルズが意図した通りに最初から最後までアルバムを聞かせるための仕掛けだった。

最初にこのレコードをオンエアしたニューヨークのラジオ局ＷＭＣＡのＤＪ、ジョー・オブライエンは、『ニューヨーカー』の記事で「リスナーは、心の準備ができていないと思う。なぜならこれはティーンエイジャー向けのアルバムとは違う、恐ろしく知的な作品だからだ」と語った。

『サージェント・ペパーズ』は、英国、アメリカ両国のチャートで瞬く間に一位を獲得した。アメリカのファンはこのアルバムを熱狂的に迎え入れ、売り上げは発売から三カ月で二五〇万枚に達し、『ビルボード』の「ホット一〇〇」チャートでは一五週連続一位を達成した。

だがその一方で批評家たちは、このビートルズの新アルバムについて延々と舌戦を繰り広げた。『タイム』誌は、伝説的作曲家で指揮者のレナード・バーンスタインが、『サージェント・ペパーズ』をロベルト・シューマンの音楽に匹敵する作品として評価していると報じ、『ガーディアン』紙は「ありがたいことに、これで引け目を感じることなく、ビートルズの音楽を真剣に語ることができるようになった」と評した一方で、『オブザーバー』紙は「このレコードは、たとえポップ・ミュージックの基準で評価しても、完璧とは言えない」とした（同紙は、ジョージ・ハリスンがインド人ミュージシャンのラヴィ・シャンカールを師と仰ぎ、強い影響を強く受けていることについて「音楽的な面では、カレー粉を入れすぎる傾向がある」とも批判している）。

中でも最も辛辣な評価を下したのが、当時二二歳だったフリーランス音楽ライター、リチャード・ゴールドスタインだ。「僕たちにはまだビートルズが必要だ。でも……」と題したレビューの中で『サージェント・ペパーズ』をライバルたちの音楽の焼き直しとして切って捨て、その作風を「ジェファーソン・エアプレインをちょっぴり、ビーチ・ボーイズのバイブレーションをひとつまみ、ザ・フーの機敏さをたっぷり」と描写している。

この評論のことを、ポールはのちに「『ニューヨーク・タイムズ』の音楽評論家には、『サージェント・ペパーズ』をこき下ろされた」と語っている。「僕たちは、黙ってそれに耐えなくちゃならなかった」

ゴールドスタインはさらに、ポールとジョンの最高傑作に数えられる作品を、次のように揶揄(やゆ)している。「『サージェント・ペパーズ・ロンリー・ハーツ・クラブ・バンド』には、美しい要素は何ひとつない。リアルなものは何もなく、心にひっかかるようなものもひとつもない（Nothing is real, nothing to be hung about）（英字の部分は「ストロベリー・フィールズ・フォーエバー」の歌詞でもある）。レノンの下品さはただの気まぐれに成り果て、ポール・マッカートニーの壮大でポップな賛美歌は、お行儀のいい荘厳さを見せるにとどまった」。

ＢＢＣも、これに追い討ちをかけた。「ア・デイ・イン・ザ・ライフ」の「あなたのスイッチを入れたい（I'd like to turn you on）」という歌詞を問題視して、放送を禁じたのだ。

英国の政治家たちはこの曲の歌詞を一行残らず分析し、隠された意味を探ろうとした。そして「ランカシャー州のブラックバーンにある四〇〇〇個の穴（four thousand holes in Blackburn, Lancashire）」という歌詞は、ヘロインを打った注射の痕(あと)を讃(たた)えているに違いないと断罪した。「僕らのこの歌を放送禁止にしたやつに、会ってみたいよ」とジョンは言い放った。「ドラッグに関する何かを読み取りたいと思って僕らの歌詞を読めば、そりゃあそう読めるだろうよ。でも読み取ってるのは、あくまでも向こうだ、やつらのほうなんだよ！」

『サージェント・ペパーズ』に続くビートルズの次なるプロジェクトは、アルバムではなく（ただし『マジカル・ミステリー・ツアー（Magical Mystery Tour）』のタイトル・トラックは四月にレコーディング済みだった）、テレビ番組『われらの世界（Our World）』への出演だった。

「世界で最初の衛星同時中継だぞ」と、リンゴが皆に告げた。

放送日は、一九六七年六月二十五日。

ジョンは、「なんてこった、そんなにすぐなのか？」と慌てふためいた。「何か曲を書いたほうがよさそうだ」

ジョンとポールは大急ぎで番組のための曲作りに取り掛かり、ポールは「ユア・マザー・シュッド・ノウ（Your Mother Should Know）」を、ジョンは「愛こそはすべて（All You Need is Love）」を書き上げた。軍配は、ジョンに上がった。

エンジニアのジェフ・エメリックは、ポールとジョンの創作の過程が正反対と言っていいほど異なっていること、そして、その違いにもかかわらず二人がいとも簡単に共同作業を進められることに驚いた。

「ポールは几帳面できっちりしていた。いつもノートを持ち歩いて、歌詞やコード進行をきれいな筆跡で書き込んでいたよ。一方でジョンは、つねにカオスの中を生きているようで、アイディアを大急ぎで書き留めるためにしょっちゅう紙切れを探していた。ポールは、自然に人とコミュニケーションすることができたけど、ジョンは考えを言葉にするのが苦手だった。ポールは社交や駆け引きが得意、ジョンは人を挑発するのが得意だった。ポールは穏やかな話し方で、だいたいいつも礼儀正しかった。ジョンはときとして大声でしゃべりまくり、かなり失礼な態度を取ることもあった。ポールは曲を思った通りに仕上げるためなら長時間仕事をすることも厭（いと）わなかった。ジョンはせっかちで、いつも目新しいプロジェクトに取り掛かりたがっていた」

六月十四日、第二スタジオでは、ビートルズがジョンの新曲の三三回目のテイクを録音していた。テレビ局のプロデューサーからは「世界中の視聴者に理解しやすいように、シンプルな作品にしてくれ」とリクエストされていた。

ジョンは、期待を裏切らなかった。ベトナム戦争が激化の一途を辿り、中東では六日間戦争の余波がくすぶる中、ジョンは、のちに「愛の夏」と呼ばれることになる季節の讃歌(アンセム)となった新曲を通して、世界に向けて「愛こそはすべて」と、宣言したのだ。

「しかし、繰り返しの多い曲だよな」、リハーサルの最中、タイトルを何度も繰り返すコーラス部分を練習しながら、ジョージはポールに愚痴(ぐち)をこぼした。

一九六七年六月二十五日。友だちからのちょっとした助け(ウィズ・ア・リトル・ヘルプ・フロム・ヒズ・フレンズ)を借りて、ローリング・ストーンズやマリアンヌ・フェイスフル、エリック・クラプトンといったそうそうたるメンバーからなるオールスター・コーラスをバックに背負い、背の高いスツールに腰掛けたジョンは、世界中の四億人の視聴者に向けて歌い始めた。それは、ジョン・レノンがポップ・カルチャーにおける平和の預言者となった瞬間だった。

この歴史的場面を、直接目撃できなかった人物がいた。ブライアン・エプスタインだ。

その夜、ブライアンはアルコールとアンフェタミンへの依存症の暗い沼に、深く身を沈めつつあった。ちょうど専門のクリニックで依存症の治療を受けて退院したばかりで（退院時、ジョンはエプスタインに豪華な花束を贈った。添えられたカードには、「きみのことが大好きだよ。本気で言ってるんだ」と書かれていた)、ビートルズとのマネージメント契約の更新日が、わずか三カ月後の九月三十日に迫っていた。

ビートルズがツアーからスタジオでの録音に大きく舵を切ったために、金銭的な契約内容も変わることが予想されていた。そしてその変化がブライアンにとって不利なものになることは、決定的だった。

この日、ビートルズをスターの座へと押し上げた張本人が、「愛こそはすべて」の生中継の場に不在であったという事実が、この先の彼らを待ち受ける暗い未来を暗示していた。

34

平和と愛と理解の、どこがそんなに可笑しいんだ？
―「ピース・ラブ・アンド・アンダースタンディング〈(What's So Funny 'Bout) Peace, Love, and Understanding〉」

一九六七年八月二十四日、ジョンはロンドンにあるヒルトン・ホテルの宴会場の前で、ポール、ジョージ、リンゴと落ち合った。会場ではいままさに、マハリシ・マヘーシュ・ヨーギーという名の小柄なインド人の導師(グル)が、色とりどりの花とボディーガードに囲まれて、超越瞑想(ちょうえつめいそう)に関する講演を始めようとしていた。

ジョージがマハリシの講演会に全員で参加したいと言い出したとき、ポールはバンド発足時からの掟を持ち出して、賛成した。「ジョージがそうしたいと言ってるんだ。メンバーのだれかがやりたいことは、みんなで一緒にやるのが決まりだろ」

こうしてマハリシの話を聞いた四人は、天地がひっくり返るほどの衝撃を受けた。

「すごいんだよ、シンシア」、家に帰ったジョンはシンシアに話して聞かせた。「とてもシンプルな瞑想だけど、人生を変えるほどの大きな力があるんだ」

マハリシは、ビートルズのメンバー、およびその妻とガールフレンド（ポールはまだジェーン・

アッシャーと付き合っていた）を、ウェールズのバンゴーで行なわれる一〇日間のセミナーに招待した。そこにミック・ジャガーとマリアンヌ・フェイスフルも同行することになり、さらに数日遅れてブライアン・エプスタインも参加することが決まった。

出発の日、ロンドンのユーストン駅は、金切り声をあげるビートルズ・ファンと記者、カメラマンたちでごった返した。

「僕らのやることなすこと、すべて大混乱を引き起こす」、そんなことを考えながら、ジョンは荷物も持たずに車を飛び出し、電車の待つホームへと走った。シンシアは荷物とともに、一人後に残された。

群れをなすファンと警官たちが、たちまちシンシアを飲み込む。なんとか人混みを掻き分けてホームに入ろうとすると、彼女をグルーピーの一人だと思い込んだ警察官に押し戻された。「そいつに、電車に乗るんだって言えよ！」とジョンが叫んだ。「僕らと一緒だって、ちゃんと言えったら！」

警察に行く手を阻まれたままのシンシアを残して、電車はホームを走り去った。

遅れてリトリート会場に到着したシンシアを、ジョンは怒鳴りつけた。「シンシア、どうしてお前はいつも遅いんだ？」

リトリートが始まって数日経った八月二十七日。ビートルズが滞在していた大部屋の電話が鳴った。伝えられたのは、非情な知らせだった。ブライアン・エプスタインが、ロンドンの自宅で遺体となって見つかったのだ。死因は、睡眠薬の過剰摂取。享年三二歳だった。

ジョンの最初の反応は、現実的なものだった。

「これから先は、僕たちが自分で自分のマネージャーをやらなきゃならない。全部、自分たちで決めなくちゃならないんだ」、ジョンはほかのメンバーにそう言い放った。

心を抉(えぐ)るようなショックがジョンを襲ったのは、その後だった。母ジュリアが死んだときもこうだった、とジョンは思った。

叔父のジョージが死んだときも。

スチュが死んだときも。

そして今度は、ブライアンだ。

さらに、重い事実がジョンの心にのしかかった。

「ブライアンに薬を教えたのは、僕なんだ。そのことで、彼の死に罪悪感を感じていた」とジョンはのちに認めている。

ジョンの心は、導きを求めてもがいていた。「そんなときマハリシが言葉をかけてくれて、そのおかげで僕たちは、なんていうか、少し落ち着くことができたんだ」

「悲しみに飲み込まれてはいけない、とマハリシは言ったんだ」と、ジョンはインタビューで語っている。「ブライアンのことを思うとき、いつも幸せな想いを抱くようにしなさいと彼は言った。僕たちの想いはすべて、ブライアンと――彼がどこにいるにせよ――ともにあるのだから、とね」

混乱を避けるために、四人はブライアンの葬式に参列しないことを決めた。

ブライアンの果たしていた役割の大きさは、彼の死後ビートルズが最初に取り組んだプロジェクトで痛感されることになった。

苦しくとも前進すべきだと感じたポールは、四月に録音を済ませていた楽曲「マジカル・ミステリー・ツアー(Magical Mystery Tour)」を土台として、あるプロジェクトを始動させた。ポールの手によるこの曲をもとにテレビ映画を撮るという企画で、ビートルズのメンバーがエキセントリックな仲間たちとともに英国の田園地方を巡るバス旅行に出る、という、ケン・キージー風の作品になる予定だった。

二週間にわたる撮影が九月十一日に開始された時点で、脚本は存在せず、映画の中で起きる「奇妙な出来事」は、ほぼすべて即興で演じられることになっていた。延々と続く摩訶不思議なシーンの中には、「ジェシーおばさん」という太った女性の前に置かれたテーブルに、スパゲッティが山盛りに盛られていく、という、ジョンの見た夢を再現した場面もあった。

映画のサントラは(英国では六曲入りのEPとして、アメリカではシングル曲を付け足したアルバムとして発売された)、いつものごとく大好評だった。ポールは収録曲のうち三曲と、EPとは別にシングルとして発売された「ハロー・グッドバイ(Hello Goodbye)」を書いたが、なんといっても話題をさらったのは、ジョンがルイス・キャロルへの偏愛をついに形にした「アイ・アム・ザ・ウォルラス(I Am the Walrus)」で、この曲はのちにサイケデリック・ロックの記念碑的作品と評されるようになった。

だが、十二月二十六日にBBC1で映画『マジカル・ミステリー・ツアー』が放送されると(カラーで撮影されたが、放映は白黒だった）、視聴者はこの五二分も続く映像をどう受け止めたものかと戸惑い、批評家たちは揃ってこれを酷評した。

ビートルズの作品がここまで低い評価を受けるのは初めてのことで、あまりの評判の悪さにアメリカのテレビ局は放送を拒否したほどだった。

この結果、ポールは放送の翌日に『ザ・フロスト・プログラム』という英国のテレビ番組に出演し、映画の擁護をするはめになった。

「あれがいい映画だとは僕も言わないよ」と、ポールはのちに語っている。「僕たちの最初の試みだったんだ。ヘマをしたと言われれば、たしかにそうかもしれないね」

大っぴらにこき下ろされるという初めての体験に、ジョンとポール、ジョージ、リンゴの胸には、「ブライアンさえいてくれたら、こんなことにはならなかった」という苦い思いが渦巻いていた。

一九六八年二月十六日、ビートルズの四人は、グルと崇めるマハリシとともにインドに渡った。デリーに降り立った彼らの周りには、それぞれの配偶者（ポールはガールフレンドのジェーン）に加え、ビーチ・ボーイズのマイク・ラヴやフォーク・シンガーのドノヴァン、女優のミア・ファローといった有名人の取り巻きたちの姿があった。

ミアはこのころ、歌手のフランク・シナトラとの離婚というスキャンダルから立ち直ろうとしている最中だった。五〇歳のシナトラと二一歳のミアは一九六六年に結婚したばかりだったが、シナトラはすでに署名済みの離婚届をミアに送りつけていた。彼女はそのとき、『ローズマリーの赤ちゃん（Rosemary's Baby）』というオカルト・スリラー映画を撮影中で、その撮影現場であるニューヨークの歴史的建造物、ダコタ・アパートメントで、離婚届を受け取ったのだった。

マハリシのアシュラムは、インドからチベットに向かう道の途中にあった。そしてその地球の裏側、ロサンゼルスでは、一九六八年二月二十九日、ビバリー・ヒルズのヒルトン・ホテルで第十回グラミー賞授賞式が行なわれ、『サージェント・ペパーズ・ロンリー・ハーツ・クラブ・バンド』が最優秀アルバム賞と最優秀ジャケット・デザイン賞を受賞した。

だが授賞式には、ビートルズの姿はなかった。そのころ四人はインドで、マハリシの講話に耳を傾けていたのだ。マハリシは、四人にドラッグをやめることを強く勧めていた。

ジョージはすぐに、この忠告に従った。「瞑想で得られる気分は、素晴らしいものなんだ」とジョージは説明している。「瞑想をすると、どんなドラッグよりもハイになれた」

一方でポールは、瞑想中も音楽について考えることをやめられずにいた。「心をクリアにできたと思ったとたんに、思考が戻ってくるんだよ。『次のレコードはどうしよう?』なんてね」

ポールの心には、次々にアイディアが浮かび続けていた。リシケシュのアシュラムで過ごした一カ月のあいだに、ポールとジョンは二枚組アルバム『ザ・ビートルズ（The Beatles）』の収録曲の大半を書き上げた。のちにこのアルバムは、ミニマリスト的な真っ白のジャケットのイメージから、『ホワイト・アルバム』と呼ばれることになる。

ポールとジョンが曲を量産していることに気づいたジョージは、慌てて二人のもとにやってきてこう言った。「僕たちは次のアルバムを作りにここに来たわけじゃない。瞑想しにきてるんだぞ！」

「あの調子じゃ、ジョージは四〇歳になる前に魔法の絨毯で飛び回れるようになるよ」とジョンはからかった。

といっても、ジョン自身も瞑想には真剣に取り組んでいて、ときには一日八時間にわたって座り続けることもあるほどだった。あるとき、瞑想中のジョンの心に新しい曲の歌詞が溢れ出した。のちに彼はこの曲を「地球上で最も惨めな曲」と称し、こう解説している。「『ヤー・ブルース（Yer Blues）』では、『寂しすぎて死にたい』と歌ってるけど、あれは本心だった。実際、そう感じていたんだ。あの山の上で、神に近づこうと修行しながら、死んでしまいたい気持ちに駆られていたのさ」

ジョンの心は、痛いほどにヨーコを求めていた。そして、英国にいるヨーコからの手紙が届き始めたのは、ちょうどそのころだった。

「私は雲」と、ヨーコは葉書に書いていた。「空を見て」

ジョンはシンシアに距離を置きたいと告げ、一緒に泊まっていたバンガローを出て、一人で別の部屋に移った。

そんな中でも、ジョンが作曲の手を止めることはなかった。一緒にリトリートに参加していたドノヴァンは、「ジョンに、フィンガースタイルのギター奏法を教えてくれと言われたんだ。実際やってみると、覚えが早かったよ」と回想している。「ジョンは僕が教えたピッキング奏法を使って、『ジュリア（Julia）』と、『ディア・プルーデンス（Dear Prudence）』（ジョンはこの曲を、当時一九歳だったプルーデンス・ファローのために書いた。プルーデンスはミア・ファローの妹で、ともにマハリシのもとで修行していた）を作ったんだ」

ジョンはリトリートの最中、ポールにこう打ち明けている。「幸福に辿り着くための秘密のマントラを、マハリシが伝授してくれるのを待ってるんだ」

だが、ジョンがマハリシとともにヘリコプターに乗ってガンジス川の上空を飛んだときも、期待したような秘密の会話が交わされるようなことはついぞなかった。

「どうしてあんなにヘリに乗りたがったんだ？　ずいぶん熱心に乗ろうとしてたけど」、アシュラムに戻ってからポールはジョンにそう尋ねた。

ジョンの答えは、こうだった。「マハリシが答えをこっそり教えてくれるかなと思ったんだよ！」

一方でシンシアは、彼女なりの答えに辿り着きつつあった。

「ジョンと私の関係は、どこかで大きく間違ってしまったの」と彼女はのちに語っている。「まるで二人のあいだに、レンガの壁ができてしまったようだった」

リトリートを終えた四月、ロンドンに戻る機内で、ジョンはある意味でその壁を粉々に打ち砕いた。酔いに任せて、ファンや記者たち、ミュージシャン、友人の妻たち、その他数えきれないほどの女性を相手に働いた自分の不貞の数々を、すべてぶちまけたのだ。

実際、ジョンの浮気は途切れたことがなく、「つねにだれかと何かしらの関係を」持っていた。

どこにも逃げ場のない飛行機の上で、シンシアはジョンの告白にただ耳を傾けるほかなかった。

だがジョンの試みは、一方通行だった。

「私たちは、家では特に問題なく過ごしていた」というのが、シンシアから見た二人の関係だった。「悪意ある言葉を交わすことなど、一切なかったわ」

だがそんなシンシアでさえ、ジョンの心がどんどん遠くへと離れていっていることは感じざるを得なかった。「家でのジョンは、いつも白昼夢の中にいるようだったわ。体はそこにいるのに、心はどこか遠くにあった。私が話しかけても、ジョンの耳には聞こえていないみたいだった」

❖ ❖ ❖

「クリアな心でスタジオに入り、最高の結果が出せることを願おう」と、ポールが言った。

ジョンとポールがインド滞在中に書き上げた大量の曲を引っさげて、四人はレコーディングに取り掛かろうとしていた。

だがその前に、ビートルズはニューヨークに飛んだ。アップル・レコードの設立を発表する記者会見が、五月十四日に予定されていたのだ。

皮肉屋たちは、「『タックスマン』の歌詞の繰り返し」だと揶揄したが、ジョンはこの新会社を通して、クリエイティブで利他的な理念のもとに、音楽だけでなく、映画や服飾まで扱う多角的なビジネスを行なう計画であることを強調した（アップルの本部は一九六七年四月、ロンドンのベイカー・ストリート九四番地に設立された）。

テレビ番組でのインタビューで、ジョンは次のように語っている。「タダで使えるものを作りたいんだ。人々が集まって色々やったり、レコーディングしたりね」

レコーディングと会社の設立に加えて、ジョンにはほかにもやることがあった。シンシアが少し休めるようにと、ギリシャにいる彼女の友人のもとへと彼女を送り出し（ジュリアンは家政婦とともに英国に残った）、自分も休暇を――シンシアとの結婚生活からの休暇を――取ることにしたのだ。

ジョンはすでに、抗えないほど強く、オノ・ヨーコに惹かれていた。

ジョンはヨーコに電話をかけた。「うちに来る？」とジョンは尋ねた。「タクシーで来なよ」

ヨーコがウェイブリッジに着くころには、時刻は真夜中になっていた。

普段は冷静を装うのが得意なジョンだったが、なぜかヨーコの前では緊張で汗ばみ、どぎまぎしてしまうのだった。

「今日これから何をするか、二つ選択肢がある」、ヨーコを居間に通してジョンは言った。そこには、クオリーメン時代からの旧友であるピート・ショットンも、気まずそうに同席していた。「ここで座っておしゃべりするか、上に行って一緒に曲を作るかだ」

コンサート・ピアニストを父に持つヨーコは、ニューヨーク州ブロンクスビルのサラ・ローレンス大学で作曲を学んだことがあった。二人は楽器を手に、歌を歌って即興で音楽を奏で始めた。このときの音源は、一九六八年十一月に発表されたアルバム『未完成作品第一番　トゥー・ヴァージンズ(Unfinished Music No. 1: Two Virgins)』に収められることになる。

明け方、二人は愛を交わした。日が昇り、ショットンがキッチンに降りていくと、そこにジョンの姿があった。

「二人で一晩中起きてたんだ」とジョンが言った。

それは一目瞭然だったが、次にジョンが発した言葉に、ショットンは度肝を抜かれた。

「ヨーコと一緒に住もうと思ってる」

❖ ❖ ❖

五月二十二日、ギリシャでの休暇を一日早く切り上げて帰国したシンシアは、自宅のサン・ルームの扉を開けた。彼女の目に飛び込んできたのは、ガウンをまとい、向かい合って床にあぐらをかいて座る日本人女性と夫の姿だった。

シンシアはその場に立ちすくんだ。女性の顔には、見覚えがあった。アーティストのオノ・ヨーコだ。瞑想の会で、一度会ったことがある。

シンシアは二人の姿をじっと見つめ、まるでその風景を消し去ろうとするかのように、何度も瞬きをした。

「ウソよ、ウソよ、こんなことあるわけない」とシンシアは思った。

「おっと。やあ」とジョンが言った。

シンシアがよろけながらサン・ルームを出て、そのまま家から出ていくあいだ、ヨーコはずっと、顔を背けていた。

ジョンとシンシアはこの出来事の後、いったん関係を修復したが、それはあくまで表面的な解決にすぎなかった。わずか数週間後、ジョンは再びシンシアを休暇に——今回は、イタリアに——送り出した。

こうして、ジョンとヨーコの同棲が始まった。ヨーコは二人目の夫であるトニー・コックスと、幼い娘キョーコを残して、ジョンの家で暮らし始めた。

ジョンは、生きている実感をいままでになく強く感じ、幸福感に満たされていた。

ヨーコが、彼を大きな変容へと導いたのだ。

二人はもはや、一心同体だった。

35

レノンがマルクスの本を読んでいるあいだに……

――「アメリカン・パイ〈American Pie〉」

ある日ジョンは、ヨーコにこう告げた。

「革命について自分が感じていることを、表現したいんだ」

「革命」という言葉は、インドに滞在して以来、ジョンの頭の中でぐるぐると回り続けていた。ジョンとヨーコは、毎日ニュースを追いかけた。新聞は毎日、今日もどこかでだれかが暴力の犠牲になっていることを伝えていた。

ジョン・F・ケネディが暗殺され、マーティン・ルーサー・キング・ジュニアが暗殺され、ベトナムに送られた五〇万人近くの米兵のうちの二万人が戦死していた。

一九六八年五月三十一日にビートルズが新しいアルバムの録音を開始したとき、ジョンは各方面から集中砲火を受けるであろうことは承知のうえで、ある思い切った行動に出た。

ジョンより七歳年上のヨーコは、もともと、自分が正当な扱いを受けない限りジョンも彼女自身も幸せにはなれないと主張していた。

「私には対等な時間、対等な空間、対等な権利が必要よ」

「なんだよ、契約書でも交わせってのか？」

「そういう態度なら、私はここにはいられない。それが私の答えよ」

いまのジョンにとって、ヨーコの不在ほど受け入れがたい事態はなかった。そこで彼は、長年守られてきたバンドの掟――レコーディング中のスタジオには妻やガールフレンドを連れ込まない、というルールを、破ることにしたのである。

ヨーコがスタジオに来るようになったときのことを、ジョージは「彼女はただ、当たり前のことのようにスタジオに入ってきた」と描写している。そして、ポールやリンゴ、ジョージ・マーティン、スタジオ・エンジニアたちも、同じ印象を抱いていた。

その中でだれよりも理解を示したのは、ポールだった。「別に最悪の事態ってわけじゃないよ」とポールは言った。「若い二人を、一緒にいさせてやろうじゃないか」

だがそのポールでさえ、ピリピリした空気に気圧（けお）されて、こんな冗談を言わずにいられなかった。「五〇年くらい経ったら、めちゃくちゃ笑える話になるんじゃないかな。『ビートルズ解散の原因は、ヨーコがアンプに腰掛けたことだった！』なんてさ」

レコーディングは、ジョンの「レボリューション（Revolution）」のブルージーなアコースティック・バージョンから始まった。アルバムには「レボリューション1（Revolution1）」として収録されたこの曲を、シングルとしてリリースしたいとジョンは考えていたのだ。

だがポールとジョージは、アルバム版はテンポがスローすぎると判断し、シングル・カット用にエレキ・ギターが唸る別バージョンを録音し直すことを決めた。

レコーディングが始まり、ジョンはフル・ボリュームでエレキ・ギターを掻き鳴らしたが、それでも目指すサウンドには程遠かった。

「ダメだ、ダメだ。ギターをもっとダーティーなサウンドにしたいんだ！」と、ジョンはエンジニアのジェフ・エメリックに向かって叫んだ。エメリックは思案の末、二つのプリアンプを繋いで過大入力を送り込み、歪んだ音を作り出すことに成功した。

幸い、奇跡的にもこの手法で機材がオーバーヒートして爆発することはなかったが、皆の苛立ちは過熱する一方だった。ジョンとヨーコは二人きりで「レボリューション9（Revolution9）」の録音に取り掛かっていた。これは、当初一〇分以上の長さがあった「レボリューション1」のオリジナル・テイクから、ラスト部分に入っていたさまざまな音——テープ・ループや詠唱、サウンド・エフェクトなど——を使った、「サウンド・コラージュ」だった（「九」という数字はジョンにとって意味のあるものだった。誕生日が十月九日で、リバプールでニューカッスル・ロード九番地に住んでいたからだ）。

「あれは、ジョンの曲であると同時にヨーコの作品でもあったんだ」とエメリックは言っている。「でも少なくとも、ビートルズの作品ではなかったよ」（『ニュー・ミュージカル・エクスプレス』の批評家は、このトラックを『（ホワイト・）アルバムの顔面にできたニキビ』と呼び、「どこかのだれかが二分おきに戻ってきては、『ナンバー・ナイン、ナンバー・ナイン』と繰り返す曲」と描写している）。

ジョンは、ヨーコの意見を何よりも重要視した。「ヨーコが、僕の中にあったあらゆる創造性を刺激してくれた。これは、彼女が僕の創造性を引き出してくれた、ということであって、彼女をインスピレーションとして曲を書いた、ということではない。『レボリューション』で語っていることは、すべて僕自身の考えだ」

ジョンは「レボリューション」で表現した思想を、自著『絵本ジョン・レノンセンス』(一九六四年)と『らりるれレノン』(一九六五年)を題材にした舞台『イン・ヒズ・オウン・ライト(In His Own Writes)』の開演に先立って出演したBBC2の番組でも、滔々と語った。

「僕らの社会は、頭のおかしな連中によって、狂った目的のために動かされている」と、六月六日に放送されたインタビュー番組でジョンは話した。「この国や、アメリカの政府、それにロシアや中国の政府がやっていることの真実、つまり、やつらのやろうとしていること、やつらの本当の目論見をだれかが新聞で報じてくれたらいいんだけどね。やつらは全員、狂ってると僕は思うよ」

「レボリューション」について、ポールは「政治的な要素を堂々と出した曲で、革命について歌ってる。素晴らしい楽曲だよ」としてジョンを擁護した。

❖ ❖ ❖

六月十八日、ジョンはロンドンのオールド・ヴィック・シアターで行なわれた舞台『イン・ヒズ・オウン・ライト』の初日にヨーコを伴って現われた。二人はお揃いの服に身を包み、最前列に並んで座った。

その日まで、ジョンがシンシアのもとを去り、ヨーコと付き合い始めたこと、そしてヨーコがすでに妊娠二カ月であることを知っていたのは、内輪の人間だけだった。

芝居が始まると、役者たちの声はジョンに向けられたヤジで掻き消された。「奥さんはどこだ？」「シンシアはどうした？」と彼らは怒鳴った。

「知らないよ！」、ジョンは怒鳴り返した。

劇場の外では、怒り狂ったファンたちが「チンク〔中国人に対する蔑称〕」、「リバー・クワイ〔ベトナムにある川の名前〕」、「イエロー」等と口々に叫んでいた。二人が外に出ると、だれかがヨーコに向かって黄色いバラの花束を茎のほうから突き出した。ヨーコの手には、バラの棘が突き刺さった。

翌朝には、ジョンとヨーコの関係は世界中に知れ渡っていた。

これはジョンにとって、二年前のキリスト発言以来、最大のスキャンダルだった。騒動の真っ最中、ジョンは叔母のミミにヨーコを会わせるために、海辺の町プールを訪れた。ミミはこのころ、一九六五年にジョンが二万五〇〇〇ポンドで買ったビーチ・サイドの平家に住んでいた（家はその後売りに出され、二〇一八年時点の売値はわずか九五〇万ドル弱だった）。

「ジョン、その辛気臭い女はだれなの？」とミミが尋ねた。

「ヨーコだよ」

「私、アーティストなんです」とヨーコが付け足す。

「変ね」とミミが返した。「あんたの名前は、いま初めて聞いたけど」

同じころ、シンシアもこの現実に直面していた。イタリアでの休暇から戻ったシンシアはビートルズのオフィスに電話をかけて伝言を残したが、いつまで待ってもジョンからの返事はなかった。彼女が夫の声を聞くためには、もはや彼の新しいレコードを買う以外なかった。

「レボリューション」のA面となった「ヘイ・ジュード（Hey Jude）」について、ジョンはこう回想している。「ポールは、僕の息子のジュリアンのためにあの曲を書いたと言っていた。僕がシンシアと別れて、ジュリアンのもとを去ろうとしてたことを知ってたからね」

続けてジョンは、こうも言っている。「でも聞いた話では、あれは僕に宛てた歌だったんだ。ちょうど、ヨーコが僕の人生に現われたころだった。『彼女を捕まえにいけよ（go and get her）』という歌詞で、ポールは無意識のうちに僕に語りかけてるんだ。『僕のもとを去っていいよ』とね」

ジョンの解釈が正しいとすれば、それはビートルズを通したジョンとポールのパートナーシップの解消を意味していた。

ある日、ポールがロンドンの地下にあるハシシの吸えるクラブ・ヴィオ・クラブを訪れ、未発表の音源を店内で流したとき、そこに居合わせた何人かの客が発売前の「ヘイ・ジュード」を耳にするという幸運にあずかった。その一人であるミック・ジャガーは、曲が終わるとポールに歩み寄ってこう言った。「おい、すげえ曲だな。まるで二つの曲みたいだ」

「ヘイ・ジュード」の演奏時間は七分以上あり、七インチのシングル盤に収録された音源としては異例の長さだった。

「最後の部分は、あんなに長くするつもりはなかったんだけどね」とポールはミック・ジャガーに説明した。「結果的にああなったからオーケストラもつけたけど、そもそも僕が『ジュディ、ジュディ、ジュディ、ワーオ！』ってのを止められなくなったっていうだけなんだ。盛り上がったケーリー・グラントみたいだよね！」

一九六八年の夏は、不安定な社会情勢を象徴する出来事が続いた。

八月二十六日にアメリカで「ヘイ・ジュード／レボリューション」が発売された（英国でのリリースは八月三十日）二日後、民主党全国大会が開催されていたシカゴのヒルトン・ホテル前で、反戦デモを行なっていた市民が国家警備隊と衝突した。

この大会では、現職のジョンソン大統領によるベトナム戦争拡大路線を支持するヒューバート・ハンフリーが、ユージーン・マッカーシーを抑えて次期大統領選候補に指名されていた。デモの参加者たちは警備隊と押し合いながら、こう声をあげた。「世界中が見ているぞ！　世界中が見ているぞ！」

そんな空気の中で、世界中が聞いていたのは、アップル・レコードからの第一弾シングルとなった「ヘイ・ジュード」だった。売り上げ枚数は一九六八年末までに世界で五〇〇万枚に達し、ビートルズにとってそれまでで最も多く売れたシングルとなった。

❖　❖　❖

ホワイト・アルバムのレコーディングが続くあいだ、ジョンとヨーコはロンドンで滞在する場所を探していた。二人に救いの手を差し伸べたのは、リンゴだった。

リンゴは一九六五年からしばらくのあいだ、アビイ・ロードから一キロ半ほどのモンタギュー・スクエア三四番地にあるアパートの一号室に住んでいたことがあり、のちにサリー州のウェイブリッジに引っ越してからも、このアパートを第二の拠点として借り続けていた。リンゴはこの部屋をポールに貸し、次に当時二五歳だったジミ・ヘンドリックスに貸した。

ヘンドリックスが、一九六七年五月に英国で発表したシングル「風の中のマリー（The Wind Cries Mary）」（アメリカでリリースされたデビュー・アルバム『アー・ユー・エクスペリエンスト？（Are You Experienced?）』にも収録されている）を書いたのは、この部屋に住んでいたころのことだ。ただしヘンドリックスはその後、アシッドでのトリップ中に部屋の壁を破壊し、リンゴから追い出されるはめになった。

一九六八年十月十八日の昼近く、当時二八歳だったジョンと、三五歳だったヨーコが半裸でベッドに横たわっていると、アパートの部屋のドアが乱暴にノックされる音が響いた。

「伝言をお伝えしにきました」と、だれかがドアの向こうで言った。

「どこかの記者が、独占コメントを狙って押しかけたんだろう」とジョンは思った。二人はつい最近、ヨーコの妊娠を発表したばかりだったのだ。ヨーコはこのとき妊娠六カ月で、二月に出産を予定していた。

そのとき、眼鏡を外したジョンの目に、寝室の窓の外にいる人影がぼんやりと映った。ジョンは反射的にこう思った。悪名高きロンドンのギャング、クレイ兄弟の片割れに違いない。あちこちで会社経営者や芸能人を恐喝している冷血な双子の殺し屋たちが、ついに自分のところにもやってきたのだ。

だが眼鏡をかけてみると、そこにいたのは警察官だった。その瞬間、ジョンはすべてを悟った。前々から、『デイリー・ミラー』の記者に忠告されていたのだ。

「そのうち、あなたのところにも麻薬捜査班が来ますよ」

ヨーコは服を着ようと急いでベッドを降りた。

「弁護士に電話しろ！　早く！」、ジョンは玄関のドアを開けずに、ヨーコに向かって叫んだ。

そのころ二人は、ジョンが「愛とセックスと物忘れの奇妙なカクテル」と呼ぶ生活——あるいはヨーコの言葉によれば、「シャンパンとキャビアとヘロイン」の毎日——を送っていた。

ロンドン警視庁麻薬捜査班のノーマン・ピルチャー部長刑事率いる捜査員たちが、窓から部屋に雪崩れ込んだ。ピルチャーは有名人の薬物逮捕で名を馳せており、それまでにもミック・ジャガーやキース・リチャーズ、ドノヴァンなどを逮捕した経歴の持ち主だった。

ピルチャーがジョンとヨーコを押しのけて部屋の捜索を開始し、私服刑事一名、巡査二名、警察犬訓練士二名、女性警官二名がぞろぞろ後に続いた。彼らは権力をあからさまに誇示しながら我が物顔にアパートを調べ尽くしたが、どこにもドラッグを見つけることができずにいた。

ジョンとヨーコは、ジミ・ヘンドリックスが住んでいたころから警察がこのアパートに目をつけている可能性を考えて、薬物の痕跡が残らないようにつねに気をつけていた。だがそれでも、麻薬探知犬の鼻を欺くことはできなかった。家宅捜索に連れてこられていたヨギとブーブーという名の二頭の犬が、巻きタバコのローラーと、フィルム缶、双眼鏡ケースにわずかに残されていた大麻の痕跡を嗅ぎ当てたのだ。

ジョンとヨーコは、そのままパトカーでパディントン・グリーンの警察署に連行された。アパートの周りに群がる記者たちの前で、ノーマン・ピルチャーは抑えきれずにすきっ歯の笑みをもらした。

『ニューヨーク・タイムズ』は、「レノンとその友人、大麻所持で逮捕」という見出しで、AP通信経由でこの事件を報じた。記事には、ジョンが大麻所持に加えて公務執行妨害でも起訴されたことが記されていた。

メリルボーン治安判事裁判所で行なわれた裁判で、ジョンは有罪を認め、一五〇ポンドの罰金を支払った。

釈放後、ジョンは「あれは、いままで体験した中で一番ひどい出来事だった」と語った。

一方、リンゴもまた友人を見舞ったこの災難に震え上がっていた。「ジョンが薬物所持で逮捕されたとき、思い知らされたよ。警察はいつでも、だれかがパーティーを始めるのを待ち構えてるんだってことをね」

ヨーコに対する起訴は、結局取り下げられた。だが、逮捕の衝撃も冷めやらぬ十一月四日、彼女はクイーン・シャーロッツ病院に担ぎ込まれ、二十一日にお腹の子を流産してしまった。ジョンはヨーコを一人病院に残すことを拒み、彼女の病室の床で眠った。

二人は亡くなった子をジョン・オノ・レノン二世と名付け、場所を一般に公開することなく埋葬した。

じつは、この逮捕事件の五年後のこと、ノーマン・ピルチャー部長刑事は、彼自身が起訴される側に回ることになる。別件の薬物逮捕で、証拠を偽造した罪に問われたのだ。ロンドンの中央刑事裁判所での裁判で、ピルチャーは懲役四年の判決を受けた。裁判長は、ピルチャーにこう告げた。「あなたの罪は、刑事司法という名の井戸に故意に毒を投入したのに等しい」

一九八〇年十二月六日

レノンにできるだけ近い場所にいたい、とマークは思った。それに、目的を達成するためには、いまよりも質のいい宿が必要だ。自らをキリストよりも偉大な存在だと称する男を、ひとときも目をそらさずに見張っていられる場所を見つけるのだ。

彼はスーツケースを手にＹＭＣＡを出た。南に向かって一〇ブロックほど歩くと、七番街八百十一番地、西五十三丁目との交差点にあるシェラトン・センターに辿り着いた。フロントで、セントラル・パークの西側の角が見える部屋をリクエストすると、一泊八二ドルの部屋なら用意できるという。割高だが、その価値はある、とマークは思った。

案内された二七三〇号室の窓際に立ち、北の方角を眺めると、セントラル・パーク・ウェストから公園を横切るようにして並ぶ並木の、裸の枝が見えた。

ダコタ・アパートメント七階にあるレノンのリビングルームからは、このホテルが見えているはずだ。そしてマークのほうも、ここからなら標的をまっすぐに見返すことができる。

満足感に浸りながら、マークはウォークマンとカセット・テープの束を取り出した。そしてカメラと『ダブル・ファンタジー』のレコードを手に、地下鉄の駅に向かった。ダコタ・アパートメントまでは、すぐの距離だ。

35

マークはハワイを発つ前、ビートルズの曲を一四時間分カセット・テープに録音してきていた。そして、ニューヨークまでのフライトのあいだ中、インスピレーションを求めてそのテープをノンストップで聞き続けた。

外に出ると、ウォークマンから「ストロベリー・フィールズ・フォーエバー（Strawberry Fields Forever）」が流れてきた。テープを作ったとき、マークは、「ジョン・レノンは死すべし！」、「ジョン・レノンはインチキだ」という言葉を叫んだり、詠唱のように唱えたりして、曲に被せて録音していた。彼は自分の声に、うっとりと聞き入った。

七十二丁目の駅に着いたマークは、見覚えのある男を見かけた。

近くに行ってよく見ると、やはり間違いなかった。

ジェームス・テイラーだ。

マークは駅の階段を登るテイラーに追いつくと、駅の壁の前で詰め寄るようにして、彼の前に立ちはだかった。

「僕も、きみと同じミュージシャンなんだ」とマークは言った。額には汗が流れ、目の瞳孔が開いていた。「いま、ジョン・レノンと一緒にプロジェクトに取り組んでいるんだよ。今日は、彼に届け物があって来たんだ。きみも、彼と知り合いだよね？」

テイラーはそわそわとその場を離れようとした。

「急いでるんだ」と、テイラーは小さく言った。

彼は駅を出てセントラル・パーク・ウェストを北に向かって歩き、二〇メートルほど行ったところで、うしろを振り返ってみた。ダコタの道向かいの歩道に立って口の中で何かをつぶやいていたマークと、テイラーの目が合った。

テイラーは慌てて目を背け、歩を速めた。

「気味の悪い、汗まみれの男が僕を呼び止めて、迫ってきたんだ」と、テイラーはのちに回想している。「早口で自分のことをまくし立てて、ジョン・レノンと一緒に仕事をしていると言っていた。僕は精神科病棟に九カ月入院していた経験があるんだけど、あの男は明らかに、精神を病んでいるように見えたよ」

36

自分が正しいことを、証明する必要はない

——「ババ・オライリィ〈Baba O'Riley〉」

「アメリカ合衆国の民話において最も美化されてきたのは、銃と、銃を巧みに使いこなす力強い男たちだ」

一九八六年六月二十一日に発売された『タイム』誌の「アメリカにおける銃」という特集記事には、そう書かれている。

九月の最終週に入っても、ビートルズは二枚組アルバムのレコーディングを続けていた。『ホワイト・アルバム』に収められたほかの多くの曲と同じように、「ハッピネス・イズ・ア・ウォーム・ガン〈Happiness Is a Warm Gun〉」もまた、リシケシュのアシュラムでの滞在中にジョンが書き始めた曲だった。曲調の異なるいくつかのパートによって構成されるこの曲について、ジョンは「ロックンロールの歴史みたいなもの」になるだろうと予言している。

ジョンの中でパズルのピースがひとつにまとまり、全体像が見え始めたのは、ジョージ・マーティンからアルバムのアート・ワークを見せられたときだった。ジョンはのちに、「ハッピネス・イズ・ア・ウォーム・ガン」を書いたきっかけについて、次のように振り返っている。

「銃器専門雑誌がそのへんに置いてあったんだ。表紙は、銃口から煙が出ている銃の写真だった。そして、『ハッピネス・イズ・ア・ウォーム・ガン（幸せとは、温かい銃）』という記事のタイトルが見えた。記事の内容は、一切読んでない」

「僕は思った。なんとまあとんでもなく狂ったフレーズだろうって。だって、温かい銃ってことは、たったいま何かを撃ったばかり、っていうことだろう」

アメリカの銃規制は、一九三九年から永らく変わっていなかったが、ときの大統領リンドン・B・ジョンソンは、ジョン・F・ケネディ、マーティー・ルーサー・キング・ジュニア、ロバート・フランシス・ケネディが相次いで暗殺されたことを受け、改革に踏み切った。こうして、一九六八年の銃規制法案が提出され、十月二十二日に連邦議会で可決されるに至った。


十一月二十日、『ホワイト・アルバム』がリリースされる二日前（レーベルはアップル・レコード名義だったが、販売等はＥＭＩが行なった）、ラジオ・ルクセンブルクのインタビューに答えたポールは、アルバムの中の「一番のお気に入り」として「ハッピネス・イズ・ア・ウォーム・ガン」を挙げたが、ジョンの真の意図には触れなかった。

「『さあ、こっちにきて殺戮（さつりく）のための武器を買いなよ』、『武器を手に入れなよ』なんて、本当に狂った考え方だよね。でも、『ハッピネス・イズ・ア・ウォーム・ガン』っていうのは素晴らしいフレーズだよ。ジョンがどこかで見かけて、コーラスとして使ったんだ。歌詞のほかの部分も……見事だと思うよ。あの曲の歌詞は、詩なんだ。最後は、ジョンがこう締めくくる。『幸せとは、温かい銃。そうさ、その通り』ってね」

ビートルズにとって通算九枚目となるアルバムが発売され、チャート一位を飾ると、批評家たちもポールと同様にこの曲を高く評価した。

『インターナショナル・タイムズ』紙は『ホワイト・アルバム』を絶賛したうえで、「『ハッピネス・イズ・ア・ウォーム・ガン』はこのアルバムで最も優れた曲のひとつだ」と評し、さらにジョンが仕組んだ音楽的な構成について、「この曲は三つの異なる部分から成っており、最後は五〇年代風のサウンドに辿り着く。ラストは、ロージー＆ジ・オリジナルズの『エンジェル・ベイビー（Angel Baby）』を拝借したようにも聞こえる」と分析している。

『レコード・ミラー』誌は、次のようにコメントした。「明らかに、レノンによる作品。銃器が女性的に描かれ、歌詞は思わせぶりだ」。これは、「きみを僕の腕に抱くとき／きみの引き金に僕の指がかかっているのを感じる」という歌詞には性的な意味が含まれているのではないか、という、その後何十年にもわたって取り沙汰されることになる憶測に触れたものだ。

ジョンはのちにこの歌詞について、「うん、まあ、あのころは歌詞に二重の意味を持たせることに凝ってたんだ」と語っている。

そしてＢＢＣは、その二重性こそがこのアルバムが傑作たる所以だと評した。「このアルバムは、世界の歴史が始まって以来最も偉大で、真を突いた、ポピュラーな芸術作品であり、ジャケットも素晴らしい。前衛的でありながら、同時に見事なまでに多くの人に愛される要素を兼ね備えてトの集団によるアルバムだ」

アメリカのロック評論家、レスター・バングスは、このアルバムの功績を別の面から評価しているのだ」

いる。「これはビートルズの歴史、さらにはロックの歴史において初の、四人のソロ・アーティストの集団によるアルバムだ」

ジャケットにシリアル・ナンバー000001から000004が印字された『ホワイト・アルバム』は、ジョンとポール、ジョージ、リンゴが一枚ずつ受け取ることになっていた。

いつでも一番を取りたがるジョンは、「ナンバーワン、もーらった!」と声をあげた。

ポールはのちに、「000001はジョンのものになった。彼が一番大きな声を出して欲しがったからだ」と振り返っている。

リンゴは、自分の分のレコードを銀行の貸金庫にしまっておくことにした。二〇一五年になってようやくこのレコードを金庫から取り出したとき、リンゴは、一番を取ったのはジョンではなく、自分だったことに気づいた。改めて手にしたレコードのカバーには、「000001」と印字されていたのだ。

このレコードは、二〇一五年十二月五日土曜日にビバリー・ヒルズで開催されたジュリアンズ・オークションに、参考価格四万~六万ドルで出品された。売り上げは、リンゴが設立したチャリティー基金、ロータス・ファンデーションに寄付されることになった。

レコードの最終的な落札価格は、それまでの最高金額を大きく上回る七九万ドルとなった。リンゴは、買い手にこんなメッセージを送っている。「レコードは、僕の指紋付きだよ」

❖　❖　❖

その四七年前、一九六八年の十二月のこと。ミック・ジャガーは、「ロックンロール・サーカス」と銘打ったコンサート番組の出演者を募っていた。撮影場所はウェンブリーのインターテル・スタジオで、二八歳のマイケル・リンゼイ＝ホッグが監督としてBBCに雇われていた。リンゼイ＝ホッグはのちにこのときのことを、「出演者はほぼすべて、ミック・ジャガーのお尻のポケットに入っていた小さなアドレス帳に名前があった人たちで構成された」と説明している。「ミックが『L』のページを開き、ジョンに電話した。すると、ジョンがいいよと言ったんだ」

一九六八年十二月十一日の午後、コスチュームに身を包んだ名だたる出演者たちが、サーカスのテントを模したセットに集まった。その中には、オノ・ヨーコやマリアンヌ・フェイスフルの顔もあった。

出演者は「サー・ロバート・フォセッツ・サーカス団」の団員、ミック・ジャガーはその座長、という設定で、空中ブランコ曲芸師や火を飲み込む曲芸師、さらには本物のトラまで用意された。出演者の中にはジェスロ・タルやザ・フーなどの名前も並んでいたが、なんといっても一番の注目の的は、スーパー・グループ、ダーティー・マックだった。メンバーは、ボーカルとギターが当時二八歳のジョン・レノン、ギターは二三歳のエリック・クラプトン、ベースは二四歳のローリング・ストーンズのギタリスト、キース・リチャーズ、そしてドラムはジミ・ヘンドリックス・エクスペリエンスから二一歳のミッチ・ミッチェルという顔ぶれだった。

ライブ開始前、スタッフがジョンにどのアンプを使いたいか尋ねると、ジョンはこう言った。

「ああ、音が出るやつにして!」

ダーティー・マックの演奏が始まった。一曲目は、『ホワイト・アルバム』に収録されている「ヤー・ブルース」だ。ジョンにとって、ビートルズ以外のメンバーと公式に演奏するのはこれが初めてだった。彼らは続いて、ブルース・ロックの即興演奏をバックにヨーコが甲高い叫び声をあげる「ホール・ロッタ・ヨーコ(Whole Lotta Yoko)」を演奏した。

❖ ❖ ❖

一九六九年の大晦日、英国人作家のバリー・マイルズ(ジャーナリストとして署名入り記事を書くときは、たんに「マイルズ」と自称していた)が、ソーホーにあるアップルのトライデント・スタジオを訪問したときのことを記事にした。

トライデント・スタジオでは過去数カ月にわたって『ホワイト・アルバム』の仕上げが行なわれていたほか、一九六八年春のオーディションで「サムシング・イン・ザ・ウェイ・シー・ムーヴス(Something in the Way She Moves)」を歌ってポールとジョージに認められ、アップル初のアメリカ人アーティストとして合格した二一歳のジェームス・テイラーが、自身の名を冠したデビュー・アルバムを録音していた。

マイルズはアップル社内の雰囲気を好意的に捉えたようで、『インターナショナル・タイムズ』

に寄せた記事の中で、次のように描写している。

「人々がしっかりと協力し合いながら、楽しそうに一緒に働いているのを見るのはいいものだ。彼らはともに、心地の良い音を作り出し、さまざまなアイディアを試しながら、多くの人の耳に音楽を届けようとレコーディングに励んでいた」

マイルズがテイラーのレコーディング風景に見出した調和の取れたイメージは、ポールが思い描いたアップルのヴィジョンそのままだった。ただし、アップル・レコードのアメリカでのマネージャーだったケン・マンスフィールドによれば、現実は違っていた。

「アップルの雰囲気は、まさにカオスそのものだった。（中略）『もうナンバーワンにはなったし、だれよりも有名にもなった。次はビジネスをやって、成功させる』という考えだった」

マンスフィールドは、ポールのこんな言葉を覚えている。「肝心なのは、クリエイティビティだ」


このころ、商業とアートの境界を越えたいと考えていたジョンは、モンタギュー・スクエア三四番地のアパートで撮影した自分とヨーコのヌード写真を、アルバム『未完成作品第一番 トゥー・ヴァージンズ』のジャケットに使いたいと主張していた。

ジョンがこのアイディアを思いついたのは、インドでの瞑想中のことだった。「ヨーコへの手紙に、彼女のヌード写真をジャケットに使うつもりだと書いたんだ」とジョンはのちに語っている。

「彼女もずいぶんびっくりしたようだったけど、ジョージとポールの驚きようはそんなもんじゃなかった」

ＥＭＩのヘッドであるサー・ジョセフ・ロックウッドは、ジョンの案を聞くとうんざりしてこう漏らした。「ジャケットに使うなら、もっとマシな体を見つけてこないと。きみたちの裸はあまり魅力的とは言えないからね」

こうして、一九六八年の十一月、ジョンとヨーコが初めて一緒に過ごした夜に録音した前衛的な音源を収めた『未完成作品第一番』は、購入した人にしかカバー写真が見えないように、茶色い紙袋に入った状態で発売された。英国での売り上げ枚数は、わずか五〇〇〇枚だった。『未完成作品第一番』は、アメリカ向けにも出荷された。だが、一九六九年一月二日に三万枚のレコードがニュージャージー州ニューアーク空港に到着すると、カバー写真が「ポルノ」だという理由で警察に押収されてしまったのだった。この出来事は、ＦＢＩがジョンの調査を開始するきっかけにもなった。

「たしかに騒動にはなったけど、それだけの価値はあったよ」とジョンは言った。「人々の度肝を抜くことができたからね。わずかとはいえ、新しい風を吹き込むことができた。人は、真っ正直なものを見ると抹殺しようとするものなんだよ。あのアルバムは、醜(みにく)くなんかない。ただ、ひとつの視点を提示しただけだ」

「芸術とは何か」という問いに関して、ジョージとジョンの考え方は、日に日に食い違うようになっていた。ジョージの妻、パティ・ボイドは、マハリシのアシュラムから戻って以来、ジョージが「思ったような精神性の高みに辿り着くことができず、苛立っていた」と語っている。「黙れよ、瞑想中なのがわからないのか？」、英国に戻る飛行機の機内でジョージがそう言って添乗員を怒鳴りつけたこともあった。

一月八日、ジョージはジョンに向けて書いた「アイ・ミー・マイン（I Me Mine）」を録音した（このタイトルは、一九八〇年に出版されたジョージの自叙伝の題名にもなった）。その歌詞は、ビートルズを内側から破壊しつつある壮大なエゴのぶつかり合いを、辛辣に批判するものだった。「僕はただただ、嫌な雰囲気にうんざりしていたんだ」と、ジョージはのちに説明している。

ジョージの怒りは、ヨーコにも向けられた。

「ディランたちが言ってたよ」、ある日サヴィル・ロー三番地のアップルのオフィスにメンバーたちが集まったとき、ジョージがヨーコに向かって言った。「きみはニューヨークじゃ評判が悪いんだってね。きみのことを、感じが悪かったとも言ってたな」

ジョージとジョンは椅子に座ったまま、睨みあった。

「あのとき僕は、ジョージを殴らなかった」と、ジョンはのちに回想している。「なんでだろうな」

「アイ・ミー・マイン」は、ビートルズのメンバーがともに録音した最後の新曲となった。

「ジョンは、とてつもなく大きなものを背負っていた」とケン・マンスフィールドは語っている。「彼は、自分の名声を利用して世界を変えたいと考えていた。ほかのメンバーたちとは違って、ジョンは正真正銘の政治的な勢力になりつつあったんだ」

37

一緒にいようよ
——「レッツ・ステイ・トゥギャザー〈Let's Stay Together〉」

ビートルズは、『ハード・デイズ・ナイト』や『ヘルプ！』の撮影にも使われたトゥイッケナムのスタジオに戻った。英国での十枚目のアルバムとなる『レット・イット・ビー（Let It Be）』（当初タイトルは『ゲット・バック（Get Back）』になるはずだった）の制作過程を追った映画を作ることになったのだ。

撮影監督には、『ローリング・ストーンズのロックンロール・サーカス（The Rolling Stones Rock and Roll Circus）』（この作品は結局お蔵入りとなり、一九九六年まで公開されなかった）の監督を務めたマイケル・リンゼイ＝ホッグが選ばれた。

この企画についてバリー・マイルズは、「あれもまた、ポールのアイディアだった」と説明している。タイトル・ソングの「レット・イット・ビー」は、一〇年前、一九五七年に亡くなった母マリーが、ポールの夢に出てきたことに着想を得て書かれた曲だった。

「僕たちは、またツアーに出るべきだと思うんだ」

37

一九六八年のクリスマス前、ポールが言った。「小さなバンドが、旅をしてクラブやなんかで演奏する。初心に戻って、そういう僕たち本来の在り方を思い出そうよ」

ポールの言葉の背後には、ビートルズが初めて直面しつつある新たな問題があった。金銭的なプレッシャーだ。

というのも、その年の十月、ビートルズは、財務状況の窮状を訴える専属会計士からの手紙を受け取っていた。そこには、一万ポンドの支出につき一二万ポンドの収入がないと、莫大な額の税金を支払うことができないと記されていた。このころまでに、アップル社の経営は、深刻な悪循環に陥っていたのだった。

映画『レット・イット・ビー』のラストを飾るコンサートについて、リンゼイ＝ホッグは、あるアイディアを膨らませていた。サハラ砂漠か、あるいは大型客船を舞台として、さまざまな文化の人々がともに集い、世界平和を祈るという、壮大な案だ。

「ビートルズが、日の出とともに演奏を始めるんだ」と、リンゼイ＝ホッグは四人に説明した。

「そこに、一日かけて方々から人々が集まってくる、っていうのはどうだろう」

「ローマの円形劇場のレプリカを作って、そこに僕たちがライオンを何頭か率いて現われるっていうのはどうかな」、とポールが提案した。

「リバプールに戻ろうよ」とリンゴが割って入る。「キャバーン・クラブにさ」

ジョンの案は、こうだった。「僕は、アシュラムでやったらどうかと考えているんだけど」

なんといっても、世界一のバンド、ビートルズの映画だ。見たこともないような、大胆なエンディングが必要だった。

一方、ジョージにも考えがあった。

「もう、これで終わりだ」、カメラが回る中、ピリピリしたムードで続けられていたリハーサルの七日目の昼食中、ふいにジョージが言った。「クラブで会おう」

ジョージはそのままスタジオから出ていき、一四歳で加入したバンドを去ったのだった。

ジョンは、これを聞いても落ち着いていた。「月曜か火曜になってもジョージが戻らなかったら、エリック・クラプトンにギターを弾いてもらえばいいさ」とジョンは言い放った。

それは、それほど突飛な案というわけでもなかった。九月の初め、『ホワイト・アルバム』の収録中に、ジョージはクラプトンを招いて「ホワイル・マイ・ギター・ジェントリー・ウィープス（While My Guitar Gently Weeps）」を録音していたのだ。

「考えなきゃいけないのは、もしジョージが辞めたとして、それでもビートルズを続けたいのかってことだ。僕は、続けたい。だれかほかのメンバーを入れて、前に進むだけだ」と、ジョンは皆に告げた。

ジョージは一九六九年一月十日にビートルズを脱退し、一月十五日に戻ってきた。だが復帰後も、ツアーを再開するという案にジョージは断固として反対した。

一月二十九日になっても、コンサートシーンの撮影場所は決まらないままだった。そしてつい

37

に、あるアイディアが降ってきた。ジョンはリンゴに意味ありげな顔をしてみせ、こう言った。

「屋上（ルーフ・トップ）でやったら素晴らしいんじゃないだろうか。ウェスト・エンド中に向けて演奏するんだ」

ジョンはリンゼイ＝ホッグに向かっていたずらっぽく微笑んだ。

ロンドン市民を驚かせたゲリラ・ライブ計画は、こうして始まった。

翌一月三十日の午後一時、アップルの幹部たちは、サヴィル・ロー三番地の本社ビルの屋上に集まるようにという緊急通知を受け取った。現地ではすでに、仮設ステージを組み立てる大道具スタッフや、ケーブルの束を抱えたエンジニアたちがあたりを走り回っていた。

ジョンたちは頭を寄せ合って、曲目をもう一度確認した。四人揃って人前で演奏するのは、じつに四年ぶりだ。ジョンは、緊張でおかしくなりそうだった。

だがそれはポールたちも同じことだった。ジョンは、彼らの目にも緊張がありありと現われているのを見て取った。

「ステージに出たくない」と、ジョージがごね始める。

リンゴも、「だいたい、なんのためにこんなことするんだ?」とぼやいた。

こんなとき、ゴーサインを出すのは、やはりジョンの役目だった。ヨーコの毛皮のコートを羽織り、眼鏡を直すと、ジョンは楽屋から屋上へと続く階段を登り始めた。

その日はテムズ川から強風が吹いていて、ヘリコプターからの空中撮影はできそうになかった。こうなると、メンバーのクローズアップのショットと、通りに集まる人々のショットをうまく繋いでいくしかない。

ジョンの手は、「ギターの弦を押さえられないほど冷え切っていた」。彼は用意されたギターをどうにか手に取り、ビリー・プレストンの見慣れた顔を見やった。ビリーは、一九六二年にビートルズがリトル・リチャードのバック・バンドとしてツアーをしたときに出会ったアメリカ人のR&Bキーボーディストで、電子ピアノでこのセッションに参加していた。

ケン・マンスフィールドは、四本のタバコに火をつけた。吸うためではなく、ジョージの指先を温めるためだ。

オープニング・ナンバーの演奏が始まった。「ゲット・バック」だ。

通りすがりの人々がビルの前で歩みを止め、次々に上を見上げて、空を指さし始める。

その通り、とジョンは言ってやりたかった。ビートルズのフリー・コンサートだ。一九六六年のキャンドルスティック以来、初めてのライブが、たったいま、きみたちの頭上で始まったのさ。

この様子を文字通り通行人の頭上から捉えていたのが、アメリカ人カメラマンのイーサン・ラッセルだった。ジョンから依頼を受けたラッセルは、屋上から隣のビルの壁によじ登るという危険を冒して、演奏するビートルズの姿を頭上から撮影することに成功した。

ロンドンの街を背景にしたジョンとポール、ジョージ、リンゴ——世界で最も有名なロックローラーたち——の姿は、周りを取り囲むほかのすべての人々と同様に、小さく見えた。

「彼らも、普通の人間なんだ」、シャッターを切るラッセルの心を、そんな思いがよぎった。

ビートルズはこの日、四二分間にわたって五曲を披露した。「ゲット・バック」は三バージョン、「ドント・レット・ミー・ダウン（Don't Let Me Down）」と「アイヴ・ガット・ア・フィーリング（I've Got a Feeling）」は二回ずつ演奏したので、テイクは九回分だった。

ロンドン警視庁からやってきた警官たちは、アップル本社のビルを取り囲み、スタッフにこう言い渡した。「一〇分間やる」

とはいえ巡査たちとて、もちろんビートルズのファンだ。約束の一〇分が過ぎても、すぐに演奏を止めることはしなかった。そしてついに、警察がビル内部に立ち入り、屋上に向かった。スタッフたちは念のため、大急ぎでトイレに駆け込んでドラッグを流した。

警察が屋上に辿り着いたところで、コンサートは終了した。

ジョンは、マイクに向かって語りかけた。「バンドを代表して、お礼を言いたいと思います。オーディションに合格できたならいいんだけど」

ポールとジョージ、リンゴは、これを聞いて微笑んだ。四人の胸にある想いは、同じだった。

僕たちはいまでも、世界最高のロックロール・バンドだ。

このルーフトップ・コンサートがビートルズとして最後のライブになるかもしれない予感はあったか、と二〇一九年のインタビューで聞かれたポールは、こう答えている。

「いいや、そんなふうには感じなかったよ。ほかのメンバーも同じじゃないかな。ただたんに、たくさんの曲を書いてリハーサルをした成果として、あそこで演奏しただけだった」

だが終わりというものは、必ず訪れる。予感のあるなしにかかわらず。

38

黄金の心を探し続けるよ
――「孤独の旅路〈Heart of Gold〉」

一九六九年一月。ジョンは『ディスク・アンド・ミュージック・エコー』誌のレイ・コールマンによるインタビューで、「アップルは毎週、大きな損失を出しているんだ」と打ち明けた。「このままいけば、僕らは全員、半年以内に破産するだろう」

「あの記事を読んだことが、私にとってはすべての始まりだった」と、アレン・クラインは後年打ち明けた。当時三七歳だったニュージャージー生まれのクラインは、音楽業界を専門とする実業家として、ローリング・ストーンズやサム・クック、ボビー・ダーリン、ドノヴァン、アニマルズらの財務面のマネージメントを担当した経歴の持ち主だった。

顧客であるアーティストのために多額の前金を取り付けてくるその手腕から、クラインの名は「ポップス界のロビン・フッド」として音楽業界で知られるようになっていた。「契約書はただの紙切れ」と言い切る強気な態度も、彼の存在を一際目立たせていた。

事実、ニューヨークにあるクラインのオフィスの机に置かれた名札には、こんな警句が書かれていた。「そう、たとえ死の影の谷を歩むとも、俺は災いを恐れない。なぜなら、俺こそが死の谷

38

最強のマザーファッカーだから」

　クラインは、ミック・ジャガーのツテを通じて、極秘でジョンとヨーコに会う約束を取り付けた。そして、三人はロンドンにあるドーチェスター・ホテルのハーレクイン・ペントハウスで顔を合わせた。

「彼はとても緊張していたよ。顔を見ればわかった」と、ジョンはのちに回想している。

　それでも、会計士の資格も持っていたクラインは、あっという間にジョンの信頼を勝ち取ることに成功した。「彼は僕の書いた曲や、歌詞をちゃんと知っていたうえに、その内容も理解していたんだ。それも、ずっと前の作品からね。それが決め手だった」

　ジョンは、クラインの率直さとタフな姿勢にも好感を抱いた。ヨーコもまた、クラインを気に入った。彼はヨーコに、個展を開かせてみせると約束したのだ。

「恐ろしく頭の切れる男なんだ。それに、初めて会うのにすでに僕のことを深く理解していた。そういう人間に面倒を見てもらうよう頼むのは、理にかなっているだろう」とジョンは説明した。

　ジョンはクラインと書面で契約を結ぶのが待ちきれず、ビートルズと金銭面の関わりがあるEMIをはじめとする関係各所に対して、次のような手紙を送った。

「アレン・クラインに諸々面倒を見てもらうことに決めた。彼が必要とする情報はすべて与えて、全面的に彼に協力するようにしてくれ。愛を込めて、ジョン・レノン」

　ジョージとリンゴも、クラインがビートルズのマネージャーに適任だというジョンの考えに賛成だった。二人はジョンと同じく、クラインの恵まれない生い立ちに共感を覚えていたのだ。

「僕らはリバプール出身だからね。叩き上げの人間に肩入れしがちなんだ」と、ジョージは分析している。

彼らが特に気に入ったのは、今後決して金のことで悩まなくていいほど金持ちにしてみせる、というクレインの言葉だった。「そのうち、『ＦＹＭ！』と言えるようになりますよ。『金なんかくそくらえ（ファック・ユー・マネー）！』ってね」と、クラインは彼らに請け合ってみせたのだった。

ポールはクラインの登場に関して、「ロックンロールってのは、『あいつは、最低なやつらしい。だからチームの一員として迎えようぜ！』ってなことが好まれる世界なんだ」とコメントしている。だがポール自身は、クラインを仲間に入れることを断固として拒否した。

ポールが推薦するマネージャー候補の名前を聞かされたとき、ジョンはそのあからさまな人選に呆（あき）れ返った。

ポールが選んだのは、リー・イーストマン――マンハッタンを拠点とする音楽業界専門の弁護士で、ポールの婚約者リンダ・イーストマンの父だったのだ。ポールは、ニューヨークで写真家として活動していたリンダと一九六七年に出会い、ジェーンと別れた後に再会し、交際していた。

ポールはミック・ジャガーに連絡を取り、クラインについて彼の意見を聞いてみた。折しもミックは、クラインとの契約を解消するのに苦労しているところだった。「やつには近づくな。あいつは卑劣なペテン師だ」と、ミックはポールに忠告した。

じつはミックは、この件でジョンにも電話をかけ、「きみは人生最大の過ちを犯そうとしている」と助言している。それでも、ジョンの決意は揺らがなかった。

とはいえジョンとしても、ポールが譲りそうにないこともわかっていた。

結果として取られたのは、奇妙な折衷案だった。

リー・イーストマンとアレン・クラインの両者ともが、ロンドンのアップル本社内に事務所を移し、イーストマンが法律関係、クラインが財務関係の管理を担当することになったのだ。

❖
❖
❖

一九六九年三月十二日、当時二六歳だったポールは、二七歳のリンダと結婚した。

式には、ビートルズのほかのメンバーは一人も招かれなかった。「バンドが解散しそうなときだったからかもしれない」とポールはのちに語っている。「みんなお互いにムカついてたんだ。少なくとも、もう昔みたいな仲間(ギャング)同士ではなかったってことさ」

マスコミは、結婚式に臨むポールとリンダを追いかけまわした。「この日は雨模様だった。じつに相応しい天気だ」と、『ガーディアン』紙は書いている。「メリルボーン登記所前の歩道は、たとえ雨が降らなくても、しっとりと濡(ぬ)れたことだろう。自分がミセス・マッカートニーになることはないのだという現実に突然直面させられたファンたちが、そこでさめざめと涙を流したからだ」

ポールが気の毒なファンたちにキャンディーを投げると、彼女たちは先を競ってこの甘い記念品を奪い合った。

ポールが結婚式を挙げたという知らせは、ジョンの競争心に火をつけた。

ジョンとシンシアの離婚は一九六八年十一月八日にようやく成立しており、ヨーコのほうは、二月二日にすでに二人目の夫と離婚していた。ジョンは、前妻と息子ジュリアンには知らせることなく、再婚の計画を練っていた。「英仏海峡を越えるフェリーの上で結婚したい。ロマンティックな感じがいい」というのが、彼の目論見だった。

ジョンの運転手は雇い主に急かされながら、二人を乗せてフランス行きのフェリーが出港するサウサンプトンに向かった。ところが現地に着いてみると、英国の市民権を持たないヨーコには、ビザが発給されないということが判明した。代わりにアムステルダムで結婚してはどうかという案も上がったが、同国での二週間の居住歴が必要であることがわかり、これもボツになった。

三月十六日、ジョンは金と名声にものを言わせ、プライベート・ジェットでヨーコとともにパリに飛んだ。


そのころロンドンでは、ジョージと妻のパティ・ボイドの話題でもちきりだった。ポールが結婚式を挙げた、まさにその日、ノーマン・ピルチャー部長刑事がイーシャーにあるジョージの自宅のガサ入れを行ない、麻薬犬のヨギが少量の大麻を嗅ぎ当てたのだ。

三月十八日、ジョージとパティは、大麻所持に関する審議のため裁判所に出頭した。

ポールの結婚式から八日後にあたる一九六九年三月二十日の朝、ジョンとヨーコはパリを出発し、ジブラルタルに飛んだ。

スペイン南部の半島に位置するジブラルタルは、一七一三年に英国の海外領土となっていたため、英国人であるジョンは居住条件もなく結婚することができたのだ。

ジョンは自らの結婚について歌った曲、「ジョンとヨーコのバラード（The Ballad of John and Yoko）」の中で、このアイディアを思いついて二人の結婚を救ったパーソナル・アシスタントの言葉を引用している。「なんとかなるよ／スペインの近くのジブラルタルでなら結婚できる」

ジブラルタルの英国総領事館に到着した二人を、地中海から吹く生暖かい風が迎えた。式は、わずか一〇分であっけなく終わった。ヨーコは白いミニのワンピースに、白いロング・ブーツ、幅の広い帽子に濃いサングラス。ジョンは白いスーツ・ジャケットにコーデュロイのパンツ、テニス・シューズという格好だった。

ジブラルタルの岩を背景にして、二人はカメラに向かってポーズを取った。ジョンは、二人の結婚証明書を誇らしげに頭上に掲げてみせた。

「頭で考えるぶんには、僕もヨーコも結婚という制度を信じてはいない」

はるばる二人を追ってきた記者に、ジョンはそう語っている。

「でも愛というのは、頭で考えることだけじゃない。二人の人間が結婚するっていうことには、ただ一緒に住んでいるだけとは違う、緊張感があるんだよ」

新郎付添人を務めたピーター・ブラウンが雇った白いロールス・ロイスに乗って、新婚夫婦はアムステルダムに向かった。こうして、アムステルダムのヒルトン・ホテルでの二人のハネムーンが幕を開けたのだった。

その日、雑誌記者のリック・ウィルソンは、アムステルダムのとあるパブで編集長と昼食を取っていた。「さっき編集室に通知があったんだが、ヒルトンで何やら始まるらしい」と、編集長が言った。「ジョン・レノンが人を集めて言いたいことがあるんだそうだ」

通知とは、ジョンとヨーコがマスコミに送ったカード――三月二十五日から三月三十一日にかけて、平和について語り合うパフォーマンスへの招待状のことだった。

「僕らのやることなすこと、何であれ新聞に載るってことはわかってた」とジョンは説明している。「だから、どうせならそのスペースを利用して、僕らの結婚を通して平和を宣伝する機会にしようと思ったんだ」

「僕らは自分たちの商品を売る。その商品が『平和』だ。そして、何かを売りたいと思ったら、必ず何かしらの工夫が要る。この場合、それが『ベッド』ってわけだ。なぜベッドかというと、簡単だから。何しろ僕らは、怠け者だからね」

ウィルソン記者が大急ぎでヒルトンに駆けつけると、そこにはすでに二〇名を超える記者やカメラマンが集まり、続々と九〇二号室のハネムーン・スイートに向かっていた。部屋では、パジャマを着たジョンとヨーコが、ベッドの中で記者たちを出迎えた。

「平和のためだというなら、なぜサイゴンやダラスでやらないんですか?」とウィルソンが尋ねると、ジョンはこう答えた。

「サイゴンもダラスも怖いからだよ。ここなら、撃たれたり磔（はりつけ）にされたりする確率が低いだろ」

38

三月二十一日、ジョンとヨーコがハネムーンを楽しんでいるころ、アレン・クラインがアップルのビジネス・マネージャーに就任した。

契約内容は、向こう三年間アップルの収益のうち二〇パーセントをクラインが受け取るという（ただしビートルズが持つ既存の契約による収益は含まれない）ものだった。

クラインはさっそく、彼にとって不利益となる人材を次々に解雇し、態勢を整え始めた。

ジョンとヨーコのベッドイン最終日となる三十一日。ジョージとパティは、ロンドンで裁判に臨んでいた。巷（ちまた）では、ピルチャー部長刑事とその捜査班が、大麻をジョージの家に仕込んで証拠を偽造したのではないかといううわさも取り沙汰されていた。

ジョージは、警察が床の上で見つけたと主張するハシシについて、次のように訴えた。

「僕はきちんとしたタイプで、散らかっているのは嫌いなんです。だから、レコードはレコード・ラックにしまうし、お茶はお茶の缶に入れるし、マリファナはマリファナ用の箱に入れておきます」

結局判決は両名とも有罪となり、二五〇ポンドの罰金と一年間の執行猶予が科された。

四月十四日、ジョンとポールは、キャヴェンディッシュ・アベニューのポールの家で落ち合い、まずは二人で庭を散歩した。

ともに既婚男性となった二人は、その日アビイ・ロードのスタジオに場所を移して「ジョンとヨーコのバラード」のレコーディングに取り掛かった。リンゴもジョージも不参加だったが、ビートルズの生みの親である二人にとって、それは楽しかったかつての日々を思い出させるような時間だった。

七時間にわたったセッションで、ジョンはリード・ギターとボーカルを、ポールはベースとドラム、果てはマラカスまで担当した。

「もう少しテンポを落としてくれ、リンゴ」とジョンが茶化せば、ポールはにんまり笑って「わかったよ、ジョージ」と答えた。

そんな二人の様子を、エンジニアのジェフ・エメリックはコントロール・ルームから見つめていた。「素晴らしいセッションだった。すべてがうまくいって、まずいことはひとつも起きない、魔法のような時間だった」と、彼はのちに振り返っている。

一九六九年五月、「ジョンとヨーコのバラード」は英国におけるビートルズ十七枚目の――そして、最後の――ナンバーワン・ヒットとなった。

39

生まれるとき、死ぬとき……
──「ターン・ターン・ターン〈Turn! Turn! Turn!〉」

ジョンは自作の詩、「アルファベット」の中で、「これは謙虚で正直な僕の物語」と書いている。同じ詩の中には、こんな一節もある。

「Tは、戦争に勝ったトミーのT」〔「トミー」は英国陸軍の兵士の俗称〕

カリフォルニア大学バークレー校キャンパスのほど近く、反戦運動家の学生たちが造ったピープルズ・パーク（人民公園）は、詩のスタンドに学生がたむろする平和な場所であるはずだった。だが一九六九年五月十五日、集まった人々を蹴散らそうとした警察が、学生に向けて散弾銃を発砲するという事件が発生した。この衝突の結果、一人が死亡し多数が重傷を負う事態となった。「血の木曜日」と呼ばれたこの事件を新聞の報道で知ったジョンは、平和という大義への思いをいっそう強くした。「新聞を読んで、呆然とした。言葉を失ったよ」とジョンは語っている。

ジョンは、すぐにでもアメリカに渡ってデモ参加者と語り合いたい気持ちに駆られた。だが、一九六八年の大麻所持で有罪となったのを理由に、ジョンのビザ申請は繰り返し却下されていた。

アメリカのビザがなくても、英国のパスポートがあればバハマ諸島には上陸できる。ジョンとヨーコは五月二十四日に当地へ飛んだ。だが着いてみると、アメリカのマスコミとの距離感が二人の想像よりもずっと遠いものに感じられたため、今度はカナダのトロントへと移動した。

空港では移民当局によっていったん勾留（こうりゅう）されたものの、最終的には一〇日間の滞在を許可するビザがおりた。


五月二十六日、ジョンとヨーコはモントリオールの格式あるクイーン・エリザベス・ホテルのスイート・ルーム一七四二号室で、八日間にわたるベッドインを開始した。モントリオールなら、ニューヨークを拠点とするマスコミからも、十分な近さだった。

「なぜ、陰で物事を動かしている実力者たちと直接話そうとしないのですか?」と、あるレポーターが尋ねた。

「話すって、何を?」とジョンが聞き返した。「そういうことじゃないんだ。アメリカ政府は、僕を国から締め出しておくのに忙しいみたいだしね。彼らは僕の言うことを真に受けはしないし、重視もしないと言うけど、それならなぜさっさと僕を入国させないんだろう?」

一方で、アメリカとカナダのラジオ番組司会者たちは、ジョンを電波上で大歓迎した。ジョンがサンフランシスコのラジオ局、KSANに電話で出演したときには、サイケデリック・バンド、クイックシルヴァー・メッセンジャー・サーヴィスのメンバーたちが彼の言葉を一言も聞き漏らすまいと耳を傾けていた。彼らは番組終了後、ジョンに向けてこんな手紙を書いている。

39

「あなたのアドバイスは、的を射たものです。おっしゃる通り、暴力は暴力を生むだけです。それにしても、ピープルズ・パークでの出来事はひどすぎました。あなたの言葉に救われる人は、大勢いるはずです」

だが、『ローリング・ストーン』誌の記者とのインタビューでは、ジョンは次のような不安も吐露している。「そうだね、アメリカに行くのはすごく怖いよ。あそこでは人々がすごく暴力的になっている。僕らのような類の人間ですらね」

恐れと不安に直面しながらも、ジョンの音楽への情熱は衰えることがなかった。「いまこそ、だれかが人民のための音楽を書くべきときじゃないか?」と、ジョンはヨーコを相手に熱弁を振るった。「それが僕の仕事だ。僕たちの仕事は、いますぐ人民のための曲を作ることだ」

五月三十一日。ジョンとヨーコのスイート・ルームには、満月の光が差し込んでいた。ジョンが毎日撒(ま)いている花びらが、月の光を受けて床の上で白く輝いていた。

翌日、ベッドインの会場で、予定外のレコーディング・セッションが始まった。録音機材はマイクが四つと、四トラックのアンペックス・レコーダーのみ。アビイ・ロードのスタジオとは比べ物にならないほど粗末な設備だったが、ジョンは、平和を願ってヨーコと二人で書いたこの曲を、シンプルなサウンドで録音したいと考えていた。

「一緒に歌おう」

ジョンはアコースティック・ギターを掻き鳴らしながら、有名人ゲストたちに呼びかけた。

その日部屋に集まっていたのは、ヨーコをはじめ、コメディアンのトミー・スマザーズ、LSDの伝道師ティモシー・リアリー、詩人のアレン・ギンズバーグ、ビートルズの広報担当者であるデレク・タイラー、そしてモントリオールのハレ・クリシュナ寺院からやってきた十数名の信者たち、といった顔ぶれで（彼らの名前は、ジョンの最初のソロ・シングルとなったこの曲の歌詞に組み込まれることになった）、レコーディングは一回きりのテイクで行なわれた。

希望を世界に届けるために、仲間を率いて歌うジョンは、まさに水を得た魚のようだった。だが同時にジョンは、彼らの平和運動は個人を超えたものであることを強調するのも忘れなかった。

「ピート・シーガーが言っているように、僕らにはリーダーはいない。でも僕らには、歌がある。『平和を我等に（Give Peace a Chance）』」

❖　❖　❖

『レット・イット・ビー（Let It Be）』ルーフトップ・セッションの七月一日のリリースに向けて準備が進む中、ビートルズはすでに次のアルバムの制作に取り掛かっていた。

ただしそこに、ジョンの姿はなかった。

七月四日、英国で「平和を我等に」がアップル・レコードから発売された（クレジットには、通常の「レノン＝マッカートニー」に加えて、「プラスチック・オノ・バンド」の名前があった）。

レコードは発売後すぐチャートを駆け上ったが、ジョンがその知らせを聞くのはしばらく後のことだった。彼はスコットランドでの休暇中、ヨーコとキョーコ、ジュリアンを乗せてオースチン・マキシを運転しているときに、対向車を避けようとして道路脇の溝に突っ込んで、病院に運ばれたのだ。ジョンは顔を一七針縫う大怪我をしながらも、「交通事故を起こす予定があるなら、場所はハイランドにするといいよ」とマスコミを相手に冗談を飛ばしてみせた。

七月九日、スタジオにいたエンジニアのジェフ・エメリックは、ドア近くで動く人影に気づいた。目を凝らすと、そこにいたのは「全身黒ずくめの、幽霊のような」ジョンとヨーコだった。「ああ、僕なら平気だよ」、ジョンはエメリックとジョージ・マーティン、そして心配そうに見つめるポール、ジョージ、リンゴにそう告げた。

ジョンがまず最初にしたのは、老舗デパートのハロッズにダブル・ベッドを注文し、アビイ・ロードのスタジオに持ってこさせることだった。スコットランドでの交通事故で一四針縫う怪我をし、背中も痛めたヨーコが、レコーディング中もジョンのそばにいられるようにするためだ。「ヨーコの頭上にマイクを吊ってくれないか？　彼女が何か言いたくなったら、僕らのヘッドフォンに彼女の声が聞こえるように」と、ジョンは呆気に取られるスタッフにそう告げた。

こんなこともあった。ある日の深夜のセッション中、スタジオの周りをパトロールしていた警察官がふいにコントロール・ルームに姿を見せ、それに気づいたジョンは、激しいパニックに襲われた。一九六八年の家宅捜索の記憶が蘇ったのだ。恐怖に駆られたジョンは、スタッフのマル・エヴァンズを怒鳴りつけた。「お前の仕事は、ああいう連中を追い払うことだろ！」

中には部外者ながらスタジオに入ることを許された人々もいて、ヨーコの友人であるアメリカ人俳優のダン・リッチャーもそのうちの一人だった。「こいつらはいままさに、ロックンロールの歴史を作ってるんだ、と思わずにはいられなかったよ」と、リッチャーはのちに語っている。「アビイ・ロード・スタジオのど真ん中に置かれたベッドに腰掛けて、白い粉の入った小さな袋をヨーコに手渡しながらね」

ジョンが「カム・トゥギャザー（Come Together）」を書き始めたのは、交通事故の少し後のことだった。というより、書き直し始めた、というほうが正しいだろう。この歌はもともと、ティモシー・リアリーがカリフォルニア州知事に立候補する準備をしていたときに（この計画は結局頓挫（とんざ）した）、彼のキャンペーン・ソングとして書かれたものだった。

七月二十一日、レコーディングが始まったとき、ジョンはまずメンバーにこう告げた。「アレンジは特に用意していない。でも、僕がどうしたいかはわかるだろう。ファンキーに頼むよ」ボーカルはすべて、ジョンが担当した。ポールが「ジョン、僕はこの曲で何をすりゃいいんだ?」と尋ねると、ジョンはこう答えた。「心配するな。重ね録りは全部自分でやるから」

ジョンはティモシー・リアリーに、「ゲット・バック」（ジョージはこの曲を「アップビートのロック・ビート・ブギウギで、歌詞はじつにレノン的」と評した）をビートルズの楽曲として転用することになったと断りを入れた。

リアリーによれば、ジョンの釈明は次のようなものだった。

「ジョンは、自分は仕立屋で、私はスーツを注文した客のようなものだ、というんだ。でもその客がスーツを取りに現われなかったから、彼はそれをほかの人に売ったんだとさ」

この的確な喩えを聞いて、さすがのリアリーも反論できなかったという（「カム・トゥギャザー」はいかにもジョンらしい曲なのだが、彼はのちにこの曲が原因で著作権侵害の罪に問われることになる。曲の歌詞が、チャック・ベリーの「ユー・キャント・キャッチ・ミー（You Can't Catch Me）」の「角刈りの男が、僕のほうにやってきた（Here come a flat-top, he was movin' up with me）」という歌詞に酷似している、というのがその理由だった。ジョンは示談の一環として、七〇年代オールディーズを集めた自分のアルバムに、チャック・ベリーの著作権管理者が所有する曲のカバーを三曲収録した）。

ある日のセッションの合間、ジョンは自宅に帰って休憩しながら、ヨーコが弾くベートーヴェンのピアノ・ソナタ『月光』に耳を傾けていた。

突然、インスピレーションが降りてきた。「コードを逆に弾いてみてくれないか？」と、ジョンはヨーコに頼んだ。ヨーコはコードを弾いてみせ、ジョンはそれを聞きながら、「ビコーズ（Because）」を書き上げた。

「『ビコーズ』は、僕たちが作った中で最も美しい曲のひとつだ」とジョージは語っている。「ハーモニーは三つのパートにわかれている。ジョンとポール、そしてジョージだ」

アルバムのタイトルは、四人全員が合意できるものでなくてはならない。世界最高峰の山の名であり、英国で人気のタバコの銘柄でもある『エベレスト（Everest）』が、これまでのところ最有力候補だった。だが、アルバムのジャケット写真を撮るために国境を越える気があったのは、ポールだけだった。

「でも、『エベレスト』というタイトルにして、チベットで写真を撮るんじゃなかったら、どこに行けばいいっていうんだ？」とポールが聞いた。

リンゴが、簡単な解決策を思いついた。「スタジオから一歩外に出ればいい。アルバムの名前は『アビイ・ロード（Abby Road）』だ」

もちろんこれは冗談だったが、ポールはこの案が気に入り、さっそくラフ・スケッチを描いてみせた。ビートルズの四人がアビイ・ロードの横断歩道を一列になって渡っている構図だった。カメラマンのイアン・マクミランは、ジョンが連れてきた。彼は、ジョンとヨーコが出会った一九六六年のインディカ・ギャラリーでの個展で展示の撮影を担当したことがあった。

八月八日の朝、マクミランは脚立を引っ張り出すと、アビイ・ロードのど真ん中にそれを置いて、警察が車の流れを止めるのを待った。全身白ずくめのジョンが先頭を歩き、黒いスーツ姿のリンゴ、手にタバコを持った裸足のポール、デニム姿のジョージが続く。マクミランがシャッターを切る中、四人は横断歩道を六往復歩いた。

その日撮影された写真で、四人の歩調が完全に揃った瞬間を収めたものは、一枚だけだった。

❖　❖　❖

39

その翌日の夜のこと。ロンドンから約八〇〇〇キロ離れたロサンゼルスで、三五歳の自称救世主（メシア）、チャールズ・マンソンの弟子三人が、ハリウッド・ヒルズのベネディクト・キャニオンの曲がりくねった私道で、車を走らせていた。

銃とナイフで武装した三人組は、シエロ・ドライブ一〇〇五〇番地の邸宅に押し入った。シンガー兼ギタリスト志望だったマンソンは、その家が歌手ドリス・デイの息子である二八歳のレコード・プロデューサー、テリー・メルチャーの自宅であることを突き止めていた。

二人は、その前の年の夏、ビーチ・ボーイズのドラマーだったデニス・ウィルソンの自宅で顔を合わせたことがあった。その後オーディションを受けたマンソンは、「レコードを作りたいと思わせるほどの強い印象は受けなかった」とメルチャーに告げられたのだった。

たしかにメルチャーは、シエロ・ドライブ一〇〇五〇番地の家に一九六六年五月から一九六九年一月までのあいだ住んでいた。だが邸宅はその後、映画監督のロマン・ポランスキー——最新作は、ミア・ファロー主演の『ローズマリーの赤ちゃん』だった——とその妻シャロン・テートの手に渡っていた。

当時二六歳だったシャロンは、映画『哀愁の花びら（Valley of the Dolls）』で主演を務めた女優で、妊娠八カ月半だった。その夜ポランスキーは、ロンドンで脚本を執筆するため不在にしており、邸宅にはシャロンの三人の友人が訪ねてきていた。

シャロンは、お腹の子に免じて命だけは助けてほしいと懇願したが、マンソンの信者たちは聞く耳を持たなかった。彼らは玄関の白いドアに、シャロンの血で「ブタ」という文字を書いた。

そして翌日の夜、ロサンゼルスの中心部で、次の殺人事件が起きた。殺されたレノとローズマリー・ラビアンカ夫妻の家の冷蔵庫には、またしても被害者の血を使い、誤った綴りで不気味なメッセージが残されていた。「ヘルター・スケルター（Helter Skelter）」

それは間違いなく、一九六八年のヒット・アルバム、『ホワイト・アルバム』に収められたビートルズの歌のタイトルだった。

ポールはこのハード・ロック調のエネルギーに満ちた楽曲を、『メロディ・メーカー』誌に掲載された、ザ・フーのピート・タウンゼントへのインタビューに対する返答として作曲した。

このインタビューでタウンゼントは、「みんなが耳にしたことがあるロックンロール・レコードの中で、最も卑猥（ひわい）で、騒々しく、バカげた曲を録音した」と発言したのだ（その曲とは、「恋のマジック・アイ（I Can See for Miles）」だった）。

「だから、僕はみんなに言ったんだ。僕たちもそういう曲をやろうよって。何かすごくワイルドなやつをね」

「ヘルター・スケルター」のコーラス部分は、「気をつけろ」と警告している。「すごい速さで、滑り落ちていくよ」、と。

「ヘルター・スケルター」とは、移動遊園地の滑り台のことだ。だが同時にこの曲が描き出したのは、イノセンスが暴力へと転落していく、闇の過程でもあった。

40

ジョニーは地下室でクスリを調合中

——「サブタレニアン・ホームシック・ブルース〈Subterranean Homesick Blues〉」

ヨーコ宛てに送られてきたそのカードには、「ジョンに構わないで！」と書かれていた。一九六九年五月にジョンとヨーコがアスコットのティッテンハースト・パーク内に一五万ポンドで購入した、約八万八〇〇〇坪の敷地に建つ邸宅で、ヨーコはカメラマンのイーサン・ラッセルに、ジョンのファンから届けられた不穏なメッセージを見せた。カードとともに送られてきた小包には、ヨーコに似た人形の上半身に大量の針を刺したものが入っていた。

それは、ジョンとヨーコにとっても、ビートルズにとっても、つらい時期だった。『アビイ・ロード』のレコーディング・セッションは、八月二十日、ジョンの「アイ・ウォント・ユー（I Want You（She's So Heavy））」の録音を最後に幕を閉じた。

「もっと音量を上げろ！　もっとだ！」、ジョンはエンジニアのジェフ・エメリックに向かって怒鳴った。「盛り上がっていったところに、最後にホワイト・ノイズが被さって一気に曲を消し去るようにしたいんだ」と、ジョンは注文した。

曲はジョンの望み通りに仕上がったが、ほかのメンバーたちからの反応は、皆無だった。

その二日後、ティッテンハースト・パークで四人が顔を合わせたときも、彼らのあいだには重い空気が漂ったままだった。公園には花が咲き誇り、人工池は撮影のために持ち込まれたカモや魚が泳いでいた。

撮影が始まり、ラッセルは敷地内にあった木彫りの装飾付き扉の前に、長髪の四人を並ばせた。だれ一人、微笑んでいなかったが、ラッセルも無理に笑わせようとはしなかった。レンズを通して、ラッセルは彼らの心の内をひしひしと感じ取っていた。「この結婚生活は終わりを迎えた、って空気が漂ってた。顔にそう書いてあるみたいだったよ」

これが、四人がビートルズとして行なった最後の写真撮影となった。

❖ ❖ ❖

このころジョンとヨーコは、ある約束を交わした。もう一度子作りにチャレンジするために、二人ともヘロインをやめることにしたのだ。

「ある意味では、私たちはとても堅苦しい考え方をしていたの」とヨーコはのちに語っている。「だれにも言わずにやるつもりだったから、ドラッグを断つために入院するわけにはいかなかった。だから完全にコールド・ターキー〔薬物などの摂取を徐々に減らすのではなく、きっぱりと断ち切ること〕でいくことにしたの」

当時アップルに所属していたジェームス・テイラーは、八月二十三日に発売された『ローリング・ストーン』のインタビューで、「ジョンはアップルでのゴタゴタから逃れるために、二週間ほど留守にしている」と説明している。

それはジョンとヨーコにとって、悪夢のような体験だった。発熱、吐き気、動悸、発汗、悪寒（おかん）、腹痛といった深刻な離脱症状が、荒々しい波のように二人を襲った。

「これしか方法はないんだ」、ジョンは自分にそう言い聞かせ続けた。

ジョンはこの自ら課した追放期間中に、「冷たい七面鳥（コールド・ターキー）（Cold Turkey）」を書き、ドラッグを抜くための荒療治で体験したことを歌にした。

「人の助けを借りずにコールド・ターキーで断薬するのは、相当な気合いが要ることだよ」と、ヨーコの友人であるダン・リッチャーはのちにコメントしている。

だがジョンは、それについて歌まで書いた。「しかもそれを公に認めて、体験をつぶさに語って聞かせるとなると……正真正銘の勇気が要ったはずだ」

ジョンは、「コールド・ターキー」を『アビイ・ロード』に収録し、ビートルズのシングルとしてリリースしようとポールたちに提案した。

彼らの答えはもちろん、ノーだった。

「僕は、バンドを辞めるよ」

ジョンは大西洋の上空で、エリック・クラプトンにそう打ち明けた。

クラプトンのもとにジョンから電話がかかってきたのは、その日の朝のことだった。「トロントのロック・フェスティバルで、プラスチック・オノ・バンドと一緒に演奏しないか?」

クラプトンが日程を尋ねると、ジョンは「今夜だ」と答えた。

二人が手にしたトロント行きのファースト・クラスの航空券の日付は、九月十三日土曜日。ちょうど一カ月前にはウッドストックが開催されていたが、ビートルズは出演しなかった。そして今回のフェスティバルも、ビートルズとしてではなく、プラスチック・オノ・バンドの初舞台としての参加となった。

「ジョンとヨーコ、あるいはプラスチック・オノ・バンドは、だれにも、何にも期待されていない」とジョンは言った。「メンバーはだれでもいいし、何を演ってもいい。そういう自由があるときは、不安を感じる必要がない」

ただし、今回のようにチケット完売のコンサートとなると、また話は別だった。

クラプトンに加えて、ジョンはドラマーにアラン・ホワイト、ベースにドイツ時代の旧友クラウス・フォアマンを指名した。

「飛行機の中でリハーサルをしようとしたんだけど、不可能だった」と、ジョンはのちに語っている。

会場は、トロント大学のバーシティ・スタジアム(収容人数二万一〇〇〇人)。ドアーズをはじめとするそうそうたる出演者リストにプラスチック・オノ・バンドの名前が加えられたのは、コンサート直前のことだった。プログラムには、ジョンの昔からのアイドルであるジェリー・リー・ルイスや、ジーン・ヴィンセントといった名前もあった。

40

ジョンにとって、これだけの数の人を前に演奏するのは、一九六六年のアメリカ・ツアー以来のことだった。ジョンはバックステージで、足早に行ったり来たり歩き回り、タバコを立て続けに吸った。大ファンであるチャック・ベリーとリトル・リチャードのあいだに演奏するというプレッシャーに、いまにも潰されそうだった。

「トリは、キングである私が務める」と、リトル・リチャードは宣言した。「わかってるだろうね、ミスター・レノン。わかってるだろうね、ミスター・プロモーター。わかってるだろうね、ミスター・ドアーズ。私こそがキングであり、したがってトリは私であるべきだ」

アメリカ人のレコード・プロデューサー、キム・フォウリーがプラスチック・オノ・バンドを観客に紹介するころ、時刻はすでに深夜〇時を回っていた。「みんな、マッチやライターを出してくれ。この後、ジョン・レノンとエリック・クラプトンをステージに呼ぶ。彼らが出てきたら、マッチやライターを灯して、トロント流に大々的に歓迎してやってほしい」

観客が各々手にした灯りで照らされたステージに、プラスチック・オノ・バンドが進み出て、「ブルー・スエード・シューズ（Blue Suede Shoes）」や「ディジー・ミス・リジー（Dizzy Miss Lizzy）」といった古い名曲を含む全五曲を演奏した。「とにかく僕たちだけで思い切り演奏した。最高だったよ。ひたすらにピュアなサウンドだった」

「次は何を演る？」ジョンが振り返って尋ねると、クラプトンは肩をすくめた。

「カモン！」ジョンはギターを鳴らす手を止めずに呼びかけた。彼らはそのまま、ジョンの楽曲「ヤー・ブルース」を、続いて初公開となる「コールド・ターキー」を演奏した。

「それから、『平和を我等に』を演ったんだ。信じられないくらい素晴らしかった」とジョンは言う。「最高に盛り上がったよ」

「それまで生きてきた中で、最高の気分」を味わいながら、ジョンは誓った。「一緒に演る相手はだれでもいい、絶対にまたステージでロックを演るぞ！」

❖ ❖ ❖

九月二十日土曜日、アレン・クラインの招集で会議が開かれ、ビートルズの四人はだれもいないアップル本社の役員室で顔を揃えた。

クラインは、ＥＭＩ傘下のキャピトル・レコーズとの契約内容を更新し、ビートルズの取り分を卸売価格の一七・五パーセントから二五パーセントに大幅に引き上げることに成功したと四人に告げた。

ヨーコの隣の席に座ったジョンは、話を聞くともなしに聞きながら、テーブルの向こう側にいるポールを見つめ、心の中で自分にこう言い聞かせていた。「今日こそ言ってやるんだ。もうたくさんだって」

だが代わりにジョンの口をついて出たのは、ポールへの攻撃と、『アビイ・ロード』における彼の仕事への不満だった。

「A面はいいけど、B面のポップ・オペラみたいなやつは気に入らない。バラバラの曲を寄せ集めただけのガラクタだ。『カム・トゥギャザー』は悪くないけど、記憶に残るのはあの曲だけだ。

あれは僕の曲だからね」

ポールは、この集中砲火に耐えるしかなかった。

だが、痛みはそれだけでは終わらなかった。ジョンの不満を考慮した妥協策を考えようとポールが提案すると、ジョンの苛立ちは唐突に限界に達した。「お前はわかってないんだな。このグループは、もう終わりなんだよ。僕は辞める」

「彼らに対してあんなふうに突然脱退を突きつけたことで、罪悪感を感じていたのは確かだ」と、ジョンはのちに振り返っている。

一方でポールは、この日のことを次のように記憶している。「ジョンがこう言ったのを覚えてる。『妙な感じだよ、こうしてきみたちに、バンドを辞めるって告げるのは。でもある意味では、すごくワクワクしてるんだ』ってね。ジョンがシンシアに離婚を告げたときも、そんな感じだった」

❖ ❖ ❖

九月二十六日、ジョンはレコーディングのためにスタジオに戻った。メンバーは、ギターがエリック・クラプトン、ベースはクラウス・フォアマン、ドラムはリンゴ。彼らはその日、「コールド・ターキー」を二六テイク録ったが、どれもジョンの気に入らなかった。

同じ日、アルバム『アビイ・ロード』が英国でリリースされた。

『メロディ・メーカー』のレビューには、ビートルズにとって最も売れたアルバムとなる『アビイ・ロード』について、「奇妙なことに、いまの時点では、ビートルズのレコードがどんな出来なのか本気で気にする人はいなくなった」と綴られている。

多くの批評家が特に注目したのは、アルバムの二曲目、ジョージが妻のパティにインスピレーションを得て書いた「サムシング（Something）」だった。当時二六歳のジョージは、『デトロイト・フリー・プレス』紙のインタビューでこう話している。「『サムシング』は僕の曲だ。僕がこれまでに書いた中で、一番素敵なメロディーだと思う」

何かにつけて反目し合ってばかりいたジョンとポールも、この曲がジョージの最高傑作である、という点については意見が一致していた。フランク・シナトラは「サムシング」を「過去五〇年間で作られた中で、最も素晴らしいラブ・ソング」と絶賛し、コンサートで自らカバーを披露するほどだった。

音楽的には、このアルバムは見事なまでの別れの挨拶と言える。大々的な告別の辞が告げられるのが、文字通り「ジ・エンド（The End）」と名付けられた曲だ。ジョンとジョージ、ポールがそれぞれギター・ソロを取り（その前には、ビートルズ史上初のリンゴのドラム・ソロもある）、ラストは次のような言葉で結ばれている。

「そして、最後には／きみが受け取る愛は／きみが与える愛と等価になる」

この曲の収録中、エンジニアのジェフ・エメリックは、コントロール・ルームから四人を見守っていた。

「ジョンとポールとジョージは、まるで昔に戻ったみたいだった。三人とも少年のように、一緒に音楽を演奏する喜びに浸っていた。肩からギターを下げて、負けるもんかと言わんばかりにお互いの顔を見やる彼らの姿は、まるで西部劇のガンマンのようだった。かといって、敵対心や嫌悪感が漂っているというわけではなく、彼らがただひたすら音楽を楽しんでいるということが、見ているだけで伝わってきた」

だがそれもすでに、過去のことだった。

十月二十日、アップルがシングル「コールド・ターキー」をリリースすると、ジョンの赤裸々な告白に人々は眉をひそめた。

デトロイトのラジオ局、WKNR－FMのミュージック・コーディネーターは、「『コールド・ターキー』は、三六時間苦しみにのたうち回った経験について書かれている」とコメントし、BBCはこの曲を放送禁止にした。

「彼らはあの曲のことを、ドラッグを推進する歌だと思ったんだ」と、ジョンはのちにBBC1ラジオのディスク・ジョッキー、アンディ・ピーブルスに語った。「一部の人は、あの曲を『黄金の腕（The Man with the Golden Arm）』（フランク・シナトラ主演の一九五五年の映画で、麻薬の離脱症状に苦しむ主人公の姿を描いた）のロックンロール版だと解釈した」

同じ日、アップルはアメリカでも一枚のレコードをリリースした。

ジョンとヨーコの『ウェディング・アルバム（Wedding Album）』だ（英国では、数週間遅れて十一月七日に発売された）。

レコーディング中の四月二十二日の午後、ジョンとヨーコは休憩時間に屋上に上り、宣誓審理官の立会いのもと、ジョンの名前をジョン・ウィンストン・レノンからジョン・オノ・レノンに改名するための短いセレモニーを行なった。

「ヨーコは僕のために名前を変えた。僕も、彼女のために名前を変えた。一人は二人のために、二人は互いのために」と、ジョンは宣言した。

『ウェディング・アルバム』のA面は、ジョンとヨーコが自分たちの心臓の鼓動音をバックに、お互いの名前を約二三分にわたって呼び合うというもので、『未完成作品第一番 トゥー・ヴァージンズ』に始まる三部作の二作目にあたる（その後発表されることになる『未完成作品第二番・ライフ・ウィズ・ザ・ライオンズ（Unfinished Music No. 2:Life with the Lions）』では、ヨーコが流産した男の子の心音が使われた）。

このアルバムは批評家に酷評され、商業的にも失敗に終わったが、ジョンは気にしなかった。

「ヒットさせようと思ってこのレコードを作ったわけじゃない」

彼はのちにBBCのインタビューで、このアルバムはもっと個人的な意味を持つものだと語った。

「結婚すると、みんなそれぞれのウェディング・アルバムを作るだろう」とジョンは説明している。「親戚が遊びに来たときに見せるためにね。僕らにとっての親戚は……いわゆるファンと呼ばれる人たちなんだ」

ジョンはさらに、「僕らは公人だからね」と言い、ちょうどこのアルバムの発売日である十月二十日に一回目の結婚記念日を迎えた、もう一組の有名人カップルに言及した。「ジャッキーとオナシス〔ケネディ大統領夫人だったジャクリーンと、再婚相手のアリストテレス・オナシス〕のウェディング・アルバムがあれば、ぜひ見てみたいよ」

❖ ❖ ❖

一九六九年十一月十五日、ワシントンD．C．で、「平和を我等に」のコーラス・パートを歌う声が響き渡った。フォーク歌手で社会活動家のピート・シーガーが、悪化の一途を辿るベトナム戦争に抗議する二三万人のデモ隊を率いて、ジョンの書いた歌詞を高らかに唱えたのだ。この戦争によるアメリカ人の死者は、すでに四万人を超えていた。

ジョンとヨーコは、自分たちのメッセージが世界に変化を起こそうとしていることを知り、勇気づけられた。「僕らは僕らなりのやり方で、平和を推進していく。どんな見方をするにせよ、それは僕らだけのやり方だ。僕らはアーティストであって、政治家ではないからだ」

ジョンは、自分とヨーコの活動を茶化されても気にしなかった。「ローレル＆ハーディ、ジョン＆ヨーコだ」〔ローレル＆ハーディは三〇年代を中心にアメリカで活躍した人気コメディ・デュオ〕

さらにジョンは、世間からあまり真に受けられすぎないほうがいいとも感じていた。「だって、マーティン・ルーサー・キングやケネディ、ガンジーのような真面目な人々は、みんな撃たれて殺されただろ」

ワシントンD.C.での平和デモの一〇日後、ジョンは愛車サイケデリック・ロールス・ロイスに乗り込み、バッキンガム宮殿に向かうように運転手に告げた。一九六五年に女王から授かったMBE勲章を返却するためだ。勲章に添えた手紙の中で、ジョンはベトナム戦争における英国政府のアメリカへの支援と、「『コールド・ターキー』のチャートの順位が下がり続けていること」への抗議を返却の理由として挙げた。

ジョンはこの決断について、BBCテレビの生放送インタビューに応えて次のように説明した。

「そもそも最初から勲章を受け取るべきじゃなかったんだ」

「自分を売ったような気持ちだったよ。手放したいってずっと言い続けてたんだ。どこかにやってしまいたいってね。だからそれを実行に移した。一九七〇年までにはそうしようと思ってたんだ」

同じころ、ジョンとヨーコは、国際的な広告キャンペーンを打つことにした。スローガンは、「戦争は終わりだ! きみがそう望むなら(War is over! If you want it.)」。

二人はこのメッセージを新聞やビルボードに掲載し、「ハッピー・クリスマス、ジョン&ヨーコ」という署名を添えた。このメッセージは、一部ではあまりにも軽薄すぎるという批判を受けた。

アメリカ人反戦活動家のジョン・シンクレアは、次のような苦々しいコメントを残している。

「英雄的なベトナムの人々を前に、『戦争は終わりだ、きみがそう望むなら』などと言えば、とんでもなくクソバカバカしく聞こえるだろう。彼らはこの瞬間も、火に焼かれ、爆撃を受け、彼らの住む惨めな小屋や田んぼで吹き飛ばされているのだから」

だがジョンは、自分たちは現実から目を背けようとしているのではなく、行動を起こそうと訴えたいのだと説明した。

「きみたちには、力がある」とジョンは語った。「必要なのは、それを覚えておくことだけだ。僕らには、力があるということをね。『戦争は終わりだ、きみがそう望むなら』というのは、そういう意味だ。（中略）きみにできることは何もない、『目を覚まし（ターン・オン）、脱落しろ（ドロップ・アウト）』なんていう戯言を信じちゃいけない。やるべきなのは、目を覚まし（ターン・オン）、参加する（ドロップ・イン）こと。そうしなければ、今度は自分の頭上に落ちて（ドロップ）くる」

『デイリー・メール』は、平和推進運動に関連して、ジョンに「今年のピエロ」賞を贈った。

一方で、十二月三十日、英国のテレビ局ＡＴＶは、「この一〇年を代表する男たち」に焦点を当てる一時間番組を放送した。選ばれた三名は、アメリカの元大統領ジョン・Ｆ・ケネディ、ベトナムの革命家ホー・チ・ミン、そして英国を代表するロック・スター、ジョン・レノンだった。

この番組で、ジョンは過去一〇年間に起きたさまざまな混乱や暴力的な出来事について語る代わりに、前向きな視点を示してみせた。

「気づいている人は少ないけど、この一〇年にはいいこともたくさんあった」と、ジョンはインタビュアーを務めた動物学者のデズモンド・モリスに語った。

「そして、これはほんの始まりにすぎないんだ」

そう言って、ジョンは平和推進運動の未来を楽観的に語った。

「六〇年代は、朝がきてみんなの目が覚めたような時代だった。いまはまだ、ディナーの時間にすらなっていない。待ちきれないよ。本当に楽しみなんだ。この時代に立ち会うことができて、とてもうれしい。これから、すごいことが起きるよ」

「必ず素晴らしいことになると、僕は信じてるんだ」

41

僕の古い友人のジョンを見かけなかった？

――「アブラハム、マーティン・アンド・ジョン〈Abraham, Martin and John〉」

ジョンはその日、一気に書き上げた曲を、すぐさまシングルとして発表しようと思い立った。連絡を受けたビートルズのアシスタント、マル・エヴァンズが、さっそくプラスチック・オノ・バンドのメンバーであるクラウス・フォアマン（ベース）、アラン・ホワイト（ドラム）、ビリー・プレストン（オルガン）に電話をし、招集をかけた。

朝目覚めてアイディアが降りてきてから一時間もかからずに歌詞を完成させたこの曲を、ジョンは「インスタント・カーマ（Instant Karma!）」と名付けた。

レコーディングには、ジョンから話を聞いたジョージ・ハリスンも参加することが決まった。「曲を書いたから、今夜のうちにレコーディングを済ませて、すぐにプレスさせて明日リリースしたいんだ。それでこそ、『インスタント・カーマ』ってもんだろ」と、ジョンはジョージに説明した〔「カーマ」は「カルマ」、「業（ごう）」を指す〕。

一九七〇年一月二十七日、呼び出しを受けたミュージシャンたちが続々とアビイ・ロードのスタジオに到着し、人間のありように関するジョンの壮大な洞察――「いまこの瞬間の行ないには、必ず何かの結果が伴う」――を歌った楽曲のレコーディングが開始された。

リハーサル中、ドラマーのアラン・ホワイトの耳に、ヘッドフォンを通してジョンの声が飛び込んできた。「アラン、いまやってる通りに続けてくれ。素晴らしいよ」

続いて、別の声が言った。「ええと、それで、シンバルは外してもらえるかな?」

声の主はジョージ・マーティンではなく、プロデューサーのフィル・スペクターだった。ジョンとスペクターは一九六四年のアメリカ・ツアーに向かう飛行機の中で話して以来、親しく付き合うようになっていたのだ。

スペクターはジェフ・エメリックをはじめとするアップルのエンジニアたちに口出しされるのを断固として拒み、コントロール・ルームの扉の外にはボディーガードを二人も立たせた。だが不満を感じていたのは、エメリックのほうも同じだった。スペクターがコントロール・ルームで、音量を最大にして出力するのが気に入らなかったのだ。

「フィルは、きみがいるとやりにくいそうだ」、ついにジョンにそう告げられたエメリックは即座にスタジオを立ち去った。

さっそく、「どんな感じにしたい?」とスペクターに尋ねられたジョンは、「五〇年代っぽい感じがいいな」と答えた。

スペクターはその夜、「ウォール・オブ・サウンド」技法を使って楽器の反響を何層にも重ねていき、ジョンの「最高だ」という一言が出るまで、音作りを続けた。

翌二十八日の早朝、完成したばかりの音源を聞いたジョンはこう言った。「まるで五〇人の人がいっせいに演奏しているみたいだ」

すべては、驚くべきスピードで進められた。ジョンはのちにこの過程を、「朝飯のときに曲を書いて、ランチを食べながら録音し、夕飯の時間にはレコードが出た」と表現している。

「インスタント・カーマ（Instant Karma! (We All Shine On)）」が「レノン／オノ・ウィズ・ザ・プラスチック・オノ・バンド」のクレジットでアップル・レコードからリリースされたのは、二月六日。ジョンが曲を書いてからわずか一〇日後のことだった。

❖ ❖ ❖

一九六九年のクリスマス前、ポールはキャヴェンディッシュ・アベニューの自宅に増設した四トラックの録音設備を備えたスタジオで、一人思いつくままに楽器を奏でていた。

そのうちに、アコースティック・ギター弾き語りによる四三秒の小曲「ラヴリー・リンダ（Lovely Linda）」や、それよりはわずかながら曲としての体裁が整えられた「ザット・ウッド・ビー・サムシング（That Would Be Something）」（歌詞はタイトルの繰り返しと「降りしきる雨の中であなたに会えたら、お母さん」というフレーズのみだった）などの作品ができていった。

ポールの相談相手を務めたアップルとＥＭＩの一部のエンジニアを除いては、このレコーディングは極秘で行なわれた。ジョンの脱退宣言に打ちのめされていたポールは、一人きりで作業に熱中することで、少しずつ元気を取り戻しつつあった。

二月十一日、ジョンとヨーコは音楽番組『トップ・オブ・ザ・ポップス』で新曲「インスタント・カーマ」を披露し、その甲斐あってこの曲は英米両国でトップ五位にまで食い込むことになった。ビートルズのメンバーが、ほかのメンバーを伴わずに番組に出演して演奏をしたのは、これが初めてだった。

一方ポールは、自分の名前を冠したホーム・メイドのアルバムに収録する一三曲を完成させるべく、創作に励んでいた。アルバムは、四月十七日のリリースが予定されていた。

こうして、作詞作曲デュオ、レノン＝マッカートニーの互いに対するライバル心は、再び危険なほどに燃え上がろうとしていた。

❖　❖　❖

もともとは「原点に戻る」というコンセプトで録音した音源と、アルバム制作過程からアップルの屋上での演奏までを追ったドキュメンタリー映画は、この時点で未発表のままだった。アルバム『レット・イット・ビー（Let It Be）』を形にするためには、すでに録音済みの音源を手直ししなければならず、その作業の担当者の決定には四人全員の承認が必要だったのだ。

最終的に白羽の矢が立ったのは、フィル・スペクターだった。ジョンとジョージが彼の起用を希望し、ポールとリンゴもこれに同意した結果だった。

ところが、スペクターが手を加えた完成品を聞いたポールは、愕然(がくぜん)とした。

三月二十三日にスペクターが作業を始めたとき、ジョージ・マーティンがプロデュースしたバージョンのシングル「レット・イット・ビー（Let It Be）」（マーティンがプロデュースした最後のビートルズのシングルとなった）は、すでに英国のヒット・チャートで二位を獲得していた。

だがスペクターは、ポールの曲である「レット・イット・ビー」と「ザ・ロング・アンド・ワインディング・ロード」を、二曲とも自らの手でリミックスすることにした。

「ザ・ロング・アンド・ワインディング・ロード」に「ハープやホーンやオーケストラや女声コーラス」が重ねられているのを初めて聞いたとき、ポールはまず呆気に取られ、それから怒り狂った。

「ビートルズのレコードに僕が女声コーラスを乗せることは、**絶対に**あり得ない」と、ポールはジャーナリストのレイ・コノリーに語った。

だが、事態はここからさらに悪化することになる。『レット・イット・ビー』のリリースを優先させるために、ポールのソロ・アルバム『マッカートニー（McCartney）』の発売日が、四月から六月に延期されたのだ。

ジョンとジョージはこの件でポールに手紙を書き（宛名は「僕たちからきみへ（フロム・アス・トゥー・ユー）」）、リンゴがその配達係を買って出た。手紙には、こう書かれていた。「こんなことになって残念だよ。個人的な恨みじゃないんだ。愛を込めて、ジョンとジョージより。ハレ・クリシュナ」

それでも、ポールの怒りは収まらなかった。ポールにしてみれば、すべてはまさに「個人的な恨み」による当て付けとしか思えなかったのだ。なんとかして彼をなだめるために、リンゴはした。

『マッカートニー』を当初の予定通り四月十七日に発売させてやろうとジョンとジョージを説得

　四月十日、アップルはビートルズの現状について、次のような公式発表を出した。「ビートルズは元気に生きているし、ビートは続く。そう、ビートは続く」

『マッカートニー』の発売は一週間後に迫っていたが、ポールは販促のための記者会見に臨む気になれず、代わりにアップルの広報担当であるピーター・ブラウン（ジョンとヨーコの結婚式を実現させた立役者）に質問リストを作らせることにした。

　この書面インタビューで、今回のアルバムはソロ活動の始まりなのか、それともビートルズとの別離を意味するのかと聞かれ、ポールはまず「そのうちわかるだろう」と答え、続いて「両方だ」と言い換えている。

　ビートルズとしての活動休止は一時的なものなのか、あるいは永久的なものなのか、という問いに対しては「僕にもはっきりとはわからない」と言葉を濁した。

　だが、続いて投げかけられた質問に対する彼の簡潔な返答は、まさに爆弾発言だった。

質問　…「レノン＝マッカートニーが再び作詞作曲デュオとして活動する可能性はありますか？」

ポール…「ない」

『デイリー・ミラー』は、「ポール、ビートルズ脱退」という見出しでさっそく速報を出した。追い討ちをかけるように、ポールは四月十八日に発売された『レコード・ミラー』で、いかにソロ活動が自分の性に合っているかを語った。「決断を求める相手は僕自身しかいないし、僕はつねに自分に賛成するからね」

❖　❖　❖

その日、自宅でぐっすり眠っていたジョンは、電話の音で起こされた。ポールの発言に関して、レイ・コノリーがコメントを求めてきたのだ。

ポールの裏切り行為を知ったジョンは、激怒した。「ちくしょう！」

彼は電話口に向かって怒鳴った。「あいつ、全部自分の手柄にしやがった！」

その直後となる五月八日、アルバム『レット・イット・ビー』がリリースされた。

発売の翌日、『ニュー・ミュージカル・エクスプレス』は、「ビートルズは終わったのか」とする痛烈なレビューを掲載した。価格は二倍、ジャケットは葬式の写真のようなこのアルバムを、「段ボール製の墓石」と酷評する内容だった。

『ローリング・ストーン』は、「ボーイズ、きみたちは音楽的な意味ではオーディションをパスした」として、アップルの屋上コンサートでジョンが最後に口にした冗談に返答しつつも、アレンジの過剰さを指摘し、「だがどんな問題があるにせよ、もうそれほど気にする者はいないようだ」と締めくくっている。

この騒動の最中、ポールはマスコミに対して次のように自己弁護している。「僕がビートルズを去ったっていうわけじゃない。ビートルズが、ビートルズであることをやめたんだ。ただ、パーティーは終わったってことをだれも言い出したくなかったたっていうだけだよ」

❖ ❖ ❖

ジョンが次にポールに会ったとき、かつてのバンド仲間は、向かうところ敵なしといった様子だった。ポールのソロ作品に対する期待が高まっていたアメリカで、『マッカートニー』が大成功を収めたのだ。

アルバムは『ビルボード』チャートのトップを飾り、バラード「恋することのもどかしさ（Maybe I'm Amazed）」をはじめとする楽曲も好評を博していた。これを聞いたジョンとヨーコはすぐに、『ローリング・ストーン』のライターである二四歳のヤーン・ウェナーに会うためにサンフランシスコに飛び、インタビューの約束を取り付けた。

その夜、ジョンとヨーコ、ヤーンと妻のジェーンは、上映中だった『レット・イット・ビー』を観ようと、がらあきの映画館に潜り込んだ。映画のプレミアは五月十三日にニューヨークで終わっていたが（映画はその後、アカデミー賞の音楽賞とグラミー賞の映画音楽賞を受賞した）、ビートルズのメンバーは一人も参加せず、ジョンが完成した映画を見るのはこのときが初めてだった。

アップル本社ビルの屋上で歌うポールの顔がスクリーンに大写しになったとき、ふいにジョンが泣き出した。その隣で、ヨーコもまた泣いていた。

「ジョンもヨーコも泣いていて、僕たちも自分を保つのに必死だった」とヤーンはのちに振り返っている。「僕たちはまるで、ビートルズに訪れた感情的な危機を救うためにその場にいたようなものだったよ」

❖ ❖ ❖

一九七〇年六月、『ローリング・ストーン』に、殺人事件の被告人として収監されていたチャールズ・マンソンへの獄中インタビューが掲載された。「この音楽は革命を、体制を転覆させる無秩序な力を引き起こす」とマンソンは語った。「ビートルズは(何が起きようとしているか)知っている。潜在意識下でね」

マンソンは裁判で、「ヘルター・スケルター」は混乱についての曲だと話した。「これは俺の陰謀じゃないし、俺の音楽でもない。(中略)なのになぜ、俺のせいにする? 曲を書いたのは俺じゃない」

この曲が自分の手によるものではないと主張したのは、ジョンも同じだった。マンソンの裁判の証人リストに名前が含まれていたにもかかわらず、ジョンは出廷を拒んだのだ。

「『ヘルター・スケルター』と、だれかをナイフで刺すことと、一体なんの関係があるっていうんだ?」というのが、ジョンの言い分だった。

「そもそも僕は、あの歌の歌詞をちゃんと聞いたことさえない。僕にとっては、ただのノイズだったからね」

42

それは僕が死ぬ日だ
――「ザットル・ビー・ザ・デイ〈That'll Be the Day〉」

ジョンは週末になると、ティッテンハースト・パークで息子のジュリアンと湖でボートを漕いだり、敷地内をあちこち探検して回ったりして過ごしていた。二人は一緒にドクター・ペッパーを飲み、メロトロン〔録音されたサンプル音声を再生して演奏するキーボード状の楽器〕を弾いて遊んだ。

ジュリアンは後年、このころ父と過ごした日々のことを懐かしそうに振り返っている。「父はティッテンハースト・パークに引っ越して、すごく久しぶりに僕に電話をくれたんだ」と彼は回想している。「長いあいだ会っていなかったからね。また会えることになって、とてもうれしかった。ティッテンハーストは一〇万坪以上もある広大な敷地で、ゴルフ・カートや湖、小さな島まであった。楽しいことが詰まった場所だったよ」

七歳のジュリアンは、好奇心に溢れていた。

「もしパパが死んだら、僕はまたパパに会える?」とジュリアンは尋ねた。

「死者の世界からお前に呼びかけることができるんだったら、パパは白い羽を部屋の反対側からお前に向かって、まっすぐ飛ばすよ」

幼いジュリアンは、これを聞いて微笑んだ。

そのころ、ロサンゼルスのキャピトル・レコードでは、経営陣が頭を抱えていた。ビートルズが解散した一九七〇年、キャピトルは八〇〇万ドル（現在の貨幣価値で五四〇〇万ドル）の損失を計上していたのだ。

そのような状況にあっても、ジョンは『ローリング・ストーン』のヤーン・ウェナーによるインタビューの後半（このインタビューは、ジョンのものとしては初めて、書籍としても出版された）で、次のように語っている。

「すべてはアメリカで起きている。ニューヨークに生まれていたらよかったのに、ヴィレッジに住むことができていたらよかったのに、と思うよ。あの街こそ、僕の居場所だ」

❖　❖　❖

一九七一年初め、ジョンはティッテンハーストの自宅のベッドに横になって、ヨーコの詩集『グレープフルーツ（Grapefruit）』（邦訳版『グレープフルーツ・ジュース』は、一九九三年に講談社から刊行。一九九八年に同社で文庫化）を読んでいた。ヨーコは、ニューヨーク州のベルポートにある小さな出版社から出版されたこの本を、自ら選んだアメリカ人としてのアイデンティティーを全面に出すために、一九六四年七月四日の独立記念日に発売したのだった。

ページを繰っていたジョンは、「ツナフィッシュ・サンドイッチ・ピース」という詩に目を留めた。

「想像しなさい　空に一〇〇〇個の太陽があるところを」

シンプルにして、巧妙なコンセプトだ。

もうひとつ、「クラウド・ピース」という作品は、こう呼びかけていた。

「想像しなさい　雲が滴（したた）り落ちるのを」

ジョンは寝室を出て階段を下りると、自宅内に作ったアスコット・サウンド・スタジオに入った。「想像しなさい（イマジン）」という言葉が、ジョンの頭の中でこだましていた。

ジョンは、スタインウェイのピアノの前に座った。真っ白に塗られたその美しい楽器は、同じ年の二月十九日、三八歳の誕生日を迎えた妻にジョンが贈ったもので、「ヨーコへ。誕生日おめでとう。愛を込めて、ジョンより」という文字が書かれていた。

太陽は木々の上をゆるやかに移動し、スタジオの東向きの窓から差し込む日差しが、ジョンの眼鏡の黄色いレンズに反射していた。寄り添って座るヨーコに見守られながら、ジョンはピアノの鍵盤を押さえ、メロディーを口ずさみ始めた。

❖　❖　❖

六月のある霧の濃い日の深夜、ジョンは新アルバムのレコーディングを始めるべく、セッション・ミュージシャンたちを自宅に招いた。

アコースティック・ギタリストのテッド・ターナーは、このときのことを次のように回想している。「迎えの白いロールス・ロイスに大急ぎで飛び乗ったよ。（「レボリューション」で電子ピアノを担当した）ニッキー・ホプキンスと一緒にね」

もう一人のギタリスト、ロッド・リントンは、ジョンの邸宅で見事な楽器コレクションを感嘆とともに眺めていた。だが、エピフォン・カジノ〔ギブソン社のエレキ・ギターの名称〕を手に取った彼は、その弦が「がちがちに固まっていて」、明らかに手入れをされていない状態であることに気づいて戸惑いを覚えた。

「ギターなんてものは弦のついた木の板だ。きみはただそれを弾けばいい。いいな？」とジョンは言った。

❖ ❖ ❖

そのころ、ジョンのもとには、カート・クラウディオという名の悩めるアメリカ人からの手紙が立て続けに届いていた。手紙を送るだけでは飽き足らず、男はついに、セッション真っ最中のジョンの邸宅に姿を現わした。よれよれのコートを着てティッテンハーストのジョン宅前に立つクラウディオの様子を、『イマジン（Imagine）』の制作過程を追っていた撮影班が捉えている。

自宅の玄関で、ジョンはクラウディオとの対話に応じた。はるばるカリフォルニアからやってきた、もつれた不揃いの髪の若者は、ベトナム戦争で受けたトラウマに苦しんでいて、普遍的な真実を探し求めているのだとジョンに語った。

「僕はただ、曲を書いてるだけの人間だよ」と、ジョンはクラウディオに告げた。「ただの、一人の男だ」

「ティッテンハーストの家には、これといった防犯設備はなかった」とヨーコは振り返っている。「ジョンはいつも、そういう人たちに対して責任を感じていたわね。自分の書いた歌が生んだ結果だからって」

「いまここで、こいつが僕に襲いかかってきたら、だれにも止められないだろう」

クラウディオに語りかけながら、そんな思いがふとジョンの頭をよぎった。

❖ ❖ ❖

七月三日、ジョンとヨーコは『イマジン』のレコーディング・セッションを続けるべくニューヨークに飛んだ。二人は、西四十四丁目にあるスタジオ、レコード・プラントを、四日と五日の二日間にわたって予約していた。

レコード・プラントは近代的な内装と最先端の機材を備えたスタジオで、見学した『ニューヨーカー』の記者は、「ロック・ミュージシャンをターゲットにデザインされた」、「高級スペース・カプセルのような雰囲気の空間」と描写している。

その空間で、プロデューサーのフィル・スペクターが「イマジン」を四チャンネル・ステレオ方式でミキシングするのを聞きながら、ヨーコは夫が弾くギターの音に耳を澄ませていた。

「ジョージ・ハリスンのギターは、より古典的な意味で美しかった」とヨーコは後年語っている。

「でもジョンのギターは、もっと前のめりで――美しくて、落ち着きのない演奏だったわ」

❖　❖　❖

このころフィル・スペクターは、ジョージのプロジェクトにも関わっていた。

ジョージはギターを手に、ある慈善事業に取り組もうとしていた。「バングラデシュ救済コンサート」だ。

コレラや子どもの飢餓、独立戦争といった多重苦に直面するバングラデシュの人々の救済活動に収益を寄付するためのチャリティー・コンサートで、ジョージの音楽的指導者であるラヴィ・シャンカールの提案がもとになっていた。シャンカールは、ベンガル系の両親のもとに生まれたインド人で、バングラデシュの惨状に心を痛め、被害者の救済活動に熱心に取り組んでいたのだ。

コンサートは、一九七一年八月一日、マディソン・スクエア・ガーデンで二時半と七時の二公演が行なわれることが決まっていた。ジョージは、かつてのバンド仲間であるジョン、ポール、リンゴにも参加を呼びかけた。

誘いに応じたのは、ただ一人、リンゴだけだった。

ジョンは、コンサートは自分をビートルズのメンバーと再会させるための策略なのではないかと疑い、参加を拒否した。一方でヨーコは、このチャリティー・イベントへの参加に――彼女自身は招待されていなかったのだが――興味を示していた。

二人は、この意見の相違を巡って激しく口論した。

「ヨーコはジョージのバングラデシュのイベントに出たいと言ってる。でも僕は嫌なんだ」と、ジョンはヨーコの友人であるダン・リチャードに打ち明けた（ダンはこのころ、ジョンとヨーコのティッテンハーストの邸宅で二人の執事として働いていた）。「彼女が僕抜きでも出るというなら、好きにすればいい。僕はパリにいるよ」

最終的には、ジョンもヨーコもこのコンサートに出演することはなかった。巷では、ジョージがヨーコを招待しなかったことに腹を立てたジョンが参加を断った、という話がまことしやかにささやかれた。

バングラデシュ救済コンサートのチケットは、二公演とも完売だった。

「私たちは政治的な動きを起こそうとしているわけではない」と、各公演につき二万人に上った観客を前に、シャンカールは説明した。「私たちはアーティストだからだ。だが、私たちの音楽を通して、みなさんにバングラデシュの（中略）苦しみを感じてほしい」

観客の盛り上がりが頂点に達したのは、ボブ・ディランがステージに姿を見せたときだった。四年間にわたって人前での演奏を避けていたディランは、この日サプライズで登場し、アコースティック・ギターを手に「はげしい雨が降る（A Hard Rain's A-Gonna Fall）」を含む自身の人気曲を歌った。

その日マディソン・スクエア・ガーデンのステージでは、著名なセッション・キーボーディストであるレオン・ラッセルとビリー・プレストン、エリック・クラプトン、シャンカール、リンゴ、そしてジョージが、アルバム三枚分に匹敵する数のオリジナル曲やカバー曲を披露した。

42

あるレビューはこのコンサートについて、「ウッドストックがやろうとしたことを、マディソン・スクエアでのバングラデシュ・コンサートが実現した」として絶賛している。

ジョージの依頼でコンサートのプロデュースを手伝ったマネージャーのアレン・クラインは、二五万ドル（現在の貨幣価値で一五〇万ドル）に上ったチケット売り上げによる収益を、すべてチャリティーに寄付するとマスコミに宣言した。

「僕はビタ一文受け取らない、という取り決めにしたほうが話が早いんだ。そうすれば、余計な質問に答えなくて済むからね。そのほうがラクだろ？　やるならやる、やらないならやらない。そこをはっきりさせたかったんでね。簡単な話だよ」とクラインは豪語した（もっともらしく聞こえるが、実際にはクラインは収益からかなりの金額を自分の懐に入れ、後年複数の訴訟を起こされることになる。そのうち一件は、ジョージの訴えによるものだった。クラインは結局、確定申告で虚偽の申告をしたことを根拠に、懲役を言い渡された）。

さらにアップルは、スペクターに急ピッチで作業をさせてコンサート・アルバムをリリースし、その売り上げによる収益（コンサート映画によるものを含む）もすべてチャリティーに寄付することにした。こうして発売されたアルバム『バングラデシュ・コンサート』は、アメリカではチャート一位、英国では二位に輝いた。

一方、ウッドストックにもジョージのバングラデシュ・コンサートにも出演しなかったジョンは、自分なりに音楽を通して世界に変化を起こす方法を模索し続けていた。そしてその機会は、九月の「イマジン」発売とともにやってくることになる。

43

恋に落ちたみたい
でもこんな急すぎる

――「ヘルプ・ミー〈Help Me〉」

「ニューヨークの街角と恋に落ちた、ってことなんだと思う」と、ジョンは語った。

一九七一年八月十三日、マディソン・スクエア・ガーデンでのジョージのコンサートからわずか数週間後、ジョンとヨーコはニューヨークで暮らし始めた。アメリカ合衆国移民帰化局が発行したB－2観光ビザを使った滞在で、ビザの対象は「ミスター&ミセス・ジョン・W・レノン」、目的は「娯楽目的での訪問」という位置づけだった。

短期滞在用のビザではあったが、二人はニューヨークに永住するつもりでいた。

「ヨーコと僕は、いつもニューヨークに来ては去り、来ては去りを繰り返していた。それで最終的に、本格的に住むほうが安上がりだし、便利だっていう結論に達したんだ。(中略)それを実行に移したってわけさ!」と、ジョンは記者たちに語った。

だがこの決断の裏には、もっと個人的で差し迫った理由も隠されていた。ヨーコは離婚後も娘のキョーコの親権を与えられていたのだが、一連の離婚裁判を終えた後、前夫のトニー・コックスは八歳のキョーコを連れて失踪を繰り返すようになっていた。

「『妻は渡してもいいが、娘は渡さない』というつもりだろう」と、ジョンはヨーコの前夫の行動を解釈していた。

そしてついに、コックスはキョーコを連れて完全に消息を絶ってしまった。

ジョンとヨーコのもとに寄せられた最も信頼に足る情報によれば、コックスたちはアメリカに渡ったらしかった。そのため、アメリカ国内に拠点を持つことは、ジョンとヨーコにとって理にかなう決断だったのだ。

いずれにしても、ジョンはずっと前からニューヨークに住みたいと考えていた。「僕たちは二人ともニューヨークが大好きだし、あの街は世界の中心だからね」と、ジョンは語っている。「アメリカはローマ帝国で、ニューヨークはローマそのもの。ニューヨークには、僕と同じスピード感がある」

さらにジョンは、ニューヨーカー特有のざっくばらんな態度にも親近感を覚えていた。「彼らは僕と似てる。（中略）時間を無駄にするのが嫌いなんだ」

ヨーコも、同感だった。「仕事をしているときのジョンは、ニューヨークっぽい気質が出るの。リバプールは、ニューヨークによく似てるわね。イギリスの町にしてはってことだけど」

十代から二十代にかけてニューヨークに住んでいたヨーコが自分にニューヨークを売り込んだのだと、ジョンは語っている。「彼女は僕に、ニューヨークの通りや公園、広場なんかを歩かせて、隅から隅まで見て回らせたんだ」

ニューヨークの持つ「信じられないほどクリエイティブな空気」や、豊かな多様性も、二人にとって大きな魅力だった。二人の人種の違いも、ここでは英国にいるときのように目立つことはなかった。

「どんな場所にもそれぞれの価値があるし、ある意味ではどこも同じだ。そこがどこであれ、いまいる場所がすべてなんだ」とジョンは語っている。「でも、ニューヨークにいると特に強くそう感じるのは確かだ。ニューヨークには、甘い砂糖がかかってる。そして僕は、甘いものに目がないんだ」

❖ ❖ ❖

ある日曜日、ワシントン・スクエア・パークを散歩していたジョンとヨーコは、ストリート・ミュージシャンの前で足を止めた。彼らが最も好きなタイプのクリエイティビティを感じ取ったのだ。

「俺はニューヨーク・ヒッピーであることを誇りに思ってる!」というしゃがれ声が響いた。アーティストで活動家のデヴィッド・ピールだ。ピールは毎週その場所で、「ハプニング」というパフォーマンスを行なっていた。

ジョンはたちまち、ピールに惹き付けられた。「そのままストリートで一緒に歌い始めたんだ。警察が来てやめさせられたけど、それも含めて全部素晴らしかった。彼は本当に最高なんだ」

ジョンはピールについて、「歌は下手だし、楽器もまともに弾けない」と認めている。それでも、彼の熱意は変わらなかった。「ピカソだって、あんなふうにシンプルに描けるようになるのに四〇年を費やしただろ」

ジョンとヨーコは、ピールにアップル・レコードとの契約をオファーした。

「僕らは、彼の音楽とスピリット、そしてストリートの哲学に魅せられたんだ。だから彼と一緒にレコードを作ることにした」とジョンは語っている。

デヴィッド・ピール&ザ・ロウアー・イースト・サイド名義でリリースされたアルバム『ザ・ポープ・スモークス・ドープ（The Pope Smokes Dope）』は、『ビルボード二〇〇』で百九十一位に終わったが、ピールはジョンのことを「真剣そのものでありながら、楽しむことも忘れない」、「最高の」プロデューサーだと称賛している。

ピールはさらに、音楽を通して彼への感謝の念を示した。「ニューヨーク市のバラード（The Ballad of New York City）」という曲の中で、ピールはこう呼びかけている。「ジョン・レノン、オノ・ヨーコ、ニューヨーク・シティはきみたちの友だちだよ」

これに対して、ジョンは一九七二年にヨーコとリリースしたアルバム『サムタイム・イン・ニューヨーク・シティ（Sometime in New York City）』の「ニューヨーク・シティ（New York City）」という曲で、ピールの名前（とアルバム名）を歌詞に織り込んで、彼の謝意に応えた。

❖ ❖ ❖

ジョンとヨーコは、ニューヨークの中でも特に、グリニッジ・ヴィレッジに強く惹き付けられていた。当時のヴィレッジは、ジョンの言葉によれば、「全員が知り合い」であるかのような雰囲気に満ちていた。

二人は当初、ミッドタウンにあるセント・レジス・ホテルの三室（一七〇一号室、一七〇二号室、一七〇三号室）に個人秘書のメイ・パンとともに滞在していたが、二、三カ月が過ぎるころ、いよいよウェスト・ヴィレッジに居を移すことにした。新居はバンク・ストリート一〇五番地の寝室が二つあるアパートで、仕事用にソーホーのスタジオも手配された。

セント・レジス・ホテルを去る前に、ジョンとヨーコは映画版『イマジン』のためのあるシーンを撮影した。ディック・キャヴェット、ジャック・パランス、そしてハリウッドの小粋な伝説的ダンサー、フレッド・アステアら有名人がカメオ出演する場面だ。

このときアステアは、自分の出演シーン（ヨーコの手を取ってホテルの部屋を横切り、窓まで導くだけの場面）を、「もっとうまくできる」と言い張って、何度も撮り直させた。

バンク・ストリートのジョンとヨーコのアパートをよく訪れた客の中に、カウンター・カルチャー活動家のジェリー・ルービンと、アビー・ホフマン（二人は、青年国際党、別名「イッピー」の創立者だった）がいた。

ルービンの伝記を書いたライターは、「ジェリー・ルービンとジョン・レノン（とヨーコ）との友情は、重要視されるべき関係だ」と語っている。一九七一年から七二年にかけて、ルービンの手帳には、ジョンとヨーコと「一緒に過ごす」予定が「かなりの頻度で」書き込まれていたという。

ルービンは、レノン夫婦との共生関係ともいえる友情について次のような逸話を好んで語った。

「ヨーコが僕とアビーに、あなたがたのことは素晴らしいアーティストだと思っています、と言ったんだ」

ヨーコのこの賛辞に対して、アビー・ホフマンは「それは面白い。僕たちはあなたがたのことを、素晴らしい政治家だと思っていますよ」と返したという。

彼らの絆は、ルービンが二人を自宅に招いたときに発覚したある偶然によって、さらに強いものとなった。ルービンの住むアパートは、ヨーコがかつて売れないアーティスト時代に、管理人として働いていたビルだったのだ。

ジョンとヨーコ、ルービンとホフマンは、人々の政治への関心を高めるために、音楽とスピーチで構成されたツアーを企画しようと熱く語り合った。

このような活動こそ、まさにリチャード・ニクソン大統領が恐れていたものだった。

ニクソンはイッピーによる絶え間ない批判に晒(さら)される中、一九七二年の大統領選で再選を狙っており、ジョン・レノン（ニクソンは一九六九年、ＦＢＩにジョンの監視を命じていた）やその仲間たちを中心とした若者文化が、自身のキャンペーンに強い影響を及ぼすことを憂慮していた。

特に、投票年齢を二一歳から一八歳に引き下げる第二十六条修正案に自ら署名をし、十代の国民による投票を初めて可能にしたばかりだったことも、ニクソンが懸念を強める理由のひとつとなっていた。

❖ ❖ ❖

一九七一年十月九日、ジョンの三一歳の誕生日、ヨーコはついに夢を実現させた。アレン・クラインがかつて彼女に約束した個展が、この日初日を迎えたのだ。

ヨーコにとって初めての大規模な展覧会となった「ディス・イズ・ノット・ヒアー（This Is Not Here）」は、シラキュースのエバーソン美術館で開催された。

展覧会のカタログにはコラボレーションによる作品も複数並んだが、表向きは個展とされた。展示物のひとつである「ベビー・グランド・ギター（Baby Grand Guitar）」という作品は、ヨーコが作った巨大なギターの横に別のギターのネックだけが陳列してあり、「ボディーを想像しなさい」というヨーコの言葉が添えられている、というものだった。

「彼女はじつに美しい、ピュアなコンセプトを思いつくんだ。そして僕はそれに対して、ひねりのある反応を返す」

『ニューヨーク・タイムズ』のインタビューで、「シラキュースの町はオノ・ヨーコとジョン・レノンを受け入れる準備ができていると思いますか？」と問われたジョンはそう答えている。

だが実際のところ、シラキュースにおける準備は万全とは言いがたかった。

当時エマーソン美術館で館長助手を務めていたデヴィッド・ロスは、「ポール以外の三人がエマーソン美術館に集まって、極秘でビートルズのリユニオン・ライブを開催するはずだったんだ」とのちに明かした。「僕の仕事は、こっそり機材を揃えて準備を整えることだった」

展覧会の初日、展示物を見て回る六〇〇〇人のゲストのあいだで、ビートルズの四人（と、「黒いベルベットのホットパンツ・スーツを着たヨーコ」）が再び一堂に会するところが見られるかもしれない、といううわさが飛び交った。

だが実際には、姿を現わした元メンバーは、いつもの通り、リンゴだけだった。

とはいえ、有名人ゲストはほかにも大勢訪れた。リンゴと妻のモーリン、フィル・スペクター、クラウス・フォアマン、エリック・クラプトン、詩人のアレン・ギンズバーグなどだ。

見物人の数が増え、熱狂が高まるにつれて、人口一九万七〇〇〇人のシラキュースの市当局が、暴動が始まるのではないかと心配し始めた。そこでジョンとヨーコは、ジョンのバースデー・パーティーの会場を美術館からホテル・シラキュースに移すことにした。

パーティーでは有名人ゲストたちが、招待客と居合わせた観客を相手に賑やかなライブを披露した。この日のセット・リストは二〇曲以上に及び、「平和を我等に」のほか、欠席したジョージのために「マイ・スイート・ロード（My Sweet Lord）」（『ガーディアン』紙はこの曲を「その年を代表するシングル」として「広く認められている」と評した）も演奏された。

❖ ❖ ❖

ジョンとヨーコがニューヨークに引っ越してきて数週間が経った九月九日、ジョンの二枚目のソロ・アルバム『イマジン』がアメリカでリリースされた（英国での発売日は十月八日だった）。アルバムは批評家に好評を博しただけでなく、商業的にも大成功を収めた。英国のアルバム・チャートで一位、アメリカでのシングル・チャートで三位を達成し、アルバムとしてもシングルとしても、ソロとしてのジョンのキャリアにおける最大の金字塔となったのである。

だが、元ビートルズ・メンバーの確執に注目するファンの目には、平和への愛を標榜するはずの『イマジン』が、ジョンのかつての作曲パートナーに向けて敵意ある一撃を放っていることは明らかだった。

しかし、ジョンに言わせれば、この諍いのきっかけを作ったのはポールのほうだった。彼は一九七一年五月に発売されたアルバム『ラム（Ram）』に収められた最初のトラックで、「実践しろと説教するやつらが多すぎる」と歌い、多くの人がこれをジョンとヨーコの平和運動に対する批判と解釈したのだ（ポールはのちに、その解釈が正しかったことを認めている）。

さらに、このアルバムのジャケットには、牡羊の角を両手で掴むポールの写真のほかに、交尾相手の背中にのしかかるカブトムシという、あからさまに象徴的な構図の写真が使われていた。

もちろん、ジョンは黙っていなかった。

アルバム『イマジン』に、ジョンが豚の耳を摑んでいる写真のポストカードを同封して、ポールのアルバム・カバーを揶揄したのだ。

ジョンの反撃はそれだけでは終わらなかった。アルバムに収められた「ハウ・ドゥ・ユー・スリープ？（眠れるかい？）（How Do You Sleep?）」という曲の中で、ポールの曲を何曲も名指し（「お前がやったことといえば、イエスタデイだけ」）、「あの変人どもが、お前は死んだと言ったのは、正しかったわけだ」、「お前の作るサウンドは、俺の耳にはエレベーター・ミュージックにしか聞こえない」等々と辛辣に批判したのだ。

さらに残酷なことに、この曲にはジョージ・ハリスンも参加し、強烈に切れのいいスライド・ギターのソロを聞かせている。

この勝負について、『メロディ・メーカー』はためらうことなく審判を下した。「勝者はレノン。見事な勝利だ」

『ニュー・ミュージカル・エクスプレス』の記者は、「ジョン、ポールについての長い曲を歌う」と題した記事の中で、次のように書いている。

「このレコードを聞いていると、マッカートニーが本来こうすべきだったやり方でマッカートニーのバラードを歌い、マッカートニーのロックを歌っているのを聞いている気がしてくる」

音楽を通して和解を申し出たのは、ポールのほうだった。

ポールは新バンドであるウイングス（キーボードは妻のリンダ）のデビュー・アルバム、『ワイルドライフ（Wild Life）』を大急ぎで録音して、『イマジン』の発売から約三カ月後の十二月七日にリリースし、ラスト・トラックとして「ディア・フレンド（Dear Friend）」という曲を収録したのだ。

曲の録音自体は『イマジン』の発売前だったようだが、いずれにしてもポールはこの曲で、「僕は、僕の友だちに惚（ほ）れたんだ」と歌い、長年の音楽的ソウル・メイトに歩み寄ろうとする姿勢を示している。

『ローリング・ストーン』誌は二人を比較し、ジョンが「政治的意識の高い前衛芸術コミュニティーのスポークスマンとして自らを打ち出すこと」に熱心であるのに対して、ポールは「まっすぐなポップ・ミュージックを作って、人々を喜ばせること」に満足しているように見える、と書いた。

そしてジョンが投げかけた問いかけについて、次のように看破してみせた。「ポールはどうやら、ぐっすり眠れているようだ」

一九八〇年十二月七日

マークは、いかにも人のよさそうな笑みを浮かべて、ダコタ・アパートメントのドアマンに歩み寄った。

「今日はジョン・レノンは近くにいるかな？」と、彼はさりげない調子で尋ねた。

「さあね。ニューヨークにいないかもしれないな」、ドアマンはお決まりの返事をした。

どうせ、そう答えるように指示されているんだろう。

レノンは家にいるに違いないと、マークは睨んでいた。彼はポケットの中で銃の持ち手を握りしめ、目の前のドアマンを撃ち倒して、建物に駆け込むところを想像した。ジョンの自宅の場所は、頭に入っていた。建物に入りさえすれば、簡単に辿り着ける。

だが、もしレノンが家にいなかったら？　あるいは、玄関のドアに鍵がかかっていたら？　不確定な要素は、いくらでもあった。ここは我慢強く、彼が外に出てくるのを待ったほうが得策だ。いずれは必ず、外出するはずなのだから。

僕には、いくらでも時間がある。だがレノンは、そうではない。

「ここで待ってみてもいいかな？」

「ここは公道だからな」とドアマンは答えた。「車の出入り口さえ塞がなければ、好きなところに立っていればいいさ」

マークは『ダブル・ファンタジー』を手に、ジョン・レノンが現われるのを待った。

三時間が経過した。

もうたくさんだ、とマークは思った。

ニューヨークにはジョン・レノン以外にもいくらでも有名人がいるじゃないか。

彼は、有名人がいそうな場所を歩いて巡ってみることにした。ツアーのBGMは、自分で編集し改変したビートルズの音楽だ。

通りを歩いていると、とあるアート・ギャラリーに人だかりができていた。近づいて、有名人や金持ちがいないかと目を凝らす。といってももちろん、レノンほどの金持ちはそうそういないはずだ。

二人の男の周りに、大勢の人が集まっていた。有名なアーティストだろう、とマークは思い、正体を確かめるためにさらに近づいた。人が多すぎて、中心にいる人物を見るには首を伸ばさなければならなかった。

そこにいたのは、二人の俳優だった。昨年の夏にコメディ映画『フライングハイ（Airplane!）』をヒットさせたレスリー・ニールセンと、ブロードウェイ・ミュージカル『キャメロット』に主演したロバート・グーレだ。

僕は、ここにいるだれでも倒すことができる。

マークは、グーレの肩に手を置いた。

グーレが振り向いた。

「何でしょう？」

「あんたはランスロット卿じゃない」〔ランスロット卿は舞台『キャメロット』の題材となったアーサー王伝説に登場する騎士の名前。グーレは『キャメロット』でこの役を演じた〕

グーレはこのいちゃもんを無視した。「いま、人と話してるんでね」

マークの手が、ポケットの中の拳銃に伸びた。彼は、銃を取り出し、グーレの顔面に弾を撃ち込むところを想像した。背後にある絵画のキャンバスに、脳みそが散らばるだろうな、とマークは思った。

グーレが彼を一瞥し、再び背中を向けた。
・・・・・・
僕を挑発しているのか？

マークはもう一度、声をかけた。「あの、一緒に写真を撮ってもらえませんか？」

グーレは一瞬苛立った様子を見せたが、諦めてマークに向き直った。

「ああ、どうぞ」

マークは、銃を握る手に力を込めた。

だが、彼が取り出したのはカメラだった。近くにいた人にそれを手渡すと、グーレの隣に立って、カメラに向かって微笑んだ。

マークが握手を求めて手を差し出す前に、グーレはさっさと立ち去ってしまった。

グーレはたしかに有名人ではあったが、彼を殺しても目的を達成したことにはならない。

この街に来た理由は、ほかにあるのだ。

マークはギャラリーを出て、タクシーを呼び止めた。

「本屋に行きたいんだけど」と、彼は運転手に告げた。

「シェラトンの近くに一軒あるよ。乗りな」

店に着くと、マークはフィクションを置いてあるコーナーに直行した。『ライ麦畑でつかまえて(Catcher in the Rye)』を買うのだ。この本は、マークの一番のお気に入りだった。本棚を探す途中、『オズの魔法使い』のドロシーが泣き虫のライオンの涙をぬぐってやっている場面の写真が目に飛び込んできた。彼は直感に打たれ、写真を買うことにした。

会計を待つ列に並ぶあいだに、マークはまたもハッと目を見張った。『プレイボーイ』の表紙に、ジョン・レノンの名前があったのだ。それは、デヴィッド・シェフによるインタビューが掲載された一月号だった。

「すべてがひとつになろうとしている（カミング・トゥギャザー）」と、マークは思った。「歴史と時間だ」

44

一体自分を何様だと思ってるんだ?
スーパースターか?

——「インスタント・カーマ〈Instant Karma!〉」

「家に帰りたい」と、二九歳のジョン・シンクレアは言った。

何千人という人々が集まって、彼の訴えを聞いていた。ときは一九七一年、十二月十一日。シンクレアの顔と声が、ミシガン州アナーバーにあるミシガン大学のクライスラー・アリーナに設置された大型スクリーンに映し出されていた。人々は、シンクレアを家に連れて帰るために集まっていた。彼はたった二本のジョイントを所持していたことでおとり捜査官によって逮捕され、麻薬所持を理由に一〇年の懲役を言い渡されていたのだ。

彼が刑務所に入れられてからすでに二年以上が経過したいま、一万五〇〇〇人の抗議者がその釈放を求めて集まっていた。スタジアムには、デモの参加者が回し吸いするジョイントの煙が立ち込めていた。

政治と音楽の宴が始まったのは、十二月十日、午後八時だった。ジェリー・ルービンやアレン・ギンズバーグ、ブラック・パンサー党のボビー・シールらによるスピーチに加え、ミシガン州を代表するレーベルであるモータウンのスティーヴィー・ワンダーから、ニューヨークのストリート・ミュージシャン、デヴィッド・ピールに至るまで、さまざまなアーティストによるパフォーマンスが繰り広げられていた。

夜は深まり、時刻が午前三時を回った。ジョンとヨーコは、ステージに出るゴーサインを待ち続けていた。

だが、だれよりもこのときを待ち望んでいたのは、すでに刑務所の塀の中で（重警備ではなかったとはいえ）数年を過ごしていたシンクレア本人だったはずだ。

ブラック・パンサー党の反人種差別主義な分派であるホワイト・パンサー党の設立に関わり、『クリーム』誌に「ヘヴィーの指導者」（「ヘヴィー」は七〇年代、若者のあいだで「重要な」、「強烈」などの意味で使われたスラング）と呼ばれたシンクレアは、スタジアムから約八〇キロ離れた刑務所内の農場の電話から、集まった人々に語りかけた。

ジョン・シンクレア釈放コンサートに詰めかけた群衆は、息を潜めて彼の言葉に耳を澄ました。その発言を一言も聞き漏らすまいと耳をそばだてていたのは、観客だけではなかった。その中には、ＦＢＩに雇われた情報提供者たちも紛れ込んでいたのだ。

集会も終盤に差し掛かるころ、「揃いの黒い革ジャケットの前をはだけ、『いますぐジョンを自由に』とプリントされたＴシャツを着込んだ」ジョンとヨーコは、デヴィッド・ピールに続いてステージに上がった。

シンクレアは活動家であるだけでなく、詩人として、そして音楽評論家としても知られており、デトロイトのロック・バンドであるMC5のマネージャーでもあった。

彼はかつて、「ロック・ミュージシャンというものは、三〇歳になるころには年老いて、引退して、人々に忘れ去られている。しかも彼らには、年金もない」と発言している。この集会のときジョンは三一歳、ヨーコは三八歳だったことを考えると、彼自身が頼みの綱としたロック・スターたちは、自らの基準に照らせばすでに隠居の身であるはずの人々だった。

「無関心は、僕らをどこにも導かない」と、ジョンは群衆に訴えた。「フラワー・パワーは失敗した。だから何だ？　それならもう一度始めようじゃないか」

そう言うと、ジョンはアコースティック・ギターを取り上げ、演奏を始めた。

曲目は政治色の強い四曲で、クライマックスは「彼を自由にしなくちゃ、しなくちゃ、しなくちゃ」と繰り返すオリジナル曲、「ジョン・シンクレア（John Sinclair）」だった。

ジョン自身、何年か後になって、急進的な方向に傾倒したこの時期について「ある意味ではあの時期が、（自分の音楽を）めちゃくちゃにしかけた。詩ではなく、ジャーナリズムになってしまっていた」と認めている。

だが、ジョンによる内省を待つまでもなく、この日コンサートの観客たちは、即座に厳しい評価を叩きつけた。

彼らはただ黙って、会場を後にしたのだ。

「それは、まっとうな判断だった」と、『クリーム』誌のレビュー記事は断じている。「一言で言って、パフォーマンスは最悪だった。音楽は退屈で、しかも時刻は朝の四時だった」

❖　❖　❖

コンサートが終わると、秘密裏に集会の調査にあたっていたＦＢＩ捜査官は、さっそく情報提供者から集めた話をもとにタイプライターで報告書をまとめ始めた。完成した書類には「極秘」というスタンプが押され、七都市のＦＢＩ支部に配布された。

報告書には参考資料として、『デトロイト・ニュース』紙によるコンサートのレビュー記事が添えられていた。その書き手は「ヨーコは正しい音程を保つことさえできない」とこき下ろし、新曲「ジョン・シンクレア」についても「興味深い曲ではあるが、レノンのいつものクオリティには達していない」という冷静な評価を下している。

さらに報告書には、「ある情報源によれば、この曲（「ジョン・シンクレア」）はレノンが同イベントのために書き下ろしたとのこと」という説明に加え、『デトロイト・ニュース』の記事をもとに、次のような詳細まで添えられていた。

「曲はコンサートの直前に書かれたばかりで、レノンは譜面台に置いた楽譜を見ながら歌っていた」

44

集会の前、ジョンは「ジョン・シンクレアと彼を取り巻く苦境について、短い歌を書いたんだ」と主催者たちに告げ、「コンサートに出演して、その歌を歌わせてほしい」と申し出た。

シンクレア本人はというと、「初めてあの歌を聞いたのは、刑務所の中だった」とのちに感動とともに語っている。「テープをわざわざ刑務所まで持ってこさせたんだ。ジョン・レノンが本当に曲を書いて、それを歌うためにアノーバーまで来てくれるなんて、どうしても信じられなかったからね。あれは本当に、素晴らしい行ないだった」

コンサートの評判は芳しくなく、このとき演奏された荒削りの楽曲は翌一九七二年の六月（英国では九月）にアップルから発売された政治色の濃い二枚組アルバム『サムタイム・イン・ニューヨーク・シティー（Sometime in New York City）』に収録されるまで世に出ることはなかった。

一方、音楽的な評価をよそに、アノーバーでの激しい力に満ちたパフォーマンスは、これ以上ないほど明確な成果を結んだ。

集会から一週間もしないうちに、ミシガン州最高裁が同州の大麻規制法を違憲とする判決を下し、シンクレアは自由の身となったのだ。

「二年半にわたる闘いと運動の成果だ」と、シンクレアは釈放後のスピーチで語った。「レノンが俺の話を耳にして、助けたいと思ってくれたことが幸運だった。あれは俺にとって、大きな意味を持つことだった」

ニクソン政権は、この一件の意味するところを次のように解釈した。

ジョン・レノンの名声には、いまやシンクレアの釈放を実現させるほどの力がある。そしてそれは、彼らが最も恐れていた事態だった。

ジョンの力は政府にとって、もはや本気で抑えつける必要のあるものとなったのだ。

いや、抑えつけるだけでは足りない。

彼らの望みは、ジョンの退場だった。

一九八〇年十二月七日

マークはホテルのベッドに横たわり、天井を見つめていた。

ふいに、ドアをノックする音が響いた。

ホテルの廊下に、緑色のドレスを着たスタイルのいいブロンドの若い女性が立っていた。

彼女は緊張した様子でごくりと唾を飲み込み、「ハロー」とささやいた。ヨーロッパのアクセントがあるな、とマークは思った。たぶん、ドイツ語だ。

これなら、いいだろう。さっき、マンハッタン・イエロー・ページに掲載されていたエスコート・サービスに電話して、外国の女を、それも無口な子をよこすように言ったのだ。マークは、おしゃべりに付き合う気などなかった。

彼は女性を部屋に招き入れた。彼女は部屋の中をさっと見回して、危険な兆候がないことを確かめた。

「僕は変態じゃないよ。いたってまともだ」とマークは言った。「妙な趣味はない」

続けて彼は、セックスをするために呼んだわけではないのだと女性に説明した。

「ただ、今夜は女の人にそばにいてほしかったんだ。明日は僕にとって、かなりキツい一日になりそうでね。さあ、服を脱いで、ベッドに入って」

女性は言われた通りにした。マークも、服を脱いで彼女の隣に横たわった。

女性が見るからに緊張していたので、マークはマッサージをしてやることにした。彼は長い時間をかけて、女性の緊張を解きほぐし、信用を勝ち取ろうとした。

マークは、彼女の顔のそばでささやいた。「本物の男ってものは、女性を利用したりはしないんだよ。本物の男は、女性から奪う必要がないからね。代わりに、与えるんだ」

女性がそっと手を動かし、マークの硬くなったものに触れた。

快感と恐怖が入り混じるような感覚が襲ってきた。

マークは、女性が好きだった。だが、性交という行為を本当に楽しんだことは――妻とのあいだでさえ――一度もなかった。女性の脚のあいだにある温かく湿った割れ目は、自分の知らない世界への入り口のように感じられた。まるで、気をつけていないとあっという間に自分を飲み込んでしまう、ブラックホールのようだった。

マークは仰向けに寝そべって、女性の手の動きを感じていた。ふいに、妻のグローリアの顔が心に浮かび、勃起が弱まるのを感じた。

マークは目を閉じて、グローリアの顔を心から追い払おうと努めた。だがどういうわけか、彼女はそこを去ろうとはしなかった。

娼婦の首筋をじっと見つめながら、彼はグローリアのことを考えた。妻が命令に従わなかったり、自分のやり方に口を出したりすると、マークは彼女の両肩を掴んで、乱暴に壁に叩きつけた。顔に唾を吐きかけることもあった。

殴ってやればいいんだ。

44

そう考えると、再び自分のものが硬くなってきたのを感じた。

娼婦の首筋は、とても繊細そうに見えた。その気になれば、へし折ることもできそうだ。

「そんなに難しくはないよ（イッツ・イージー・イフ・ユー・トライ）」

マークは一人、くすくすと笑った。

そして、公園のそばの城にいるレノンのことを考えた。

だがそれも、一瞬のことだった。

彼の心はすぐに、自分がジョン・レノンで、たったいまオノ・ヨーコが自分に触れているのだという想像に捉われた。僕は、ジョン・レノンと同じくらい重要な存在なんだ、とマークは思った。

そして明日になれば、世界中の人がそれを知るだろう。

娼婦はベッドを出て、ドレスを着た。時刻は、朝の三時だった。

「きみのドレスの色、ホールデン・コールフィールドの娼婦が着てたのと同じ色だね」とマークは声をかけた。「シンクロニシティだ」

「ホールデン・コールフィールドってだれ?」

「『ライ麦畑でつかまえて』の主人公だよ」

マークは、彼女の顔を凝視した。「読んでないの?」

彼女は首を横に振った。

マークは、ため息をついた。最近は、本を読まない人間が多すぎる。「素晴らしい物語だよ。十代の男の子が、愛のない世界に耐えきれずに、正気を失っていく話なんだ」

緑色のドレスを着た女性は、マークをまじまじと見つめた。その瞳には、恐怖の色が潜んでいるようにも見えた。

マークは、微笑みを浮かべてみせた。

「読んでみるといい」、そう言って彼は金を払った。「あの本には、たくさんの答えが書いてある」

女性が去った後、マークは聖書を手に取り、「新約聖書」のページを開いた。

「ヨハネによる福音書」という文字が、まるで光を放っているかのように、彼の目に飛び込んできた〔ヨハネの英語での綴りは、Johnとなる〕。

マークは長いあいだ、じっくりとその文字を眺めていた。そしてペンを取り出すと、血のように赤いインクで、「レノン」という文字を付け加えた。

45

きみが欲しがっている答えを、僕はあげられないかもしれないよ
――「オー・ウェル〈Oh Well〉」


一九七一年八月、大統領の法律顧問であるジョン・ディーンは、「政敵への対処法」と題するニクソン宛ての覚書を作成し、次のように進言した。

「われわれは政治機構を有利に活用し、政敵たちを一掃することができる立場にある」

その六カ月後の一九七二年二月四日。サウスカロライナ州（バイブル・ベルトの一部で、一九六六年には「ビートルズ焚火」騒動の舞台となった）の選出で、ニクソン支持者のストロム・サーモンド上院議員が、上院司法委員会の一員としての権限により、上院国内治安小委員会がまとめた報告書を司法長官のジョン・ミッチェルに提出した。

「この問題は重要であり、最優先事項のひとつとして取り扱うことが適切と思われる」と、サーモンドの報告書は謳っている。「私の所見では、早急に適切な処置を取ることにより、多くの問題を避けることができるだろう」

報告書の内容は、ジョン・レノンが「政敵」に該当する人物であり、「新左翼」のリーダーらとの繋がりを通して、「『ニクソン降ろし』を目指す有力な活動家たち」とも交流している、という

ものだった。

そして、「政敵」ジョンを「一掃する」ための「政治機構」として選ばれたのが、アメリカ滞在ビザだった。サーモンドは、次のように提案している。

「レノンのビザを無効にすることが、戦略的対策として有効だろう」


ジョンとヨーコが当初取得した六カ月の滞在ビザは、一九七二年二月二十九日に失効しようとしていた。そこから追加で二週間の延長滞在が許可されていたものの、この時点でヨーコはまだ、渡米の重要な目的のひとつであった娘との再会を果たすことができずにいた。

三月三日の法廷でヨーコに共同親権が与えられたにもかかわらず、前夫のトニー・コックスはキョーコを連れて再び行方をくらませていたのだ。「本当につらかったわ。キョーコの居場所さえわからなかったの。あれは誘拐(ゆうかい)行為だったし、とにかく難しい状況だった」と、ヨーコはのちに振り返っている。

三月六日、サーモンドのもとに、「ビートルズの元メンバー、ジョン・レノンに関する進言」への対応として、「移民帰化局はジョン・レノンに対し、三月十五日までに国外退去するよう通告した」とする報告が送られた。

この事態を受けて、アレン・クラインは、弁護士のレオン・ワイルズにジョンの代理を緊急依頼した。アメリカ移民法弁護士協会の会長だった当時三九歳のワイルズは、「ジョン・レノンのことも、ましてやオノ・ヨーコの名前も聞いたことがなかった」が、二人のビザ延長取り下げは必ず無効にさせてみせると請け合った。そしてその言葉の通り、三月十六日、アメリカ移民当局から四週間の追加滞在許可を獲得したのだった。

だがワイルズは、こうも感じていた。「この件に取り掛かった瞬間にわかった。当局は、ジョンとヨーコをなんとしても追い出すつもりだと」

一九六九年にニクソンの指示で開始されたＦＢＩによるジョンの監視調査は、そのあいだも途切れることなく続いていた。

一月十一日午後六時、ＷＡＢＣテレビの「アイウィットネス・ニュース」にジョンが出演し、ヨーコとジェリー・ルービンとともに出席した記者会見について語った。するとその内容を記した報告書が、ある特別捜査官ＦＢＩからニューヨーク支部の担当特別捜査官のもとに送られた。報告書には、次のような差し迫った警句が添えられていた。「すべての過激派を、危険とみなすべし」

ところが、その約一カ月後の二月二十三日には、ある秘密情報員により、まったく相反する内容の報告書が提出されている。それは、「ある人物」が「ジョン・レノンおよびその妻と、アメリカの新左翼運動に積極的に関わることについて、何回も会話を交わした」結果、「レノンと彼の妻は無関心な様子で（中略）、アメリカの政治にも疎い」ことが確認された、というものだった。

その一方で弁護士のワイルズは、移民局の地区局長と直接やりとりし、「現在のワシントンの情勢は、あなたのクライアントにとって友好的なものとは言えない」との忠告を受けた。彼が最初に感じていた懸念は、正しかったわけだ。「これ以上の滞在延長はおそらく許可されないだろう。二人には『とっとと帰れ』と伝えたほうがいい」

自宅の周りで毎日見かける男たちに「とっとと帰れ」と言ってやりたいのは、ジョンとヨーコのほうだった。

驚くべきことに、二月に作成されたＦＢＩの報告書には、二人の住所が誤って「セント・レジス・ホテル、バンク・ストリート一五〇番地」と記されている（二人がセント・レジス・ホテルを出てバンク・ストリート一〇五番地に引っ越したのは、もう四カ月も前のことだった）。

いずれにしても二人への監視は途絶えることがなく、「アパートの道向かいに立っている、サングラスをかけた大柄な男たち」や、「あらゆる郵便ポストの陰に佇（たたず）む捜査官たち」が、つねにジョンとヨーコの行動を見張っていた。

ジャーナリストで友人のレイ・コノリーは、ジョンに初めて「家の電話が盗聴されている」と相談されたとき、あまりに突拍子もない話に思えて、聞き流したという。

「最初は、ジョンの被害妄想だろうと思った。実際、彼はパラノイアに陥ることがたびたびあったからだ。でも今回は、ジョンが正しかった」と、コノリーはのちに書いている。

ジョンとヨーコは、「アパートの道向かいで、壊れた自転車をいつまで経っても修理し続けている二人の男たち」や、彼らの運転手をつけ回す「車に乗った二人組の男」のことをワイルズに訴えた。ＦＢＩはおそらく、二人に「自分たちが見張られていることを感じさせるために」わざとあからさまな監視を行なっているのだろうと、ワイルズは考えた。

ジョンもまた同意見で、「ザ・ディック・キャベット・ショー」に出演した際にもその考えをはっきりと口にしている。

「どこに行っても、政府の捜査官に跡を尾けられていると感じたよ」と、ジョンは語った。「電話の受話器を取れば、必ず背後でノイズが聞こえる。（中略）アパートのドアを開ければ、道向かいに何人か男が立っている。車に乗れば、尾行される。それも、あからさまにね。（中略）尾けられていることを僕に知らしめたかったんだろう」

ジョンを「強い信念を持つ人」と評するワイルズは、次のように記している。

「彼は、自分に対して行なわれていることは間違った行為だと理解していた。政府のやっていることは法律の悪用であり、ジョンはそれに立ち向かって、すべてを白日の下に晒すべきだと考えていた」

それはまさに、「ニクソン政権がジョン・レノンとオノ・ヨーコの生活を耐えがたいものにするために」行なった、政府による権力の乱用だった。

ワイルズはのちに、「政府がこれほど躍起になってだれかをアメリカから追い出そうとする」事例は、それまで見たことがなかった、と語っている。

この間、キョーコの行方も追い続けていたジョンとヨーコに、新たな味方ができた。

四月十八日、聴聞会を終えたジョンは、三月に記者会見で語ったのと同じ内容を移民帰化局の建物の前で繰り返した。「僕たちはここに永住することを望んでいる。ニューヨークは世界の中心だし、ヨーコの娘であるキョーコを見つけたいからだ」

ジョンは、ABCテレビ「アイウィットネス・ニュース」の二九歳のレポーター、ジェラルド・リヴェラのインタビューに答え、「ヨーコの結婚相手が英国人男性であるために」――これはもちろん、ジョン自身のことだが――「面倒なことになっている」と説明したうえで、もう一度、「でも僕たちはここに住み続けたい」と強調した。

リヴェラは、一九七二年三月に「ウィローブルック――最後の醜聞（しゅうぶん）」という調査記事を発表して、スタテン島にある知的障害児向けの学校で生徒への虐待が行なわれていた事実を暴露し、議論を巻き起こしていた（リヴェラはこの記事で、放送界のピューリッツァー賞と呼ばれるピーボディ賞を受賞している）。同じ月、この学校は生徒の保護者たちから共同訴訟を起こされた（ただし、学校が一九八七年に閉鎖に追い込まれるまでには、一五年の歳月を要した）。

リヴェラは二〇一九年のインタビューで、「ジョンとヨーコは僕が発達障害を持つ子どもたちのために取り組んでいた仕事を高く評価し、力になりたいと言ってくれた」と語っている。

だがまずは、リヴェラの助けを必要としていたのはジョンとヨーコのほうだった。

七月十四日、ニューヨーク版『デイリー・ニュース』は「ジョン&ヨーコ、ウェイト&ウェイト」という見出しの記事を掲載し、移民帰化局による審議が数カ月にわたって行なわれた末に、ジョンとヨーコの滞在許可に関する決定が九月まで先送りになったことを伝えた。

二人にとってこの延期は、キョーコを探す時間的猶予が生まれたことを意味していた。八月三日から六日にかけて、二人はリヴェラと「アイウィットネス・ニュース」の撮影隊を引き連れて、サンフランシスコでコックスとキョーコの行方を捜し歩いた。

じつはこのとき、二人はそうとは知らずに、数カ月前に行なわれたFBIによる捜査と同じ足取りを辿っていた。FBIは、「キョーコ・コックスの居場所を知っている」と主張する情報提供者から、キョーコがモントレーの近くにいるという情報を五月後半に入手し、その後を追っていたのだ。結局、目撃情報は「ヒッピー」のたんなる「妄言」だったという結論に達し、FBIは捜査を終了していた。

残念ながら、ジョンとヨーコによる捜索も、FBIと同じく失敗に終わった。「二人は自分たちを取り巻く状況のせいで、とてもつらい思いをしていた」とリヴェラは言う。「それに加えて、ニクソンによる終わりのない戦争の影響でこの国が陥っていた状況についても、ひどく心を痛めていた」

このころジョンとヨーコは、癒しを求めて、『サンダンス』誌の編集長に紹介された中国人鍼師のもとをお忍びで訪れている。治療はサン・マテオにある鍼師の自宅で行なわれたが、二人の訪問が外部に漏れないように名前は伏せられ、代わりにイニシャルの「J・L」が用いられたという。

ニューヨークに戻ったジョンとヨーコが最初に取り掛かったのは、ジョージのバングラデシュ・コンサートに触発されたチャリティー・イベント、「ワン・トゥ・ワン・コンサート」の準備だった。リヴェラが調査を続けていたウィローブルック州立学校の生徒をはじめとする、知的障害を持つ人たちへの援助を目的としたコンサートで、ジョージのコンサートと同様、マディソン・スクエア・ガーデンでの昼夜二回公演が行なわれた。

当日はスティーヴィー・ワンダーやロバータ・フラック、シャ・ナ・ナを含む豪華ゲストが出演し、コンサートの様子を収めた映画とレコードも後日発売された。リヴェラは、『ニューヨーク・ポスト』の取材に対し、「約二五万ドルが集まった」と話している。

さらにジョンは、資金集めを担当したボランティアやウィローブルック州立学校の生徒たちに、六万ドル相当のコンサートのチケットを贈り、観客席で音楽に合わせて一緒にリズムを刻めるように、無料のタンバリンまで配った。

❖ ❖ ❖

「いまこそニクソンだ、ベイビー、ニクソンのときだ！」

一九七二年八月二十二日、マイアミ・マリン・スタジアムのステージで、歌手のサミー・デイヴィス・ジュニアが声を張り上げた。共和党全国大会が二日目を迎えたその日、かつてはケネディ支持の民主党員だったデイヴィスは、代議員たちの前でニクソン大統領の再選に向けたキャンペーン・ソングを披露しようとしていた（『ローリング・ストーン』誌の記者はこの日の様子を伝えた記事の中で、デイヴィスについて「個人を中傷するつもりはないが、今日のステージ以外でこの人（デイヴィス）を見かけたのは、サンフランシスコで開催された、とあるイベントのときだけ」であり、そのイベントとは、上級裁判所裁判官に立候補して落選した、既成左翼の候補者による資金調達イベントだったと書いている）。

「若者がどちらに投票するか、まだ決まったわけではない」、デイヴィスに続いてステージに立ったニクソンは、共和党の代議員たちに語りかけた。

同じころ、スタジアムにほど近いフラミンゴ・パークには、五〇〇〇人に上る反ニクソンのデモ隊が集まっていた。だが、ジョンとヨーコの姿はそこにはなかった。二人はニューヨークでチャリティー・コンサートの準備にかかりきりになっていたのだ。

地元の住民によれば、その日フラミンゴ・パークとその周辺の地域は、わずか数週間前の七月十日から十三日にかけてマイアミ・ビーチで民主党全国大会が開催されたときと同様に、反ニクソンの「ズィッピーやらイッピーやら、ヒッピーやらクレイジーやら」で溢れ返ったという。

「自分の手を血に染めたい人は、右手に見えるテントへどうぞ」

フラミンゴ・パークのステージの上で、集会を企画した反戦活動家の一人が叫んだ。「デス・マスクが欲しい人は、テントの奥に進んでください。爆弾投下と塹壕（ざんごう）掘りは、まだ人手が足りていません」

遡ること数カ月前、「ザ・ディック・キャベット・ショー」に出演したジョンは、共和党全国大会に関連する抗議運動の計画には一切関わっておらず、参加もしないと明言していた。

にもかかわらず、ＦＢＩはマイアミ・ビーチに捜査官を送り込み、サーモンド上院議員が「『ビートルズ』として知られる音楽グループの元メンバー」と描写した男を探させたのだった。ジョンは世界で最も広く顔を知られた有名人の一人だったにもかかわらず、ＦＢＩは警察官と捜査官のために顔写真付きのチラシまで配布した。

ただしそこに印刷された写真はジョンのものではなく、なんとデヴィッド・ピール（ピールもまた、ＦＢＩの調査対象になっていた）のものだった。写真はピールが一九七二年にアップルからアルバムをリリースしたときのＰＲ素材で、「ローマ法王は大麻を吸っている（ザ・ポープ・スモークス・ドープ）」という吹き出しまでついていた。

ピールは後年、ジョンと間違えられたことについて、「ロック史最大の栄誉」と語っているが、実際のところ、二人の外見で似ているところがあるとすれば、長髪と丸眼鏡くらいのものだった。

❖ ❖ ❖

十一月七日の選挙当日。現職のリチャード・ニクソンが五〇州のうち四九州を抑え、五〇歳のサウスダコタ州選出上院議員ジョージ・マクガバーンに大勝して再選を果たした。ジョンとヨーコにとって、あまりにも受け入れがたい結果だった。

あるニクソン支持の若者は、「とにかく彼のことを心から信頼しているんだ」と語った。

ジョンにとっては、ニクソンを信頼することは過去にも未来にも決してあり得ないことだった。

とはいえニクソンの勝利が、ジョンに思いがけない恩恵をもたらしたのも事実だった。再選を果たしたいま、ニクソン政権はもはやジョンを「政敵」とみなす必要はないと判断したのだ。

十二月八日、FBIニューヨーク支部の担当特別捜査官は、「対象は革命的行動に参加しておらず、またニューヨークの過激派から排除されている様子であることから、ニューヨーク支部は見出しの案件を終了する」という通知を本部の臨時長官宛てに送った。

こうしてニクソン再選から一カ月後、FBIによるジョンへの監視調査はようやく幕引きとなった。

一方でビザを巡る問題は、引き続きジョンの頭を悩ませ続けたのである。

46

俺たちはここから出ていかなくちゃ
それが俺たちにできる最後のことならば
——「朝日のない街〈We Gotta Get Out of This Place〉」

ジョンとヨーコに、大きな節目が訪れていた。

一九七三年二月、ジョンとヨーコの住むバンク・ストリートのアパートに空き巣が入ったのだ。二人は、大きなショックを受けた。彼らのボヘミアン風のアパートには防犯設備はあってないようなものだったし、ＦＢＩの監視による精神的なダメージも後を引いていた。

さらに、国際的な有名人としてプライバシーを脅かされる生活を一〇年にわたって続けてきた疲れも重なり、ジョンはグリニッジ・ヴィレッジの無防備な環境を心許（こころもと）なく感じるようになっていた。「ろくに外出もできないんだ。なにしろ家の外に一歩出ると、いつも何か妙なものが待ち構えてるからね」と、ジョンは訴えた。

ヴィレッジでの人付き合いも、変わりつつあった。

自分の力でアメリカの政治を変えていけるかもしれない、というジョンの期待は失望に変わり、

46

ジェリー・ルービンをはじめとするイッピーたちとの関係も悪化しつつあった。

「ルービンは革命を起こさなかった。だから僕は、彼からの電話に出るのをやめたんだ」と、ジョンは語っている。

ジョンはルービンたちからいいように使われ、利用されていたのだと感じるようになっていた。

そして状況をさらに悪化させたのは、ジョン自身が起こしたある事件だった。

ニクソンが民主党のマクガバーン候補に大差で勝利した大統領選挙の日、ルービンは自宅でパーティーを開いていた。ルービンによれば、ジョンはその日、「怒りで我を忘れた様子で」、選挙の結果について「怒鳴り散らしながら家に入ってきた」という。

「こんなクソみたいな結末になるなんて、あり得ない」と、ジョンは喚（わめ）いた。友人たちが、くじけずに運動を続ければ人々は必ず聞く耳を持つはずだと言い聞かせて励まそうとすると、ジョンはこう言い返した。「聞く耳を持つ？　お前ら、見てなかったのか？　だれも僕の言うことなんか聞かなかったんだよ！」

通常、ジョンが飲みすぎないよう目を光らせるのはヨーコの役目だったが、選挙の結果に絶望したジョンは、その日いつになく泥酔していたうえに、コカインでハイになっていた。ヨーコいわく、ルービンのアパートに着くころには「ジョンはジョージ・マクガバーンが負けたことを受け止めきれずに、ドラッグと薬と酒ですっかりおかしくなっていた」という。

ジョンが次に見せた行動は、パーティーに集まっていた客に――そしてだれよりも、ヨーコに――大きなショックを与えた。ジョンは部屋にずかずかと入っていくと、すぐ一人の女性に目を留め（うわさによれば、それはルービンのガールフレンドだった）、彼女を寝室に連れ込んだのだ。

「女性のほうから彼に言い寄ったわけではなかった」とヨーコは振り返っている。

「ジョンが彼女を引っ張って、そのまま隣の部屋に連れていってしまったの。そして、そこでいちゃつき始めた。私たちはみんな、黙りこくっていたわ」

寝室から漏れてくる声を聞かずに済むようにと、客の一人が気を利かせてボブ・ディランのレコードをかけたが、大した効果はなかった。

「音楽をかけても声は聞こえてきた。しかも、ジョンとその女性がいちゃついている寝室にはみんなのコートが置いてあったから、だれも家に帰ることができなかったの」

「とても恥ずかしかったわ」と、ヨーコは友人のジャーナリスト、レイ・コノリーに打ち明けた。


実際には、ヨーコが受けた打撃は「恥ずかしい」という言葉で言い表わせるようなものではなかった。翌日、酔いの覚めたジョンは自分の行ないを深く恥じたが、ヨーコは夫の行動をどのように捉えるべきか、ゆっくりと考える時間が必要だと感じていた。

ちょうどそのころ二人のもとに、アッパー・ウェスト・サイドの西七十二丁目一番地のマンションに空きが出たという知らせが入った。一八八四年に建てられたニューヨーク市初の高級マンション、ダコタ・アパートメントだ。ジョンとヨーコは以前からこの建物の美しさに魅了されていたが、ずっと満室だったのだ。

今回空いたのは七階の住居で、ホールを挟んだ向かい側には歌手のロバータ・フラックが住んでいた。元の住人だった俳優のロバート・ライアンは、妻を亡くしてマンションを引き払ったということだった。部屋が一二室あり、窓からはセントラル・パークが一望できるこの住居に、二人はすぐに夢中になった。何より、二人にとって重要だったのは、ダコタ・アパートメントには警備員が常駐しており、防犯設備が整っているという点だった。

さらにこのマンションは、「有名人だらけ」――フラックをはじめ指揮者・作曲家のレナード・バーンスタインや映画評論家のレックス・リード、女優のローレン・バコールなどが住んでいた――にもかかわらず、住人のプライバシーがしっかりと守られていた。

その年の四月、ダコタ・アパートメントの厳しい入居審査を通過したジョンとヨーコは、アッパータウンに引っ越した。ジョンは、あるドイツ人記者に、上機嫌で次のように話した。

「すごく大きくて美しいアパートだよ。そのうえ、地上から離れている。（中略）つまり、安全なんだ」

❖　❖　❖

この引っ越しで、ジョンとヨーコが抱えていた心配事の一部は解消されたものの、最大の問題は手付かずのままだった。ジェリー・ルービン宅でのパーティーでの例の出来事が、二人のあいだに大きなわだかまりを残していたのだ。

「あの出来事があって、目が覚めたような気分だった」とヨーコはのちに語っている。「こう思ったの。『二人とも恋に落ちて夢中だったし、だからこそ娘も何もかも犠牲にしてやってきた。私もジョンも、お互いを心から愛し合っていられるのなら、そこまでする価値がある。でも、もし彼がほかの女性と一緒になりたいと言うのなら、私のやってることは一体何なんだろう？』って」

ヨーコはこの悩みを、当時二二歳だった個人秘書のメイ・パンに打ち明けた。「メイ、聞いて」とヨーコは言った。「ジョンと私は、最近うまくいっていないの。喧嘩ばかりで心が離れつつある」

二人の不仲は、弁護士のレオン・ワイルズの目にも明らかだった。

「二人の愛に溢れた関係は、色々なプレッシャーによって壊れてしまったんだ」とワイルズは言う。「ニクソンが再選されたことやなんかでね」

結婚生活における問題とは別に、反ニクソンという意味では二人の立場は一致していた。

一九七二年六月二十二日以降、ニクソン政権は、ウォーターゲート・ビルにある民主党全国委員会本部で何者かが盗聴器を仕掛けようとして失敗した事件について、関与を否定し続けていた。

このいわゆるウォーターゲート事件の公聴会が、一九七三年五月十七日に開始され、六月十八日にはジョンとヨーコも傍聴する機会を与えられた。

自分たちを迫害してきた人々が吊し上げられるのを目の前で眺めるまたとないチャンスとあって、二人はこの誘いを喜んで受け入れた。

こうしてジョンとヨーコはワシントンD．C．に飛び、ウォーターゲート事件に関わった疑いでニクソン政権の法律顧問としての職を追われたジョン・ディーンの証言を傍聴した。

46

傍聴席の最前列には、ディーンの妻であるミセス・モーリーン・〝モー〟・ディーンの姿があり、そのすぐうしろには、ソビエト連邦共産党書記長レオニード・ブレジネフとの交渉においてニクソンの顧問を務めたエルヴィン・ベルが座っていた（この交渉が、戦略兵器制限交渉（ＳＡＬＴ）の実現に繋がった）。

ベルは、その確かな経歴と功績のおかげで前から二列目の特等席で傍聴することを許されていたのだが、目の前に座るディーン夫人の高く結い上げた髪型のせいで、始終視界を遮られていた。証言台のディーンの姿をもっとよく見ようと、ベルが首を伸ばしたそのとき、だれかが彼の肩に触れた。そして、「失礼、通してください」という声とともに、女性が一人、彼の前を通り過ぎた。隣の席に座ったその女性に目をやったベルは、彼女とその連れの顔に見覚えがあることに気づいた。

もう一度二人の顔を見て、ベルはようやく思い当たった。反戦活動家でアーティストのジョン・レノンとオノ・ヨーコだ。二人は、ベルの隣に並んで腰掛けていた。

公聴会の休憩時間、ジョンとヨーコはベルに話しかけてきた。三人の会話は公聴会を挟みながら夕方まで続き、ジョンは「歌うときの音域は、バリトンですか？　テナーですか？」といった雑談から、「なぜアメリカはベトナムで戦争をするんですか？」といった簡単には答えられない話題に至るまで、ベルを質問攻めにした。

この日、ワシントンＤ．Ｃ．で公聴会を傍聴するジョンとヨーコの姿は、何枚かの写真に収められている。だが、二人が次に一緒に写真に写るのは、それからずっと後のことだった。

47

生きていけない
人生にあなたがいないなら
——「ウィズアウト・ユー〈Without You〉」

私たちには、冷却期間が必要だ、とヨーコは考えた。

何年も後になって、ヨーコは「少し休憩が必要だった。距離を置きたかったの」と『デイリー・テレグラフ』紙に語っている。

「私たちがお互いのキャリアを台無しにしつつあることは、よくわかっていた。私はひどく嫌われていたし、ジョンも私のせいで嫌われていた。私たちはつねに行動をともにして、しかもそれを人目に晒していたでしょう。ベッドインは平和のためのパフォーマンスだったけど、あれで人々に好かれることはなかった」と、彼女は振り返った。「とてもつらい時期だったの」

ヨーコはこのインタビューで、当時のジョンの行動にも触れている。「それに加えて、ジョンの落ち着きがなくなってきていることにも気づいていた。だから、彼も私も、少し休んだほうがいいと考えたの」

その後起きたことについては、諸説ある。だがヨーコによれば、すべてを手配したのは彼女自身だった。

ジョンがニューヨークにいる限り、二人が会わずにいることはどう考えても無理な話だった。そこで、ヨーコはある決断をした。「彼に、ロサンゼルスはどうかって提案したの。するとジョンは、パッと顔を輝かせたわ」

さらにヨーコは、ジョンを一人でロサンゼルスに送り込むのは得策でないこともわかっていた。ジョンは、独り身でいることに耐えられない人間だったし、一人きりで生活した経験すらなかったのだ。

そこでヨーコは、ジョンの面倒を見て、彼の関心がほかにいかないように目を配ってくれる女性を探すことにした。彼女が目をつけたのは、個人秘書として二人のもとで働いていた女性のうちの一人、メイ・パンだった。愛想がよく、有能で、しかもシングルで美人のメイを、ヨーコは夫の新しいガールフレンドに指名したのだ。

「メイ・パンはとても知的で、魅力的な女性だったし、素晴らしく有能だったから、うまくいくだろうと考えたの」と、ヨーコはのちに説明している。

ヨーコは、メイにこの計画を持ちかけた。「ジョンはたぶん、いろんな人たちと遊ぶようになる。どんな相手と関係を持つか、わかったものではないわ。ジョンはあなたをとても気に入ってるの。だから、どうかしら……?」

ニューヨークのスパニッシュ・ハーレムで生まれ育った中国系アメリカ人で、「熱心なロック・

ファン」だった二二歳のメイは、この提案に驚き、困惑した。

「私はヨーコを見て言ったの。『私は無理です。やりたくありません』って」とメイは二〇〇八年のインタビューで語っている。

だがヨーコは、引き下がらなかった。「ジョンを好きなわけじゃないのはわかってるけど、でもあなたもボーイフレンドがいたほうがいいわよ」と、彼女はメイに言い募った。

「どうかしてると思って、そのときは聞き流したの。彼女もそのうち気が変わるだろうと思って」と、メイは回想している。

カトリックとして育ったメイにとって、既婚者である雇い主と不倫するなど、想像もできないことだった。

だがその後、ジョンが直接メイにアプローチし、彼女に興味を持っていることを伝えると、事態の不可解さに戸惑いつつも、メイの心は動いた。最終的に、彼女はこの奇妙な関係を受け入れることにした。


一九七三年の晩夏、ジョンとメイは二人でロサンゼルスに旅立った。

メイいわく、ロサンゼルスに行くことにしたのはヨーコから命令されたわけではなく、付き合い始めたばかりの二人にとっては新天地のほうが何かと好都合だから、という理由だった。

それに加えて、ジョンはロサンゼルスで何件かレコーディングをする予定があったため、キャピトル・レコードが、一万ドルの旅費をレコーディング費用の一環としてトラベラーズ・チェックでジョンに前貸ししたのだ。

ロサンゼルス在住の友人でラジオＤＪのエリオット・ミンツが、二人を空港で出迎えた。ミンツはそれまでの関係から、ジョンとヨーコに対しては「自分の話や彼らの話ではなく、世界情勢の話をする」のが得策だとわきまえていた。ところがこの日、ジョンは自分からヨーコとの関係について話し始め、ミンツを驚かせた。

「ヨーコに追い出されて、いつ元に戻れるかもわからないし、もしかすると二度と戻れないかもしれない、と言っていたよ」とミンツはのちに回想している。

メイを連れてロサンゼルスに到着したジョンは、ニューヨークを発つ前にレコード・プラントで録音した新アルバムの仕上げに入ろうとしていた。ジョンはセルフ・プロデュースによるこのアルバムを、『マインド・ゲームス（Mind Games）』と名付けた。

トレードマークの両切りタバコを立て続けに吸いながら（ジョンはフィルターのついていないタバコを吸うと声が低くなると信じていて、ゴロワーズやジタン等のフランスの銘柄を好んで吸った）、ジョンは『メロディ・メーカー』の記者を相手に、「キャピトルの連中と膝を突き合わせて、アルバムのアートワークを仕上げ、ラジオでのプロモーションや何かをやるつもりだ」と話した。

この計画のうち、少なくとも「キャピトルの連中と膝を突き合わせる」という部分は間違いなく達成された。「（ビートルズの）解散は、もちろんたいへんな打撃だったよ」と、キャピトル・レコードの最高責任者だったドン・ジマーマンはのちに語っている。「でも解散後は、彼らともっと個人的に知り合うことができた。ジョンは、ヨーコとの別居中にタワー（キャピトル・レコードの本社ビル）を訪ねてくれた。よくオフィスにやってきて、コーヒー・テーブルに足を乗せて座ってたよ。おかげでちっとも仕事がはかどらないのには参ったけどね」

ジョンは『マインド・ゲームス』について、「これまでのロックとは、スピード感の違うロックだ。政治的なアルバムでも、内省的なアルバムでもない」と語っている。「だれかがこのアルバムのことを、『根性のある「イマジン」』って言ってたけど、すごくいい表現だと思うよ」

ジョンはロサンゼルスでリラックスした時間を過ごし、多くの古い友人たちと再会し、大勢の著名人とも知り合いになった。ジョンはのちに、ロサンゼルスで過ごした一年半を「失われた週末」と呼び、絶望と放蕩（ほうとう）の日々として語ることになるのだが（そして落ち込むことや、放蕩にふけることもあったのは事実だが）、実際には、それは創造性と生産性、そして純粋な楽しさに溢れた時間でもあった。

このころのジョンは、大人になってから初めて、ビートルズの一員としてでもなくオノ・ヨーコの夫としてでもなく、ただの自分でいることができていた。メイはこの時期の彼について、「アーティストとしてひとつの頂点に達し、個人的な人間関係についてもかなりの部分を癒すことができた」と回想している。

メイいわく、メディアが広めたイメージとは裏腹に、「ジョンが一八カ月間ずっと惨めだった、などということはまったくなかった」という。

ジャーナリストのラリー・ケインも、メイと同様の印象を抱いていた。ケインいわく、ジョンは一九七五年、メイと過ごした日々を振り返って、「人生で最も幸せな時期」のひとつだったと彼に明かしたという。

ジョンはこの時期に三枚のソロ・アルバムを完成させたうえに、友人のレコードも二枚プロデュースした。「あれは、失われた週末などではなかった」と、エリオット・ミンツは語っている。「とても長い週末ではあったけどね」

エルトン・ジョンもまた、「あの日々はジョンにとって、問題だらけで、不愉快で暗い時期だった、ということになっているのは知ってるよ。でも正直言って、僕の目にはそんな様子にはまったく見えなかった」と口を揃える。

ジョンとエルトンは、共通の友人であるトニー・キングを通して一九七三年初秋にロサンゼルスで出会っていた。キングは当時アップルのアメリカ担当マネージャーを務めていたが、この直後、アップルを去ってエルトンが設立したばかりのロケット・レコードに加わることになった。

エルトンはそのころ、一九七三年十月五日に七枚目のスタジオ・アルバムとなる二枚組の『黄昏(たそがれ)のレンガ路（Goodbye Yellow Brick Road)』がMCAからリリースされるのに先立って、ロサンゼルスに一カ月間滞在していた。『クリーム』誌は、レビュー記事で次のように書いている。

「エルトン・ジョンと彼の作詞家であるバーニー・トーピンは、ポップ・ミュージック界の階層において『ビートルズ・ストーン』のすぐ下に位置する薄い層に辿り着いた（問題は、ヘテロセクシュアル的な外見の魅力が足りないことと、バラードが多すぎることだ）」

ジョン・レノンとエルトン・ジョンには、トップ・クラスの英国人ロック・スターであること以外にも共通点が多かった。エルトンのバック・バンドで長年ギタリストを務めるデイヴィー・ジョンストンは、「エルトンは曲を書くスピードが恐ろしく速いので有名なんだ」と語っている。「それに、スタジオではあまり我慢がきかないたちだ」

実際エルトンは、『黄昏のレンガ路』のレコーディングをわずか二週間で終わらせている。そしてジョンのレコーディングはといえば、さらにその上をいくスピードだった（シングル「インスタント・カーマ」やビートルズ時代の「プリーズ・プリーズ・ミー」の録音にかかった時間は、わずか一日だ）。

エルトンがジョンに初めて会ったのは、キャピトル・レコードのオフィスでのことだった。その日、エルトンがオフィスを訪ねると、エリザベス女王の扮装をして頭にティアラを載せたトニー・キングが、ジョンとワルツを踊っていた。二人は、ジョンの新作アルバム『マインド・ゲームス』のテレビ用コマーシャルを撮影中だったのだ。

「ジョンのことは、すぐに気に入った」とエルトンは振り返っている。それは、彼がビートルズの大ファンだったからというだけではなく、ジョンが「こともあろうに、女王の格好をした男とくるくる踊って自分のアルバムを宣伝しようなどと考える元ビートルだったから」だった。

エルトンはこのときのことを、「彼となら間違いなく仲良くなれる、と思った。そしてその直感は、当たっていた」とも語っている。

エルトンは、ジョンとキングを「フレッド・アステアと、ジンジャー・ビア（ロンドンの方言で同性愛者（クィア）の意〕」と呼んでからかい、二人の姿をポラロイド写真に収めた。

それを見たジョンが、「僕がアメリカ永住権（グリーン・カード）を手に入れるまで、その写真はすべて没収！」とふざけて騒いだ。

「いい子にしてなさい、シャロン・キャヴェンディッシュ！」とキングがエルトンに言いつけた。

戸惑うジョンにキングが「エルトンのドラァグ・ネームだよ」〔ドラァグ・クイーンが愛称として使用する名前〕と説明すると、ジョンは大喜びで言った。

「じゃあ僕は、モラグって名前にする」

「それはダメだよ」とエルトンが説明した。「ドラァグ・ネームは自分でつけちゃいけないんだ。だれかに選んでもらわないと。僕にシャロン・キャヴェンディッシュって名前をつけたのは、彼女だよ」、エルトンはキングを指さした。キングは二人に向かってうなずいてみせ、傾いたティアラを直した。

「キャヴェンディッシュっていうのは、五〇年代のキーボード・プレーヤー、ケイ・キャヴェンディッシュから取った。そいつのステージでのあだ名は、『鍵盤の上のネコちゃん』っていうんだよ」とキングは笑いながら説明した。

「僕、人のドラァグ・ネームを選ぶのって大好きなんだ」

エルトンはそう言って、ジョンを見つめた。「きみは……キャロル・ダコタだ！」

❖ ❖ ❖

ロサンゼルス滞在中、メイはジョンに、息子ジュリアンとの関係を修復してはどうかと勧めた。ジョンとヨーコがアメリカに移住して以来、二人は一度も会っていなかったのだ。

キョーコと同い年のジュリアンの顔を見ると、失踪した娘を思い出してヨーコが悲しがる、というのがその理由で、ジョンはジュリアンと時折——というより、ごくまれに——電話で話すだけになっていた。

「父とまた話せるようになったのは、母のおかげなんだ」と、ジュリアンはのちに語っている。

だが、一度疎遠になった相手との距離を埋めるのは、どんな関係でも難しいものだ。シンシアもまた、一九七四年の初頭に久しぶりにジョンに連絡をしたとき、不安でいっぱいだった。ジョンがどんな反応を見せるか、まったく予測がつかなかったからだ。

彼女は、大型客船フランス号でサウサンプトンからニューヨークに渡り、ジョンを訪ねたいと考えていると告げた（フランス号は一九六〇年、シャルル・ド・ゴール大統領夫人の手による進水の儀式とともに就航した豪華客船。シンシアたちが乗った便は、フランス号の最後の航海だった）。

ジョンの返事を聞いて、シンシアは胸を撫で下ろした。ジョンはぜひ訪ねてきてほしいと言っただけでなく、二人の船旅のチケットをアップグレードし、必ずメイと二人でニューヨークの港まで迎えにいくと約束したのだ。さらに、エルトン・ジョンとトニー・キングが偶然同じ便に乗る予定であることを知ったジョンは、シンシアとジュリアンが安全に旅をできるよう目を配っておいてくれと二人に頼んだ。もちろん、エルトンとキングは喜んでこの役目を引き受けた。

船がニューヨークに到着してすぐ、一〇歳になっていたジュリアンはためらうことなくジョンに抱きついて、周りの大人たちを安心させた。二人が最後に会ってからすでに数年のときが過ぎていたが、ジュリアンは自分の父親がいまも「チャーミングで、楽しくて、温かい人」のままであることを感じ、ほっとしていた。

一方でジョンのほうは、メイいわく、「ジュリアンがもはや彼の記憶にあるような幼い子どもではなく、『小さな人間』に成長したことに、衝撃を受けていた」という。

四人はロサンゼルスに戻り、ジョンとジュリアンは「父親と息子の絆を取り戻すべく、長い時間をともに過ごし、一緒にギターを弾いたり作曲したり」、泳ぎにいったり、ディズニー・ランドを繰り返し訪れたりして楽しんだ。

このころ、インタビューで「いままでの人生で後悔していることはあるか」と聞かれたジョンは一瞬ためらってから、「時間を遡れるなら、ジュリアンとの関係をやり直したい」と答えている。

友人のエリオット・ミンツはこう言っている。「ジョンには、もっとジュリアンのそばにいてやるべきだった、という自覚はあった。でも、彼は僕にこう言ったんだ。『こういうことがうまくできない人間もいるんだ』とね。きっとそれを受け入れたとき、同じくそばにいてくれなかった自分の父親のことを、初めて少し許せたんじゃないかな」

ジョンは心を込めてジュリアンの世話をし、メイの勧めもあって、シンシアのことも温かく迎え入れた。シンシアはこのことで、メイに深い感謝の念を捧げている。
「まだ若くて、あんなふうに複雑かつ感情的に不安定な状況には慣れていないはずなのに、メイは素晴らしい対応をしてくれた」とシンシアは後年語っている。「メイは私と息子のジュリアンに対して、公平で優しく、思いやりに溢れた態度で接してくれた。(中略) メイは、心細い状況にあった私と息子の、いい友だちになってくれたの」

メイは、ジョンに対してもいい影響を与えていることは間違いなかった。だが多くの面で、彼女の影響力は限られていた。たとえば、ジョンが何かをしたいと思ったときに、それをやめさせることは、メイには到底できなかった。

メイはジョンに正しい道を示すことはできたが、間違った道を転がり落ちていく彼を止めることはできなかったのである。

48

燃え尽きたほうがいい
だんだん萎えていくくらいなら
——「マイ・マイ・ヘイ・ヘイ〈My My, Hey Hey (Out of the Blue)〉」

フィル・スペクターが銃を取り出す前から、問題は始まっていた。

ジョンは、『イマジン』の伝説的プロデューサーであるスペクターとオールディーズのカバー・アルバムの制作で再び仕事ができることを喜んでいた。しかも今回、ジョンは初めての試みとして、スペクターに決定権をすべて託すことにしていた。もうひとつ、それまでのレコーディングと違っていたのは、ジョンがスペクターの勧めでスタジオで酒を飲むようになったことだった。何であれ、ジョンがやりたいようにやるのを止めることなど、メイはおろかだれにもできなかった。

ロサンゼルスにあるスペクターのスタジオは、ジョンが慣れ親しんだロンドンの録音スタジオにそっくりだった。やんちゃで閉鎖的で、妻やガールフレンドを同伴しようものなら周囲に顔をしかめられるような雰囲気に溢れていたのだ。スペクターがA&Mスタジオで開催する出入り自由のセッションはパーティーも兼ねていて、大量のアルコールがつねに用意され、有名人ゲストが入れ替わり立ち替わり現われた。スペクターは、しばしば牧師や外科医や空手家などの仮装をして登場した。そしてその肩には、ホルスターに入れたピストルが下がっていた。
「男たちは全員、いつもお酒を飲んでいたわ。そしてジョンも、その一人だった」とメイは言う。
「みんなジョンと同じくらい酔っ払っていたわ」
「ジョンはありとあらゆる不健康なことを好き放題やっていて、フィルを含む僕たちも全員それに倣(なら)った」と、ドラマーのジム・ケルトナーは認めている。「唯一の問題は、フィルはプロデューサーだったってことだ。ほかはともかく、プロデューサーくらいは正気でいないと、困ったことになる」

その意味で、スペクターはじつに心許ないプロデューサーだった。そのあまりに常軌を逸した行動ぶりから、ジョンに「ヴァンパイア」というニックネームをつけられたほどだ。

スペクターが持ち歩いている銃について心配するメイを、ジョンはあれはただのはったりだと言って安心させようとした。だがそれも、ある夜スペクターが実際に銃を取り出して天井を撃ち抜く事件が起きるまでのことだった。

居合わせたプロデューサー仲間のマーク・ハドソンは、こう回想している。「スペクターがでかい銃を取り出して、廊下でジョンを追い回し始めたんだ。ジョンは笑い飛ばそうとしていたけど、あれは実際、恐ろしい事態だった」
「いいか、フィル。僕を殺したいなら、殺せばいい。ただし、耳は撃たないでくれよな。なくなったら困るんだ」、ジョンは大真面目な顔でスペクターに告げた。

その後、スペクターが音源の入ったテープを持って行方をくらませると、人々は怒るよりむしろ、ほっと胸を撫で下ろした。

❖　❖　❖

このころジョンは、もうひとつ、ヴァンパイアがらみの悪名高いグループに関わっていた。その名も、ハリウッド・ヴァンパイアーズだ。

「もともとは、酒飲み仲間の集まりだったんだ。最後の一人が倒れるまで飲み続ける、って感じのね」と、会長のアリス・クーパーは言う。「ハリウッド・ヴァンパイアーズと呼ばれるようになったのは、昼間はずっと寝ていたからだ。ただし人の生き血の代わりに、赤ワインを飲んでたってわけ」

クラブのメンバーは、クーパーをはじめとするハリウッドのロッカーたちで、ほかに（エルトン・ジョンの作詞作曲パートナーである）バーニー・トーピン、モンキーズのミッキー・ドレンツ、ザ・フーのキース・ムーン（彼はよく、エリザベス女王の仮装をはじめとするぶっ飛んだ衣装を着て会に参加した）などがいた。リンゴ・スターも、ロサンゼルスにいる際はよく顔を出した。

彼らはハリウッドにあるレインボー・バー&グリルの二階のロフトに夜な夜な集まっては、際限なく酒を飲み続けた。この店には現在も、「ハリウッド・ヴァンパイアーズの隠れ家」と書かれた壁飾りが掲げられている。

ジョンは親しい友人のハリー・ニルソンを通じて、このクラブに入会した。ニルソンはグラミー賞歴のあるシンガー・ソングライターで、フォーク・ロックの名曲「うわさの男（Everybody's Talkin'）」（一九六九年にアカデミー賞を受賞した映画『真夜中のカウボーイ（Midnight Cowboy）』の主題歌）のカバーで人気を博したほか、最近ではアップル・レーベルの所属アーティストであるバッドフィンガーのバラード、「ウィズアウト・ユー（Without You）」を、オーケストラを取り入れたアレンジでカバーし、ヒットさせていた。

ハリウッド・ヴァンパイアーズの会長であるアリス・クーパー（クーパーは自身のアルバム『ビリオン・ダラー・ベイビーズ（Billion Dollar Babies）』のプロモーション・ツアー中にビートルズの「ハード・デイズ・ナイト」のカバーを披露していた）は、しばしばハリーとジョンの喧嘩の仲裁という難役を引き受けるはめになった。「二人は親友同士だったけど、酒を飲むとすぐに政治的な議論をしたがって、宗教やら何やら、喧嘩のもとになる話題ばかり持ち出すんだ」

「酒を飲むと、だれでも人格がちょっと変わるだろ」とクーパーは言う。いわく、ジョンとハリーの場合は、「見ていて可笑しかったよ。二人ともそもそも喧嘩が強いタイプじゃないんだ。ただときどき、ふいに戦闘モードになるっていうだけでね。それ以外のときは、だいたいいつもみんな笑って飲んでいたよ」

「二人の違いは、ハリーは酒が大好きで、呑み方がうまかったってことだ」と、エリオット・ミンツは解説する。「ジョンも酒が大好きだったけど、呑み方がヘタだった。二人と一緒に飲むと、いつも最初のうちはすごく楽しい会話ができていた。（中略）でもある時点でそれが突然ひっくり返って、狂気の沙汰が始まるんだ」

❖ ❖ ❖

一九七四年三月十二日の夜も、ジョンとハリーはいつものように、ウェスト・ハリウッドにあるお気に入りのナイトクラブ、トルバドゥールに姿を見せた。クラブではその日、深夜のコメディ・ショーが開催されていた。

二人の隣の席には、「シナトラ軍団（ラット・パック）」の一員でジョンたちと同じく英国人の俳優、ピーター・ローフォードが座っていた。ローフォードは、ジョンが当時サンタ・モニカで滞在していたビーチ・ハウスのかつての住人でもあった。

「ブランデー・アレキサンダーを頼む！」とハリーが叫んだ。二人はこのときすでに、かなり酒が入った状態だった。

「何だ、それ？」ジョンはそのカクテルを、飲んだこともなければ聞いたこともなかった。

「ブランデーとクリームと、チョコレート・リカーのカクテルだ。心配するな、絶対気に入るから」とハリーが言った。

「ミルク・シェークみたいな味だな」と、運ばれてきた飲み物を一口飲んで、ジョンが声をあげた。甘くて酔いやすいこのカクテルを、二人は立て続けに何杯もおかわりした。

メイ・パンは、そんな二人の隣で途方に暮れていた。「ハリーがジョンにどんどん飲ませて、気づいたときには手遅れだったの」

ステージの上では、コメディアンのスマザーズ・ブラザーズがその日のショーを始めようとしていた。トミー・スマザーズはジョンの昔からの友人で、「平和を我等に」のコーラスに参加したこともあった。

だがこの夜、ジョンとハリーはステージ上の二人に挨拶するどころか、ヤジを飛ばし始めた。「僕ら二人で、ショーをほとんど台無しにしてしまった」と、ジョンはのちに認めている。

「ひどいもんだったよ」と、トミーは振り返っている。「二人は最初から、かなり酔っ払った状態でショーを観に来た。後になってハリーから聞いた話では、ハリーが『ショーがうまくいくように、ヤジを飛ばしてやろう』とジョンに言ったらしい。たぶん僕がスベると思ってたんだろう。それで二人がヤジを飛ばし始めたんだけど、聞いたこともないくらい汚い言葉を使ってたよ。二人ともベロベロに酔ってたしね。（中略）とにかく、悲惨な状況だった」

隣の席のピーター・ローフォードが二人を止めようとしたものの、あえなく失敗し、ジョンは次に、彼に殴られたと主張する現地の女性カメラマンと取っ組み合いの喧嘩を始めた。

「俺をだれだと思ってるんだ？」ようやく店を出たジョンは、今度は駐車係に向かって怒鳴った。「俺はエド・サリヴァンだぞ！」

翌日、目を覚ましたジョンは、あらゆるタブロイド紙が昨夜の出来事を書き立てていることを知り、深い後悔に苛(さいな)まれながら、トミーとディック・スマザーズに花束を贈った。添えられたカードには、「愛と涙を込めて！」という謝罪の言葉が記されていた。

ニューヨークのヨーコは、かかってきた取材の電話に対して、それよりもさらに短い返答を返した。「ノーコメント！」

ロサンゼルスでは、大々的に報道されたトルバドゥールでの出来事について、地方検事による調査が開始された。告訴に足りるほどの証拠は揃っていなかったものの、ビザが保留になっている状況を鑑みて、ジョンは彼に殴られたという女性カメラマンの訴えを示談で解決することにした。

「彼女に金を払って解決しなくちゃならなかった」とジョンはのちに語った。「移民ステータスにダメージが出るのが心配だったんだ」

❖ ❖ ❖

バーバンク・スタジオでは、ジョンは別の種類のダメージと戦っていた。

フィル・スペクターの失踪後、ジョンは友人のハリー・ニルソンのアルバム『プッシー・キャッツ(Pussy Cats)』のプロデュースに取り掛かっていた。ところがレコーディングの初日、美声で知られるハリーの喉がやられて声が出ないことが判明したのだ。

ドラマーのジム・ケルトナーは、レコーディング前日にジョンと出かけたことをハリーから打ち明けられた。「前の夜に二人で叫びまくったそうだよ。叫ぶのはジョンの得意技だからね」

「いつものヨー、ディー、ドゥー、ダーって歌声は、どこへ行ったんだ?」ハリーの潰れた声を聞いたジョンは驚いて尋ねた。

ハリーは、しわがれ声で何事かつぶやくことしかできなかった。

その夜のレコーディングはジョンの提案でいったん中止となり、皆で家に帰ることが決まった。「家」というのは、一種のクラブハウスのような場所だった。

ロサンゼルスに着いてから数カ月間、街中のホテルや借家を点々としていたジョンとメイが、ようやく腰を落ち着けたそのサンタ・モニカのビーチ・ハウスは、ハリウッド・ヴァンパイアーズの面々が何人も泊まれるほどの広さがあった。

さらに、フィル・スペクターとのセッションで起きたようなトラブルを避けるため、新作アルバムに参加していたミュージシャンのうち半数が、ジョンの提案でこの家に一緒に滞在していた。その中には、ジョンの旧友クラウス・フォアマンや、エキセントリックなキース・ムーン、さらにはリンゴとそのビジネス・マネージャーであるヒラリー・ジェラードの姿もあった。

リンゴはこのとき、ジョンのアルバムに参加するためにロサンゼルスを訪れていたのだが、それは同時に、自分の結婚生活の問題から距離を置くためでもあった(その少し前、ジョージ・ハリスンはリンゴの妻であるモーリンと不倫の関係にあることをリンゴに告白した。大きなショックを受けたリンゴは、ジョンから買ったばかりだったティッテンハーストの家を出て、ロサンゼルスのジョンのもとに転がり込んだのだった)。

白いしっくいの壁に、五つの寝室を備えた二階建てのビーチ・ハウスには、興味深い歴史があった。一九三〇年代に映画会社MGMスタジオの代表だったルイス・B・メイヤーが建てたこの家は、その後俳優のピーター・ローフォードの手に渡った。当時ローフォードはジョン・F・ケネディの妹パトリシア・ケネディと結婚しており、ケネディ大統領に(そしておそらくは、もう一人の義兄であるボビーにも）、マリリン・モンローとの逢瀬のためにこの家を貸していたと言われていたのだ。

「ジョンと私は、主寝室を使っていた」とメイは回想する。「最初に部屋を見たとき、ジョンが『じゃあ、彼らはここでやってたのか』って言ったの。ケネディ大統領と、モンローのことよ」

ジョンは家を訪れるゲストに好んでこの話を披露した。

ツアー・マネージャーでアップルの社員だったクリス・オデールも、頻繁に顔を出す客の一人だった。「僕たちはみんな、マリリンに関する例の伝説のことで少しビビってたんだ。特にジョンがそうだった。彼は、あの家にマリリンの亡霊がいると信じていたんだ。毎朝何者かに起こされて目を覚ます、とジョンは言っていて、僕らはマリリンの仕業に違いないと思っていたよ」

残りの四つの寝室には、ハリー、キース、クラウス、ヒラリーの四人が滞在し、「壁にケネディ大統領の公式肖像画が飾られたライブラリー」は、リンゴの寝室として使われた。

メイが寮母の役割を果たすこの家で、彼らはシュールな寮生活を送った。日中は次々と客が訪れ、夜はスタジオでレコーディングが行なわれた。そしてまた家に戻ると、毎晩のようにどんちゃん騒ぎが始まった。

ジョンはこの生活に、疲れを感じ始めていた。

「素晴らしいアイディアだと思ったんだ。みんな一緒に暮らして一緒に仕事をする。そうすれば、調和が実現できるだろうってね」とジョンは振り返っている。「でも実際は、家の中はしっちゃかめっちゃかだった」

そしてついに、ジョンは悟った。「素晴らしい歌い手だが喉が潰れているシンガーと、酔っ払って正気を失った者だらけの家。その真っ只中で、僕は突然我に返った。ここでの責任者は、僕なんだ。プロデューサーは、この僕なんだ！　この状況をなんとかしなくちゃ、とね。それで、ビシッとすることにした」

❖❖❖

三月二十八日、新たなセッション・ミュージシャンがスタジオに到着した。

ポール・マッカートニーだ。

ジョンとポールが最後に顔を合わせてから、長い時間が過ぎていた。

皮肉なことに、ジョンの場合はかつての麻薬所持問題が原因でビザ取得が滞り、アメリカを出ることができずにいたのに対して（いったん出国したら、再入国できなくなることを恐れていた）、ポールのほうは大麻所持で逮捕されたことが理由で、アメリカに入国できずにいたのだ。

ポールは今回、第四十六回アカデミー賞授賞式のためにロサンゼルスを訪れていた。ウイングスの楽曲「００７　死ぬのは奴らだ（Live and Let Die）」（リンダとの共作で、プロデュースはジョージ・マーティンが担当した）が、最優秀オリジナル歌曲賞にノミネートされたのだ。

だが、タキシードを着る前に、ポールにはやることがあった。彼はスティックを二本手に取ると、ドラム・セットの前に置かれたスツールに座った。その日はリンゴもキース・ムーンも不在だったが、近くのスタジオでレコーディング中だった若き天才、スティーヴィー・ワンダーが飛び入りで参加していた。

「ミッドナイト・スペシャル（Midnight Special）」の演奏が始まると、二人の心にたちまちリバプールでの日々の思い出が蘇った。

「あんまりマジになるなよ、ギャラは出ないからな」とジョンが声をかける。ポールとリンダ、スティーヴィーに加え、タンバリンを手にしたメイ・パンと数名のミュージシャンを交えたセッションは、次第に白熱していった。

ジョンとポールが最後に音楽を演奏してから、四年以上の月日が過ぎていた。この日の海賊版の音源には主にブルースで構成されたセッションが収められており（のちに『ア・トゥート・アンド・ア・スノア・イン'74（A Toot and a Snore in '74）』というタイトルで発表された）、演奏は荒いものだった。だが、メイの言葉によれば、その夜彼らは間違いなく、「喜びに満ちた音楽を奏でていた」という。

それはまぎれもなく、歴史的な瞬間だった。そしてその日その場にいた者全員が、はっきりとそのことに気づいていた。彼らはそれぞれ自分のパートを演奏しながら、ジョンの言葉によれば、「ただ、僕とポールを見つめていた」のである。

49

俺が見つけた愛の光
――「フール・イン・ザ・レイン〈Fool in the Rain〉」

「ジョンとメイの関係のことで、私が傷つくことはなかったわ」と、ヨーコは主張した。いわく、彼女は最初から「ジョンを失う心の準備はできていた」という。「もちろん、戻ってくるならそのほうがいいけど。どこかでは、これで終わることはないと思っていたわ」

とはいえ、そろそろ潮時だ、とヨーコは感じていた。ジョンがロサンゼルスに移ってから、すでに六カ月以上が経っていた。ヨーコはそのあいだも絶えずジョンに連絡を取り続けていただけでなく、メイやDJのエリオット・ミンツ、カメラマンのボブ・グルーエンといった友人たちにもひっきりなしに電話をかけ続けていた。

メイは、ヨーコからの電話を日に日に重く感じるようになっていた。

「最初のうち、ヨーコは私とジョンの関係を秘密にしておきたがっていて、そのことで色々と指示をしてきたの。私自身は、関係を隠しておくこと自体は構わなかったわ」とメイは振り返る。

だが、この作戦はすぐに失敗に終わることになる。ジョンが、周りに人がいても大っぴらにメイといちゃいちゃするのを好んだからだ。

49

　こうしていったんことが公になると、「ヨーコは危機モードに入った」という。「この事態をどう説明するか、細かく指示してきたの。ヨーコがジョンを追い出した、って説明しなさいって。毎日彼女から電話がかかってきて、念を押されたわ。毎日、修羅場続きだった」と、メイはのちに不快感をあらわにして語った。

　一方、ジョンに頻繁に電話をかけていたことについて、ヨーコの言い分はごくシンプルなものだった。「二人とも、お互いに会えずに寂しかったの。毎日電話をかけ合ってたわ。ジョンのほうから一日に三、四回かけてくることもあった」と、ヨーコは記者たちに語った。

　この時期のジョンは、決して一部で言われているほど不幸せでも自暴自棄でもなかったが、ヨーコと和解したいという気持ちをつねに口にしていたことは事実だ。

「彼はいつも、『ここから出て彼女のところに戻るためには、どうすればいいんだ？』という感じだった」とミンツは言う。

　ジョンの「失われた週末」をそろそろ終わりにすべきと考えたヨーコは、アドバイスを求めた。以前から相談相手として頼っていたサイキックや数秘術師に加えて、タロット・カード占い師のジョン・グリーンのもとに通うようになったのだ。

　一九七四年にヨーコの専属スタッフとなったグリーンは、ときには一日に何回も、ヨーコの要望に応えてカードをめくることもあった。

　そしてもう一人、ヨーコが助けを求めた相手がいた。

「英国の自宅にヨーコが訪ねてきて、頼みごとがあると言われたんだ」

二〇一九年に行なわれたインタビューで、ポールは語った。「ロサンゼルスに行ったら、『私と一緒にやっていく努力をする気があるんだったら、また迎え入れてもいいと思っている』とジョンに伝えてくれないか、ってね」

ポールはロサンゼルスでジョンと二人になったとき、このメッセージを彼に伝えた。するとジョンは、目に見えてほっとした表情になったという。

一九七四年四月二日、ロサンゼルスのドロシー・チャンドラー・パビリオンでアカデミー賞授賞式が行なわれ、最優秀オリジナル歌曲賞はポールの「007　死ぬのは奴らだ」ではなく「追憶（The Way We Were）」に贈られた。このときジョンはバックステージで待っていて、受賞を逃したポールを慰めた。

ジョンとポールの関係修復について、音楽業界の内部ではさまざまな憶測が飛び交った。だが、ポールがヨーコの使者の役割を果たしたことについては、表沙汰になることはなかった。

❖　❖　❖

四月も後半になるころには、ハリウッドの華やかな魅力はジョンの中で輝きを失いつつあった。彼はもはや、ニューヨークに帰りたいという強い思いに抗うことができなくなっていた。

49

こうしてジョンは、ニューヨークに戻った。が、その行き先はヨーコのもとではなかった。五番街にあるホテル・ピエールで、エルトン・ジョンの部屋の真上にあるスイート・ルームを借りてメイとともに滞在することにしたのだ。

ジョンはさっそく、ハリー・ニルソンの『プッシー・キャッツ』のリミックスを完成させ、自身の新作アルバム『心の壁、愛の橋（Walls and Bridges）』の制作にも取り掛かった。

ある日の夜遅く、ジョンは一人でテレビを眺めながら、果たして自分はもう一度ヒット・レコードを生み出すことができるのだろうか、と考えていた。ポールとジョージ、リンゴの三人は、ソロ・アーティストとしてすでにナンバーワン・ヒットを何枚も世に送り出していた（ポールは「アンクル・アルバート〜ハルセイ提督（Uncle Albert/Admiral Halsey）」と「マイ・ラヴ（My Love）」、ジョージは「マイ・スウィート・ロード（My Sweet Load）」と「ギヴ・ミー・ラヴ（Give Me Love(Give Me Peace on Earth)）」、リンゴは「想い出のフォトグラフ（Photograph）」と「ユア・シックスティーン（You're Sixteen）」を、それぞれヒットさせていた）が、ジョンはまだだった。自分だけが取り残されているような疎外感が、彼の胸を締め付けていた。「僕は最近、嫌われている」と、ジョンはエルトンに弱音を漏らした。

ぼんやりしながらテレビのチャンネルを次々と変えていたジョンは、ふと手を止めて画面を見つめた。そこには、アップタウンの一七五番通り沿いにあるロウズの映画館を改築した会場で説教をする三九歳のテレビ説教師、アイク牧師が映し出されていた。

「いいですか、みなさん。何であれ、構わないのです」と、アイク牧師は言っていた。

「それが夜を乗り越えさせてくれるなら（ワット・エヴァー・ゲッツ・ユー・スルー・ザ・ナイト）、何でもいいのです」

　ジョンはその言葉を書き留めると、そのまま曲を書き始めた。


　一九七四年六月十七日。ポールがウイングスにとって三枚目の全米ナンバーワンとなるシングル「バンド・オン・ザ・ラン（Band on the Run）」を発表した少し後のこと、ジョンはレコード・プラントで、新作アルバム『心の壁、愛の橋』のラフ・ミックス制作に励んでいた。

　その日、ジョンが一人で音源を「いじくり回して」いるところに、エルトン・ジョンとトニー・キングが顔を出した。彼は手元にあった新曲の音源を何曲かかけて聞かせ、最後にテレビで聞いた牧師の説教をもとに書いた「真夜中を突っ走れ（Whatever Gets You Thru the Night）」をかけた。

　ジョン自身はこの曲をそれほど気に入っていなかったが、エルトンは絶賛した。

　ジョンは、このアルバムを自分でプロデュースしていた。その仕事の進め方に（「スピードは速いが、すぐに飽きる。つまり僕の好みにぴったり！」）に共感を覚えていたエルトンは、嬉々としてこう申し出た。

「ねえ、ここにピアノをちょっと乗っけてもいいかな？」

「もちろんだよ！」ジョンは答えた。

　二人はすでに親しい友人同士だったが、ジョンはそれまで、エルトンがピアノを弾くところを見たことがなかった。その日、演奏を直（じか）に聞いたジョンは、腰を抜かすほど驚いた。

「エルトンはピアノを弾き倒してた。あんまりうまいんで、ひっくり返ったよ」とジョンは回想している。「あの日は本当に楽しかった」

エルトンはほかにも、ジョンがメイのために書いたラブ・ソング「予期せぬ驚き（Surprise, Surprise (Sweet Bird of Paradox)）」にもピアノとコーラスで参加した。だが彼のイチ推しは、なんといっても「真夜中を突っ走れ」だった。

「この曲が、きみのナンバーワン・ソングになるよ」とエルトンは予想してみせた。

ジョンはこれを聞いて笑い飛ばしたが、エルトンは大真面目だった。そして、自分が本気であることを示すために、この曲がチャートで何位を取ることができるか、ジョンと賭けをすることにした。

この曲がもし一位になったら、もうすぐ始まる自分のツアーに一晩だけ飛び入り参加してほしい、と申し出たのだ。

「エルトンはコーラスで参加して、めちゃくちゃいい仕事をしてくれたんだ」とジョンは説明している。「だから半分冗談で、もし『真夜中を突っ走れ』がナンバーワンになったら――僕はそんなことになるとはまったく思っていなかったんだけど――マディソン・スクエア・ガーデンのステージに、彼と一緒に立つと約束したのさ」

九月二十六日に『心の壁、愛の橋』がアップルからリリースされると（英国では十月四日）、批評家たちは、ジョンとエルトンのコラボレーションに飛びついた。

『ニュー・ミュージカル・エクスプレス』は「エルトン・ジョンが――エルトン・ジョンだって？？？？――キーボードとバック・コーラスに参加している」としてこの曲を取り上げ、二人のコラボが「本物の、焼けつくようなロック的エッジを生み出している」と絶賛した。

また『ローリング・ストーン』はこの曲を、「扁桃（へんとう）摘出の手術を受けた後のアイスクリーム」のようだと描写した。

一九七四年十月九日に三四歳の誕生日を祝ってすぐ、ジョンのキャリアにおけるマイルストーンが次々に達成された。十月二十二日、『心の壁、愛の橋』がゴールド・ディスクに認定され、十一月十六日にはエルトンの予想通り、シングル「真夜中を突っ走れ」が『ビルボード』でナンバーワンに輝いたのだ。

さっそく、エルトンから電話がかかってきた。「約束したこと、覚えてる？」

こうして賭けに負けたジョンは、感謝祭の日の夜にマディソン・スクエア・ガーデンで行なわれるエルトンのコンサートに、急遽出演することになった。

十一月二十八日、エルトン・ジョンのコンサートを前に、ジョンはかつてのような舞台恐怖に襲われ、吐き気に苦しんでいた。そんなジョンに、エルトンはオニキス製のメダル型チャームがついたペンダントを手渡した。メダルには、ジョンがときどき使っていた別名、「ドクター・ウィンストン・オー・ブーギー」の名が刻まれていた。そしてヨーコからも、彼女が一番好きな花であるクチナシの花束が、二人宛てに届いた。

その夜、サプライズ・ゲストとしてステージに姿を現わしたジョンの首には、エルトンのペンダントが下がり、胸にはクチナシの花が留められていた。

スーパー・スターの突然の登場に、観客は驚き、歓声をあげた。だがその夜のサプライズは、それだけでは終わらなかった。

「ステージに出ていって、何曲か歌ったんだ」と、ジョンは振り返っている（一曲目は、「真夜中を突っ走れ」だった）。「でも何より、エルトンと一緒にステージに立てていること自体、感無量だったよ」

それから二人は、ビートルズの『サージェント・ペパーズ』から「ルーシー・イン・ザ・スカイ・ウィズ・ダイアモンズ」を演奏した。エルトンはちょうどこの曲のカバーをリリースしたばかりだったのだ（ジョンも、「ドクター・ウィンストン・オー・ブーギー」の名前でギターとバック・コーラスでこのカバーに参加していた）。

そして最後に、ジョンはマイクに向かってこう言った。「別れてしまった僕の昔の婚約者、ポールの曲をやりたいと思います」「僕は歌ったことのない曲で、ビートルズの古い曲です。僕らが知ってる曲です」

続いてエルトンのバック・バンドが演奏し始めたのは、なんとビートルズ初期の名曲「アイ・ソー・ハー・スタンディング・ゼア（I Saw Her Standing There）」だった。

コンサートの後、ホテル・ピエールで行なわれた打ち上げには、ヨーコも参加した。その日、ジョンとヨーコは並んで座り、手を取り合って話している姿を何枚か写真に撮られている。

二人のあいだにそびえ立っていた壁は、このときついに崩れ落ちつつあった。

❖ ❖ ❖

二人が実際に復縁に至るにはまだしばらく時間がかかったものの、エルトン・ジョンのコンサートが再会の場を提供したことは確かだった。

だが、ジョンとヨーコが再び歩み寄ろうとしていたのとちょうど同じころ、ビートルズの元メンバーたちは、かつての関係からますます遠くへ——そして永遠に、歩み去ろうとしていた。

ジョンがエルトンのコンサートに飛び入り出演してから数週間後、同じくマディソン・スクエア・ガーデンズでアルバム『ダーク・ホース（Dark Horse）』のプロモーション・コンサートを行なうために、ジョージ・ハリスンがニューヨークを訪れていた。

そしてその日は、ポールもニューヨークに居合わせていた（珍しいことに、このとき不在だったのはリンゴだけだった）。

ジョンとポール、ジョージの三人は、一九七四年十二月十九日に、プラザ・ホテルで落ち合うことになった。弁護士の同席のもと、ビートルズの解散に同意する書類に正式に署名をするためだった。

それは、一九七〇年十二月三十一日にロンドンの高等法院でポールが起こした訴訟の、最後のステップとなるはずだった。ポールは、この訴訟によって「ずっとずっと昔からの僕の本当の仲間だったやつら」が、「一夜にして最大の敵になったんだ」と語っている。

だが、そんなトラウマにもかかわらず、ポールはこう主張した。「それでも、やるしかなかった。訴訟を起こすか、あるいは僕らが子どものころから人生を費やして稼いできた全財産を、全部クラインに受け渡すか、二つにひとつだったんだ」

四人のあいだにあったわだかまりは、この四年でほぼ解けつつあった。ロサンゼルスでのジャム・セッションの後、ポールとジョンは友好的な関係を取り戻しつつあったし、ジョンはプラザ・ホテルでの手続きを終えた後、マディソン・スクエア・ガーデンでのジョージのコンサートに飛び入りすることになっていた。リンゴはつねに三人と仲が良く、書類には英国ですでに署名を済ませていて、その日も電話で参加していた。ジョージとポールは、全員で書類に署名をしてすべてを終わらせるべく、プラザ・ホテルでジョンの到着を待っていた。

だが、ジョンは結局現われなかった。税金に関連する懸念事項があった、というのが表向きの理由のひとつではあったが、その日ようやく弁護士からの電話に出たジョンは、メイとともに部屋に留まったままで、星の並びが悪いから今日は署名できない、と三人に伝えてくれと頼んだ。「占星術師に、今日は相応しい日ではないと言われたから、サインしなかったんだ」と、ジョンはのちに説明した（友人のジャーナリスト、レイ・コノリーは、「ジョンに行きつけの占星術師がいたなんて、このとき初めて聞いたよ。もっとも、ヨーコが通っていたのは知っていたけどね」と語っている）。

プラザ・ホテルで、ジョージとポールはショックと苛立ちを隠せずにいた。とりわけジョージは、その夜の飛び入り出演の話はなかったことにしてくれと、即座にジョンに告げたほどだった（それはジョージにとって、特につらい時期だった。ツアーが不評だったうえに、妻のパティが親友のエリック・クラプトンのもとへと去ったばかりだったのだ）。

調停役を買って出たポールは、ジョンとメイを訪ね、（星の並び以外の）不安要素を取り除くべく話し合った。

幸い、この不和はすぐに解消され、ジョージでさえ翌日にはジョンと和解に至ることができた。「人はだれでも、変わっていくものだけど」とメイは振り返る。「ジョンの場合は、日々刻々と変化するの。だからすべては時間の問題だった。五年前（一九六九年、ジョンがビートルズを解散へと導いていたころ）とそのころでは、状況がまったく違っていた。一九七四年には、ジョンはみんなと会うようになっていたわ。彼らの友情は、消えていなかったってことね。四人は兄弟同然で、お互い敵意なんて抱いてなかった」

弁護士が書類を手直しするあいだ、ジョンとメイは休暇でアメリカを訪れていた一一歳のジュリアンを連れて、フロリダに旅行することにした。

「ジュリアンに、暖かい土地で楽しいクリスマス休暇を過ごしてほしかったの」と、二〇一八年、メイは『パーム・ビーチ・ポスト』の取材に応じて振り返った。

三人は、サンライズ・アベニューにあるサン・アンド・サーフというコンドミニアムに部屋を借り、ゆっくりと休暇を過ごした。「一週間滞在したわ。まずパーム・ビーチで二、三日過ごして、ディズニー・ワールドに一日か二日行って、またビーチに戻って、それからニューヨークに帰ったの」

パーム・ビーチで、彼らは海水浴を楽しみ、くつろいだひとときを過ごした。レストランで食事を楽しみ、パーティーに顔を出すこともあった。ジョンはワース・アベニューで、メイにジュエリーを買ってやったりもした。それは三人にとって、いい休暇だった。ジョンはカリフォルニアのディズニー・ランドと同じように、ディズニー・ワールドも大いに楽しんだ（特に「カリブの海賊」がお気に入りだった）。

だが何よりありがたかったのは、人混みに紛れた彼に人々が気づかないことだった。「有名でいるのは、好きじゃないんだ」と、ジョンはパーム・ビーチのカメラマンに漏らした。「僕も、きみたちみたいになりたい」

一九七四年十二月二十九日、ディズニー・ワールドのポリネシアン・ヴィレッジ・リゾートに滞在していたジョンのもとを、弁護士たちが訪ねてきた。

ついに改訂版の書類を前にしたジョンは、またしてもためらいを覚えていた。自分がこれからしようとしていることの意味を、よくわかっていたからだ。

「カメラを出して」と、ジョンはメイに言った。

彼はさらに一息おいて、窓の外に目をやった。そばで見守っていたメイの目にも、「ビートルズとして経験したすべてのことが、ジョンの心の中で走馬灯（そうまとう）のように蘇る様子が見えるようだった」という。

「四人とも、ミュージシャンとして次のレベルに進むために解散は避けては通れないと感じていたと思う。それでもビートルズはジョンにとって、自分が始めたバンドだった。そのバンドが、世界を変え、ポップ・カルチャーを変え、人々の生活を変え、服装を変えたの。ジョンは、そのことをよくわかっていた。そして、署名するために椅子に座ったとき、ジョンはこれですべてが終わるということを理解していた。署名するのは、ジョンが最後だった。あのバンドを始めたのがジョンなら、終わらせるのも彼の役割だった、ということね」

こうして、それは「魔法の王国」で終わりを迎えた。三人のサインの下に自分の名前を書き入れて、ジョン・レノンはビートルズの歴史に幕を引いたのだった。

50

ロックンロール・ミュージックじゃなきゃ僕と踊りたいならね
──「ロックン・ロール・ミュージック〈Rock and Roll Music〉」

一九七五年の一月、ジョンは再度エルトン・ジョンのシングルにギターとバック・コーラスで参加した。「ルーシー・イン・ザ・スカイ・ウィズ・ダイアモンズ」のレゲエ調のカバーで、このシングルはアメリカでナンバーワンに輝いた。

同じ月、ジョンはニューヨークに戻ったロンドン出身のミュージシャン、デヴィッド・ボウイと再会した。二人の出会いは数カ月前、俳優のディーン・マーティンが一九七四年九月二十日にロサンゼルスで開いた、ディーンの息子リッチーの二一歳の誕生日パーティーでのことだった。

このパーティーにはほかにも、リンゴやエルトン・ジョン、エリザベス・テイラー、テニス選手のアーサー・アッシュ、ビーチ・ボーイズのブライアンとカール・ウィルソン兄弟らが出席していた。

その日、ジョンの最大のお目当ては、映画スターのディーン・マーティンとエリザベス・テイラーだった。「ジョンはあのパーティーにすごく行きたがってたわ」とメイは言う。「彼は往年のハリウッド・スターたちが大好きだったの」

リチャード・バートンとの二度にわたる結婚の合間の時期だった四二歳のエリザベス・テイラーは、その少し前にボウイに初めて会い、彼のことを大いに気に入ったようだった。ボウイがのちに語ったところによれば、「ミス・テイラーは、僕と一緒に映画を撮りたがっていた」という。

だが彼自身は、この企画に興味を示さなかった（ボウイはのちに、『ローリング・ストーン』のインタビューで映画監督のキャメロン・クロウにこう語っている。「彼女はとても素敵な女性だったけど、それほど深く知り合う機会はなかった。僕を見ているとジェームズ・ディーンを思い出す、と彼女に言われたことはあるけどね」）。

テイラーはこの日、パーティーの最中にジョンとボウイを引き合わせた。

ボウイはのちに、ジョンとの出会いを振り返って、「ジョンは、『また新顔が現われたな』っていう感じだった」と、ジョンのリバプール訛り（なま）を真似て述べている。

「僕のほうは、『ジョン・レノンだ！　なんて言えばいいんだろう？　ビートルズのことだけは口にしちゃダメだ、バカみたいに見えるから』と考えてた」

だが、ジョンに「やあ、デイヴ」と話しかけられたボウイは、とっさにこう答えた。

「あなたの作品は全部持ってます。ビートルズのやつ以外ってことだけど」

彼はのちに、決まり悪そうに次のように認めている。

「一九七〇年代の初頭は、どんな言葉や形や言い方であれ、ビートルズが好きだと公言すること

50

は、何よりもカッコ悪いことだったんだ」

ぎこちない出会いではあったが、二人はすぐに意気投合し、仲のいい友人同士になった。

「僕にとってジョンは、ポップ・ミュージックというものにひねりを加え、ひっくり返し、ほかのアートの要素と融合させる方法を定義してくれた人だった。彼が創り出すものは限りなく美しく、力強く、どこか奇妙でもあった」とボウイは回想している。「それに、ジョンはよく、頼まれもしないのに、ありとあらゆる話題について自説を延々と語ることがあってね。意見を山ほど持ってたんだ。そういうところに、僕はすぐに共感を覚えた」

ボウイはジョンについて、こうも言っている。「僕がこれまでに出会った中で、おそらく最も聡明で、ウィットに富んだ人の一人で、真の社会主義者でもあった。ここで言う社会主義者とは、でっち上げられた政治的な意味ではなく、本物のヒューマニスト、という意味だ」

「それに、彼はすごく刺々しいユーモアのセンスを持っていた。僕も英国人だから、もちろん彼のそういうところが大好きだった」

ボウイは一月八日に二八歳の誕生日を祝った後（同じ日、エルヴィス・プレスリーは四〇歳になった）、五番街のホテル・ピエールに戻り、前年の十二月一日に終了した『ダイアモンドの犬（Diamond Dogs）』ツアーのセット・リストを作成したときに滞在したのと同じ（一週間七〇〇ドルの）スイート・ルーム二部屋に、再びチェックインした。

このころ、批評家の評価においても人気度においても、「デヴィッド・ボウイの新譜は、六〇年代におけるビートルズの新作と同じような畏敬の念をもって迎えられる」ようになっていた。

ボウイは当時、ジギーという架空のロック・スター（ボウイの別人格のひとつ）を巡るストーリー仕立ての『ジギー・スターダスト（The Rise and Fall of Ziggy Stardust and the Spiders from Mars）』（一九七二年）をはじめとしたコンセプト・アルバムに凝っていたが、ジョンにとっては、これがボウイをからかって楽しむためのいいネタになっていた。

「ボウイ、お前は一体全体、何をやってるんだ？　お前の作る代物は何でもかんでも、全部ネガティブじゃないか。ダイアモンドの犬のミュータントとかなんとか、たわ言を言いやがって。ハハハ！」

「グラム・ロックのことをどう思う？」とボウイが尋ねると、ジョンはいつものリバプール訛りでこう答えた。

「あんなのはただの、口紅をつけたロックンロールだ」

「あまり正確とは言えないけど、明快な答えだね」と、ボウイは笑いながら言った。

ボウイはこのころ、自ら「プラスチック・ソウル」と呼ぶスタイル——『ラバー・ソウル』というタイトルに辿り着く前に、ポールが使っていたのと同じ言葉——へとシフトしつつあった。

人気が高まりつつあった「フィラデルフィア・サウンド」に魅了されたボウイは、フィラデルフィアにあるスティグマ・サウンド・スタジオで、新作アルバム『ヤング・アメリカンズ（Young Americans）』のレコーディングに取り掛かった。

50

録音を終えると、ボウイは音源をニューヨークに持ち帰り、一九七〇年にジミ・ヘンドリックスが過剰摂取でこの世を去るわずか三週間前に設立したエレクトリック・レディ・スタジオに一人こもって、アルバムの仕上げにかかった。

アルバムがいったん完成し、（のちにメイと結婚することになる）プロデューサーのトニー・ヴィスコンティがロンドンに発った後になって、ボウイは一九六八年のジョンの作品「アクロス・ザ・ユニヴァース（Across the Universe）」（ジョンは、当時の妻だったシンシアに対してある夜感じた苛立ちをもとにこの曲を書いた。最終的に、この曲はビートルズ最後のアルバム『レット・イット・ビー』に収録された）のカバーを収録しようと思い立ち、ヴィスコンティに相談することなく、この計画を実行に移した。

ちなみに「アクロス・ザ・ユニヴァース」ができた過程について、ジョンは「とても興味深いんだ」と語っている。「『ペーパーカップに注ぎ込む降り止まない雨のように、言葉が溢れ出す。大きくうねりながら、言葉は滑り、宇宙を渡っていく』、本当に素晴らしい韻律（いんりつ）でもう二度と同じようなものは書けないよ！　これは僕が考えて作り上げたものじゃない。歌のほうが、勝手にやってきたんだ」

ボウイは、ジョンがマハリシから学んでコーラス部分に盛り込んだサンスクリット語のマントラ「ジャイ・グル・デイヴァ・オム」は省略して、自分なりのカバー・バージョンを録音した。

ジョンはこのカバーを気に入り（ボウイからカバーの話を持ちかけられたときのことを、「すごくいい案だと思ったよ」と、ジョンは回想している。「僕自身、一番気に入ってる曲のひとつだけど、自分が歌ったバージョンは嫌いだったからね」)、ボウイからのコラボレーションの誘いにも乗ることにした。

二人は「名声（フェイム）」という概念について何時間も語り合った。名声を得た者を捉えるパラドックスを、ボウイは次のように説明している。

「実際にそうなるまでは、有名になりたくてたまらない。そしてそれが実現すると、元に戻りたくてたまらなくなる。『インタビューなんてもううんざりだ！　写真も撮られたくない！』ってね」

ボウイは、もともと「フットストンピン（Footstompin'）」のカバー（オリジナルは一九六一年のフレアーズの楽曲で、ボウイはこのカバーを一九九五年のアルバム『レアレスト・ワン・ボウイ（RarestOneBowie）』に収録している）から派生したギターのリフをもとに、リズムを組み立てることにした。

「きみがやってたあのリフ、どんなだっけ？」と、ボウイは長年彼のもとでギタリストを務めるカルロス・アロマーに尋ねた（アロマーのモットーは、「ギャラが出るならどんなギターでも弾く」だった）。

アロマーがリフを弾いてみせると、しばらく耳を澄ませていたジョンが、「目的（エイム）」という言葉を繰り返して歌い、絡み始めた。それをボウイが、曲のテーマであり、歌詞であり、タイトルである「名声（フェイム）」という言葉に発展させていった。

「ボウイが用意したのは、四つくらいの単語と、二、三人のミュージシャンだけだった」とジョンは言う。「それで演奏を始めたんだけど、ボウイは最初、まったく手ぶらの状態でね。スタジオに入って、何もないところから作っていったんだ。だから僕は、とりあえずできることをやって参加した。ピアノを逆に弾くとか、（高い声で）『オーーーｩ』って歌うとか、あとは『フェイム』って言葉を繰り返すとか、そんなことだ」

セッションの流れを作ったのはボウイだったが、ペースはまさにジョン流だった。「まったく、あのセッションはあっという間だったよ」とボウイは感嘆とともに振り返っている。「たった一晩で録り終えたんだぜ！」

ボウイは事後報告のために、ロンドンにいるプロデューサーに電話をかけた。「ええっと、トニー、なんて言うか、じつはジョンと一緒に曲を書いて、レコーディングして、ミキシングも済ませたんだ。『フェイム（Fame）』って曲だよ」

七月二十五日、ＲＣＡレコードは、ボウイとジョンの共作として「フェイム」をリリースした。一九七五年九月二十日、この曲がボウイ初の全米ナンバーワンに輝くと、彼はこう漏らした。「僕一人だったら、どの曲をシングルで出したらいいかなんて絶対にわからなかったよ」

「そうやって二人でレコードを出したわけだ」と、ジョンは言う。「あのレコードで、彼は初めてのナンバーワンを獲得できた。何かカルマ的なものを感じたよ。僕の場合はエルトンと一緒にやって、初めて一位になった。今度は僕がボウイにそのバトンを渡して、彼が一位になったんだ」

音楽的にも、ジョンはこの曲のことを「気に入ってる」と評価している。

❖ ❖ ❖

ほかのミュージシャンとのコラボレーションは、ジョンにとって新たな活力の源になりつつあった。そのため、ビートルズ解散の手続きをしてからまだ日が浅かったにもかかわらず、ニューオーリンズでのウイングスの新作アルバムの録音に参加しないかとポールから持ちかけられたときには、ジョンはかなり真剣にこの提案について考えた。

実際、ジョンはこの話をメイや友人のアート・ガーファンクル、さらにはかつてビートルズの広報担当だったデレク・テイラーにまで相談している。

もしこのとき、ジョンがニューオーリンズに行っていたら、まったく別の未来が開けていたことだろう。

だが現実には、ジョンはまったく別のコラボレーションに引き寄せられていた。そしてそれは、ジョンが決して断ることのできない共同作業でもあった。

51

シェイクしようぜ、さあベイビー
——「ツイスト・アンド・シャウト〈Twist and Shout〉」

ジョンの新たなコラボレーションとは、もっとパーソナルなものだった。ヨーコが妊娠したのだ。

ヨーコは四二歳と妊婦としては高齢で、それまでに何度も流産を繰り返していた。そのためジョンは、彼女とお腹の子の健康状態にいっそう気を配った。

「妊娠中は、九カ月間、そのことだけに集中する必要があったの」とヨーコは言う。

彼女はほとんどの時間をベッドの中で過ごし、仕事や家事も中断した。

「ジョンは私を車椅子に乗せて、昼食が用意してあるキッチンに連れていってくれた」と、ヨーコは振り返る。「優しいでしょ?」

「僕たちはまた一緒にやっていくことにした。これが自分たちの人生であり、子どもを持つことが僕たち二人にとって重要だって、再確認したんだ。それ以外のことは、すべて二の次だってね。子どもを持つために、僕たちは本当に頑張ったんだ」とジョンは言う。

「妊娠までは、いばらの道だったよ。何度も流産したし、ほかにもいろんな問題があった。あの子は、本当の意味でのラブ・チャイルドだ。医者たちには、妊娠は無理だと言われたんだ。僕たちも、ほとんど諦めかけてた」

ジョンはヨーコがゆっくり過ごせるようにとカントリー・ハウスを借り、ほかの予定をすべてキャンセルした。

「一九七五年は生き続ける。それが僕のモットーだ」、ジョンはインタビュアーに語った。「いま、いい気分なんだ。作曲もできてるし、幸せだよ」

ジョンはロサンゼルスでの日記を妻に見せ、別居中に体験した浮き沈みを最初からすべてつまびらかにした。

それからジョンは、マッチ箱を取り出すと、一本擦(す)って火をつけ、日記を記した紙束に近づけた。炎が上がると、彼はそれをキッチンのシンクにそっと置いた。

ジョンはそこに立って、自分の過去の日々が少しずつ灰になっていくのをじっと見つめていた。

❖ ❖ ❖

一九七五年三月一日、ジョンとヨーコは自分たちの復縁について、テレビを通して、それも生中継で公にした。公表の舞台となったのは、マンハッタンのユーリス劇場で行なわれた、第十七回グラミー賞授賞式だった。

黒いスーツに黒いベレー帽、エルトンから贈られたメダリオン、ラインストーンで「エルヴィス」と綴られたピン、そして左手の薬指にはゴールドの指輪を光らせ、ジョンはその日一番の栄誉である最優秀レコード賞のプレゼンターとして、ポール・サイモンとともにステージに立った。

「やあ、僕はジョン。昔はパートナーのポールと一緒に演奏してた」とジョンが言った。

「ええと……僕はポール。昔はパートナーのアートと一緒に演奏してた」とサイモンが応えた（サイモン&ガーファンクルは一九七〇年、アート・ガーファンクルが俳優としてのキャリアに集中することになり、デュオを解消していた）。

オリヴィア・ニュートン＝ジョンの「愛の告白（I Honestly Love You）」の受賞が発表されると、舞台上ではぎこちない空気が流れた。オリヴィアの代理で賞を受け取るために、ガーファンクル本人が壇上に登場したのだ。

「きみたち、また一緒にやらないの？」とジョンが冗談めかして二人に尋ねると、サイモンはすぐに切り返した。「きみたちこそ、また一緒にやらないの？」

「やらないよ」とジョンは笑いながら言った。「ひどい話だよな」

その日は、ウイングスのシングル「バンド・オン・ザ・ラン」が最優秀ポップ・デュオ／グループ・パフォーマンス賞を受賞したが、ポール・マッカートニーは授賞式を欠席しており、ジョンのこの発言に対してコメントすることはなかった。

メディアは、ジョンとヨーコの復縁に飛びついた。ジョンが登壇してすぐに放った「ありがとう、マザー」（ジョンはヨーコをそう呼んでいた）という言葉や、白いダチョウの羽根で縁取りされた白いロング・ガウンを羽織ったヨーコとジョンのツーショットは、瞬く間に話題になった。グラミー賞授賞式にヨーコを同伴したことについて、ジョンは「大々的にやれてよかったよ。手っ取り早かったしね。おかげで最大の効果が得られて、定番の手順をいちいちやらずに済んだ。しかるべき新聞や雑誌に掲載されて、一丁上がりってわけさ」

❖ ❖ ❖

このころ、ジョンのアメリカ政府との法的な争いは、よく言ってもこう着状態にあった。ジョンの移民ステータスは、三年以上にわたって宙ぶらりんのまま前進していなかったのだ。しかも、ジョンの最大の敵ともいえるジョン・ミッチェルが、一九七五年一月一日にウォーターゲート事件に関連して共同謀議罪、司法妨害罪、偽証罪で有罪となり、三〇週から八年の禁錮刑に処されたことが、事態をいっそうややこしくしていた。

ミッチェルは一九七二年二月十五日、(ニクソンの再選に向けた選挙活動で指揮を執るために)司法長官の座を降りる一一日前に、ストロム・サーモンド上院議員からジョン・レノンの国外追放に関する提言を受け取り、対策を命じた張本人だったのだ。

六月十九日、ジョンはミッチェルおよびアメリカ移民帰化局の職員らを相手取って訴訟を起こし、口述書の中でこう述べた。「私は政府による不法な監視活動の対象となっています。その結果、私の申し立て(中略)は、私の移民ステータスとは無関係な理由で、十分な検討をされることなく却下されたのです」

そのわずか五日後の六月二十三日、移民局はヨーコの妊娠を理由として、人道的な立場からジョンの滞在を許可するという通達を出した。

「この状況で彼を国外退去とするのは、非良心的な行ないである」と、移民帰化局のスポークスマンは述べた。「オノ・ヨーコが困難な妊婦生活を送っていることが、その理由だ」

❖　❖　❖

アメリカ合衆国第二巡回区控訴裁判所で行なわれた公開法廷で、三名の裁判官がジョンの訴訟の審理を行なった。ときは一九七五年十月七日、ジョンの三五歳の誕生日の二日前のことで、赤ん坊はもういつ生まれてもおかしくなかった。

ジョンたちの代理人であるレオン・ワイルズは、「政府の行ないは、憲法修正第一条によって厳正に保護されている政治的反論を封じる意図に基づくものであったと信じるに足る根拠があります」と主張した。

三名の裁判官は、二対一でジョンを勝訴とし、裁判長のアーヴィング・カウフマンによって二四ページに及ぶ判決文が作成された。カウフマンは、憲法修正第一条で保障される表現および宗教の自由を支持する立場を長年取っており、一九六一年にジョン・F・ケネディ大統領によって連邦裁判官に任命された人物だった。

じつはカウフマンは、その一〇年前、ある悪名高い裁判でその名を世に知られるようになっていた。彼は冷戦の真っ只中、原爆に関連する機密情報をソビエト連邦に提供した罪で、ジュリアス・ローゼンバーグとエセル・ローゼンバーグにスパイ罪による死刑判決を下したのだ。「隠された政治的な目的のために選択的に国外退去を命じることは、許されない」とカウフマンは明記したうえで、こう付け加えた。「レノンがこの国に残るために四年にわたって戦い続けたことは、アメリカン・ドリームを信じる彼の思いが本物であることを証明している」

❖❖❖

ジョンは判決を受けて、次のような声明を出した。

「これは、僕とヨーコ、そして僕たちのベイビーへの、アメリカからの素晴らしい誕生日プレゼントです」

だがこのとき、ジョンの注意はまったく別の方向に向けられていた。予断を許さない妊娠期と困難なお産を経て、ヨーコはニューヨークの病院で三九〇〇グラムの健康な男の子を帝王切開で出産した。二人は赤ん坊を、ショーン・タロウ・オノ・レノンと名付けた。

ジョンとショーンは誕生日が同じというだけでなく、名前も共通していた（「ショーン」は「ジョン」のアイルランド語名。兄ジュリアンも、普段はミドルネームで呼ばれていたが、ファーストネームは「ジョン」だった）。

「エンパイア・ステート・ビルディングより高く飛んでる気分だ！」息子の顔を覗き込みながら、ジョンは満面の笑みでささやいた。

ヨーコの回復を待つあいだ、ジョンはこの知らせをマスコミにも公表した。『ローリング・ストーン』宛てにも葉書を送り、ファンに向けて「移民ステータスを巡る『闘い』でのみんなの支援に感謝する。そして、この三重の喜び（判決、ショーンの誕生、J・Lの誕生日！！！）を一緒に祝ってくれてありがとう。まったく、なんて一週間だ！」というメッセージを伝えた。

葉書は、次のような署名で締めくくられていた。

「ジョン、ヨーコ、ショーン（三人のバージョン）より」

一九八〇年十二月八日

ダコタ・アパートメントに到着したマークは、その日の朝番のドアマンが、見慣れない顔であることに気づいて驚いた。しかも男の様子には、なんとなく奇妙なところがあるようにも感じられた。ひょっとして、覆面捜査官ではないだろうか。

やつらは、僕に目をつけたのかもしれない。確かめてやろう。

マークは人懐っこく礼儀正しい態度を装い、南部訛りを強調したしゃべり方でドアマンに話しかけた。

「今日、ジョン・レノンが外出する予定があるかどうか、もしかしてご存じないですか？」

そう言って笑みを浮かべながら、買ったばかりのレコードを取り出してみせた。「アルバムを持ってきたんです。ニューヨークにいるあいだに、ぜひサインをもらいたいと思って」

マークは、自分は大好きなジョン・レノンに会うためにはるばるハワイからやってきたのだ、と付け加えた。

ドアマンはレノンに関する情報は何も漏らしてくれなかったが、マークを警戒しているようにも見えなかった。大丈夫だ、あれは覆面捜査官なんかじゃない。マークは確信した。

よかったな、と彼は思った。捜査官であれ何であれ、もし僕を捕まえようとするやつがいれば、その場で殺してやる。近づくやつは全員撃ち殺して、レノンに辿り着くんだ。

51

マークは、通りを渡った。彼は、トッド・ランドグレンの一九七八年のソロ・アルバム『ミンク・ホロウの世捨て人（Hermit of Mink Hollow）』のTシャツを着ていた。その日のマンハッタンはいつになく暖かく、天気予報によれば、最高気温は約一五度になるということだった。なんて素晴らしい日なんだ、とマークは思った。ベンチに座ってダコタを眺めながら、彼は一人、頭の中でゲームを始めた。

名付けて、「ジョン・レノンは最後の数時間をどう過ごしているでしょう？」ゲームだ。

グランド・ピアノを弾いているかな？

専属シェフが丹精込めて作った料理を楽しんでいるかな？

『ダブル・ファンタジー』のためのインタビュー中？

それとも、ヨーコとのセックスの真っ最中？

想像は果てしなく広がり、マークの心を占領した。

彼はおもむろに、その朝買ったばかりの『ライ麦畑でつかまえて』のペーパーバックを取り出した。マークは書店員の見ている目の前で、一緒に購入したビックのボールペンを使って、表紙の裏にこう書き込んだのだった。

「ホールデン・ホールフィールドへ。ホールデン・ホールフィールドより。これは、僕の声明だ——ライ麦畑の捕まえ役（キャッチャー・イン・ザ・ライ）」

自分の書いたこの文句を読み直して、彼は微笑んだ。

「歴史と時間だ」、マークは自分に言い聞かせた。「シンクロニシティを見逃すな」

ホテルに戻るつもりはなかった。マークは今朝部屋を出る前、ドレッサーの上に自分の所持品を半円形になるように並べてきた。後で必ず、警察が彼を捜しにやってくるはずだ。そのとき、最初にこの品々が彼らの目に入るようにしておきたかったのだ。

置いてきたのは、二枚の写真——指導員をしていたときにベトナム難民キャンプの子どもたちと一緒に撮ったもの——と、ＹＭＣＡから贈られた表彰状、古いパスポート、そして書店で買った『オズの魔法使い』の写真だった。

中でも一番重要なのが、彼が仕掛けた最後のヒントだった。

マークは、「ジョン（・レノン）の福音書」のページを開いた聖書を、そこに並べてきたのだ。

これこそが、僕という人間だ。マークは最後にもう一度、部屋を見回した。僕は、こういう人間だったんだ。

マークはセントラル・パークを散歩してから、ダコタに戻った。『ライ麦畑でつかまえて』を読みふけっていると、ドアマンに声をかけられた。

「見たか？」と彼は言った。「たったいま、ジョン・レノンがタクシーを降りて、中に入っていったぞ」

これを聞いても、マークはさして気にしなかった。タイミングは、いまじゃない。

51

そのすぐ後、アーチ状の玄関口から、小さな男の子が姿を現わした。

ショーン・レノンだ。彼は乳母とともに、朝の散歩に出かけるところだった。

マークはショーンに歩み寄り、片膝をついてかがんだ。コートのポケットに入れてある拳銃が、脚に当たるのが感じられた。マークはそっとポケットに手をやり、銃が落ちないように押さえた。

「僕はね、ハワイからはるばるやってきたんだ。きみに会えて、とっても光栄だよ」

マークはそう言って、ショーンの小さな手を握った。

ショーンは困ったように顔をしかめて、服の袖で自分の鼻を拭いた。

「鼻水が出てるね。お大事に」とマークは言った。「風邪をひいて、クリスマスのお楽しみを逃しちゃたいへんだ」

マークはショーンの乳母のほうを見やった。

「可愛い子ですね」と彼は言った。「本当に、可愛い子（ビューティフル・ボーイ）だ」

52

みなさんに、必ずや素晴らしい時間を過ごしていただきます

――「ビーイング・フォー・ザ・ベネフィット・オブ・ミスター・カイト
〈Being for the Benefit of Mr.Kite!〉」

生まれたばかりのショーンを腕に抱いたジョンの耳に、クリスマス・キャロルがそれまでになく甘く、幸福に響いていた。

それもそのはず、歌っていたのは世界中で愛される二人のシンガー――ポール・マッカートニーとリンダだったのだ。二人はその日、赤ん坊を見にサプライズでダコタ・アパートメントを訪問していた。

二人の旧友のあいだのわだかまりが完全に解けるまでには、しばらく時間がかかった。ここ何年かのあいだ、ポールは折に触れてジョンのもとを訪れていたが、ジョンのほうはよそよそしい対応を保っていた。

あるとき、バンク・ストリートのアパートに電話をしてきたポールを、ジョンが「お前ってやつは、ピザとおとぎ話でできてるんだな」と言って嘲笑(あざわら)ったこともあった。

「ジョンはかなりアメリカかぶれになっていたから、僕にできる最大の反撃は、『黙ってろよ、コ

52

ジャック』と言って受話器を叩きつけて電話を切ることくらいだったよ」とポールは振り返る（「コジャック」は当時アメリカで人気があった刑事ドラマの主人公の名前）。

そう言いつつも、ポールはこのフレーズが気に入っていたようだ。「『ピザとおとぎ話でできてる』だってさ。アルバムのタイトルにしようかと思ったくらいだよ」

ジョンの友人であるエリオット・ミンツも、ポールやリンダと一緒にダコタ・アパートメントでクリスマス・ホリデーのひとときを過ごしていた。

テイク・アウトのピザを食べ、ハドソン川の向こうに沈んでいく冬の太陽を眺めながら、ミンツは「ジョンとポールが互いを見る目つきを注意して観察していた」。

ミンツいわく、「そのクリスマスの黄昏どき、二人は明らかに、お互いにすでに言いたいことを言い尽くして、もう何も言うことがない状態になっていた」という。

ジュークボックスの音楽に合わせて踊り出した二人に、もはや言葉は必要なかった。大晦日の夜、ジョンは「アズ・タイム・ゴーズ・バイ（As Time Goes By）」の古いレコードをかけた。

その夜のジョンの姿は、その後ずっと、ミンツの記憶に刻まれることになる。

「ジョンはテールのついた丈の長い黒いタキシードを着ていた。外は雪が降っていて、空には花火が上がっていたんだ」

ホリデーが終わると、ジョンはかつての朋友について情報を調べ上げ、ヨーコにこう告げた。

「ポール・マッカートニーが二五〇〇万ドル稼いだっていう記事を読んだよ」

「あら、そう」と彼女は言った。「私が同じ額を稼いであげる。ただし、少なくとも二年はかかるわ」

ジョンもまた、当面の予定について考えていた。「ショーンが五歳になるまでは、ずっとそばにいたいんだ。子どもの成長において、最初の五年が肝心だっていうからね」

ジョンはショーンにご飯を作ってあげられるようにと料理を覚え、パンの焼き方まで習得した。「初めて自分が作ったパンが焼き上がったときは、ポラロイドで写真を撮ったよ。まるでオーブンからアルバムが出てきたみたいだった」

ジョンの父親業と同じく、ヨーコのビジネスの経験もゼロに等しかったが、彼女には固い意志があった。それに、独自の条件にも恵まれていた。

「彼女は世界で最も有名な、無名アーティストだ」と、ジョンは言っている。「みんな彼女の名前を知ってるけど、彼女が実際何をしているかはだれも知らない」

そして、最近の彼女が実際何をしているかといえば、金儲けだった。

二人はまず、不動産に投資した。ダコタの中に、五戸のアパートを購入したのだ。

七階の二戸は自分たちの住居に、そしてゲスト用に一戸、物置に一戸、さらに一階には、オフィスとしてスタジオも購入した（スタジオの壁に大きな字で「ヘルター・スケルター」と書かれているのを見た住民たちは、チャールズ・マンソン事件を連想してぎょっとした。この壁はのちに、青い空と白い雲の絵に塗り替えられた）。

「ショッピングのこととなると、ジョンとヨーコは僕と同じくらいめちゃくちゃなんだ」と、エルトン・ジョンは語っている。エルトンは「イマジン」の歌詞をもじって、次のようなカードを二人に送った。

「想像してごらん、六つもアパートがあると。難しいことじゃない。ひとつは毛皮のコートでいっぱい。もうひとつは靴でいっぱいなのさ」

ジョンもまた、自分の買い物癖について、次のように語っている。

「僕は、服をたくさん所有しすぎてるってことに負い目を感じてるんだ。あれは、僕の内なる不安がモノの形をとって現われたものだ。クローゼットにいっぱいの、絶対に着ることのできない量の服としてね」

大量の服を持ってはいたが、二人は基本的にほとんど外出せず、家で過ごすことが多かった。ダコタに住んでいたロバータ・フラックは、ジョンとヨーコが家でリハーサルをしている音がよく聞こえていた、と証言する。「私もそうだけど、アーティストって人付き合いを避けがちなの」

同じくダコタの住民だった映画評論家のレックス・リードは、「二人はいつも家にいて、テレビを見ていたよ」と語っている。

一九七六年四月二十四日の真夜中近く、普段は来客の少ないジョンとヨーコのアパートを、ポールとリンダが再び訪れた。ポールとジョンは並んでソファーに座り、テレビで「サタデー・ナイト・ライブ」を観始めた。

第一シーズンの第十八回にあたるその夜は、女優のラクエル・ウェルチが司会を務め、ラヴィン・スプーンフルのジョン・セバスチャンが、自身のヒット曲「ウェルカム・バック（Welcome Back）」（学園コメディ・ドラマ「ウェルカム・バック・コッター（Welcome Back, Kotter）」の主題歌）を披露する予定になっていた。

ふいに、番組のプロデューサーであるローン・マイケルズが画面に登場してスキットを始めた。その内容は、マイケルズが真剣なふりを装ってビートルズの元メンバーたちに再結成を呼びかける、というものだったのだが、現実にそのときジョンとポールは目と鼻の先といってもいいほど近くで（ロックフェラー・センター三十番地のＮＢＣのスタジオからダコタまではわずか三キロの距離だった）、一緒に座ってテレビを観ていたのだ。

そのころメディアでは、ビートルズの元メンバーたちが、一九六四年のアメリカ・ツアーを企画したプロモーターであるシド・バーンスタインからの（そしてそのほか多くの）再結成の誘いを断ったことが話題になっていた。バーンスタインによる企画は、一九七六年夏のアメリカ合衆国建国二〇〇年記念コンサートに四人を出演させるというもので、二億三〇〇〇万ドルのギャラがオファーされていた。

「もし金が問題だというなら」と、マイケルズは「三〇〇〇ドル」と金額が書き込まれた署名済み小切手を掲げてみせ、真顔でカメラに向かって言った。

「ビートルズの曲を三曲歌ってくれたら、この小切手を差し上げます。『シー・ラヴズ・ユー』、ヤァ、ヤァ、ヤァ。はい、これで一〇〇〇ドル。歌詞はもうご存じでしょう？　楽勝ですよ」

このとき、じつはマイケルズは、四人のうちだれかがスタジオに登場しないかと、スタッフにロビーを見張らせていたのだ。

この狙いは、あと少しで実現するところだった。

「僕らがここに登場したら、可笑しいだろうな」と、ジョンはポールに言った。「ギャグとしてさ」

ポールは二〇一九年のインタビューで、「あのとき僕はジョンの家に遊びにいってたんだ。そうしたらちょうど、テレビで僕たちの話をし始めた」と語っている。「ジョンに、番組でネタになるのを知ってて遊びに来たのかって聞かれたよ。僕はそのころ英国に住んでたから、初耳だった。一瞬、僕ら二人で収録スタジオに乗り込んでみようか、とも思ったけどね。でも結局、それじゃなんだか仕事みたいだよねってことになってやめたんだ。せっかくだから、二人とも休日を楽しみたかった」

その日出演を見送りたかったのは、ジョン・セバスチャンも同じだったかもしれないと、ジョンとポールはテレビを見ながら考えていた。生放送で彼のパフォーマンスが始まると、スタジオにいた観客たちがセバスチャンのヒット曲を一緒に歌うことを拒み、気まずい空気が流れたのだ。

ビートルズの観客はいつもパフォーマンスに喜んで参加してくれた、という点では、ジョンとポールの意見は一致していた。だが翌日、ポールがギターを持って再びダコタを訪れると、ジョンは手のひらを返したように冷たい態度を取った。

「来る前に電話しろよ」とジョンは言った。「もう一九五六年とは違うんだ。いきなり人の家に押しかけたりするな」

ポールは傷ついた気持ちを隠して、ダコタを後にした。


一方で、ジョンが積極的に和解に尽くした人間関係もあった。

アップル・オフィスからジョンのもとに、六三歳の父親アルフ・レノンが末期胃がんの診断を受けたという連絡が入ったのだ。彼に残された時間は、もう長くはなかった。

ジョンは父の入院する病院に、国際電話をかけた。

「あんな扱いをしてごめん、父さん」とジョンは言った。

アルフはこの謝罪を退けて、言った。「お前とまた話せて、最高にうれしいよ」

アルフの病室には、ジョンとヨーコ、ショーンと署名されたカードとともに大きな花束が届けられた。だが結局、アルフが孫ショーンに会うことはなかった。

一九七六年四月一日、NEMSのブライアン・エプスタインのオフィスに突然姿を現わしてから一二年後、アルフは息を引き取ったのだった。

ビザ問題が未解決だったジョンは、父の葬儀に出席することができなかった。

❖　❖　❖

ニューヨークに夏が訪れるころ、ジョンは、ショーンとヨーコとの三人だけの世界に生きていた。

「家族でよく、セントラル・パークにピクニックに行っていたよ。ハム・サンドイッチと、ドン・ペリニヨンのボトルを持ってね」と、当時近所に住んでいた人は振り返っている。

彼らのテーブル・マナーはあまり褒められたものではなかったようで、「ヒッピーみたいに、二人でボトルを手渡し合ってラッパ飲みしていた」という。

そんな二人のもとに、何カ月も音沙汰のなかったアメリカ政府から一通の通知が届いた。内容は、七月二十七日に、ウェスト・ブロードウェイ二〇番地にある移民帰化局で審理を行なう、というものだった。

証人台に立ったジョンは、弁護士レオン・ワイルズの助けを借りながら、アイラ・フィールドスティール審理担当官に対してグリーン・カードを受け取る権利を主張した。

ワイルズ：合衆国内のいずれかの場所で、何らかの犯罪で有罪判決を受けたことはありますか？
レノン　：ありません。
ワイルズ：共産党、もしくはそのほかの、アメリカ政府の転覆を図る組織のメンバーだったことはありますか？
レノン　：ありません。
ワイルズ：今後、アメリカを居住地とするつもりですか？
レノン　：はい。

ワイルズ：ここで仕事を続けるつもりですか？
レノン：はい。家族と一緒にここに住んで、音楽を作り続けたいと思っています。

審理では、名だたる有名人たちが、ジョンが第二の故郷であるこの国にいかに貢献してきたかを語った。

「ジョンとヨーコに正義を！」、ボブ・ディランは手書きの書面による証言の中で、ジョンたちのことを「この国のいわゆる芸術機関のための偉大なる代弁者であり、原動力」と呼んで讃え、「彼らがここに留まり、暮らし、息をするのを許可するべきだ」と主張した。

その日、証人の一人だったジャーナリストのジェラルド・リヴェラは、二〇一九年のインタビューで、「僕たちの役割は、ジョンがアメリカ社会にとって重要な人物であることを証明することだった」と振り返った。「僕は、ウィローブルック事件における彼の尽力について説明した。精神障害を持つニューヨークの市民たちの社会復帰を支援するうえで、ジョンは大きな役割を果たしてくれた」

ハリウッド黄金時代の大女優、グロリア・スワンソンも、健康食品という共通の関心ごとがきっかけでジョンと交友関係があったため、審理に足を運んでいた。「私たちはこの国を教育しなくてはなりません」とスワンソンは訴えた。「そしてレノン夫妻は、その助けになってくれます」

さらに、作家のノーマン・メイラーは、「彼は西洋世界における最も偉大な芸術家の一人だ」と述べた。

九〇分にわたる証言の後、審理担当官はジョンの請願を許可するという判決を読み上げた。
「また合法の身になれたなんて、最高だ！」ジョンは声をあげ、ヨーコにキスをした。

❖ ❖ ❖

数カ月後、「サタデー・ナイト・ライブ」に出演したジョージ・ハリスンが、スキットのオチの一言を言うという大役を果たした。

十一月二十日、ローン・マイケルズは番組のオープニングで、ジョージを相手に四月のネタの続きを演じてみせた。

「いや、はっきり説明したつもりだったんですけどね」と彼は釈明した。「四人で三〇〇〇ドルっていう意味だったんですよ。つまり、一人あたり七五〇ドルです。あなたが三〇〇〇ドルを独り占めしても、私は別に構いませんがね」

「ケチくさいな」と、ジョージはマイケルズに言い返してみせた。

番組の後半、ジョージはアコースティック・ギターを抱えて、もう一人のゲストであるポール・サイモンとのデュオを披露した。

一曲目に、二人は『アビー・ロード』に収録されている「ヒア・カムズ・ザ・サン（Here Comes the Sun）」（ジョージはこの曲を、一九六九年四月、アップルでの会議をサボって、サリー州にあるエリック・クラプトンの庭園に行ったときに書いた）を演奏した。

このパフォーマンスが、四半世紀が過ぎても後続のミュージシャンに影響を与えていたことがわかるエピソードがある。

二〇〇二年十月十九日、人気ロック・デュオのホワイト・ストライプスが「サタデー・ナイト・ライブ」に出演したときのことだ。ある友人によれば、ギタリストでソングライターのジャック・ホワイトが、プロデューサーとの打ち合わせで「ジョージ・ハリスンが『サタデー・ナイト・ライブ』に出て、椅子に座って『ヒア・カムズ・ザ・サン』を演ったときの話」を出した。

「ああ、あのときの彼らみたいにアコースティック・ギターが弾けたら、めちゃくちゃクールだろうな」と、ホワイトは憧れを込めて語ったのだった。

53

みんなが言うんだ
そんなことをするなんて、クレイジーだって
――「ウォッチング・ザ・ホイールズ〈Watching the Wheels〉」

一九七七年一月。

「挑戦するなんてクレイジーだし、泣いてしまうのもクレイジー」

ワシントンD.C.のケネディ・センターで、ステージ上のリンダ・ロンシュタットが歌っていた。ジョンとヨーコは、ジミー・カーターの大統領就任前コンサートで、ウィリー・ネルソンの「クレイジー（Crazy）」を歌う彼女の歌声に耳を澄ませていた。

政治関係者に加え、シェールやグレッグ・アルマン、ロレッタ・リン、アレサ・フランクリン、モハメド・アリら正装した有名人が集う祝賀会の様子は、録画され、放送されることになっていた。

カーターはこの日、自身の就任パレードに、故郷ジョージアで購入した一七五ドルのスーツを着て臨んだ。ジョンがアメリカ合衆国第三十九代大統領の就任を祝うべく壇上に進み、「僕はかつて、ビートルでした」と語り始めたとき、じつはカーターは、ジョンがだれなのか、わかってい

なかったという。

カーターはある意味、プラスチック・オノ・バンドが一九七一年に歌った「パワー・トゥー・ザ・ピープル（Power to the People）」の精神を体現するような存在――「人民(ピープル)の大統領」として自分を打ち出していた。一九六九年にニクソンが一回目の就任式で動員した一万人近くの武装警備員の姿は、その日はどこにも見当たらなかった。

キャピトル・レコード代表のドン・ジマーマンは、『ニューヨーク・タイムズ』のインタビューで、「いまは、昔と比べて平穏な時代になった」と語った。「アーティストの平均年齢も高くなっている。ほとんどのロック・スターは、三〇歳以上だ」

三六歳になったジョンも、その一人だった。

「僕は、あの時代を一緒に通り抜けたみんなに向かって語りかけている。六〇年代組の生き残りたちにね。僕らは一緒に、戦争や、ドラッグや、政治や、街角で起こる暴力やなんかを生き延びて、ここに辿り着いた。僕が語りかけてる相手は、彼らなんだ」

だが最近は、ジョンが歌うのはファンのためだけではなく、もっとずっと年下の、ある男の子のためでもあった。ここ最近はレコードを出していなかったが、家ではショーンのために（ときには一緒に）レコーディングをしていたのだ。

「だれかが必要かい？」小さなショーンは、一生懸命歌った。「僕には、愛する人が必要なんだ」

「いいね」とジョンが言った。ショーンは『サージェント・ペパーズ』に入っているこの曲を、

「僕の一番好きな歌だよ」と言って歌ってみせたのだ。ジョンはこのアルバムを、ショーンのために何度もかけてやっていた。

「これ、だれが歌ってるの？　パパ？」とショーンが聞いた。

「違うよ、リンゴだ」とジョンは答えた。「でもポールとパパも、一緒に歌ってるよ」

ショーンに曲のタイトルを尋ねられたジョンは、一瞬考えてから思い出した。

「そうだ」とジョンは言った。「『ア・リトル・ヘルプ・フロム・マイ・フレンズ』っていうんだ」

〔正確な曲名は、「ウィズ・ア・リトル・ヘルプ・フロム・マイ・フレンズ（With a Little Help from My Friends）」〕。

ジョンはショーンの親友であり、同時に教師でもあろうと努めた。ショーンのためにギターを弾いてやることもあったし、テレビで一緒に「マペット・ショー」を観たりもした。だが、テレビ・コマーシャルは必ず飛ばすというのがジョンの方針だった。「コマーシャルで言っていることは、全部ウソだ」と、ジョンはショーンに言って聞かせた。

ショーンが寝る時間になると、ジョンはいつも電気のスイッチを同じリズムでつけたり消したりしてみせた。それは二人だけの、ベッドタイムの決まりごとだった。

「おやすみ、ショーン」

ジョンはそっとささやいた。

一九七七年十一月二十九日のこと。ダコタのジョンの自宅に、一通の不気味な封書が届いた。キッチン・ナイフで手紙の封を切ると、中には手紙が入っていた。ジョンは眼鏡をかけ、最初の二行を読んだ。

われわれはプエルトリコ民族解放軍のテロリストだ。
この手紙はまさにお前の命への**脅迫状**である

手紙の主は、脅迫の対象にはジョンだけではなくヨーコとショーンも含まれるとし、「ダコタ・ハウス」の正面玄関に一〇万ドルの現金を入れた「頑丈な包み」を置いておくように、ジョンに指示していた。

脅迫者が指定した期限は九日以内。カウントダウンは、すでに始まっていた。

手紙には、ジョンがFBIや警察に連絡して「おかしなことを企(たくら)んだら」、「それに対するよういはできている(We are good preparedly for it.)」と〔誤った文法で〕記されていた。

ジョンは鼓動が速まるのを感じながら、頭の中で素早く選択肢を吟味(ぎんみ)しようとした。だが思いつくのは、FBIに——ジョンの活動を嫌ったニクソン政権の指示で自分たちを監視し続けた政府機関に、助けを求めることだけだった。

FBIとの協議の結果、ジョンは脅迫者の要求には応じないことにした。

十二月十九日、二通目の手紙が届いた。そこには、ジョンが現金を引き渡すはずだった日、「お前の住むビルは、われわれの武装した二三人の兵に取り囲まれていたのだ」と書かれていた。

さらに脅迫者は、ホリデー・シーズンであることに触れ、「いまはクリスマスの時期だから、普通の生活をしろ、外でだれかがお前を探しているか考えて怖がらなくていい、これについてはわれわれを信頼していい」と付け加えていた。

最終的に、ＦＢＩは脅迫者を特定するには至らなかった。ジョンは、心が鉛（なまり）のように沈むのを感じた。

これからは、どこに行っても周囲を気にしなくてはいけないんだ。

もう、安全に外出することはできなくなる。

ヨーコとショーンを、街から連れ出さなくては。

ジョンは、すぐに動いた。一九七八年の二月、彼はマンハッタンから車で北に三時間行ったところにあるデラウェア・カウンティに、約四平方キロの広大な土地を購入した。ヨーコが投資として購入したばかりだった乳牛の群れ（ニューヨーク・ステート・フェアで賞を取ったホルスタイン種）の飼育にも、うってつけの場所だった。

「ヨーコくらいだよ」とジョンは絶賛した。「牛を一頭二五万ドルで売れる人間なんて」

だが、キャッツキルズの山奥で暮らしていても、いつ危険が迫ってくるかもしれないという思いは、かたときもジョンの頭を離れなかった。このころジョンは、警察が防弾チョッキを購入できるようにと、ニューヨーク市警察慈善協会に一〇〇〇〇ドルを寄付している。

さらにジョンとヨーコは、フロリダにも不動産を購入した。ジョンは過去何年かのあいだに何度かフロリダを訪れたことがあり、毎回そこで幸福な時間を過ごしていた。一九七四年に休暇で訪れたときには、「パーム・ビーチを去りたくない」と地元の記者に語っている。「この場所の一部を所有したいくらいだよ」

一九八〇年一月三十一日、ジョンはこの願いを実行に移した。一年前にヨーコが下見をし、ミセス・グリーンという偽名で借りていた一軒の邸宅を購入したのだ。

それは、一九一九年に建築家のアディソン・マイズナーが手がけた二二部屋付きの歴史的建造物で、エル・ソラノという名で知られる家だった。

父とともに休暇を過ごすためにフロリダを訪れたジュリアン・レノンは、この家で異母兄弟のショーンと初めて顔を合わせることになった。さらに、この旅がジュリアンにとって特別な思い出となったのには、もうひとつ理由があった。ジョンがヨットを借り切って、ジュリアンの一六歳の誕生日のために、家族だけのバースデー・パーティーを開いたのだ（誕生日は一九七九年四月八日だったが、パーティーはその一週間前に行なわれた）。

朝の早い時間、ジョンは海を眺めながら息子に言った。「日の出は、パワーをくれるぞ。バッテリーを充電してくれるんだ！」

❖　❖　❖

「ようこそ、マイ・ディア！」

ジョンはそう言って、ヨーコを家に招き入れた。

53

一九八〇年初頭のその日、ヨーコはロング・アイランド北部の海岸地帯に購入したばかりのキャノン・ヒルというチューダー様式の三階建ての邸宅で、初めて夜を過ごそうとしていた。家からは、コールド・スプリング・ハーバーの眺めを望むことができた。

翌朝、紅茶を淹れて、その日最初のタバコに火をつけた二人は、「本当に美しい場所」を見つけたものだと語り合った。

「ニューヨークで目覚めるのとは、大違いね」と、ヨーコはつぶやいた。

ニューヨークでは、彼らがスタジオ・ワンと呼ぶダコタの一階にあるオフィスが、ヨーコの仕事場だった。ヨーコはそこで、レノノ・ミュージック〔ジョンとヨーコが立ち上げたレコード・レーベル〕の運営や資産管理に打ち込み、一日のほとんどの時間を過ごした。

「運が良ければ、ヨーコが上がってきて一緒に何かできることもあるけどね。彼女は仕事中毒（ワーカホリック）なんだ」とジョンは言う。「夜中の一二時に仕事に戻ることもある。西海岸とか、英国とか東京とか、どこか遥か彼方（かなた）の土地とか、タイム・ゾーンの違う場所にしょっちゅう電話をかけてるからだ」

だがその朝、ジョンとヨーコはキャノン・ヒルで、プライベート・ビーチを眺めていた。「ここは現実の生活よりもずっといい。だってほら、ここじゃ海がほかよりも青いんだ」と、ジョンが言った。

54

ゴー、ジョニー、ゴー!

——「ジョニー・B・グッド〈Johnny B. Goode〉」

二五歳のタイラー・コーニーズは、アーティスト志望者たちから送られてくる大量のデモ・テープが入った箱を、キャノン・ヒルの地下室に運び込んでいた。コーニーズはそのころ、ジョンとヨーコのコールド・スプリングの別荘でちょっとした手伝いをしては、小遣い稼ぎをしていたのだ。

彼は二〇一九年のインタビューで、「ジョンとヨーコは、別荘で保管しておくために、ファン・レターやなんかをこっちに送ってきていたんだ」と話した。

「ある日、届いた箱を地下室に運んでいるとき、一番上にモックアップのアルバム・カバーが載っているのが目に入ったんだ。カバー写真には、サングラスをかけた太った若い男が写っていた。その男が、マーク・チャップマンだったんだ」

コーニーズの家族は近くのハンティントン・ビーチでヨット港を経営しており、ジョンはそこの客でもあった。ジョンは彼から船舶操縦術を習っていて、よくショーンを連れて船遊びに繰り出していた。ちょうど、全長約四メートルの一人乗りセーリング・ボートを購入したところで、ジョンはその舟を、夫婦で愛好していたエジプト・アートにちなんでイリス号と名付けた。「ずっと前から、ボートを持つことが僕の夢だったんだ」とジョンは言った。「操舵方法を習うのが待ちきれないよ！」

ある日、ボートを走らせていたジョンたちは、オイスター・ベイを望むクーパー・ブラフに建つビリー・ジョエルの家のそばを通り過ぎた。

「ビリー、きみのレコードは全部持ってるよ！」と、ジョンはピアノ・マンことビリー・ジョエルが住む、近代的なガラス張りの邸宅に向かって叫んだ。

ジョンはアシスタントのフレッド・シーマンにこう打ち明けた。「本当はビリーに挨拶がしたいんだけど、邪魔はしたくない」

皮肉なことに、ジョエルもこのころ、ジョンに対してまったく同じ気持ちでいたようだ。「僕たちは二人とも、お互いのプライバシーを尊重していたんだ」と、ジョエルはのちに残念そうに語っている。「結局そのせいで、彼とは一度も会うことができなかった」

ジョンは、セーリングで感じられる自由を愛した。開けた海を進むあいだは、自分にすがりついてくるファンたちに引きずり下ろされることもないのだ。

ダコタにいるあいだは、特にカメラマンたちに悩まされた。中でも、ミドルセックス・カウンティ・カレッジで刑事司法を学んでいたポール・ゴレシュという二一歳の学生は、テレビの修理人を装ってジョンの自宅にまで入り込んだことさえあった。

ゴレシュはこの出来事以来、ダコタの敷地内に出入り禁止になっていた。ある日、それでも懲りずに通りの向こう側からカメラを向けてきたゴレシュに、ジョンは直接対峙した。

その場に居合わせたある若い女性が、ジョンとゴレシュの緊迫したやりとりの様子を撮影していた。するとジョンは今度は彼女に近づき、カメラを摑むと、ゴレシュの次はお前のカメラを地面に叩きつけるぞと言って脅した。

「わかったよ、フィルムを渡すよ」とゴレシュは言い、ミノルカXG－1からフィルムを取り出してジョンに手渡した。

「これでいいだろう?」

❖　❖　❖

ヨーコはそのころ、日本人のタカシ・ヨシカワという人物のもとに相談に通うようになっていた。ニューヨークにあるヨシカワ氏の診療所では、レノン夫妻が実践していた食事法であるマクロビオティックを推奨していたほか、気オロジーという中国由来の易学を用いて客にアドバイスを行なっていた。

この易学は、誕生日から導き出される「エナジー・ナンバー」と呼ばれる数字を使って調和の取れた在り方を探るというもので、ヨシカワ氏はジョンの「人生と創造性に影を投げかけている」

雲を払うために、南東の方角、つまりバミューダ諸島の方向に航海するように勧めたのだった。

❖ ❖ ❖

一九八〇年六月五日、ジョンとその一行は、ロード・アイランドのニューポート・ハーバーを出港した。船旅は五日間、距離にして六五〇海里に及ぶ航海になる予定だった。

全長約一三メートルのメーガン・ジェイ号には、タイラー・コーニーズとその二人の従兄弟が乗り込んでいた。少人数ながらも経験の豊富な乗組員たちで、誕生日が縁起のいい数字であることもヨーコが確認済みだった。そして船長は、ジョンと同年代のハンク・ハルステッドという名の船乗りだった。

「ジョン、きみはこの船で一番経験の浅い船乗りだ。よって、きみを料理係に任命する」と、ハンク船長は言い渡した。

ハンク船長は航海術だけでなく、ロックンロールにも詳しかった。彼はかつて、オールマン・ブラザーズ・バンドやビッグ・ブラザー&ザ・ホールディング・カンパニーのコンサート・プロモーターでもあったのだ。

船長は、ジョンに対しても物おじせず、厄介な質問もためらわずに投げかけた。「ビッグ・ボーイ、きみはかつて、五〇〇〇万人もの人々にポジティブな影響を与えた」と、彼はジョンに言った。「そんなことをやってのけた後で、これから先、何をするつもりだい?」

「息子を育てるよ」と、ジョンは言った。

だが、計画はいままさに、大きく変わろうとしていた。

❖
❖
❖

大西洋の真ん中に差し掛かるころ、強力な嵐がメーガン・ジェイ号を襲った。雷が轟き始めると、乗組員たちはジョンが食事の支度をしていた調理室に集まり、悪天候用の装備を身につけた。強風が吹き荒れる中、ハンク船長が船を操り、ジョンは操舵室の手すりに自分の体を紐で巻きつけて固定した。

船は荒波に揉まれて大きく揺れ続け、乗組員たちは一人また一人と、船酔いに屈していった。ときに六メートルを超える大波を相手に、立っていられる元気があるのは、もはやジョンとハンク船長だけになっていた。その後四八時間にわたって船を翻弄し続けることになる嵐の中で、ジョンは船長の指示に従って必死に動いた。

疲労で朦朧とする意識の中で、ハンクは思った。このままでは間違った判断を下して、乗組員の命を犠牲にしてしまうかもしれない。

ハンクは、動き回る元気が残っている唯一の乗組員のほうを振り返った。彼の船乗りとしての経験といえば、コールド・スプリング・ハーバーで一人乗りのボートを扱った程度のものだった。だが、いないよりはましだ。「ビッグ・ボーイ、きみの助けが必要だ」

ハンクはジョンに向かってそう怒鳴ると、操舵輪を指さした。「指示は俺が出す」

ジョンは苦労しながら操舵室の壁まで辿り着き、手すりを掴むと、投げ出されないように注意

54

しながらじりじりと前に進んだ。ステンレス製の波よけも防風ガラスも、吹き飛ばされて荒れ狂う波間に消えてしまったいま、身を守ってくれるものは何もなかった。

「方向転換しようとするな」とハンクは言った。「船体が風向きに対して横にならないように、気をつけろ」

船長はそれだけ言うと、口をつぐんだ。

「ジョンは細身だったけど、芯があって力強かった」とコーニーズは振り返る。「僕たち全員にとって恐ろしい状況だったけど、ジョンは責任を一手に背負って、リーダーとしての役割を全面的に引き受けたんだ」

ジョンは一人、波を見つめた。それはまるで、かつて彼を何度も苦しめた舞台恐怖の発作のように思えた。「こいつはどこにも行かないんだ」とジョンは自分に言い聞かせた。「ここでやめるわけにはいかない。ステージに立つのと同じことだ。一度やると決めたら、やるしかない」

波が巨大な壁となって船首を乗り越え、操舵輪の前に立つジョンの上に崩れかかった。ジョンは操舵輪を握りしめ、膝の高さまである水に足を取られて転ばないように踏ん張った。うねりが弱まった瞬間、彼は体を起こし、拳を空に突き上げて叫んだ。

「ヴァイキングの気分だ！『アルゴ探検隊の大冒険』だ！」（『アルゴ探検隊の大冒険』はギリシャ神話を題材としたファンタジー映画で、黄金の羊の毛皮を求める勇者たちがアルゴ船に乗って旅に出る、という物語）

海水でずぶ濡れになりながら、何時間も必死に大波をやり過ごすうちに、ジョンは少しずつ自信を感じ始めていた。

ジョンは、船乗りだった自分の父を讃え、彼の名を叫んだ。

「フレディー！」

ハンク船長が体力を取り戻すころには、海は穏やかさを取り戻しつつあった。船長が操舵輪に戻ると、そこには「陶酔状態の男」の姿があった。

「たったいま僕に起きたのは、一生に一度の重大な出来事だった」と、ジョンは感じていた。「僕は海に向かって舟唄を歌い、神々に向かって叫んだんだ！」


六月十一日、船がバミューダのセント・ジョージズ港に無事到着すると、ジョンは波止場を駆け出して、ダコタ・アパートメントに電話をかけた。そしてアシスタントのフレッド・シーマンに、ショーンを連れてただちにバミューダ行きの飛行機に乗るように告げた。

さらにジョンは、この五年間寝室の壁にかかりっ放しになっていたギターを持ってくるように、シーマンに頼んだ。

カムバックのときが、近づいていた。

55

最後にロックンロールしてから、ずいぶんになる
――「ロックン・ロール〈Rock and Roll〉」

バミューダ諸島に到着した四歳のショーンを、ジョンはしっかりと抱きしめた。ジョン・グリーンという偽名で借りた、首都ハミルトンから約三キロ離れた場所にあるアンダークリフと呼ばれる家で、二人はともに時間を過ごした。日中は陽光溢れるビーチで波に洗われたガラスのかけらを探したり、バミューダ名物のピンクの砂で城を作ったりして遊んだ。

アマガエルの鳴き声が夜の訪れを告げる時間になると、ジョンはベランダに座って、数年間触っていなかったオベーションのギターを抱え、一人奏でた。すぐに録音できるようにと、近くにはパナソニックのラジカセを二つ、並べてあった。

さっそく、ジョンはリンゴに捧げる「ノーバディ・トールド・ミー(Nobody Told Me)」という曲を書き上げた。デモ・テープに曲を吹き込む前、ジョンはラジカセに向かってささやいた。「この曲は、ミスター・スターキーに」

作曲に励みながら、ジョンは自分の中から聞こえてくる自意識の声と戦っていた。それは、過去五年にわたって絶えず彼を厳しく叱責(しっせき)し続けていた自己批判の声だった。「お前には無理だ。こ

んな曲、ぜんぜんダメだ。お前はかつて、『ア・デイ・イン・ザ・ライフ』を書いた男なんだぞ。もう一度書き直せ」

それは、孤独な戦いだった。ジョンはニューヨークにいるヨーコに電話をかけてみたが、彼女は電話に出ようとしなかった。

ジョンの心は、深く沈み込んだ。そしてふいに、一〇年前に書いてボツにした「ストレンジャーズ・ルーム（Stranger's Room）」という曲の記憶が蘇った。

ジョンはすぐにこの曲に手を入れ始め、力強いギター・リフを加えて、恋愛の終わりに訪れる激しい痛みを狂おしく歌い上げる「アイム・ルージング・ユー（I'm losing You）」を完成させた。

「こんなものができたよ」

ようやく電話に出たヨーコにジョンは言い、ヨーコは黙ってテープに耳を傾けた。ジョンは歌を通して、ヨーコに「きみを失いたくない」と語りかけていた。

「素晴らしい曲だわ」とヨーコは言った。「とても美しいし、強い思いを感じる」

二時間後、ジョンの家の電話が鳴った。ヨーコが、「アイム・ルージング・ユー」への返歌として、大人の恋愛の複雑さを歌う「アイム・ムーヴィング・オン（I'm Moving On）」という曲を書いたのだ。

ジョンはふいに、さっきまで感じていた絶望が、突然自由な創造性へと昇華されるのを感じた。

「魂から湧き出すような、インスピレーションに任せるやり方でいこう」と、ジョンはヨーコに告げた。こうしてバミューダとニューヨークのあいだで電話のやりとりが始まり、二人は次々に曲を作っていった。

ジョンは気分のよさに任せて、久しぶりにダンス・クラブに出かけさえした。「一九六七年以来だったよ」とジョンは語っている。

クラブではＤＪが、あるアメリカのバンドのデビュー・アルバムに収録されている曲をかけていた。「その夜初めて、Ｂ－52の『ロック・ロブスター』という曲を聞いたんだ」

曲を聞いたジョンはすぐに、親近感を感じた。「まるで、ヨーコの音楽みたいだった」

「こいつは、ヨーコの音楽を研究したんだ」と彼は思った。「みんな、やっとあのころの僕らに追いついてきたんだな」

Ｂ－52が実際に、この曲を「ヨーコへのトリビュート」として書いたことを知らないまま、ジョンはこの類似を、レコーディングを再開すべきだということを示すさらなる兆候（サイン）として受け取った。

インスピレーションは、それだけでは終わらなかった。二十世紀初頭に造られた緑園地であるバミューダ植物園に、ジョンがショーンを連れていったときのことだ。二人は、ヒマラヤスギやヤシの木のあいだを通って進み、花畑に足を踏み入れた。

ジョンは、甘い香りを放つラッパ形の花に顔を近づけた。花壇の名札には、「フリージア・ダブル・ファンタジー」と書かれていた。

「ダブル・ファンタジーか。すごくいいタイトルだ」と、ジョンは思った。

ジョンとヨーコは、この名前が持つ意味について、興奮とともに語り合った。それは、美しい花の名前であるというだけでなく、「何も示していないのに、すべてを示しているんだ」と、ジョンは語った。

ヨーコは「ダブル・ファンタジー」という言葉が、「二人で共有する夢」という意味に取れるところが気に入っていた。

そろそろ家に帰るべきときがきた、と、ジョンは感じていた。

56

ともに生きる僕たちの人生は
二人一緒だからこそ素晴らしい

――「スターティング・オーヴァー〈(Just Like) Starting Over〉」

「何か特別なことがやりたいんだ」と、ジョンはプロデューサーのジャック・ダグラスに告げた。かつて『イマジン』のエンジニアリングを担当し、一九七〇年代はザ・フーやマイルス・デイヴィス、パティ・スミス、エアロスミス、チープ・トリックなどのプロデュースも手がけた「録音の魔術師」ダグラスに、ジョンはバミューダから電話をかけて、一風変わった指示を与えたのだった。

ジョンは興味津々のダグラスに、正午にマンハッタン三十丁目の埠頭にある水上飛行機乗り場に行って、そこで待っている飛行機に乗るようにと告げた。飛行機はコールド・スプリング・ハーバーに向かって飛び、ダグラスが初めて見るビーチに降り立った。ふいにヨーコが姿を現わしたのを見て、ダグラスはそこがキャノン・ヒルであることに気づいた。

「ジョンが、あなたのプロデュースでレコードを作りたいそうよ」

ヨーコはそう言って、「ジャックへの親展」と書かれた手紙を手渡した。

二台のパナソニックのラジカセで録音されたデモ・テープを聞いたダグラスは、たちまち心を摑まれた。テープから流れてきたのは、ギターと歌と、パーカッション代わりの鍋やフライパンの音から成る荒削りな音源ながら、ジョンの思いが直に伝わる力強いサウンドだったのだ。

ダグラスが依頼を快諾すると、次はセッション・ミュージシャンの選考方法——全員ジョンと同じ年代であることと、だれのレコードなのかは知らせずに打診すること、という条件が伝えられた。

「ロック・アルバムは作りたくないんだ」とジョンは言った。「僕が作りたいのは、中年の男についてのアルバムだ。いろんなことを生き延びたのちに、いよいよ本腰を入れてちゃんと生きようとしている、そういう感じを出したい。たとえば僕は、ビートルズやら、人生で起きるほかのいろんなクソみたいなことを生き延びた。いまや僕は、ファミリー・マンだ。四〇歳を目前に、中年に差し掛かろうとしている」

ダグラスは、ベーシストのトニー・レヴィンとリード・ギターのヒュー・マクラッケンをリハーサルに呼んでセッションした後、驚く二人をジョン・レノンの待つダコタへと連れていった。

ジョンは二人のミュージシャンに、こう告げた。「この五年間は主夫をやっていたけど、そろそろ音楽に戻りたいと考えているんだ」

ジョンは彼らに、驚くほど細かい指示を出した。レヴィンは、「きみはすごくうまいって聞いてるよ。ただ、あまり音数が多くなりすぎないようにだけしてくれ」と念を押されたという。

実際、ジョンはレヴィンの弾く音をすべて聞き取っていて、その明晰さに舌を巻いたレヴィンは、「ジョン・レノンは、自分がベーシストに求めるものについて、だれよりもはっきりしたヴィジョンを持ってる」とコメントしている。

マクラッケンは、九年前の一九七一年十月に戻ったような気分を味わっていた。あのときジョンは、「クリスマスのふりをしてくれ」と指示を出し、「ハッピー・クリスマス（戦争は終わった）(Happy Xmas (War Is Over))」のレコーディングのためにムードを盛り上げたのだった。

そして今夜、ジョンは新作「ビューティフル・ボーイ（Beautiful Boy (Darling Boy)）」のフィーリングを摑もうとしていた。マクラッケンがギターで即興のフレーズを弾くと、ジョンはセッションを中断して言った。「いまの、すごくいいね。覚えておいてくれ」

マクラッケンは慌てて、自分がたったいま弾いたフレーズを忘れないように書き留めた。

ダコタでのセッションが終わり、ミュージシャンたちが帰り支度をしていると、フェンダー・ローズを弾いていたジョンが彼らを呼び止めて言った。「ちょっと待って。曲ができた」

ジョンは「スターティング・オーヴァー」を弾いてみせ、ダグラスに尋ねた。「これ、レコードとして出せると思う？」

「スマッシュ・ヒットになると思うよ」とダグラスは答えた。「復帰第一号のシングルに相応しいんじゃないかな」

四十八丁目と九番街の交差点にあるヒット・ファクトリーの前では、カメラマンたちが場所取り合戦を繰り広げていた。

ときは一九八〇年八月七日。ジョンが最後にレコードをリリースしてから、四年以上の月日が過ぎていた。

ポール・ゴレシュは、その日ジョンの姿をカメラに収めることができた幸運なカメラマンの一人だったが、それでもジョンの顔はつばの広い帽子に隠れて、はっきりとは見えなかった。たった一人、スタジオの中に入ることを許されたのは、ニューヨークの音楽シーンとは関係のない、ヨーコの占星術師による誕生日チェックを通過したカメラマンだった。

「彼らの最大の関心ごとは、機密保持だった」と、ボストンを拠点とする写真家のロジャー・ファリントンはのちに証言している。「僕は、五年ぶりにジョンが認めた公式フォトグラファーだった」

ファリントンは、レンズを通して見るジョンの姿に好印象を持った、と語っている。「彼はエネルギーに満ちていて、ウィットに富み、体は引き締まっていて、よく日焼けしていた。バミューダでヨットに乗っていたからね。髪も長く伸ばして、どこからどう見ても正真正銘のロック・スターだったよ」

56

ヨーコはアルバム・カバーの撮影に、日本人の写真家、篠山紀信（しのやまきしん）を指名した。彼の撮影した『ダブル・ファンタジー』のジャケット写真には、目を閉じてそっと唇（くちびる）を触れ合うジョンとヨーコの姿が、モノクロで捉えられている。

八月十日、ジョンは映像作家のジェイ・ドゥビンに電話をかけた。電話に出たドゥビンは、新しく手に入れたばかりだった自分の携帯電話を信用していなかったばかりか、ちょうどグリニッジ・ヴィレッジにあるウェーヴァリー・シアターの前に立っていたため、雑踏のせいで電話の主の名前を聞き間違えたに違いない、と信じて疑わなかった。

「オーケー、じゃあ少し歌ってみせるよ」と、ジョンは言った。

事態をようやく理解したドゥビンは、急いでヒット・ファクトリーへと向かったのだった。

57

人生というのは、きみの身に起きるもの
何かの計画を夢中になって立てているあいだにね
――「ビューティフル・ボーイ〈Beautiful Boy (Darling Boy)〉」

その二日後の八月十二日、ジョンとヨーコは新プロジェクトの情報を公開した。その内容とは、「僕たち二人が演劇の登場人物のようにやりとりをする、対話形式の曲」を一四曲（七曲はジョン作、残り七曲はヨーコ作）収録したアルバムを発表する、というものだった。たちまち主要レーベルの幹部たちのあいだで、『ダブル・ファンタジー』の販売権を巡る争いが始まった。

彼らの基準となったのは、一九七九年にポールが結んだ契約だった。コロムビア・レコードは、ポールに一〇八〇万ドルをオファーし、（アップル・レコードのアメリカでの販売を一手に請け負っていた）キャピトルからの移籍を実現させたのである。

この契約には、ポールの意向により、ビートルズ再結成の可能性を残すための秘密の条項さえ含まれていた（この条項の存在は、二〇〇五年に明らかになった）。

さらに、コロムビアはリンゴとの契約も成立させており、残る二人の元ビートルズ・メンバーの獲得も狙っていた。

コロムビアの幹部は、「ジョンがこのレコードの契約に臨む条件が何であれ、われわれはそれを飲むつもりだよ！」とジャック・ダグラスに語ったという。

同じくらいジョンの獲得に燃えていたのが、三七歳のデヴィッド・ゲフィンだ。

一九七一年に仲間とともにアサイラム・レコードを設立したゲフィンは、かつてはワーナー・ブラザーズ・ピクチャーズで副会長を務めていた人物で、ユニークな経歴と鋭いビジネス感覚を持ち合わせていた。ゲフィンは、契約を勝ち取るためにはヨーコの心を摑む必要があるということを、はっきりと理解していた。

彼はまず、ヨーコに電報を送り、彼女からの招待を待ってダコタを訪れた。ゲフィンはその日、事前の調査に基づいて、ヨーコの一番好きな色である白い服を全身にまとって登場した。

その日、対照的に全身黒といういでたちでミーティングに臨んだヨーコは、ゲフィンの「数字がいい」ことを確認し、好印象を抱いた。彼はヨーコに対し、自分のレーベルであるゲフィン・レコードがトップレベルのミュージシャンと契約していることを強調した。事実、彼のレーベルが設立後最初に獲得したミュージシャンが、五回のグラミー賞に輝いたシンガー、ドナ・サマーだった。

ジョンはサマーのファンで、彼女の十八枚目のアルバムにしてゲフィン・レコードの一枚目のレコードとなった『ワンダラー（The Wanderer）』を繰り返し愛聴していた。タイトル・ソングのシングルは九月二十七日に出たばかりで、ジョンはサマーのボーカル・テクニックを聞かせようと、そのレコードをヨーコのオフィスに持ち込んで再生してみせた。「聞けよ！　エルヴィスみたいだ！」

音源を聞くまでもなく、ゲフィンは『ダブル・ファンタジー』についてヨーコが提示した条件にすべて同意した。こうして、ジョンとヨーコの新アルバムは、ゲフィン・レコードからリリースされることが決まった。

ヨーコは最後に、制作に使うスタジオに関して、ある条件を出した。彼女は、ダグラスのビジネス・パートナーであるスタン・ヴィンセントに、「世界中のどこでやってもいいけど、レコード・プラントだけはやめて」と言い渡した。「それから、カリフォルニアのスタジオもね」（レコード・プラントについては、オーナーとのあいだでもめごとがあったこと、そしてカリフォルニアは、ジョンが「失われた週末」を過ごした場所であったことがその理由だった）。

こうして、ジョンとヨーコは、ヒット・ファクトリーの六階を占領して、アルバム制作に本格的に取り掛かった。スタジオの専用エレベーターには鍵もついていて、防犯対策は万全だった。

後年、ショーンはこの特別な日々を回想して、こう語っている。「すべてがそこにあった。中はカーペットが敷きつめられていて、暖かくて、薄暗くて、すごく居心地がいいんだ。母がいて、父もいて、音楽が大きな音でクリアに鳴り響いていて、ワクワクする空気に満ちていた。子どもにとって、とんでもなくマジカルな場所だったよ」

ショーンがスタジオに来られない日、ジョンはコントロール・ルームのガラス窓にショーンのカラー写真をテープで貼り付けた。「あの子がいつも僕を見てるんだ」

そんなふうに長い時間離れて過ごすのは、ショーンが生まれてから初めてのことだったので、ジョンは罪悪感に苛まれた。ショーンが寝る前には必ず帰宅して、電気をつけたり消したりするベッドタイムの決まりごとができるように、ジョンは時間を気にしながら仕事に励んだ。

「ビューティフル・ボーイ」のリハーサルが始まり、ジョンは歌詞の最後の言葉をささやき声で吹き込むことにした。

「おやすみ、ショーン。また明日の朝ね」

❖ ❖ ❖

「デヴィッド・シェフがやってきた」

ジョンは「エリナー・リグビー」の歌詞をもじってそう歌いながら、自宅の玄関の扉を開けた。

「質問しても、答えを聞きたがる人はどこにもいないのに」

レポーターのデヴィッド・シェフは、一夏のあいだ駆けずり回った結果ようやくジョンとヨーコにインタビューする約束を取り付け、その日ダコタ・アパートメントを訪れていた。『ダブル・ファンタジー』の販売権を勝ち取ったデヴィッド・ゲフィンと同じように、シェフもまた、ヨーコに熱心な電報を送って彼女の信頼を得たのだった。

インタビューは九月十日の第一回を皮切りに三週間にわたって行なわれ、『プレイボーイ』誌に掲載されることになっていた。

「これは、僕に関する最大の参考図書になるぞ！」とジョンは予想した。

ジョンの言葉通り、インタビューの内容はジョンとヨーコの日々のスケジュールまでつまびらかにするものであり、それが防犯担当のダグ・マクドゥーガルの最大の不安を強めていた。

「こういうことをするのは、かなり久しぶりなの」とヨーコはシェフに告げた。

実際二人がインタビューに応じるのは一九七五年ぶりのことだったが、彼女はこのころすでに、『プレイボーイ』以外にＢＢＣや『ニューズウィーク』をはじめとするいくつかのメディアからの取材依頼にも応じることを決めていた。

マクドゥーガルのもうひとつの懸念は、最近ダコタ・アパートメントの周りに集まるファンの数が増えていることだった。彼らは、自宅とヒット・ファクトリーのあいだを行き来するジョンの注意を引こうと騒ぎ立てた。

ロック・スターの人気というのは、一筋縄ではいかない複雑なものだ。そして元ＦＢＩ捜査官のマクドゥーガルをもってしても、その現実に完全に備えることはできずにいたのだった。

58

名声、それがお前から未来を奪う
――「フェイム〈Fame〉」

ジョンはその朝、目を覚ますと、眼鏡に手を伸ばした。最初のうちそれは、いつもと同じ朝のように思えた。だが目が覚めるにつれ、ジョンは思い出した。今日は一九八〇年十月九日。ジョンにとっては四十回目の、ショーンにとっては五回目の誕生日だ。

朝の紅茶を飲みながら、ジョンは幸福感の中で思い出にふけっていた。「僕がこれまでに、一回きり(ワンナイト・スタンド)じゃなく続けて一緒に仕事をしたアーティストは、二人だけだ。ポール・マッカートニーと、オノ・ヨーコさ」とジョンは言い、誇らしげに付け加えた。「つまり、才能ある人材を見分けることにかけちゃ、僕は一流ってことだな！」

ヨーコはこれを聞いて笑い声をあげた。そしてそのすぐ後、もう一人の「才能ある人材」からも祝いの言葉が届いた。キッチンの電話が鳴り、受話器を取ったジョンの耳に、かつての作曲パートナーの声が響いた。ポールが、新アルバムの発売を祝して電話をかけてきたのだ。

「最後にジョンと話したのは、僕が英国から彼に電話したときだと思う」とポールは二〇一九年のインタビューで語っている。「楽しい会話だったよ。家の中のことやなんかを話したんだ。そのころ英国では、パン屋のストライキの真っ最中だった。それで僕は、家でパンを焼くのに凝ってたんだ。ジョンもそのころニューヨークの家でパンを焼いていたから、二人でパンの話をしたよ」

五歳になったばかりのショーンは、普段は砂糖も乳製品も摂らない厳格なマクロビオティック食で育てられていた。だがその日、ショーンは父の焼いたパンではなく、バースデー・ケーキとアイスクリームを食べたがった。

ショーンのためのケーキとアイスを食卓に並べる前に、ジョンとヨーコにはひとつ大事な仕事があった。その日二人は、一九八一年春に「日本とアメリカ、ヨーロッパを巡るツアーに出る」ことを発表したのだ。

ヨーコはもうひとつ、二人のために特別なイベントを用意していた。

彼女は、ジョンとショーンを連れてダコタの屋上に上がった。少しすると、北の方角から小型飛行機が飛んでくるのが見えた。ヨーコは、パイロットに向かって手を振った。飛行機を操縦していたのは、スカイライティング〔飛行機から出る煙幕を使って、空中に文字を描くこと〕を専門とするウェイン・マンスフィールドという名のパイロットだった。ヨーコは一九六九年、反戦キャンペーンの一環として「戦争は終わりだ！　きみがそう望むなら」という字を空に描くために彼を雇ったことがあったのだ。

マンスフィールドは、「誕生日おめでとう、ジョン、ショーン。愛を込めて、ヨーコ」という文章を空に描いた。

さらに彼は高度な技術を駆使して、その文字を九回繰り返しなぞってみせた。九は、ジョンとショーンの共通の誕生日の日付であり、ジョンのラッキー・ナンバーでもあった。

「僕らは、双子みたいなものだな」と、ジョンはショーンに言った。

❖ ❖ ❖

セントラル・パーク・ウェストに散歩に出た三人は、ジャーナリストのジェラルド・リヴェラに偶然出くわした。

「ジョンとヨーコが子どもを連れて、歩いて来たんだ」とリヴェラは二〇一九年のインタビューで回想した。「彼らに会えて、すごくうれしかったよ。二人ともとても幸せそうで、楽しそうでね。まるで大学生か、ハネムーン中の新婚夫婦みたいだったよ。ジョンがヨーコをとても愛しているのが伝わってきた。彼女に夢中だったよ。彼らはとても素敵な家族で、その日も楽しく会話を交わしたことを覚えているよ」

ダコタと同じアッパー・ウェスト・サイドの、六十四丁目沿いにあるリヴェラのアパートの前で、ジョンとヨーコとリヴェラは笑いを交えてしばらくおしゃべりした後、互いに別れを告げた。

リヴェラはこのとき、「ビートルズの元メンバーで、世界で最も有名な人物の一人が、セキュリティーもボディーガードもなしにニューヨークの街を歩いている」のを目の当たりにして、「不安がよぎった」とも回想している。

ジョンは、古くからの友人たちとのコラボレーションにも引き続き精力的に取り組んだ。その中のひとつ、ヨーコとの共同プロデュースによるデヴィッド・ピール&ザ・スーパー・アップル・バンドの新シングル「ジョン・レノン・フォー・プレジデント（John Lennon for President）」は、十一月にピールのレーベルであるオレンジ・レーベルからリリースされたばかりだった。

さらに彼は、ミュージシャンとしての自分の原点となった音楽にも、改めて深い憧憬を覚えるようになっていた。『ダブル・ファンタジー』からの一枚目のシングル・カット曲である「スターティング・オーヴァー（(Just Like) Starting Over)」の冒頭には、「ジーン、エディー、エルヴィス、そしてバディに」とつぶやくジョンの声が入っている。

ジョンは「スターティング・オーヴァー」を、「八〇年代のアプローチで作られた、五〇年代風の曲」と称し、「ブルース・スプリングスティーンの『ハングリー・ハート（Hungry Heart）』は本当に素晴らしいレコードだと思う。僕にとっては、『スターティング・オーヴァー』と同じような時代感のサウンドだ」と語っている。

❖ ❖ ❖

ジョンの狙い通り、「スターティング・オーヴァー」はまさにこの時代感のサウンドを求めていたリスナーたちの心を摑み、『ビルボード』チャートで四位を記録した。

『ローリング・ストーン』の編集長兼発行人のヤーン・ウェナーは、サンフランシスコにある自分のオフィスで、ジョンに関する新たな特集記事の準備を進めていた。彼はニューヨークに電話をかけ、インタビューでの写真撮影を担当するチーフ・カメラマンのアニー・リーボヴィッツに、写真の内容を具体的に指示した。

「ヨーコ抜きの写真を、何枚か撮っておいてくれ」

これを聞いたアニーは、驚いて言い返した。

「でも、どんな写真を撮るかは、いつも私に任せてくれるじゃない」

だがウェナーは、折れなかった。

彼は続けて、記事を担当するほかの記者たちにもあれこれと厳しい注文を出していった。

ウェナーのこだわりに辟易したスタッフが、ほかの音楽雑誌で働く友人に愚痴を漏らし、「特集記事の二人のライターがインタビュアーとしてジョンのもとに送り込まれた」にもかかわらず、「そのどちらも、『(ローリング・)ストーン』編集長を満足させる内容のインタビューは取ってこられなかった」といううわさまで流れるほどだった。

ウェナーはそれほどまでに、ジョンの新作アルバム『ダブル・ファンタジー』に惚れ込んでいたのだ。

59

それでも私は、信じる理由を探している

――「リーズン・トゥ・ビリーブ〈Reason to Believe〉」

「四〇歳になれてうれしいよ」

十一月十日、プロデューサーのジャック・ダグラスに電話したジョンは、そう言った。

『ダブル・ファンタジー』世界同時発売の、一週間前のことだった。

「これまで生きてきた中で、いまが一番健康で、気分もいいんだ」

批評家たちは、ジョンがロックンロールの世界では高齢と言われる年になったことに飛びつき、『ニュー・ミュージカル・エクスプレス』は「ちなみにこの中年オヤジは、いまもとびきり素晴らしい声で歌っている」と書いた。

だがジョンは、そんな言葉はまったく意に介さず、誕生日気分を楽しんでいた。

幸運にもその恩恵にあずかった一人が、ダコタ・アパートメントの前で待っていた追っかけファンのポール・ゴレシュだった。上機嫌のジョンは、ヒット・ファクトリーの帰り道、ヨーコとともにわざわざ彼のためにポーズを取ってやったのだった。

英国南部の海辺の町、プールでは、ジョンの叔母のミミが思いがけない豪華な贈り物を受け取っていた。

突然届けられた「カルティエ」と書かれた上品なシルバーの箱を開けると、そこには美しいパールのネックレスと、揃いのブローチが入っていた。

添えられたカードには、こんな文字が刻まれていた。「ダブル・ファンタジー――一九八〇年、クリスマス――NYC――ジョンとヨーコより」

「この、バカもの！」ダコタに電話が繋がるやいなや、ミミはジョンを叱り飛ばした。

「ミミ、いいから、自分を甘やかしなよ」とジョンは言った。「たまには、そういうのもいいだろ」

一九八〇年十二月八日

ダコタ・アパートメントの前に立っていたマークは、見慣れた顔に目を留めた。一日目に出会ったレノンのスーパー・ファン、ジュード・スタインだ。

「あの日の夜、ジェリーと二人でここであなたのこと待ってたのよ」とジュードは言った。

「何があったの？」

ウソが口をついて出てきそうになるのをこらえて、マークは正直に話すことにした。あまり情報を与えずに、気を持たせるほうがいい。

「ホテルの部屋に戻って、寝ちゃったんだ」とだけ言うと、話題を変えた。

「今朝、レノンが通ったらしいんだよ。きみも僕も、見逃しちゃったね」

「あなた、あの夜も彼を見逃したのよ」、ジュードはレノンと立ち話をした夜のことを嬉々として話した。

話を聞きながら、マークは激しい怒りに押し流されそうになるのをなんとかこらえていた。

正午近く、ダコタの玄関前には、ジョンを一目見ようと集まる人々の数が増えつつあった。その中に、カメラを下げ、見るからに苛立った様子の、ずんぐりした体型の男がいた。

「あれはポール・ゴレシュよ」とジュードが言った。「フリーランスのカメラマンらしいわ」

59

マークは、ゴレシュを見やった。あの男の態度は、どうも気に入らない。

ゴレシュも、マークとジュードのほうを見ていた。やがて彼は、さりげない風を装って二人に近づき、自己紹介をした。

マークはいつもの通り、ハワイから来たこと、アルバムにレノンのサインをもらおうと思っていることを話した。

「ニューヨークでは、どこに滞在してるんだ?」とゴレシュが尋ねた。

こいつ、なぜ僕のことを詮索するんだ?

マークはゴレシュに立ち向かった。「なんでそんなこと聞くんだよ? そんなこと知って、どうしようってんだ?」

「おいおい、ムキになるなよ。そう怒るなって。俺はただ、世間話をしようとしてただけだぜ」

そうだ、落ち着くんだ。マークは自分に言い聞かせた。意識(フォーカス)を集中しろ。

突然、マークはジュードのほうに向き直って言った。「よかったら、ランチを一緒に食べない? 僕がおごるよ」

二人は、一ブロック南に行ったところにあるダコタ・グリルに行くことにした。そこでなら、ダコタの玄関をずっと見張っていられる。

レストランに入ると、マークは帽子を取り、トレンチ・コートを脱いだ。コートは、ポケットに銃が入っていたので、畳んで膝の上に置くことにした。

マークはビールを二本とハンバーガーを、ジュードはオムレツとコーヒーを注文した。

「いつかハワイに行きたいな」とジュードは言った。「でも、飛行機ですごく長い時間飛ばなきゃいけないでしょう。私、じつは飛行機が少し怖いの」

「心を定めさえすれば、やりたいことは何だってできるんだよ」とマークは言い、ダコタの玄関にちらりと目をやった。「人間の心ってのは、じつに驚くべきものだよ。一度こうしようと決心さえすれば、それを阻止できるものなんて、何ひとつありはしないのさ」

60

ずっと行きたかった場所に向かってるんだ

――「サンシャイン・ラヴ〈Sunshine of Your Love〉」

その日は『ローリング・ストーン』の表紙写真を撮影するための、アニー・リーボヴィッツによるフォト・セッションが予定されていた。

ジョンは撮影に備えて近所の床屋へ行き、リバプールのティーンエイジャーだったころに愛していたテディ・ボーイの髪型にしてもらうように頼んだ。

ダコタに戻ると、ショーンがいた。ジョンは数分間、ショーンのベッドに一緒に横になって、テレビでやっていたアニメを眺めた。

「僕が大きくなったら何になりたいか、知ってる?」とショーンが聞いた。ベッドの上で体を起こし、小さな手で柔らかい枕を握りしめている。

「いいや、何になりたいんだい?」とジョンが尋ねた。

「仕事をしてない普通のパパ」

「パパがいま、仕事で忙しくしていて、あまり家にいないのが嫌なんだな?」

「そう」とショーンは答えた。

「そうか。よく聞いて、ショーン。音楽をやってると、パパはハッピーなんだ。パパがハッピーなほうが、楽しいと思わないか?」

「そうだね」とショーンは言って、うなずいた。

❖　❖　❖

アニー・リーボヴィッツが到着し、ジョンとヨーコの寝室にカメラをセットアップした。

アニーとジョンは、前にも会ったことがあった。いまや『ローリング・ストーン』のチーフ・カメラマンとなったアニーだったが、一九七〇年、ビートルズ解散直後のジョンと初めて仕事をしたときには、まだフリーランスのカメラマンだった。当時学生だったアニーはヤーン・ウェナーを説得して(ウェナーはアニーに、写真のネガを提出するよう求めていた)、サンフランシスコからニューヨークまでの旅費を出させたのだった。

アニーがそのとき撮ったジョンのポートレートは、一九七一年一月二十一日に発売された『ローリング・ストーン』の表紙を飾った。ウェナーによる初の本格的なジョンへのインタビューが掲載された号だった。

「彼らが、僕一人の写真を表紙にしたがってるのは知ってる。でも僕としては、どうしてもヨーコと一緒に写っている写真がいいんだ」とジョンはアニーに言った。「これはとても大事なことなんだ」

アニーはウェナーの案を売り込もうと説得を試みたが、ジョンは折れなかった。「ヨーコと一緒

60

がいいんだ」

そこでアニーは、別案を出してみることにした。一九六八年に『ローリング・ストーン』の表紙となった、『トゥー・ヴァージンズ』のヌード写真を再現するのはどうだろう、と提案したのだ。ジョンはこのアイディアに賛成だったが、ヨーコは脱ぐのを嫌がり、黒いトップスとジーンズを着たまま撮影することになった。

二人が次々にポーズを変えていくすべての瞬間を記録するように、アニーはシャッターを切り続けた。二人はベッドの隣で、カーペットが敷きつめられた床に横たわっていた。全裸のジョンが、自分の体でヨーコを包むように抱きしめ、愛おしそうにその頰にキスをした。ヨーコは目を開けたまま、思索にふけるように宙を見つめていた。

「これだ」とジョンは声をあげた。「僕たちの関係性そのものだ」

❖ ❖ ❖

「もう一枚、もう一枚だけお願い」

一番いいアングルを求めてカメラの位置を調節しながら、アニーが言った。

ジョンは、革のジャケットを羽織ったところだった。時間が尽きかけていた。次のインタビューのために、ラジオ局のスタッフたちが到着するころだ。

「ああ、そのジャケットを着たところも撮っていい？」アニーが言った。

ジョンはジャケットの襟を立て、強い決意のこもった眼差しを、まっすぐにレンズに向けた。

❖
❖
❖

ダコタ・アパートメントに到着したPKOラジオのアナウンサー、デイヴ・ショーリンとスタッフたちは、七階のジョンの住居に通された。彼らはジョンたちの習慣に合わせて玄関で靴を脱ぎ、中に入ると、録音機材の準備を始めた。

「僕の切なる願いは、ヨーコより先に死ぬことなんだ」と、ジョンはショーリンたちに言った。「もし彼女が僕より先に逝ってしまったら、どうしたらいいかわからないよ」

インタビューは三時間にわたって行なわれ、その話題は多岐にわたった。

「ジョンは、はつらつとしていて、人生のあらゆることに関して意欲に溢れている印象だった」とショーリンは回想している。「ついにそのときがきた、と感じているようだった。ページをめくって、新しい章を始めるときがね」

「もう一度、新しく始める準備ができた。前に進むときだ」とジョンは語った。「次に何が起きるかは、だれにもわからないよね」

午後の日差しが薄明に変わるころ、ジョンとヨーコは、ラジオ局のクルーたちとともに自宅を後にした。時刻は四時過ぎで、夜の闇がダコタを覆い始めていた。

一九八〇年十二月八日

ジュード・スタインは、今日はもうジョンの姿を拝むことはできそうにないと思い始めていた。

「うまくいって、アルバムにサインをもらえるといいね」と、彼女はマークに言った。

「私、そろそろ行かなくちゃ。グッド・ラック、マーク！」

「僕は、いくらでも待つつもりさ」

こうして、マークはポール・ゴレシュと二人、その場に残された。ゴレシュは、できる限りマークとは関わりたくない、といった様子だった。


そのとき。

ジョン・レノンがダコタ・アパートメントの玄関口から姿を現わした。

ヨーコと、数人の男女が一緒にいる。記者たちだろう、とマークは思った。

彼らは全員、テープ・レコーダーを手にしていた。

マークの鼓動は高鳴り、手には滴るほどの汗をかいていた。彼は、レノンを凝視した。あれほど崇め、そして憎んだ男が、いままさに目の前にいるのだ。レノンはサングラスをかけて、細い体に革のボンバー・ジャケットを羽織っていた。

マークは言葉を失い、立ち尽くしていた。

ゴレシュがマークのほうを振り返った。「おい、あんた。アルバムにサインしてもらいたいんだろ。何やってるんだよ？　ほら、そこにジョンがいるじゃないか！」

レノンとヨーコはマークたちには目を留めず、視線を車道のほうに向けていた。

リムジンを探しているのだ。

夜番のドアマンが、二人に近づいた。「申し訳ありません、まだリムジンが到着していなくて」

レノンは苛立ったように、腕時計にちらりと目をやった。それから、隣に立っていた髭面の男性のほうを向き、こう尋ねた。「乗せていってもらえないか？」

「僕たちは、空港に向かうところです」と男性は答えた。「喜んで、お二人ともお乗せしますよ」

記者の一団が録音機材を車のトランクに積み込み始め、ジョンとヨーコは通りに出ようと歩道を横切った。

マークは、二人の跡を追った。

手にしていた『ダブル・ファンタジー』のレコードを、レノンに向けて振ってみた。

すると、レノンの手が、レコードを受け取った。マークは、その朝『ライ麦畑でつかまえて』のペーパーバックに書き込みをしたのと同じ、ビックのボールペンを差し出した。

いよいよだ。

レノンはサインを書こうとしていたが、うまくインクが出てこないようだった。

・・・・・・そのときがきた。

レノンは、ペンでぐるぐると円を描いている。ようやく、インクが出始めた。

60

歴史と時間が、ひとつになる（カミング・トゥギャザー）。

「ジョン・レノン、一九八〇年」という文字を書きつけるレノンを、マークは微笑みを浮かべてじっと見つめた。その瞬間を、ゴレシュが写真に収めた。

シンクロニシティだ。


マークはポケットに手を入れた。

そして、ふいにヨーコのほうを見やった。

マークの心に、何度か見たことのある夢が唐突に蘇った。

アパートのドアをノックすると、ヨーコが微笑みながらドアを開けてくれるのだ。

ヨーコは優しく、マークに会えることを喜んでいた。

マークは夢の中で、自分は愛されているのだ、と感じた。

「これでいい？」とレノンが言った。「ほかに何かある？」

マークは首を横に振った。

ジョンとヨーコは車の後部座席に乗り込み、そのまま夜の闇の中に消えていった。

61

私は人生を両側から見てきた
――「青春の光と影〈Both Sides Now〉」

ジャック・ダグラスは、四時半にヒット・ファクトリーでジョンとヨーコと待ち合わせをしていた。

そこにデヴィッド・ゲフィンも合流し、到着したジョンとヨーコに朗報を伝えた。「『ダブル・ファンタジー』がゴールド・ディスクになったぞ！」

この知らせに拍手が沸き起こり、居合わせた人々はハグを交わした。リリースから二週間、ジョンはアルバムの売れ行きが気になってぐっすり眠ることができずにいたのだ。ゴールド・ディスク（条件は売り上げ五〇万枚以上）認定は、ジョンがポップ・ミュージック界のトップに返り咲いたことを意味した。

彼らはその日スタジオで、ヨーコの歌う「ウォーキング・オン・シン・アイス（Walking on Thin Ice)」のマスター・ボーカルと、ジョンのギターとキーボードを繰り返しかけた。

「ジョン、大丈夫?」、ジョンがあまりにもこの曲を続けて聞くのを不思議に思ったヨーコが尋ねた。

61

ジョンは質問には答えず、代わりにヨーコにこう告げた。「おそらくこの曲は、きみの最初のナンバーワン・シングルになるぞ！」

ジョンとヨーコとダグラスは、クリスマスまでにこの曲をシングルとしてリリースできるように、明日中にミキシングを仕上げようと話し合った。

時刻は十時半になり、ジョンはその日の仕事を切り上げることにした。

帰りがけ、ジョンは「ウルフの店に寄ってハンバーガーを買わないか？」と提案した。そして、「いま食ったら、そのまま（胃を通り越して）膝にいきそうだよ」と、いかにも英国風の冗談を飛ばして空腹を訴えた。

結局、ジョンはハンバーガーを諦めて、ヨーコと一緒に外食することにした。

だがその前にまず、ジョンには果たさなくてはならない約束があった。

「家に帰って、ショーンにおやすみのキスをしてやらなくちゃ」

一九八〇年十二月八日

その日ダコタの玄関にいた警備員は、ホセ・ペルドモという名前だった。キューバからの難民で、カタコトの英語を話すホセは愛想がよく、ほかの警備員たちとは違ってよくしゃべった。

マークとホセは、フィデル・カストロや、ピッグス湾事件、ジョン・F・ケネディの暗殺などの話題について立ち話をした。

「リー・ハーヴェイ・オズワルドは、なぜ大統領を撃とうって気になったんだろう?」と、マークが尋ねた。

「さあね」

気温が下がってきていた。マークはマフラーをきつく巻き直し、体を温めようと足踏みをした。

「暗殺には、カストロも関わってたと思う?」

「たぶんな」とホセは言った。「カストロは、すべてに関わってるんだ」

マークは、さっきレノンがアルバムにサインをしたときのことを思い返していた。彼を殺すこれ以上ないほどの機会だったのに、何かがしっくりこなかったのだ。

ひょっとして、自分にはその力がないのだろうか、とマークは思った。この仕事をやり遂げる

61

のに必要な勇気が、僕には足りないのかもしれない。

まるで、『オズの魔法使い』に出てくる泣き虫のライオンになったような気分だった。

「ジョン・レノンみたいに偉大なスターに毎日のように会えるなんて、さぞ素晴らしいだろうな」

行き交う車を凝視しながら、マークは言った。「レノンは、たぶんいま世界で一番人気のある人間だよ。神様みたいなものだ。僕も、きみの仕事ができたらいいのにな」

ホセは礼儀正しくうなずいてみせた。

角の交差点で信号が赤に変わり、黒いリムジンが停まった。

マークはポケットに手を伸ばした。

待つんだ。

信号が、青になった。

リムジンが大きく弧を描いて左折し、こちらに向かって来る。

マークは、大量のアドレナリンが体中の血管を巡るのを感じた。

これまでにも、ローレン・バコールやレナード・バーンスタインなど、ダコタに住むほかの有名人を乗せた高級車を目にしたことはあった。

だが、マークにはわかっていた。

今度こそ、レノンだ。彼が、家に帰ってきた。

僕のもとに、帰ってきたんだ。

歴史と時間が、ひとつになる。


リムジンが路肩に停まり、マークは三八口径のチャーターアームズをポケットの中で強く握り直した。そして、建物と通りの中間のあたりに向かって立ち、そのときを待った。

車から、ヨーコが姿を現わした。

マークが立っている場所から、六メートルほどの距離だった。

彼は軽くうなずいてみせ、ヨーコの注意を引こうとした。

ヨーコはうなずき返すことなく、通り過ぎた。

続いて、レノンが車の中から出てきた。

彼はマークのほうに、冷たく、固い視線を向けた。

なぜかマークの心に、ホテルのドレッサーの上に置いてきた、『オズの魔法使い』の写真が蘇った。ドロシーが、ライオンの涙をぬぐってやっていた。

レノンが、マークの前を通り過ぎた。あたりは、恐ろしいほどの静けさに包まれていた。

マークは、通りに向かって五歩前進した。

そこで立ち止まり、振り返った。

腰を低くして射撃姿勢を取り、ホロー・ポイント弾を込めた三八口径の回転式拳銃をポケットから取り出した。

❖　❖　❖

ジョン・レノンは、マークに背中を向けていて、彼の動きも、銃も、目に入っていなかった。

マークは、至近距離から発砲した。

銃声が大きく響き渡り、マークは恐ろしいほどの興奮を感じた。

弾がうまく機能するかどうか、最後まで自信がなかった。

いくつかは飛行機で運ぶ途中で損傷を受けて、うまく発砲されないのではないかと思っていたのだ。

「助けて！　彼を助けて！」

ヨーコの金切り声が響いた。

「撃たれた！　撃たれたのよ！」と、彼女は叫んだ。

「早く、だれか来てちょうだい！」

マークはもう一度、引き金を引いた。

再び大きな銃声が聞こえ、レノンがよろめくのが見えた。

弾は無事だった。そうマークは思いながら、何度も何度も、レノンの背中と肩に向けて発砲した。

驚くべきことに、レノンはまだ倒れずに立っていた。そのまま、彼はダコタの正面階段に向かってよろめきながら進んだ。持っていたカセットが、バラバラと地面に落ちた。レノンはそのまま、警備員室の中に倒れ込んだ。

あんたは、絶対に助からないよ。もう死んだも同然だ。

マークは、横たわるレノンの姿をじっと見つめた。

銃声のせいで、耳鳴りがしていた。


僕は、泣き虫ライオンじゃない。

僕はもう、マーク・デヴィッド・チャップマンでもない。

いかなる意味においても、普通の人間なんかじゃない。

いまや僕は、何かを超越した存在——不滅のものになったのだ。

いま、この瞬間、僕は世界で最も有名な存在になった。

やっと、僕の存在が世に知られる。

歴史と時間を超えて。


ドアマンのホセ・ペルドモがマークに駆け寄り、銃を持っているほうの腕を摑んだ。

彼の手から三八口径の拳銃が滑り落ち、ホセがそれを足で蹴って遠ざけた。

「自分がしたことをわかってるのか？」

信じられないという口調で、涙を流しながらホセは言った。「お前、自分が何をしたか、わかってるのか？」


「僕は、たったいまジョン・レノンを撃った」

「とっとと失せろ。ここから消え失せてくれ！」

マークは、途方に暮れたように頭を横に向けた。「でも、どこへ行けばいい？」

ホセは答えず、歩み去った。

マークは、お尻のポケットから『ライ麦畑でつかまえて』のペーパーバックを引っ張り出すと、その場で読み始めた。

62

たった一発で済むんだ
――「ギミー・シェルター〈Gimme Shelter〉」

ＮＹＰＤ警官のピーター・カレンとスティーヴ・スパイロは、その日マンハッタンのアッパー・ウェスト・サイドで夜間パトロールにあたっていた。二人がブロードウェイと七十二丁目の交差点にパトカーを停め待機していると、無線が入った。

「発砲事件発生、場所は西七十二丁目一番地」

ダコタ・アパートメントの住所だ。

二人はパトカーのライトを点け、サイレンを鳴らして、セントラル・パークのある東の方角に急いだ。

❖　❖　❖

近くの高層マンションでは、少女とその両親が二二階のベランダから目を凝らし、耳をそばだてていた。

「生まれて初めて、銃声を聞いたの。テレビで聞いたことがある銃声とはぜんぜん違っていたわ。

パン、パン、パン、パン、という音が響いて（中略）両親が二人とも泣いているところを見るのは、それが初めてだった」

❖❖❖

セントラル・パーク・ウェスト百三十五番地のランガム・ホテルに滞在中だったジェームス・テイラーも、その夜銃声を耳にした一人だった。

テイラーは窓から首を突き出して、通りを南に下りた向かい側にあるビルに目をやった。

間違いない。銃声はダコタから聞こえた、とテイラーは思った。

❖❖❖

スパイロとカレンは銃を手に、ゆっくりとダコタの玄関アーチを進んだ。

カレンは、見慣れた人物がそこに立っているのに気づいた。ホセ・ペルドモだ。

「ホセ、一体何が起きた？」

ホセは、そばでペーパーバックを読みふけっている、コートを着た小太りの男を指さした。

「こいつが、ジョン・レノンを撃ったんだ！」ホセは唇を震わせて叫んだ。

カレンはスパイロに、コートの男から離れないように身振りで指示した。

スパイロが銃を構えると、男は両手を挙げた。

「傷つけないで」と男は懇願した。「武器は持ってない。お願いだから、だれにも僕を傷つけさせないで」

スパイロは男の腕を摑み、壁に向かって立たせると、足を蹴って大きく開かせた。

カレンがダコタの警備員室に足を踏み入れると、そこにはジョンがうつ伏せに倒れていた。ダコタの管理人、ポーター・ジェイ・ヘイスティングスが傷に止血帯を巻こうとしていたが、実際にはジョンの眼鏡を外して、制服の上着を体にかけてやる以外、できることはほとんどなかった。

「大丈夫だ、ジョン。心配しないで」

ヘイスティングスはジョンの耳元でささやいた。

ジョンの口の端からは、血の筋が流れ始めていた。

カレンは、コートの男が武器を持っていないことを確認すると、相棒に向かって怒鳴った。

「スティーヴ、手錠だ！」

スパイロが、男の手首に手錠をかけた。

男は、顔をしかめた。「一人でやったんだ」と彼は言った。「僕が、一人でやった」

そのとき、西八十二丁目にある第二十分署のトニー・パルマという警官が、無線に応じて駆けつけた。

危篤(きとく)状態にある被害者を見たパルマには、それが近所のコーヒー・ショップで見かけたことのあるジョン・レノンであることに気づく余裕すらなかった。救急車を待つ時間がないことは、明らかだった。

カレンとスパイロは、コートの男と現場に残ることになった。パルマとその相棒であるハーブ・フラウエンベルガーが、血を流しているジョンを運んでいく様子を、カレンは「(二人が)重量挙げのように」ジョンの体を持ち上げて、「パトカーの後部座席に放り込んだ」と回想している。

一九八〇年十二月八日

警察官は、スパイロとカレンという名前だった。

二人は、通りのほうへとマークを移動させた。

「傷つけはしない」とスパイロは言った。「言われた通りにするんだ」

マークは突然、体を硬直させた。

「本！　僕の本が！」と、彼は取り乱して叫んだ。

僕の人生のすべては、あの本の中にあるんだ！

カレンが身をかがめて、歩道に落ちていた『ライ麦畑』のペーパーバックを拾った。

彼はマークに本を渡してやると、そのままパトカーの後部座席に座らせた。

ここは安全だ、とマークは車の中で思った。それに、『ライ麦畑』もここにある。自分で書いたメッセージが、そばにいてくれる。

自分がやったことの重大さが、少しずつ腑（ふ）に落ちつつあった。夢はすでに夢ではなく、揺るぎようのない、不変の現実に姿を変えていた。

僕は、見えない存在から、見られる存在になった。

知られざる存在から、知られる存在になった。

62

だれでもない男から、何者かになった。

すぐに僕のファンクラブができるだろう。それに、精神科医たちが押しかけてくるはずだ。それも著名な医者たちが、僕と話すために先を争ってやってくる。

彼らは、僕の心を理解しようとし、答えのない謎——「なぜ」という問いの答えを探そうとするだろう。はっきりした答えなど、絶対に与えてやるものか。気を持たせるのだ。さもなければ、彼らは僕をすっかり理解したと思い込み、次のだれかに関心を移すだろう。

名声のゲームとは、そうやってプレーするものだ。

すぐに、ニューヨーク中の人間が僕の姿を——ジョン・レノンを殺した男の姿を一目でも見ようと押しかけてくる。僕の名が新聞の見出しを飾り、ニュースは僕の話でもちきりになる。

いや、世界中が、僕の話でもちきりになるだろう。それが、あと数時間で実現する。

マークは深呼吸をして、微笑んだ。

そのとき、窓の外で何かが動くのが視界の端に映った。

軽く右を向くと騒ぎ声が聞こえ、だれかがうずくまったままこちらを見ているのが目に入った。

ヨーコだ。

彼女は、窓ガラスを通してマークを凝視していた。

マークも、彼女を見つめ返した。

63

お前は俺の心を盗んだ
それが何より辛かったのさ

――「マギー・メイ〈Maggie May〉」

フラウエンベルガーは、ジョン・レノンをパトカーの後部座席に横たえた。運転席と助手席には、ジム・モランとビル・ギャンブルという名の二人の警官が座っていた。

「あなたは、ジョン・レノンですか?」とモランが聞いた。

ジョンはうなずいた。その胸は、血に染まっていた。

パトカーが発車し、ダコタからルーズベルト病院までの一キロ半の距離を急いだ。

パルマが運転するもう一台のパトカーが、それを追う。後部座席には、ショック状態で口もきけずにいるヨーコの姿があった。

モランは無線で病院に連絡し、銃撃にあった被害者を搬送中であることを知らせた。

❖　❖　❖

ルーズベルト病院一般外科の三年目の研修医、デヴィッド・ハレランが回診をしていると、緊

63

急呼び出しのブザーが鳴った。彼は、外傷処置室一一五号室に急いだ。

「救急車が到着するものだとばかり思って、処置室で数分間待っていたんだ」と、ハレランは二〇一九年のインタビューで語った。「でもやってきたのは、パトカーだった」

同じく対応にあたった看護師のディアルトラ・サトウは、ジョンが運ばれてきてすぐ「担架に乗せて外傷処置室の一一五号室に運び、服を切って、開胸手術が始まった」と回想している。

ハレラン医師は、緊急救命チームにこう告げた。

「左胸に侵入口四カ所、射出口三カ所。処置をしないという選択肢もあるが、開胸すれば何かできることが見つかるかもしれない」

ジョンの体にはすでに血圧も脈もなく、一刻の猶予も許されない状態だった。

「搬送時にはまだ息があったけど、致命傷を負っているのは間違いなかった」と、ハレランはのちに説明した。「いずれにしても失うものはなかった。手術室に着くまでは、何か手当てできることがあるかもしれないと思っていたんだ。とにかくできることをすべてやるしかない、という状況だった」

ハレランは患者の胸の左側を切開し、肋骨（ろっこつ）を分離して心臓に手が届くようにした。そして冠動脈への血流を増やすために、心臓の下に片方を添え、もう片方の手で心臓に一分間に一〇〇回のペースでそっとリズミカルに刺激を与え続けた。

患者の血圧と脈に、変化は見られなかった。

ジョンの顔を覗き込んだ看護師が、ようやく患者の正体に気づき、驚きとともに彼の名を呼んだ。

「まさか、違うよ」

ハレランは心臓への刺激を続けながら言った。「あり得ない」

サトウ看護師が患者の財布を調べ、中にＩＤがあるのを見つけた。

それはたしかに、ジョン・レノンだった。

64

明日、きみを恋しく思うだろう

――「オール・マイ・ラヴィング〈All My Loving〉」

その夜、テレビ番組プロデューサーのアラン・ワイスは、ルーズベルト病院緊急治療室のそばの廊下で、担架に身を横たえていた。一時間前にセントラル・パーク内でバイク事故にあって搬送され、いまはレントゲン写真を待っているところだった。

「路面に頭を打ち付けたせいで、まだ耳鳴りがしていたよ」とワイスはのちに振り返った。「二人の警察官が廊下をやってきて、ちょうど僕の頭のところで立ち止まった。僕は目を閉じて横になっていた。すると、警官の一人がこう言ったのが聞こえたんだ。『信じられるか？　ジョン・レノンだぞ』」

ワイスは、鼓動が速まるのを感じた。「この警官、いまジョン・レノンって言ったのか？　僕の一番好きなビートルの？」

「最初に聞いたときは、信じなかった」と、ワイスは二〇一九年のインタビューで語った。「頭を打ったばかりだったし、耳鳴りもしていたからね。自分が聞き間違えたんだろうと思ったんだ」

ノースウェスタン大学メディル・ジャーナリズム学院を卒業したばかりだったワイスは、病院からほど近いリンカーン・スクエアにあるＷＡＢＣテレビのニュース編集室で、日々ペースの速い仕事をこなしていた。自分がたったいま耳にした情報を確認しようと、彼は担架から動けない状態のまま、通りかかる人たちに質問を浴びせ始めた。

ワイスはようやく清掃員を捕まえ、金を握らせてこう告げた。

「ここに僕の取材許可証と、二〇ドル札がある。この番号に電話をかけて、（ニュース編集者の一人である）ニール（・ゴールドステイン）に、『アランが病院にいて、ジョン・レノンが撃たれたらしいと言ってる』と伝えてくれ」

結局、この清掃員がＷＡＢＣに電話をかけることはなかったが、ワイスはこの直後に、自分が耳にした情報が正しかったことを示す、確かな証拠を目にすることになった。

「毛皮のロング・コートを着たオノ・ヨーコが、警察官に支えられて、咽（むせ）び泣いて」いるところを目撃したのだ。

❖ ❖ ❖

外傷処置室一一五号室では、ハレラン医師が引き続きジョンの蘇生を試みていた。その手はジョンの心臓を確かなリズムで刺激し続けていたが、彼のバイタル・サインはもはや消えかけていた。心臓外科医のリチャード・マーク医師が、ハレランの補助に入った。アッパー・ウェスト・サイドに住んでいたマークスは、帰宅中にダコタでの騒動を目にして病院に戻ったのだった。

さらに、緊急治療室主任だったステファン・リン医師は、十時半にいったん帰宅した後、十一

64

時のニュースが始まる直前に病院に呼び戻された、と回想している。

一方、ジョン・レノン襲撃の情報を確認したワイスは、警官に付き添われながらようやく病院の電話を使って仕事場に連絡することに成功していた。

「ニール、ジョン・レノンが撃たれたみたいなんだ」

❖ ❖ ❖

医師たちがジョンの蘇生を試みるあいだ、病院のスピーカーからは、「オール・マイ・ラヴィング」を歌うジョンの声が、繰り返し流れていた。

施されたすべての処置について「まったく効果が見られない」まま二〇分が経過したとき、医師たちは死亡を宣告するほかないと判断した。

「その瞬間、手術台を離れたよ」と、ハレラン医師は回想している。

「疲れ果て、敗北感でいっぱいだった。僕たちの施した救命処置はそもそも神頼みではあったけど、自分はジョンという偉大な人間を救うことに失敗したんだという思いが、どうしても頭を離れなかった」

ジョンの最期の数分間に起きたことをヨーコに伝えるのは、主任であるリン医師の役目だった。

リン医師は緊急開胸手術を行なったことを説明し、「心臓に繋がる主要な血管のほとんどが深刻な損傷を負っていて、手の施しようがありませんでした」と告げた。

「死んだはずないわ、さっきまで生きていたんだもの」と、ヨーコは言った。

リン医師はこのとき、「ジョン・レノンが世界にどれほど大きな影響を与えていたのか」、理解し始めていた。

65

男は泣くもんじゃないって、わかっているけど……

――「悲しいうわさ〈I Heard It Through the Grapevine〉」

その日、サウス・フロリダのマイアミ・オレンジボウル・スタジアムでは、ＡＢＣテレビがニュー・イングランド・パトリオッツ対マイアミ・ドルフィンズの試合を中継していた。試合は第四クォーターに差しかかり、一三対一三の同点で最終局面を迎えようとしていた。そのとき、スタジアムのそばに停められた中継車の電話が鳴った。

「ジョン・レノンがアパートの前で撃たれて、病院に運ばれる途中で亡くなったらしい」

『マンデー・ナイト・フットボール』のプロデューサー、ボブ・グッドリッチは、ＷＡＢＣテレビのニール・ゴールドスタインにそう告げられた。

「本当のことなんだろうか？　何かのいたずらでは？」とグッドリッチは思った。

この悲劇的な知らせが中継ブースに届けられたのは、試合時間が残り一分を切ったころだった。ブースには、ナショナル・フットボール・リーグの名プレーヤーであるフラン・ターケントンやフランク・ギフォード、伝説的アナウンサーであるハワード・コセルの姿があった。

視聴者に訃報(ふほう)を伝えるべくマイクに向かったコセルの胸には、一九七四年に『マンデー・ナイト・フットボール』でジョンにインタビューをしたときの記憶が去来していた。ジョンはそのとき、NFLファンの荒々しさに触れて、「あれに比べたら、ロックのコンサートなんてティー・パーティーのようなものさ」とコメントしたのだった。

フィールドでは、パトリオッツのキッカーであるジョン・スミスという名の英国人が、フィールド・ゴールに備えてウォーム・アップをしていた。試合の残り時間は、三秒だった。

コセルは、口を開いた。

「どちらのチームが勝つにせよ、これはただのアメフトの試合にすぎないということを忘れないでください」とコセルは言った。

「ニューヨークのABCニュースから、口にするのもつらい、悲しい知らせが入りました。元ビートルズのメンバーの中でも、おそらく最も有名なジョン・レノンが、自宅アパートの前で背後から二発銃撃を受け、ルーズベルト病院に搬送されましたが、到着と同時に……死亡が確認されたということです」

その直後、ジョン・スミスが蹴ったボールは、ドルフィンズにブロックされた。

❖ ❖ ❖

ジェラルド・リヴェラはその日、セントラル・パーク・ウェスト一帯を望む六十四丁目にある

65

自宅アパートのリビングルームにいた。ダコタ・アパートメントの方角から銃声が聞こえたとき、彼はさほど気に留めなかった。

「あのころ、うちの近所では犯罪がたくさん起きていたからね。銃声も珍しくはなかったんだ」とリヴェラは回想する。

しばらくして、電話が鳴った。担当のニュース編集者からで、西六十六丁目の放送スタジオにいますぐ来るように、とのことだった。ワシントンD．C．から生放送される、英国人アナウンサー、テッド・コペルのニュース番組に衛星中継で参加して、ジョン・レノン殺害のニュースにコメントしてほしいというのが、依頼の内容だった。

ジェラルドはショックで呆然として電話を切り、さっき聞いた銃声のことを思い出していた。

「この恐ろしい出来事に関して何より悲劇的なのは、皮肉なことに、ジョン・レノンがカムバックを果たしたばかりだったということです。五年間にわたって音楽活動から離れていたジョンは、つい最近スタジオに戻り、アルバムをリリースしたばかりでした」とリヴェラはコペルの番組で語った。

「（彼は）史上最強の音楽グループの、要(かなめ)とも言える存在でした。ロックンロールの歴史を変え、多くの人の人生を変えたのです……。私もいま、なんとか考えをまとめて、わかりやすく論理的に話そうと努力しているのですが、あまりにも痛ましい出来事で、筋道立てて考えることができずにいます」

リヴェラはこのときのことを何十年も後に振り返り、こう語っている。

「事件があった直後に彼の人生を言葉でまとめようとするのは、僕にとってとても困難で、感情を強く揺さぶられることだった。取り乱したり泣き出したりしてしまわないようになんとかこらえていたけど、簡単ではなかったよ」

ジョンが撃たれてすぐ、病院に搬送される前のこと、ダコタのメンテナンスを担当していたフィリップ・マイケルは、アパートの前で恐怖に呆然としながら、たったいま起きたことをなんとか理解しようと努めていた。

突然、マイケルの視界の端で何かが動いた。彼は玄関アーチの入り口にある、花を飾るための大型の壺に歩み寄った。

壺から滑り落ちてきたのは、一枚のレコード——ジョンの『ダブル・ファンタジー』だった。

アルバムのカバーには、ジョンの直筆サインが書かれていた。

「だれのものだろう」

いぶかしみながら、マイケルはアルバムを飾り壺に戻した。

だが、何度置き直しても、レコードはそのたびに落ちてきた。マイケルは、レコードをいったん自宅に持ち帰って保管しておくことにした。

帰宅途中、警察が証拠品のひとつとしてサイン入りのアルバムを探しているという情報を耳にしたマイケルは、すぐに警察に連絡を取り、アルバムを渡した。

翌年、チャップマンの裁判が終わった後に、マイケルはアルバムを取り戻すための申し立てを行なった。この要求は聞き届けられ、地区検事長は重要な証拠を提出したことに対してマイケルに書面で謝意を表した。

マイケルの手元に戻ってきたアルバムは、警察の手で調べ上げられた結果、最初に見つけたときよりもいくらかくたびれていた。カバーには、科学捜査の過程で浮かび上がった犯人の指紋や、警察による書き込みも見られた。

そして何より、ジャケットにはジョン・レノンの人生最後のサインが残されていた。

マイケルは、取り戻したアルバムを大切に保管することにした。

「(あのレコードは)ロックンロールの歴史における最も重要なアイテムだ」と、ニューヨークの『デイリー・ニュース』紙の取材に答えたあるギャラリー経営者は語っている。

❖　❖　❖

『ダブル・ファンタジー』のセッションを撮影した映像作家のジェイ・ドゥビンは、婚約者とともにレストランで席に通されるのを待っているときに、ジョン殺害のニュースを知った。

「さっきまで一緒にいたのに」

ドゥビンは呆気に取られたように、彼女に言った。

しばらく後になって、ドゥビンは撮影時のセッションをすべて録音したテープがあったことを思い出した。彼はその後、保存のためにこの音源をデジタル化したが、その存在を公にすることはなかった。

ジョンの声が聞きたくなったときには、このテープを再生しよう、とドゥビンは思った。

❖ ❖ ❖

プロデューサーのジャック・ダグラスは、ヒット・ファクトリーでヨーコの「ウォーキング・オン・シン・アイス」のミキシングを続けていた。彼が妻からの一報でジョンの死を知ったのは、十一時三十五分になってからだった。

ショックで呆然としながらも、ダグラスは必死で頭を働かせ、その日のスタジオでのある会話を思い返していた。セッションが終わる直前に、ヨーコがジョンの様子を心配して声をかけていたことを思い出したのだ。

たしかに、その日のジョンの様子は、いつもとはどこか違っているように感じられた。ダグラスはプロデューサーとして、ある決断をした。

彼は十二月八日のセッションの音源を、その場ですべて消去したのである。

❖ ❖ ❖

65

夜中過ぎになって、ニューヨーク市警マンハッタン区刑事局長のリチャード・ニカストロが、ダコタ・アパートメントにヨーコを訪ねた。プロデューサーのデヴィッド・ゲフィンの付き添いのもと、ニカストロはヨーコに、その日の行動について質問しようとした。

「ショックが大きすぎて」とヨーコはかろうじてつぶやいた。「無理です。いまはとても話せません」

66

僕が欲しいのは、真実だけだ
——「真実がほしい〈Gimme Some Truth〉」

トニー・パルマがルーズベルト病院から第二十分署に戻ると、ジョン・レノンを殺害した犯人が、小さな独房の中で汗まみれのまま、ペーパーバックの本をきつく握りしめて座っていた。

パルマは、何が起きたのかいまだに理解しきれずにいた。病院を出る前に見た光景が、彼の胸に繰り返し蘇った。それは、ジョンの死を告げられたヨーコが崩れ落ち、床に何度も自分の頭を打ち付けている姿だった。

「自分が何をしたのか、わかっているのか?」パルマは信じられない思いで首を振りながら、男に尋ねた。

「ああ」と、チャップマンは、宙を見つめながら答えた。「僕はさっき、自分を殺したんだ。僕は、ジョン・レノンだ」

僕は、ジョン・レノンだ。パルマは、背筋が寒くなるのを感じた。

❖ ❖ ❖

殺人課刑事のロン・ホフマンは、容疑者のチャップマンをニューヨーク州刑法一二五・一〇条違反——過失致死傷罪の疑いで起訴する手続きを行なうために、第二十分署に向かった。

取調室を見ると、そこにはチャップマンが、長袖の白い防寒下着を着て座っていた。彼は、ホフマンによる正式な尋問に答えることを拒否した。

ホフマンは犯行の動機について、「世界の脚光を浴びるためだった」のではないかと考えていた。だが、悲しみに暮れるファンがニューヨークに続々と集まる中、ホフマンはまず何よりも、チャップマンを狙う人物——いわば「次のジャック・ルビー」〔ケネディ大統領の暗殺犯とされるオズワルドを射殺した人物〕が現われる可能性に備えなくてはならなかった。

❖ ❖ ❖

事件の担当となった地方検事補のキム・ホグリフは、チャップマンの行為は「計画的な犯行」だったと考えられると説明した。

その夜のうちに開かれた記者会見で、ホグリフは「われわれとしては、チャップマンには刑事責任がある、という印象を受けている」と話した。「(チャップマンは) 多額の金を借りており、そのうち二〇〇〇ドルを所持していた。これは、彼がニューヨークに来て目的を果たすために借りたものだ」

❖ ❖ ❖

翌日の朝六時、ダコタ・アパートメントのヨーコのオフィスに、カリフォルニアから電話がかかってきた。電話の主は、こう告げた。

「チャップマンが始めた仕事を終わらせるために、これからニューヨークに向かう。オノ・ヨーコは、私が殺す」

67

きみが受け取る愛は
きみが与える愛と等価になる
——「ジ・エンド〈The End〉」

イースト・サセックス州にある小さな村、ピースマーシュの別荘で電話を受けたポールは、自分がいま聞いた言葉を信じることができずにいた。ジョンがいなくなっただなんて、そんなことがあるはずがない。

数分後、リンダは車寄せに一人で立ち尽くしているポールに気づいた。彼は、妻の腕の中で泣き崩れた。

「こんなこと、受け入れられないよ」

もともと共感しやすい性格のポールは、いま世界中の人が感じているであろう痛みも同時に感じざるを得なかった。

「多くの人にとって、ある意味ケネディ暗殺のときのような衝撃的な出来事だったんだと思うよ……。僕は、もうジョンに会えないと思うと、そのことがただひたすら悲しかったんだ」

ジョージは、訃報を聞いて短い声明を出した。

「打ちのめされ、呆然としています。人の命を奪うことは、最も忌むべき強奪行為です」

声明を出した後、彼は一人静かに悲しみに沈むことを選んだのか、沈黙を保った。

❖ ❖ ❖

「ジョンの身に何かあったみたいだ」

リンゴが知らせを聞いたのは、婚約者のバーバラ・バックとバハマで休暇を過ごしていたときだった。バーバラの娘から、電話を受けたのだ。

リンゴは新アルバム『バラの香りを（Stop and Smell the Roses）』の制作の合間を縫って、バーバラと短い休みをとっているところだった。

このアルバムには、ジョンも二曲楽曲を提供していて、翌年の一月にはそのうちの一曲である「ノーバディ・トールド・ミー（Nobody Told Me）」を一緒に録音する予定になっていた（結局、もう一曲の「ライフ・ビギンズ・アット・40（Life Begins at 40）」も「ノーバディ・トールド・ミー」も、リンゴのアルバムに収録されることはなかった）。

❖ ❖ ❖

シンシア・レノンはその日、リンゴの前妻であるモーリンを訪ねてロンドンに来ていた。

「シン、とても残念な知らせだ。ジョンが亡くなった」

リンゴからの電話を受けたシンシアはすぐに、ノース・ウェールズの自宅にいるジュリアンのことを思った。一七歳になったジュリアンは、だれもが認めるほどジョンに瓜二つの若者に成長していた。その年頃で親を失う経験がどんなものか、ジョンを間近で見ていたシンシアには、よくわかっていた。

時計を見ると、時刻はまだ朝六時前だった。シンシアは夫に電話をかけ（シンシアは数年前に、三度目の結婚をしていた）、自分が帰るまではジュリアンに訃報が伝わらないようにしてほしいと告げて、車で四時間かかる家路を急いだ。

だがそんなシンシアの試みも虚しく、ジュリアンは目を覚ましてすぐ、家の前に詰めかけた報道陣に気づくことになった。父の身に何か恐ろしいことが起きたに違いないと、ジュリアンは悟った。

❖ ❖ ❖

リンゴは飛行機をチャーターして、バーバラとともにニューヨークに向かった。

ダコタの周りには、大勢のレポーターたちが群がっていた。

「彼らから逃げようとしないほうがいい、余計事態が悪くなる」

出迎えた友人のエリオット・ミンツはそう言って、二人をかばいながらアパートの玄関に向かった。だがもちろん、パパラッチたちがリンゴたちを見逃すはずはなかった。

フラッシュの嵐をくぐり抜け、ダコタの七階に到着したリンゴはヨーコに言った。

「できることがあれば、何でもするよ」

「それなら、ショーンと遊んでやって」とヨーコは言った。「気を紛らわせてやってほしいの」

リンゴとバーバラは、トランポリンのある子ども部屋にショーンを連れていき、彼が少しでも笑顔を取り戻せるようにと、何時間も一緒に遊んだ。

❖　❖　❖

乗っていた飛行機がオーストラリアのメルボルンに着陸したとき、エルトン・ジョンは、スタッフと一緒にしばらく機内に留まるようにと客室乗務員から告げられた。エルトンは、ふいに不吉な直感に捕われた。

「だれかが死んだんだ」

エルトンのマネージャーが席を立ち、コックピットに走り寄って乗務員に事情を問いただした。数秒後、目に涙を浮かべて席に戻ったマネージャーが、エルトンにジョンの訃報を伝えた。

「信じられなかったよ」と、エルトンはのちに語った。「彼が亡くなったという事実も、あんな残虐な殺され方をしたことも、受け入れがたかった」

❖　❖　❖

67

ジュリアン・レノンは、父の死を知らされてからわずか数時間後、ニューヨーク行きの旅客機に乗り込んだ。

さすがのマスコミも、悲しみに暮れるティーンエイジャーのジュリアンを追い回すことはしなかったが、ダコタに到着したとたん、彼はアパートの周辺に集まった人の数に衝撃を受けることになった。

そこにはすでに、彼の父の死を悼(いた)む何百人ものファンたちが詰めかけ、ジョンが書いた曲の数々を声を揃えて合唱していたのだった。

一九八〇年十二月八日

マークは第二十分署で、『ライ麦畑でつかまえて』を読みふけっていた。服装は昨夜のままで、体には火薬の心地よい香りが残っている。

昼過ぎに、警察に防弾チョッキを渡された。

マークは、その意味をよく理解していた。だが、防弾チョッキだけでは、頭が無防備なままではないか。いまごろ建物の外では、複数のスナイパーが彼を狙っているかもしれないのに。それは、十分にあり得ることのように思えた。この街の人間は、みんな頭がおかしいのだから。

チョッキを着けた後、マークは手錠をかけられ、武装した警官の集団の中を歩かされた。彼らがマークを見る目つきは、友好的とは言いがたかった。

警察がマスコミに対して、公に自分のことを変人呼ばわりしていることを、マークは知っていた。そのほかにも、「ネジが一本外れたはぐれ者」などと言う者もいた。

マークは頭に上着を被せられ、建物の外に連れていかれた。外に一歩足を踏み出した瞬間、人々が泣き喚く声や、怒声、甲高い叫び声が、一度に耳に飛び込んできた。マークの腕を摑む警官の手に、さらに力がこもった。マークは警察に押し出され、地面を見つめて体を前後に揺らしながら、押し寄せる記者たちのあいだを進んだ。フラッシュがマシンガンのように焚かれていた。テレビ局のカメラが、ずらりと並んでいるんだろうな、とマークは思った。

67

人々はマークに向かって、「人殺し！」、「モンスター！」、「負け犬（ルーザー）！」等と叫んでいた。だれかが、「地獄で朽ちろ」と言ったのが聞こえた。

「チャップマン、俺は絶対にお前を殺す！」という声もした。

それよりも近い距離からは、記者たちが質問を叫ぶ声が聞こえていた。さぞかし僕の答えが欲しいんだろう、とマークは思った。そうすれば、スクープで今度は自分が有名になれるからね。

だれもが、彼の名前を叫んでいた。

いまや世界中の人が、彼のことを知っていた。ジョン・レノンやイエス・キリストと同じだ。彼は、この地球上で一握りの人しか成し遂げられないことを達成したのだ。

自分の痕跡をこの世に残したいま、僕の名は語り継がれる。ずっと、永遠に。僕は不滅だ。

マークはジャケットの下で微笑んだ。


裁判所でも、同じように熱烈な出迎えを受けた。建物に入ると防音設備のある独房に通され、裁判所が任命した弁護士との面会があった。

マークの弁護を担当することになったハーバート・アドラーバーグは、それまでにも何度か、世間の注目度の高い事件で嫌われ者の被告を弁護していた。一九七〇年代初頭にテロ攻撃および警察官の殺人容疑に問われた黒人解放軍のメンバーや、一九六四年に人種間のもめごとが原因で二人が殺害された事件で犯人とされた若者グループ、ハーレム・シックスの弁護人を務めた経験もあった。

裁判の傍聴人席は満席で、そこにいる全員がマークを見ていた。皆、何事か熱心にペンで書きつけている。うれしさのあまり溢れてくる涙をこらえながら、マークは弁護士の隣の席に座った。アドラーバーグは、マークを精神科病院に入院させることを要請した。地方検事補のキム・ホグリフは、マークを保釈せず勾留し、ライカーズ島にある刑務所に身柄を送るよう主張した。「被告人は、入念な計画のもとにジョン・レノンを殺害しました」とホグリフは述べた。「そして、冷静沈着かつ用意周到な行動を取り、三八口径の拳銃を用いてミスター・レノンを複数回にわたって撃ったのです」

一方、弁護人のアドラーバーグは、マーティン・レッティンガー裁判長に対し、マークがこれまでに二回自殺未遂を繰り返していることを指摘した。

弁護側の申し立てが聞き入れられ、マークは精神鑑定のためベルビュー病院に送られることになった。

病院では、担当のナオミ・ゴールドスタイン医師がマークを出迎えた。なかなか感じのいい医者だ、とマークは思った。

彼はゴールドスタイン医師の前で、しゃべりにしゃべった。

人々が自分の言うことを熱心に聞くうえに、すべての言葉に注目し、その意味を分析し、重要度を見定めようとするのが、じつに面白かった。

こいつらは、僕が正気なのか、狂っているのかを決めたいわけだ、とマークは思った。

それからすぐ、担当弁護士のアドラーバーグが辞任すると聞かされた。彼のもとに、複数の脅迫状が送られてきたらしかった。脅迫の中には、リンチにするという内容のものも複数あったという。

新しく担当になった若手弁護士、ジョナサン・マークスは、脅迫に耐えるだけの根性があるようだった。だが何より重要なのは、マークスは明らかに、脚光を浴びることを強く欲しているということだった。

こいつなら、いいだろう。

マークは、弁護人に少しずつ本当のことを話し始めた。ハーバード大学法科大学院出身で、元ブルックリン地方検事補のマークスは、彼の言葉を一言も聞き漏らすまいと耳を傾けた。

報道によれば、レノンの死を悼むファンたちが、ベルビュー病院を襲う計画を立てているらしかった。病院では身の安全が確保できないため、マークは結局ライカーズ島の刑務所に送られることになった。毒を盛られることを恐れて、彼は食べるのを拒むようになった。刑務所はスナイパーによる襲撃を懸念し、彼の独房の窓を黒く塗りつぶした。

マークは独房の中で、戦略を練っていた。

「どうせみんな、すぐにまた次のキラキラした新しいネタに飛びつくんだ」と彼は思った。

でも僕については、そうはさせない。僕は輝き続ける。月や、星や、太陽のように。

68

ヘイ、キッド、ロックンロールだ
ロックし続けようぜ

——「ロックにすべてを〈Rock On〉」

ヨーコは防犯担当のダグ・マクドゥーガルに、ジョンの火葬を手配するよう指示した。マクドゥーガルは、マスコミの注意をそらすために、マディソン・アベニューにある葬儀場におとりとして複数の霊柩車(れいきゅうしゃ)を走らせるように依頼して、そのあいだにニューヨーク州ハーツデールにあるファーンクリフ墓地の火葬場にジョンの遺体を運んだ。

夜の闇に紛れてスタジオ・ワンに戻ったマクドゥーガルの手には、蝶結びに結ったリボンをかけた、大きな箱が抱えられていた。

「その箱は?」と、ジョンのアシスタントだったフレッド・シーマンが尋ねた。

「これはな」と、マクドゥーガルは答えた。

「世界で最も偉大なロック・ミュージシャンだった男の遺灰だ」

ジョンの死から数日が経ったころ、ショーンは鼻風邪が悪化して発熱し、寝室で寝込んでいた。ヨーコもまた、ショックのあまり何日もベッドから起き上がることができずにいたが、あるときついに、乳母を呼んでショーンを部屋に連れてこさせた。

「どうしてジュリアンがいるの？　パパはどこ？」ショーンは不思議そうに尋ねた。

ヨーコが横たわるベッドに歩み寄ると、そこには、毛布と新聞が散乱していた。文字を覚え始めたばかりの五歳のショーンの目に、新聞の紙面中にL-E-N-N-O-Nという文字が並んでいるのが見えた。

「パパは、亡くなったの」とヨーコは言った。「殺されたのよ」

ヨーコは息子に、オブラートに包むことなく事実を伝えた。

「ママ、心配しないで」と、ショーンは年齢に似合わない聡明さを見せて言った。「ママはまだ若いから、きっとだれかと出会えるよ」

「そうね、そんなふうに思ってくれてうれしいわ」とヨーコは言った。

ショーンは突然、その場の空気の重苦しさに耐えきれなくなり、子ども部屋に駆け戻って、声をあげて泣いた。

❖　❖　❖

「ジョンの葬式は行ないません」と、ヨーコは発表した。「ジョンは人類を愛し、人類のために祈りました。どうかみなさんも、彼と同じことをしてください」

ヨーコは、ダコタ・アパートメントの部屋から見えるセントラル・パークの一角に、ジョンの遺灰を撒いた。

「もしかしたら、父さんは僕のことを上から見守ってくれているかもしれない」と、ジュリアンは思った。「そうだったらいいな。もしそうなら、僕が死んだときにわかるはずだよね」

十二月十四日日曜日の明け方、ジョンを追悼するファンたちが、午後二時から始まる黙禱（もくとう）のために、一人、また一人とセントラル・パークに集まり始めた。

時刻になると、集まった約一〇万人の人々が一〇分間にわたって目を閉じ、頭を垂れた。

セントラル・パークは静寂に包まれ、聞こえてくるのはマスコミのヘリコプターが頭上を飛ぶ音と、半旗で掲げられたアメリカの国旗がはためく音だけだった。

追悼者の一人が掲げた白い画用紙には、若いころのジョンの写真と、二つのピース・マーク、そして「どうして？（WHY?）」という手書きの文字が書かれていた。

黙禱が終わり、集まった人々は手にしていた花を地面に撒きながら、少しずつ散り散りになっていった。

「夢は、終わった」

ジョンの剝き出しの感情が込められた一枚目のソロ・アルバムから、「ゴッド（God）」のコーラス部分を繰り返し歌う彼らの声が、公園のあちらこちらから聞こえていた。

「パパは、神様の一部になったんだよ」と、ショーンは母に告げた。

「人って死ぬと、生きていたときよりももっと大きなものになるんじゃないかな。だって僕たちは、すべてのものと繋がってるんだから」

一九八一年八月二十四日

この八カ月、マークはなかなかいい生活を送っていた。

いや、素晴らしい生活といってもいいほどだ、とマークは思った。いままでの人生で、こんなによく眠れる毎日を過ごしたことはない。

弁護側の精神科医も、検察側の精神科医も、マークを理解することはできずにいた。双方から提出される報告書は、互いに相反するものだった。

弁護側の専門家は、被告は裁判を受ける精神的能力に欠けると主張したが、政府の専門家は心神喪失の可能性を否定した。弁護側のある精神科医が下した診断は、「妄想型統合失調症」だった。

こうした混乱のすべてが、マークにとっては愉快でたまらなかった。

検察官のキム・ホグリフとアレン・サリヴァンは、マークのことを冷酷（れいこく）な計算高い殺人者だと考えていた。マークがハワイから銃を持ち込んでいたこと、ニューヨークを複数回にわたって訪れていたこと、弾丸を入手するためにアトランタに足を延ばすだけの冷静さがあったこと、そして、見つからないように銃を手荷物に入れて飛行機に乗るという知識を有していたことなどの事実が、その根拠だった。

「彼に強迫観念があるとすれば、それは注目を浴びたい、という一点においてであったはずです」とホグリフは述べた。「ナルシスティックで、誇大的な自意識の持ち主であり、とにかく注目されることを求めていました。ジョン・レノンが標的となったのは、ただたんにジョン・レノンが彼の手の届くところにいて、ほかの有名人はそうでなかったから、というだけの理由なのです」

ある晩マークは、刑務所の娯楽室で『ヒトラー最後の日（The Bunker）』という映画を観て、重大なひらめきを得た。共同弁護人のデヴィッド・サッグスとの面談の最中、彼はこの映画についてこう語った。

「改めて考えると、すごいことだと思うんだ」

「どういうことだろう」

「ヒトラーだよ。あんな事態に直面しても、彼は自分の信念や考えを曲げなかった」

マークはそう言って、微笑んだ。

「僕は、ハッとした。喜ばしいことに気づいたんだ。僕は特別な目的を遂行するため、つまり、あの本を世に広めるために呼ばれたんだってことにね」

マークは、『ニューヨーク・タイムズ』宛てに一通の手紙を書いた。

「僕はこの書面による声明によって、J・D・サリンジャーの『ライ麦畑でつかまえて』の読者が増えるだけでなく、実際に何が起こったのかを多くの人が理解できるようになると、心から信じています」

❖
❖
❖

マークの裁判は、世界中の注目を集めた。彼は大勢の人々が『ライ麦畑』の本を手に、自分に向かって笑いながら手を振り、歓声をあげているところを想像した。マークは『ライ麦畑』の販促計画を練って、それをペーパーバック版の版元であるバンタム・ブックス社に送り、精神科医にもその内容を話した。

「世界中の人が、『ライ麦畑』を読むようになるよ」とマークは言った。「『ライ麦畑』は、ベストセラー第一位になる。そして、文学史上最も素晴らしい映画が作られるだろう」

マークは本の売れ行きが知りたくて、何度か守衛たちに頼んで書店の在庫を確認してもらった。守衛の中には、本を持ち込んでチャップマンにサインをねだる者もいた。マークはいつも、同じようにサインした。「マーク・チャップマン　ライ麦畑の捕まえ役（キャッチャー・イン・ザ・ライ）」

裁判の二週間前、マークは『ライ麦畑』のペーパーバックをずたずたに破り捨て、心神喪失の申し立てを取り下げたいと弁護士に告げた。

六月二十二日、非公開の法廷で、マークは弁護人の助言に反して自分の罪を認めた。そしてその理由を、神からのメッセージを受け取ったからだと説明した。

裁判長は、検事補のサリヴァンによる被告人質問を許可した。

「有罪を認めたのは、自分の判断ですか？」

「自分の判断です」とマークは答えた。「そして、神の判断でもあります」

サリヴァンはさらに、神の声や、祈り、宗教などについて質問を重ねた。マークは、適当な答えを返しておいた。

「ホロー・ポイント弾を使ったのはなぜですか？」とサリヴァンが尋ねた。

「レノンを確実に殺すためです」

刑務所に戻ったマークは、一切の面会を拒み、夫の裁判のためにハワイから駆けつけた妻のグローリアにさえ会おうとしなかった。

マークは髪を剃って坊主にし、聖書のページをすべて破ってそれを便器に詰め込んだ。刑務所のラジオやテレビを破壊し、躁状態で独房の中で飛び跳ね、だれかれ構わず「お前は地獄に落ちる」と喚いた。

自分は悪魔に取り憑かれているのだと、マークは言った。

彼の刑務所での様子は、新聞やニュースで事細かに報道された。

そしてついに、判決の日がやってきた。

八月二十四日の朝、マークは防弾チョッキを身につけ、法廷のために身なりを整えた。

裁判所に詰めかける人々の数は前代未聞の規模になるだろう、といううわさは、マークの耳にも入っていた。

今日は、素晴らしい一日になるぞ。

法廷で、デニス・エドワーズ・ジュニア裁判長がマークに「何か言いたいことは?」と尋ねた。マークは『ライ麦畑』を取り出すと、主人公ホールデン・コールフィールドによる独白の一部を朗読し始めた。

「とにかく、広いライ麦畑かなんかで、ちっちゃい子たちがゲームかなんかをしているところが、何度も目に浮かんでくるんだ」

読みながら、マークは胸がいっぱいになった。

「何千って数の子どもたちだよ。で、あたりにはだれも——大きい人間はってことだけど——だれもいないんだ、僕以外ね。それで僕は、なんだか知らないけどすごい感じの崖の端っこに立ってるんだよ。そこで僕がしなくちゃいけないことっていうのは、崖から落ちちゃいそうになる子がいたら、その子をぱっと捕まえてやることなんだ。つまり、その子たちがあたりを走り回ってて、前をよく見てないとしたら、僕がどこからか出ていって、捕まえてやらなきゃならないだろ。僕は一日中、それだけをするんだ。つまり、ライ麦畑の捕まえ役みたいなものになるってこと。クレイジーだと思うけど、僕が本当になりたいものって、それしかないんだよ」

彼らにはこの文章が理解できないだろうと、マークにはわかっていた。

彼らには、僕のことも理解できない。僕がいかにして、ジョン・レノンと同じように世代を代表する声となり、この世のインチキさ加減と堕落(だらく)についての声をあげる存在になったのか、絶対にわからないだろう。理解するだけの能力がないのだ。

68

だがマークは、怒る気にはなれなかった。彼らには、マークのような優れた知性が備わっていないのだ。


エドワーズ裁判長はマークに、二〇年以上の懲役を言い渡した。仮釈放の申請ができるのはその後になると、裁判長は告げた。

その後法廷では、マークの精神状態に関する証言が続いた。マークはスイッチを切るように聞くのをやめ、口を閉ざした。

マークは、二度としゃべらないと自分に誓った。

その後、彼は重警備の独房に入った。

新しいベッドに腰掛け、目を閉じて、深呼吸をする。

ここでは、僕は外の世界の醜い物事から守られている。食べ物はだれかが運んでくれる。本もだ。いくらでも好きなだけ、読書をし、テレビを見て、考え事をすればいい。

なんて素晴らしいんだ。

独房のドアが閉まり、鍵がかかる音がした。

マーク・デヴィッド・チャップマンは、微笑んだ。

僕は、家（アイム・ホーム）に帰ってきたんだ。

ブックデザイン　福田和雄(FUKUDA DESIGN)
DTP　キャップス
翻訳エージェント　トランネット

［著者］

ジェイムズ・パタースン (James Patterson)

1947年米国生まれ。犯罪ものや心理ものを得意とする社会派で、『ニューヨーク・タイムズ』紙のベストセラー１位を数多くの書籍で獲得している。デビュー作の『ナッシュヴィルの殺し屋』でエドガー賞を受賞。ほかにもエミー賞、国際スリラー作家協会賞などを受賞しており、著作は150点以上に及ぶ。2019年にはNational Humanities Medal（米大統領から贈られる賞）を獲得した。翻訳された作品には他に『大統領失踪』『殺人カップル』などがある。映画化された作品も多い。自論は、「本嫌いの人などおらず、ツボにはまる本に出会っていないだけだ」。

ケイシー・シャーマン (Casey Sherman)

『ニューヨーク・タイムズ』紙のベストセラー作家にして、受賞歴のあるジャーナリスト。『ワシントン・ポスト』紙、『ボストン・ヘラルド』紙、「エスクァイア」誌などに寄稿している。

デイヴ・ウェッジ (Dave Wedge)

『ニューヨーク・タイムズ』紙のベストセラー作家にして、受賞歴のあるジャーナリスト。『ボストン・ヘラルド』紙、「エスクァイア」誌などに寄稿している。

［翻訳者］

加藤智子（かとう・ともこ）

筑波大学第二学群比較文化学類卒。英国イースト・アングリア大学文芸翻訳修士課程、米国ミドルベリー国際大学院モントレー校翻訳・通訳修士課程を修了。現在は主に、書籍翻訳、映像翻訳等に携わる。訳書に『アメリカン・ハードコア』(メディア総合研究所)、『なぜ心はこんなに脆いのか』（草思社）など。

35	「American Pie」	ドン・マクリーン	1971
36	「Baba O'Riley」	ザ・フー	1971
37	「Let's Stay Together」	アル・グリーン	1971
38	「Heart of Gold」	ニール・ヤング	1972
39	「Turn! Turn! Turn!」	ザ・バーズ	1965
40	「Subterranean Homesick Blues」	ボブ・ディラン	1965
41	「Abraham, Martin and John」	ディオン	1968
42	「That'll Be the Day」	バディ・ホリー	1957
43	「Help Me」	ジョニ・ミッチェル	1974
44	「Instant Karma!」	プラスティック・オノ・バンド	1970
45	「Oh Well」	フリートウッド・マック	1969
46	「We Gotta Get Out of This Place」	アニマルズ	1965
47	「Without You」	バッドフィンガー	1970
48	「My My, Hey Hey (Out of the Blue)」	ニール・ヤング	1979
49	「Fool in the Rain」	レッド・ツェッペリン	1979
50	「Rock and Roll Music」	チャック・ベリー （1964年にビートルズがカバーした）	1957
51	「Twist and Shout」	トップ・ノーツ （1963年にビートルズがカバーした）	1961
52	「Being for the Benefit of Mr. Kite!」	ビートルズ	1967
53	「Watching the Wheels」	ジョン・レノン	1980
54	「Johnny B. Goode」	チャック・ベリー （1964年にビートルズが『Live At The BBC』で披露し、その音源が1994年に発売された）	1958
55	「Rock and Roll」	レッド・ツェッペリン	1971
56	「(Just Like) Starting Over」	ジョン・レノン	1980
57	「Beautiful Boy (Darling Boy)」	ジョン・レノン	1980
58	「Fame」	デヴィッド・ボウイ （デヴィッド・ボウイ、カルロス・アロマー、ジョン・レノンによる共作曲）	1975
59	「Reason to Believe」	ティム・ハーディン	1966
60	「Sunshine of Your Love」	クリーム	1967
61	「Both Sides Now」	ジョニ・ミッチェル	1968
62	「Gimme Shelter」	ローリング・ストーンズ	1969
63	「Maggie May」	ロッド・スチュワート	1971
64	「All My Loving」	ビートルズ	1963
65	「I Heard It Through the Grapevine)」	グラディス・ナイト&ザ・ピップス	1967
66	「Gimme Some Truth」	ジョン・レノン	1971
67	「The End」	ビートルズ	1969
68	「Rock On」	デヴィッド・エセックス	1973

出典一覧 ※発刊・配信年次順

【和書】※著者が参考文献として挙げたもののうち、邦訳版が刊行されているもの

●ブライアン・エプスタイン著、片岡義男訳『ビートルズ神話：エプスタイン回想録』新書館、1972年。
●アントニー・フォーセット著、江口大行訳『愛と芸術　革命家ジョン・レノン』シンコー・ミュージック、1987年。
●ジョン・ウィナー著、原田洋一訳『Come Together――ジョン・レノンとその時代』PMC出版、1988年。
●ジャック・ジョーンズ著、堤雅久訳『ジョン・レノンを殺した男』リブロポート、1995年。
●バリー・マイルズ著、松村雄策・竹林正子訳『ポール・マッカートニー　メニー・イヤーズ・フロム・ナウ』ロッキングオン、1998年。
●ハンター・デヴィス著、小笠原豊樹・中田耕治訳『増補版ビートルズ』草思社、1998年。
●ザ・ビートルズ・クラブ監修翻訳『ビートルズアンソロジー』リットーミュージック、2000年。
●ジョン・ウィーナー著、高橋結花訳『ジョン・レノンの真実　FBI監視記録DE-4～HQ-33』角川書店、2000年。
●バリー・マイルズ著、松尾康治訳『ビートルズ・ダイアリー』シンコー・ミュージック、2000年。
●ジョン・レノン、ヨーコ・オノ、ヤーン・ウェナー著、片岡義男訳『レノン・リメンバーズ』草思社、2001年。
●ジェフ・エメリック、ハワード・マッセイ著、奥田祐士訳『ザ・ビートルズ・サウンド　最後の真実』白夜書房、2006年。
●シンシア・レノン著、吉野由樹訳『ジョン・レノンに恋して』河出書房新社、2007年。
●パティ・ボイド、ペニー・ジュノー著、前むつみ訳『パティ・ボイド自伝　ワンダフル・トゥデイ』シンコー・ミュージック、2008年。
●メイ・パン著、山川真理訳『ジョン・レノン　ロスト・ウィークエンド Instamatic Karma』河出書房新社、2008年。
●キース・リチャーズ著、棚橋志行訳『ライフ』サンクチュアリパブリッシング、2011年。
●ジョージ・マーティン著、吉成伸幸、一色真由美訳『ザ・ビートルズ・サウンドを創った男：耳こそはすべて』河出書房新社、2016年。
●マーク・ルイソン著、山川真理・吉野由樹・松田ようこ訳『ザ・ビートルズ史・上〈誕生〉』河出書房新社、2016年。
●マーク・ルイソン著、山川真理・吉野由樹・松田ようこ訳『ザ・ビートルズ史・下〈誕生〉』河出書房新社、2016年。
●フィリップ・ノーマン著、石垣憲一・竹田純子・中川泉訳『ポール・マッカートニー　ザ・ライフ』KADOKAWA、2017年。
●エルトン・ジョン著、川村まゆみ訳『Me エルトン・ジョン自伝』ヤマハミュージックエンタテイメントホールディングス、2020年。
●デヴィッド・シェフ著、山川真理訳『ジョン・レノン&オノ・ヨーコ　プレイボーイ・インタヴュー1980年　完全版』シンコー・ミュージック、2020年。

【洋書】

● Hunter Davies, The Beatles: The Authorized Biography (New York: McGraw-Hill, 1968)
● Anthony Fawcett, John Lennon: One Day at a Time (New York: Grove Press, 1976).
● Cynthia Lennon, A Twist of Lennon (London: Star Books, 1978)
● George Martin with Jeremy Hornsby, All You Need Is Ears: The Story of the Recording Genius Who Created the Beatles (New York: St. Martin's Press, 1979).
● Stephen Birmingham, Life at the Dakota: New York's Most Unusual Address (New York: Random House, 1979), Kindle.
● David Sheff, "Playboy Interview with John Lennon and Yoko Ono," Playboy, January 1981.
● Jon Wiener, Come Together: John Lennon in His Time (New York: Random House, 1984).
● Jack Jones, Let Me Take You Down: Inside the Mind of Mark David Chapman, the Man Who Killed John Lennon (New York: Villard Books, 1992).
● Barry Miles, Paul McCartney: Many Years from Now (New York: Henry Holt, 1997).
● Brian Epstein, A Cellarful of Noise (London: Souvenir Press, 1964; reprinted New York: Pocket Books, 1998).
● Jon Wiener, Gimme Some Truth: The John Lennon FBI Files (Berkeley and Los Angeles: University of California Press, 1999).
● David Sheff, All We Are Saying: The Last Major Interview with John Lennon and Yoko Ono (New York: St. Martin's Griffin, 2000).
● Debbie Geller, In My Life: The Brian Epstein Story, ed. Anthony Wall (New York: Thomas Dunne Books, 2000).
● Geoffrey Giuliano, Lennon in America: 1971–1980, Based in Part on the Lost Lennon Diaries (New York: Cooper Square Press, 2000)
● Robert Rosen, Nowhere Man: The Final Days of John Lennon (New York: Soft Skull Press, 2000).
● The Beatles, The Beatles Anthology (San Francisco: Chronicle Books, 2000.
● Barry Miles, The Beatles Diary Volume 1: The Beatles Years (London: Omnibus Press, 2001).
● Keith Badman, The Beatles Diary Volume 2: After the Break-Up, 1970–2001 (London: Omnibus Press, 2001).
● Ricci Martin with Christopher Smith, That's Amore: A Son Remembers Dean Martin (Lanham, MD: Taylor Trade Publishing, 2002).
● Carol Clerk, "The Ballad of John and Yoko," Uncut, September 2003.
● Chris Ingham, The Rough Guide to the Beatles (London: Rough Guides, 2003).
● Chris Handyside, Fell in Love with a Band: The Story of the White Stripes (New York: St. Martin's Griffin, 2004).
● Cynthia Lennon, John (New York: Crown, 2005).
● Bob Spitz, The Beatles: The Biography (New York: Back Bay, 2006).

- Geoff Emerick and Howard Massey, Here, There and Everywhere: My Life Recording the Music of the Beatles (New York: Gotham Books, 2006).
- Mick Brown, Tearing Down the Wall of Sound: The Rise and Fall of Phil Spector (London: Bloomsbury, 2007).
- Pattie Boyd, Wonderful Tonight: George Harrison, Eric Clapton, and Me (New York: Crown Archetype, 2007).
- Rupert Christiansen, The Complete Book of Aunts (New York: Twelve, 2007).
- John C. Winn, Way Beyond Compare: The Beatles' Recorded Legacy, vol. 1, 1957– 1965 (New York: Three Rivers Press, 2008).
- John Lennon: The Life (New York: Ecco, 2008).
- May Pang, Instamatic Karma: Photographs of John Lennon (New York: St. Martin's Press, 2008).
- Chris O'Dell with Katherine Ketcham, Miss O'Dell: My Hard Days and Long Nights with the Beatles, the Stones, Bob Dylan, Eric Clapton, and the Women They Loved (New York: Touch- stone, 2009).
- Jacqueline Edmondson, John Lennon: A Biography (Santa Barbara, CA: Greenwood, 2010).
- Keith Richards, Life (New York: Little, Brown, 2010).
- Ken Sharp, Starting Over: The Making of John Lennon and Yoko Ono's Double Fantasy (New York: Gallery Books, 2010).
- Robert Rodriguez, Fab Four FAQ 2.0: The Beatles Solo Years, 1970–1980 (New York: Backbeat Books, 2010)
- The Day John Lennon Died (Montclair, NJ: Backbeat Books, 2010).
- Tim Riley, Lennon: The Man, the Myth, the Music— The Definitive Life (New York: Hyperion, 2011)
- John Lennon, The John Lennon Letters, edited by Hunter Davies (New York: Little, Brown, 2012)
- Mark Lewisohn, Tune In, The Beatles: All These Years (New York: Crown Archetype, 2013).
- Barney Hoskyns, 75 Years of Capitol Records (Cologne: Taschen, 2016).
- Nicholas Pegg, The Complete David Bowie, 6th ed. (London: Titan Books, 2016)
- Philip Norman, Paul McCartney: The Life (New York: Little, Brown, 2016).
- Ray Connolly, Being John Lennon: A Restless Life (New York: Pegasus Books, 2018).
- Editors of People, The Beatles: Celebrating Beatlemania, America 1964 (New York: Time Home Enter tainment, 2019).
- Elton John, Me (New York: Henry Holt, 2019).
- Jörg Pieper with Ian MacCarthy, The Solo Beatles Film and TV Chronicle 1971–1980 (self-pub., 2019), Lulu.com.
- Michael Braun, "Love Me Do!": The Beatles' Progress (Los Angeles and New York: Graymalkin Media, 2019)
- Philip Norman, Slowhand: The Life and Music of Eric Clapton (New York: Back Bay, 2019).

【映画・楽曲・美術展】

- "The Beatles: The Beatles (White Album)," Record Mirror, November 16, 1968.
- Museum of Modern Art, "Yoko Ono. London. 1966–69," audio transcript from "Yoko Ono: One Woman Show, 1960–1971," MoMa.org, May 17– September 7, 2015.
- The Beatles: Eight Days a Week— The Touring Years, directed by Ron Howard (2016).

【著者による取材記録】

- Alan Weiss, interview by the authors, 2019.
- Dr. David Halleran, interview by the authors, 2019.
- Geraldo Rivera, interview by the authors, 2019.
- Harry Benson interview by the authors, 2019.
- Ken Mansfield, interview by the authors, 2019.
- Paul McCartney, interview by the authors, 2019.
- Tyler Coneys, interview by the authors, 2019.

【記事・インタビュー資料】

- Variety staff, "A Hard Day's Night," Variety, December 31, 1963.
- Maureen Cleave, "How the Frenzied, Furry Beatles Took Over England," San Francisco Examiner, February 2, 1964.
- "Beatles Prepare for Their Debut: Police Patrol Their Hotel and Guard Theater," New York Times, February 9, 1964.
- Keith Altham, "John Lennon: Happy Birthday to the Head Beatle," Fabulous, October 10, 1964.
- Maureen Cleave, "How Does a Beatle Live? John Lennon Lives Like This," Evening Standard, March 4, 1966.
- Leroy Aarons, " 'Can't Express Myself Very Well,' Beatle Apologizes for Remarks," Washington Post, August 15, 1966.
- UPI, "Beatles Win Contest," Daily News Journal (Murfreesboro, Tennessee), August 20, 1966.
- Richard Goldstein, "We Still Need the Beatles, but . . . " New York Times, June 1, 1967.
- Lillian Ross, "Sgt. Pepper," The New Yorker, June 24, 1967.
- Roger Ebert, "How I Won the War," RogerEbert.com, January 7, 1968.
- John Lennon, interview with Peter Lewis, Release, BBC-2, June 6, 1968.
- Associated Press, "Lennon and Friend Charged in Possession of Marijuana," New York Times, October 19, 1968.
- Alan Smith, "The Beatles: The Beatles," New Musical Express, November 9, 1968.
- Paul McCartney, interview by Radio Luxembourg, November 20, 1968.
- Barry Miles, "The Beatles: The Beatles (White Album)," International Times, November 29, 1968.
- The Greatest Show on Earth," New Musical Express, December 21, 1968.
- Barry Miles, "James Taylor: James Taylor," International Times, January 1, 1969.

- Ritchie Yorke, "John Lennon: Ringo's Right, We Can't Tour Again," New Musical Express, June 7, 1969.
- Ritchie Yorke, "Bedding In for Peace: John and Yoko in Canada," Rolling Stone, June 28, 1969.
- Jerry Hopkins, "James Taylor on Apple: The Same Old Craperoo," Rolling Stone, August 23, 1969.
- Ritchie Yorke, "George Harrison Talks About the Beatles' Album, Abbey Road," Detroit Free Press, September 26, 1969.
- Chris Welch, "Natural Born Beatles," Melody Maker, September 27, 1969.
- Mike Gormley, "Are We Burying McCartney Before He Is Dead?" Detroit Free Press, October 17, 1969.
- Jann S. Wenner, "Phil Spector: The Rolling Stone Interview," Rolling Stone, November 1, 1969.
- Gloria Emerson, "John Lennon Returns Award as a Protest," New York Times, November 26, 1969.
- John Lennon, interview with Desmond Morris, Man of the Decade, ATV, December 2, 1969, BeastlesInterviews.org.
- Richard Williams, "John & Yoko: Part One," Melody Maker, December 6, 1969.
- Richard Williams, "John & Yoko (Part 2)," Melody Maker, December 13, 1969.
- "What Paul Said," Record Mirror, April 18, 1970.
- Alan Smith, "New LP Shows They Couldn't Care Less: Have Beatles Sold Out?" New Musical Express, May 9, 1970.
- John Mendelsohn, "The Beatles: Let It Be," Rolling Stone, June 11, 1970.
- David Felton and David Dalton, "Charles Manson: The Incredible Story of the Most Dangerous Man Alive," Rolling Stone, June 25, 1970.
- Mike Gormley, "New Political Rock Group: The Up Begins Where MC5 Left Off," Detroit Free Press, July 3, 1970.
- Earl Caldwell, "Record Producer Rejected Manson," New York Times, October 24, 1970.
- "The George Harrison Bangla Desh Benefit," Rolling Stone, September 2, 1971.
- Alan Smith, "John Sings Long Track About Paul," New Musical Express, September 11, 1971.
- Roy Hollingworth, "All We Need Is Lennon," Melody Maker, October 9, 1971.
- Grace Glueck, "Art by Yoko Ono Shown at Museum in Syracuse," New York Times, October 11, 1971.
- Agis Salpukas, "15,000 Attend Michigan U. Rally to Protest Jailing of Radical Poet," New York Times, December 12, 1971.
- Hendrik Hertzberg, "Everywhere's Somewhere," The New Yorker, January 1, 1972.
- Geoffrey Cannon, "George Harrison & Friends: The Concert for Bangladesh," The Guardian, January 4, 1972.
- John Mendelsohn, "Wild Life [US Bonus Tracks]," Rolling Stone, January 20, 1972.
- Dave Marsh, "John Sinclair: Free John and Yoko," Creem, March 1972.
- John Lennon, "Lennon-McCartney Songalog: Who Wrote What," Hit Parader, April, 1972.
- Don Heckman, "Lennon Concert Slated Aug. 30 in All - Day Fete to Aid Retarded," New York Times, August 17, 1972.
- Tim Findley, "Outside the Convention: Cops and Confusion," Rolling Stone, September 28, 1972.
- Hendrik Hertzberg, "Poetic Larks Bid Bald Eagle Welcome Swan of Liverpool," The New Yorker, December 2, 1972.
- Chris Charlesworth, "John Lennon: Lennon Today," Melody Maker, November 3, 1973.
- Wayne Robins, "Elton John: Goodbye Yellow Brick Road," Creem, January 1974.
- Chris Charlesworth, "David Bowie: Diamond Dogs," Melody Maker, May 11, 1974.
- Walls and Bridges," New Musical Express, October 5, 1974.
- Ben Gerson, "Walls and Bridges," Rolling Stone, November 21, 1974.
- "17th GRAMMYs: Paul Simon and John Lennon Co-Presenting the GRAMMY for Record of the Year," Genius.com,March 1, 1975.
- Arnold H. Lubasch, "Deportation of Lennon Barred by Court of Appeals," New York Times, October 8, 1975.
- "A Truce Is Called in Lennon's Deportation Fight So He Can Comfort the Pregnant Yoko," People, October 13, 1975.
- Cameron Crowe, "David Bowie: Ground Control to Davy Jones," Rolling Stone, February 12, 1976.
- Leslie Maitland, "John Lennon Wins His Residency in U.S.," New York Times, July 28, 1976.
- Chris Charlesworth, "John Lennon Gets His Ticket to Ride," Melody Maker, August 7, 1976.
- Steve Ditlea, "The Bullish Boom in the Record World," New York Times, June 5, 1977.
- Robert Lasson, "A Luxury Building," New York Times, September 16, 1979.
- Charles Shaar Murray, "John Lennon & Yoko Ono: Double Fantasy," New Musical Express, November 22, 1980.
- John Lennon and Yoko Ono, Interview by Andy Peebles, BBC Radio 1, December 6, 1980.
- Jimmy Breslin, "The Day John Lennon Died: Jimmy Breslin Writes Iconic Tale of NYPD Cops Who Drove the Dying Beatles Star to the Hospital," Daily News (New York), originally published December 9, 1980.
- Patrick Doyle, Robert Lane, and Hugh Bracken, "Legendary Beatles Singer Shot Dead by Mark David Chapman," Daily News (New York), December 9, 1980.
- Paula Schwed, "Lennon Slain in New York," UPI.com, December 9, 1980.
- Bill Prochnau, "A Strange Young Man Who Stopped the Music," Washington Post, December 10, 1980.
- As- sociated Press, "Lennon's Death," CBS News, December 11, 1980.
- Mike Sager and Joyce Wadler, "A Confused Person," Washington Post, December 11, 1980.
- Art Harris, "Memories of Chapman," Washington Post, December 12, 1980.
- Richard Harrington, "The Lennon Legend," Washington Post, December 14, 1980.
- Joyce Wadler, "A Farewell," Washington Post, December 15, 1980.
- Jay Cocks, "The Last Day in the Life," Time, December 22, 1980.
- Paul L. Montgomery, "Lennon Murder Suspect Preparing Insanity Defense," New York Times, February 9, 1981.

● Leonard Buder, "1980 Called Worst Year of Crime in City History," New York Times, February 25, 1981.
● John Swenson, "Cry for a Shadow," Creem, March 1981.
● Scott Armstrong, "Skywriting; The Making of a Miles-High Billboard," Christian Science Monitor, April 16, 1981.
● James R. Gaines, "Descent into Madness," People, June 22, 1981.
● E. R. Shipp, "Chapman, in a Closed Courtroom, Pleads Guilty to Killing of Lennon," New York Times, June 23, 1981.
● E. R. Shipp, "Chapman Given 20 Years in Lennon Slaying," New York Times, August 25, 1981.
● "Picks and Pans Review: The Playboy Interviews with John Lennon and Yoko Ono," People, February 15, 1982.
● Susan Reed and Fred Bernstein, " 'Friends' Cash In on John Lennon's Memory, and Yoko May Pay a Price," People, July 4, 1983.
● Paul McCartney, interview by Roger Scott, Capital Radio (London), November 17, 1983.
● Vicki Sheff, "The Betrayal of John Lennon," Playboy, March 1984.
● Robert A. Martin, "Thurmond Led Move to Deport Lennon," UPI, June 29, 1984.
● Lynn Van Matre, "Don't Ask Julian About Dad: It's All on the Video," Chicago Tribune, December 8, 1985.
● Kurt Loder, "Paul McCartney: The Rolling Stone Interview," Rolling Stone, September 11, 1986.
● Barbara Ehrenreich, Elizabeth Hess, and Gloria Jacobs, "Screams Heard 'Round the World," Chicago Tribune, December 14, 1986.
● James R. Gaines, "Mark Chapman: The Man Who Shot John Lennon," People, February 23, 1987.
● James R. Gaines, "In the Shadows a Killer Waited," People, March 2, 1987.
● James R. Gaines, "Mark David Chapman Part III: The Killer Takes His Fall," People, March 9, 1987.
● Albert Goldman, "John and Yoko's Troubled Road Part II," People, August 22, 1988.
● Major Figure in Watergate," New York Times, November 10, 1988.
● Vicki Sheff, "The Day the Music Died," People, December 10, 1990.
● Marilyn Berger, "Judge Irving Kaufman, of Rosenberg Spy Trial and Free-Press Rulings, Dies at 81," New York Times, February 3, 1992.
● Patrick Cockburn, "FBI Admits Men in Dark Glasses Did Harass Lennon," The Independent, September 9, 1994.
● Paul Williams, "Eyewitness: John and Yoko Record 'Give Peace a Chance,'" Q, November 1995.
● Barry Miles, "My Blue Period: John Lennon," MOJO, 1995, from original interviews on September 23 and 24, 1969, at Apple.
● "John Lennon & Yoko Ono," People, February 12, 1996.
● The Beatles in Scotland, BBC Radio 2, September 24, 1996.
● Mick Brown, "David Bowie: 'I Have Done Just About Everything That It's Possible to Do,'" Daily Telegraph, December 14, 1996.
● David Fricke, "Sean Lennon on His Father, Yoko Ono, and His Own Musical Career," Rolling Stone, June 11, 1998.
● Daniel B. Schneider, "F.Y.I.," New York Times, August 13, 2000.
● Bill Hoffman, "Lennon Killer's Wild Dreams About Yoko," New York Post, September 27, 2000.
● "A Look Back at Mark David Chapman in His Own Words," Larry King Live, CNN.com, September 30, 2000.
● Clyde Haberman, "Of Lennon, Time, Loss and Parole," New York Times, September 30, 2000.
● Tracy Connor, "How They Got Involved on a Fateful Night," New York Post, December 3, 2000.
● Carol Clerk, "George Harrison," Uncut, February 2002.
● Philip Norman, "The Nowhere Men," Daily Mail, March 5, 2002.
● Robert F. Worth, "Yoko Ono Says Ex-Aide Stole Tapes," New York Times, September 25, 2002.
● Obituaries: "Mickie Most: Record Producer Who Scored Hit After Hit," The Independent, June 2, 2003.
● Jim Irvin, "Get It Better: The Story of Let It Be . . . Naked," MOJO, 2003.
● George Kimball, "1964 World Heavyweight Title Fight 'I Shook Up the World!,'" Irish Times, February 21, 2004.
● Valerie J. Nelson, "Al Aronowitz, 77; Rock Writer Introduced Dylan to Beatles," Los Angeles Times, August 5, 2005.
● "Tony Meehan," The Telegraph, November 30, 2005.
● Billy Heller and Michael Kane, "We Were There on the Awful Night John Lennon Was Shot," New York Post, December 4, 2005.
● Associated Press, "Lennon's Death Lingers for Those Who Were There," Today.com, December 5, 2005.
● Philip Recchia, "Paul: We Can Work It Out; '79 Deal OK'd Beatles Reunion Any Time at All," New York Post, December 5, 2005.
● Philip Recchia and Lindsay Powers, "Looking Back on John Lennon's NYC Love Affair 35 Years After His Death," New York Post, December 8, 2005.
● Sean Kirst, "Imagine: John Lennon, and an Almost-Beatles-Reunion, in Syracuse," Syracuse.com, December 8, 2005.
● June Scott, "Iain MacMillan," The Guardian, June 20, 2006.
● John Beifuss, "Memphis Leaders Gave Beatles Icy Reception," Commercial Appeal (Memphis), August 10, 2006.
● Larry Kane, "The John Lennon We Did Not Know," Today.com, June 27, 2007.
● Michael W. Freeman, "Book Relates Interesting History of the Dakota in N.Y.," The Ledger (Florida), January 3, 2008.
● "Beatles' Photographer Astrid Kirchherr Opens Up," Fresh Air, NPR.org, January 15, 2008.
● Cynthia Lennon, "The Beatles, the Maharishi, and me," The Sunday Times (UK, February 10, 2008).
● Ken Sharp, "Lennon's Last Session: The Making of Double Fantasy," Record Collector, n.d, February 12 ,2008.
● Allan Kozinn, "A Fond Look at Lennon's 'Lost Weekend,'" New York Times, March 12, 2008.
● "Helter Skelter," BeatlesBible.com, March 15, 2008.

● Pete Hamill, "The Death and Life of John Lennon," New York, March 18, 2008.
● Steve Marinucci, "The Abbeyrd Interview with May Pang," Abbeyrd.net, March 28, 2008.
● "John Lennon: In a Hard Day's Light Part I," People, April 1, 2008.
● Joel Rose, "The Beatles' Apple Records: Forty Years Later," NPR.org, May 14, 2008.
● "Bang That Turned the Beatles Off," Sydney Morning Herald, July 2, 2008.
● Philip Norman, "Lennon Has Been Painted a Crazed Recluse. But the Truth Is Very Different — and Deeply Touching... ," Daily Mail, October 6, 2008.
● Philip Norman, "Emotionally Tormented and Painfully Insecure — the Unknown Lennon," Daily Mail, October 7, 2008.
● "Why George Harrison Begged One Young Fan to Stop Throwing Jelly Babies at the Beatles," Daily Mail, May 15, 2009.
● Bob Boilen, "Old Music Tuesday: 40 Years of Giving Peace a Chance," All Songs Considered, NPR.org, June 30, 2009.
● Richard Buskin, "John Lennon 'Whatever Gets You Thru the Night,'" Sound on Sound, June 2009.
● Pierre Perrone, "Allen Klein: Notorious Business Manager for the Beatles and the Rolling Stones," The Independent, July 6, 2009.
● Christopher Lehmann-Haupt, "Reverend Ike, Who Preached Riches, Dies at 74," New York Times, July 29, 2009.
● Robert Hilburn, "In My Life: Robert Hilburn's 'Corn Flakes with John Lennon,'" Los Angeles Times, October 11, 2009.
● "Final Portrait of John and Yoko Appears on the Cover ofRolling Stone,'"History.com, November 16, 2009.
● "John Lennon Sparks His First Major Controversy," History.com, November 16, 2009.
● Maureen Cleave, "Nowhere Boy: Maureen Cleave Remembers John Lennon," The Telegraph, December 14, 2009.
● Alan Glenn, "The Day a Beatle Came to Town," the Ann Arbor Chronicle, December 27, 2009.
● Jon Wiener, " 'War Is Over! If You Want It': John and Yoko, 40 Years Later," The Nation, December 27, 2009.
● Brian R. San Souci, "There's No Place Like Nowhere," Rhode Island Monthly, May 10, 2010.
● David L. Ulin, "All You Need Is Love, and a Good Lawyer," Tampa Bay Times, July 16, 2010.
● Dave Rosenthal, "Mark David Chapman — Lennon's Killer and 'Catcher in the Rye,' Up for Parole," Baltimore Sun, July 28, 2010.
● "Whatever Gets You Thru the Night," BeatlesBible.com, August 16, 2010.
● "Wedding Album," BeatlesBible.com, September 22, 2010.
● "John Lennon's Travels in Ulster County, New York," New York Almanack, August 6, 2012; David Kamp, "Lennon at 70!," Vanity Fair, September 24, 2010.
● "Postscript," New York Times, October 7, 2010.
● Scott James, "Family Opened Up the Door to John and Yoko," New York Times, October 7, 2010.
● Hendrik Hertzberg, "Songs of the Poetic Larks," The New Yorker, October 10, 2010.
● "Enterprise Journalism Release — December 2, 2010," ESPN Press Room, December 2, 2010.
● Amy Andrews, "CIA Link to John Lennon Death Possible Says New Documentary," IrishCentral.com, December 4, 2010.
● Christine Haughney, "Sharing the Dakota with John Lennon," New York Times, December 6, 2010.
● Amy Davidson Sorkin, "John Lennon: 'It Makes Rock Concerts Look Like Tea Parties,'" The New Yorker, December 8. 2010.
● Where We Were When John Lennon Was Killed," New York Times, December 8, 2010.
● Jonathan Cott, "John Lennon: The Last Interview," Rolling Stone, December 23, 2010.
● David Quantick, "The Beatles: Beatles for Sale Review," BBC.co.uk, 2010.
● Tom Hawthorn, "The Magi- cal History Tour of Lennon's Rolls-Royce," Globe and Mail (Canada), January 18, 2011.
● Linda Serck, "Beatle John Lennon's Time at Titten- hurst Park in Ascot," BBC News, May 11, 2011.
● James Lachno, "James Taylor: Five Things You Never Knew," The Telegraph, June 8, 2011.
● Kitty Empire, "Paul McCartney Leaves the Beatles," The Guardian, June 11, 2011.
● "John Lennon Wrote 'Imagine' on His White Steinway. What Would You Write on Yours?" Daily Mail, July 23, 2011.
● Douglas Martin, "Robert Whitaker, the Beatles' Photographer, Dies at 71," New York Times, October 1, 2011.
● Ian Youngs, "When the Beatles Met Elvis Presley," BBC News, October 5, 2011.
● Jack Cloherty, Pierre Thomas, and Jason Ryan, "Beatle John Lennon Threatened in Extortion Plot, Says FBI," ABC News, December 1, 2011.
● Chrissy Iley, "Yoko Ono: 'John's Affair Wasn't Hurtful to Me. I Needed a Rest. I Needed Space,'" The Telegraph, March 27, 2012.
● "Paul McCartney Blows 'Kisses' to His Father's Era," Fresh Air, NPR.org, March 29, 2012.
● Charlotte Higgins, "The Guardian Profile: Yoko Ono," The Guardian, June 8, 2012.
● Tony Cartwright, "How Lennon Sabotaged His Dishwasher Dad's Bid to Be a Pop Star: Close Friend Tells Story of the Beatle's Hard-Drinking Father," Daily Mail, July 30, 2012.
● Dan Richter, "What John and Yoko's Butler Saw: A Surreal Account of the Lennons' Live-In Assistant During the Last Dark Days of the Beatles," Daily Mail, August 4, 2012.
● Andrew Grant Jackson, "Book Excerpt: George Harrison Realizes It's Time to Move On from the Beatles," Rolling Stone, August 17, 2012.
● Scott Beauchamp and Alex Shephard, "Bob Dylan and John Lennon's Weird, One-Sided Relationship," The Atlantic, September 24, 2012.
● Jon Wiener, "John Lennon and George McGovern: Another Side of the 1972 Campaign," The Nation, October 22, 2012.

● "Timeline: Year by Year, How David Geffen Invented Himself," American Masters, PBS.org, November 1, 2012.
● Jen Carlson, "38 Years Ago Today, John Lennon Performed at His Last Concert," Gotham- ist.com, November 28, 2012.
● Jody Rosen, "The Beatles' 'Please Please Me' 50th Anniversary," Rolling Stone, March 22, 2013.
● Austin O'Connor, "10 Things You May Not Know About Paul Anka," AARP, April 17, 2013.
● Alan Light, " 'The Freewheelin' Bob Dylan': Inside His First Classic," Rolling Stone, May 26, 2013.
● Steve Pike, "The Beatles in Memphis," WKNO FM.org, August 23, 2013.
● Christopher Twarowski, "Imagine: John Lennon on Long Island," Long Island Press, October 5, 2013.
● Andrew Grant Jackson, "The Beatles Play for the Queen," Slate, November 4, 2013.
● Randy Lewis, "The Beatles, JFK and Nov. 22, 1963," Los Angeles Times, November 22, 2013.
● John McMillian, "You Never Give Me Your Money: How Allen Klein Played the Beatles and the Stones," Newsweek, December 17, 2013.
● Dave Sholin and Laurie Kaye, "John Lennon's Last Interview, December 8, 1980," BeatlesArchive.net,December 21, 2013.
● "How the Beatles Took America: Inside the Biggest Explosion in Rock & Roll History," Rolling Stone, January 1, 2014.
● Jim Farber, "Beatles' Historic Arrival in New York City 50 Years Ago Gave Big Apple Unforgettable Lift," Daily News (New York), January 24, 2014.
● "The Murder of John Lennon," Crimes of the Century, CNN.com, January 25, 2014.
● Al Aronowitz, "Beatlemania in 1964: 'This Has Gotten Entirely Out of Control,'" Saturday Evening Post, March 1964; reprinted in The Guardian, January 29, 2014.
● Bob Spitz, "The Beatles Invasion, 50 Years Ago: Friday, Feb. 7, 1964," Time, February 7, 2014.
● James Barron, "Historic Hysterics: Witnesses to a Really Big Show," New York Times, February 7, 2014.
● Bob Spitz, "The Beatles Invasion 50 Years Ago: Wed., Feb. 12, 1964," Time, February 12, 2014.
● Kenneth Womack, "50 Years of Beatles: 'I Had a Hard Day Last Night,'" Penn State News, February 24, 2014.
● Sean O'Hagan, "John Sinclair: 'We Wanted to Kick Ass — and Raise Consciousness,'" The Guardian, March 3, 2014.
● Mark Savage, "Elton John on the Yellow Brick Road," BBC News, March 24, 2014.
● Frank Mastropolo, "John Lennon's Infamous 'Lost Weekend' Revisited," UltimateClassicRock.com, April 2, 2014.
● Philip O'Brien, "The Beatles Let It Be in Australia: 1964," Sydney Morning Herald, June 3, 2014.
● Sam Kashner, "Making Beatlemania: A Hard Day's Night at 50," Vanity Fair, July 2, 2014.
● Nell Beram, "The Book That Inspired 'Imagine,'" Slate, July 4, 2014.
● Vanessa Thorpe, "Why on Earth Should We Moan? A Hard Day's Night Is Back⋯ ," The Guardian, July 6, 2014.
● Joshua Wolf Shenk, "The Power of Two," The Atlantic, July/August 2014.
● Adam Clark Estes, "John Lennon Wrote 'Come Together' for Timothy Leary but Pot Ruined It," Gizmodo, August 8, 2014.
● John Dodge, "On This Day in Chicago, 1966: John Lennon Apologized for 'Jesus' Comment," CBS Chicago, August 12, 2014.
● Dan McQuade, "The Drug That Helped Turn the Beatles into the World's Greatest Band," Village Voice, August 14, 2014.
● Randy Lewis, "Bob Eubanks on Bringing the Beatles to Hollywood Bowl in 1964," Los Angeles Times, August 21, 2014.
● Gavin Edwards, "The Beatles Make History with 'All You Need Is Love': A Minute-by- Minute Breakdown," Rolling Stone, August 28, 2014.
● Andy Greene, "6 Things We Learned from the New Bob Dylan Tell-All," Rolling Stone, September 9, 2014.
● Nick Paumgarten, "Thirty-Three- Hit Wonder," The New Yorker, October 20, 2014.
● Randy Lewis, "Ringo Starr, the Beatles and the Spirit of America," Los Angeles Times, October 24, 2014.
● Michael Rothman, "Paul McCartney Remembers How He Found Out John Lennon Had Died," ABC News, December 8, 2014.
● Ray Rossi, "Watch: Do You Remember Where You Were When John Lennon Died?," New Jersey 101.5, December 8, 2014.
● The Making of John Lennon and Yoko Ono's Double Fantasy (New York: Gallery Books, 2010), quoted in interview with Amanda Flinner, "80s Video Director Jay Dubin," Songfacts.com, December 17, 2014.
● Ray Kelly, "Boston Photographer Recalls Final John Lennon Recording Sessions," MassLive.com, January 7, 2015.
● Alex Bilmes, "Paul McCartney Is Esquire's August Cover Star," Esquire, February 7, 2015.
● "David Bowie Tells a Story About John Lennon," Beatles Archive.net, February 28, 2015.
● Carolyn Kellogg, "Video: An Intimate Look at John Lennon and Yoko Ono," Los Angeles Times, April 2, 2015.
● "In Her Life After John, Cynthia Lennon Didn't Stop Loving Him," Fresh Air, NPR.org, April 2, 2015.
● Juliette Jagger, "The Domino Effect: How One of Toronto's Most Iconic Rock Concerts Almost Never Happened," Noisey, April 13, 2015.
● "1967: Hanging Out with Hendrix," Mashable, April 16, 2015.
● Alice Vincent, "Yesterday: The Song That Started as Scrambled Eggs," The Telegraph, June 18, 2015.
● Jason Farago, "Hearing Yoko Ono All Over Again," New York Times, June 25, 2015.
● The Startling Blast of 'Rock Around the Clock,' Sixty Years Later," David Cantwell, The New Yorker, July 27, 2015.
● Michael K. Bohn, "50 Years Ago: When the Beatles Met Elvis," Daily Gazette (Schenectady, New York), August 7, 2015.
● Liesl Schillinger, "Jimi Hendrix's Electric Lady Studios Turns 45," Wall Street Journal Magazine, August 12, 2015.

- John McGee and Leeds Moberly, "The Beatles Play at Shea Stadium in 1965," Daily News (New York), August 16, 1965, reprinted August 14, 2015.
- Katharine Shaffer, Stuart Marques, and Don Singleton, "Mark David Chapman Is Sentenced to 20 Years to Life in Prison in 1981 for Killing John Lennon," New York Daily News, August 23, 2015.
- Frank Mastropolo, "The Day the Beatles Met Elvis," UltimateClassic Rock.com, August 27, 2015.
- Jeff Giles, "55 Years Ago: Bob Dylan Introduces the Beatles to Marijuana," UltimateClassicRock.com, August 28, 2015.
- Kory Grow, "Alice Cooper and Joe Perry on Hollywood Vampires' Drunk History," Rolling Stone, September 3, 2015.
- Barry Nicolson, "Inside John Lennon, Keith Moon and Alice Cooper's Legendary Hollywood Drinking Club," NME.com, September 8, 2015.
- Dave Lifton, "The Day the Beatles Received Their MBEs," UltimateClassicRock.com, October 26, 2015.
- "Should the Beatles Have Been Awarded MBEs?," BBC.co.uk, October 26, 2015.
- Onondaga Historical Association, "John Lennon and Yoko Ono Make Art in Syracuse," CNYHistory.org, October 2015.
- Richard Havers, "Elton John and John Lennon's Surprise Collaboration," UDiscoverMusic.com, November 16, 2015.
- Nick DeRiso,"Revisiting John Lennon's Comeback Album 'Double Fantasy,'"UltimateClassicRock.com, November 17, 2015.
- Alex Dunbar, "Doctor's Story of Night He Tried to Save John Lennon Inspires Movie," CNYCentral.com, November 19, 2015.
- Nick DeRiso, "Revisiting John Lennon's Last Concert Appearance," UltimateClassicRock.com, November 28, 2015.
- Peter Silverton, "Ringo Starr Auctions Off the First Copy of the Beatles' White Album: The Story of a Revolutionary Record," The Independent, December 1, 2015.
- Rob Sheffield, "50 Years of 'Rubber Soul': How the Beatles Invented the Future of Pop," Rolling Stone, December 3, 2015.
- Daniel Kreps, "Ringo Starr's Personal 'White Album' Sells for World Record $790,000," Rolling Stone, December 5, 2015.
- Larry McShane, "The Day 'Love' Died: December 8th Marks 35th Grim Anniversary of John Lennon's Murder," Daily News (New York), December 5, 2015.
- Daniel Bates, "John Lennon's Killer Mark Chapman Told Cops: 'Sorry for Inconve- niencing You' When They Arrived at the Scene," Daily Mail, December 6, 2015.
- Anthony G. Attrino, "N.J. Man Who Took Last Photo of John Lennon Recalls Tragedy," NJ.com, December 7, 2015.
- Associated Press, "How John Lennon's Killer Mark David Chapman Brought Legal Gun to NY 35 Years Ago," Syracuse.com, December 8, 2015.
- CNN Special Report: Killing John Lennon, CNN.com, December 8, 2015.
- Lily Rothman, "How the World Reacted to John Lennon's Death 35 Years Ago," Time, December 8, 2015.
- Rick Hampson, "John Lennon Shot 35 Years Ago: Suspect Described as 'Screwball' with No Motive," Associated Press, December 8, 2015.
- "The Day John Lennon Crashed His Car in the Highlands," Press and Journal (Aberdeen), December 8, 2015.
- George Lang, "Sir Paul Was Thinking Ahead in '79: In a Contract, the Ex-Beatle Had a Clause That Allowed Reunions," The Oklahoman, December 9, 2015.
- Jeff Giles, "The Day Thousands Honored John Lennon with a Silent Vigil," UltimateClassicRock.com, December 14, 2015.
- Mike Joseph, "Revisiting John Lennon's Last No. 1: '(Just Like) Starting Over,'" UltimateClassicRock.com, December 27, 2015.
- Dave Lifton, "Why John Lennon and Yoko Ono's 'Two Virgins' was Seized by Police," UltimateClassicRock.com, January 2, 2016.
- Kory Grow, "David Bowie Guitarist Carlos Alomar: 'He Was So Damn Curious,'" Rolling Stone, January 11, 2016.
- Roger Friedman, "David Bowie Was Introduced to John Lennon by the Greatest Hollywood Icon," Showbiz411.com, January 11, 2016.
- Ryan Steadman, "One of These Beatles Could've Been the Next Jackson Pollock (No, Not Pete Best)," The Observer, January 13, 2016.
- Carl M. Cannon, "John and Yoko and Annie: An Enduring Image of Love," RealClearPolitics.com, January 22, 2016.
- Jordan Runtagh, "Beatles' Famous Rooftop Concert: 15 Things You Didn't Know," Rolling Stone, January 29, 2016.
- Nick DeRiso, "Why John Lennon Recorded 'Instant Karma' So Quickly," UltimateClassicRock.com, February 6, 2016.
- Brian Wawzenek, "The Beatles' First 'Ed Sullivan' Appearance: 10 Rock Stars Remember," UltimateClassicRock.com, February 9, 2016.
- Jeff Giles, "Revisiting David Bowie's R&B Move, 'Young Americans,'" UltimateClassicRock.com, March 7, 2016.
- Mark Savage, "When George Martin Met the Beatles: The Story of Love Me Do," BBC, March 9, 2016.
- Dave Swanson, "When John Lennon Was Ordered to Leave U.S. by Immigration Authorities," UltimateClassicRock.com, March 23, 2016.
- Nick DeRiso, "Why John Lennon and Paul McCartney's Final Session Was a Bust," UltimateClassicRock.com, March 28, 2016.
- Rich Cohen, "How the Rolling Stones Found 'Satisfaction,'" Slate, May 10, 2016.
- Allan Kozinn, "Tony Barrow, Beatles Publicist Who Coined the Term 'Fab Four,' Dies at 80," New York Times, May 16, 2016.
- Alan Light, " 'The Freewheelin' Bob Dylan': Inside His First Classic," Rolling Stone, May 27, 2016.

- George Varga, "Muhammad Ali Knocked Out the Beatles in 1964," Morning Call (Lehigh Valley, Pennsylvania), June 4, 2016.
- Robin Hilton and Bob Boilen, "All Songs +1: A Conversation with Paul McCartney," All Songs Considered, NPR.org, June 10, 2016.
- Elizabeth Mitchell, "New York Stories: How This Hastily Shot Image of John Lennon Became an Enduring Symbol of Freedom," Daily News (New York), June 11, 2016.
- Jordan Runtagh, "Inside Beatles' Bloody, Banned 'Butcher' Cover," Rolling Stone, June 20, 2016.
- Michael Beschloss, "If Party Conventions Seem More Like Infomercials, Blame Nixon," New York Times, July 1, 2016.
- Ben Yakas, "Producer Jack Douglas Talks About His Last Night with John Lennon: 'Some A- Hole Shot Him When He Got Home,'" Gothamist.com, July 19, 2016.
- Harry Cockburn, "France Considers Banning Gitanes and Gauloises Cigarettes for Being 'Too Cool,'" The Independent, July 21, 2016.
- Jordan Runtagh, "When John Lennon's 'More Popular Than Jesus' Controversy Turned Ugly," Rolling Stone, July 29, 2016.
- Steve Marinucci, "The Story of the Man Who Saved John Lennon & Yoko Ono from Being Deported," Billboard, August 4, 2016.
- "The Famed Dakota: The Lennon Residence (1973–1980)," BeatlesHistorian.com,August 13, 2016.
- Dave Swanson, "50 Years Ago: Jefferson Airplane Release Their Debut Album, 'Takes Off,'" UltimateClassicRock.com, August 15, 2016.
- Mikal Gilmore, "Beatles' Acid Test: How LSD Opened the Door to 'Revolver,'" Rolling Stone, August 25, 2016.
- Will Levith, "Paul Simon Opens Up About Simon & Garfunkel Breakup," InsideHook, August 25, 2016.
- Jordan Runtagh, "Remembering Beatles' Final Concert," Rolling Stone, August 29, 2016.
- "Richard Nixon's Secret Battle to Deport John Lennon: President Feared the Beatle's Anti-Vietnam Campaigning Would Swing the 1972 Election," Daily Mail, September 4, 2016.
- Vincent Dowd, "Larry Kane: The Reluctant Beatles Fan," BBC, September 16, 2016.
- "Hear Billy Joel Pay Homage to John Lennon on His Birthday," Hear & Now, SiriusXM.com, October 9, 2016.
- Colin Fleming, "Revisiting Beatles' Rare, Revelatory 'Strawberry Fields Forever' Early Take," Rolling Stone, November 22, 2016.
- Jordan Runtagh, "10 Things You Didn't Know George Harrison Did," Rolling Stone, November 29, 2016.
- Legs McNeil and Gillian McCain, "The Oral History of the First Two Times the Beatles Took Acid," Vice.com, December 4, 2016.
- Allan Kozinn, "Allan Williams, First Manager of the Beatles, Dies at 86," New York Times, December 31, 2016.
- Susan E. Booth, " 'The Rise and Fall of Ziggy Stardust and the Spiders from Mars' — David Bowie (1972)," National Registry, Library of Congress, 2016.
- Kristin F. Dalton, "The Horrors of Willowbrook State School," SILive.com, January 19, 2017.
- Alyssa Bray, "Photographer David Magnus shares rare photos of the Beatles in 1967," The JC, February 17, 2017.
- Rick Wilson, "The Day I Saw John and Yoko's 'Bed-In' Peace Demonstration," The Guardian, February 26, 2017.
- Dave Thompson, "Remembering David Peel," Goldmine, April 6, 2017.
- Steve Marinucci, "Anti-Establishment Icon David Peel Dies at 73," Billboard, April 6, 2017.
- Daniel Kreps, "David Peel, Folk Singer and Counterculture Figure, Dead at 73," Rolling Stone, April 7, 2017.
- William Grimes, "David Peel, Downtown Singer and Marijuana Evan- gelist, Dies at 74," New York Times, April 9, 2017.
- Paul DeRienzo, "David Peel, 74, the King of Pot, Punk and Protest," AMNY.com, April 13, 2017.
- "April 24, 1976: John and Paul Almost Go on SNL," BestClassicBands.com, April 24, 2017.
- Carrie Hojnicki, "Inside New York's Most Famous Apart- ment Building," Architectural Digest, April 24, 2017.
- Geoff Edgers, "Meet the Critic Who Panned 'Sgt. Pepper' Then Discovered His Speaker Was Busted. He's Still Not Sorry," Washington Post, May 11, 2017.
- "John Lennon Sgt. Pepper Album Cover Sketch," Juliensive.com, May 20, 2017.
- Daniel Bush, "The Complete Watergate Timeline (It Took Longer Than You Realize)," PBS NewsHour, May 30, 2017.
- Olivia B. Waxman, "How the Beatles Made Sgt. Pepper's Lonely Hearts Club Band Work," Time, June 1, 2017.
- Richard Nelsson, "The New Beatles' Dazzler: Sgt. Pepper Reviewed — Archive 1967," The Guardian, June 1, 2017.
- John McCarthy, "How John Lennon Rediscovered His Music in Bermuda," Daily Beast, July 11, 2017.
- Brett Berk, "John Lennon's Psychedelic Rolls-Royce Returns to the U.K. to Celebrate Sgt. Pepper's 50th Anniversary," Billboard, July 12, 2017.
- Andy Greene, "50th Anniversary Flashback: Inside John Lennon's Long History with Rolling Stone," Rolling Stone, July 14, 2017.
- Megan Cerullo, " 'Double Fantasy' Album Signed by John Lennon for Mark Chapman Up for Sale for $1.5M," Daily News (New York), July 16, 2017.
- Peter Taylor-Whiffen, "The Beatles' Accountant Fifty Years On: They Were Scruffy Boys Who Didn't Want to Pay Tax," The Telegraph, July 23, 2017.
- Jordan Runtagh, "John Lennon's Phan- tom V: The Story of the Psychedelic Beatle-Mobile," Rolling Stone, July 27, 2017.
- Jeff Giles, "The Day the Beatles Decided to Stop Touring," UltimateClassicRock.com, August 21, 2017.

● Mitch Myers, "Activist Jerry Rubin's 1970 Protest Boogie with Bob Dylan, John and Yoko Chronicled in New Biography (Excerpt)," Variety, August 22, 2017.
● Joe Hagan, "Jann Wenner, John Lennon, and the Greatest Rolling Stone Cover Ever," Vanity Fair,September 29, 2017.
● Jack Doyle, "Burn the Beatles, 1966: Bigger Than Jesus?," PopHistoryDig.com, October 11, 2017.
● Damian Fanelli, "George Harrison and Paul Simon Play 'Here Comes the Sun,'" Guitar World, October 13, 2017.
● "The Club Where the Who First Rocked," BBC, November 12, 2017.
● Jordan Runtagh, "Eight Days a Week: The Beatles' Touring History in 8 Concerts," People, November 21, 2017.
● Karen Dalton- Beninato, "John Sinclair Recalls the Song John Lennon Wrote to Free Him," HuffPost, December 6, 2017.
● "Remember Love," University Staff Shared Governance, University of Wisconsin at Madison, ous.wisc.edu, December 8, 2017.
● Jordan Runtagh, "Beatles' Rare Fan-Club Christmas Records: A Complete Guide," Rolling Stone, December 15, 2017.
● "Magical Mystery Tour: A Rare Beatles Flop — but It Paved the Way for Monty Python,"The Conversation, December 22, 2017.
● Michael Perlman, "When the Beatles Landed at Forest Hills Stadium," ForestHillsStadium.com, January 31, 2018.
● Ed Tracey, "Top Comments: The Norman Pilcher Edition," Daily Kos, February 8, 2018.
● David Chiu, "The Beatles in India: 16 Things You Didn't Know," Rolling Stone, February 12, 2018.
● Sandip Roy, "Fifty Years on, India Is Celebrating the Beatles' Infamous Trip to the Country," Pittsburgh Post-Gazette, March 6, 2018.
● Travis M. Andrews, "Forty Years Ago, 'Rock Lobster' Launched the Career of the B-52s — and Revived John Lennon's," Washington Post, April 6, 2018.
● "Bob Dylan turned the Beatles on to cannabis," BeatlesBible.com, May 5, 2018.
● "The Beatles Attend a Party at Brian Epstein's Country House," BeatlesBible.com, May 19, 2018.
● Jon Savage, "The Fifth Beatle, Derek Taylor," GQ, May 20, 2018.
● "We are going in with clear heads and hoping for the best": Jordan Runtagh, "The Beatles' Revelatory White Album Demos: A Complete Guide," Rolling Stone, May 29, 2018.
● Emily Heil, "From Jimmy Carter to Barack Obama, Aretha Franklin Was the Soundtrack for Presidents," Washington Post, August 16, 2018.
● "The Beatles' First Performance in Hamburg," BeatlesBible.com, August 16, 2018.
● Sarah Pruitt, "10 Unexpected Moments in Presidential Inauguration History," History.com, August 22, 2018.
● Maggie Astor, " 'The Whole World Is Watching': The 1968 Democratic Convention, 50 Years Later," New York Times, August 28, 2018.
● Jude Rogers, "Not the Only One: How Yoko Ono Helped Create John Lennon's Imagine," The Guardian, September 6, 2018.
● Elvin C. Bell, "A Chance Meeting with John Dean, John Lennon and Yoko Ono," Fresno Bee, September 14, 2018.
● Event magazine, "John and Yoko Unseen: Playing Pool at His White Mansion, Boating with His Son... Rare and Intimate Photos of Lennon's Last Idyllic Summer in Britain," Daily Mail, September 29, 2018.
● Beckie Strum, "Waterfront Property John Lennon Bought His Aunt Selling for £7.25 Million," Mansion Global, October 4, 2018.
● Steve Marinucci, "Life with the Lennons: 'Imagine' Reissues Bring Back John and Yoko Memories for Elliot Mintz," Variety, October 8, 2018.
● "John Lennon and Yoko Ono Are Arrested for Drugs Possession," BeatlesBible.com, October 17, 2018.
● Olivia B. Waxman, "How the Gun Control Act of 1968 Changed America's Approach to Firearms — and What People Get Wrong About That History," Time, October 25, 2018.
● Joe Capozzi, "John Lennon's Last Years in Palm Beach," Palm Beach Post, November 1, 2018.
● George Harrison Is Deported from Germany," BeatlesBible.com, November 6, 2018.
● Alastair McKay, "Weekend's Best TV: Imagine All the People Who Adored John Lennon . . . Then Spare a Thought for David Cassidy," Evening Standard, November 23, 2018.
● The Story Behind John Lennon and Yoko Ono's Intentionally 'Unflattering,' Banned Nude Album Cover," The Independent, November 23, 2018.
● Ron Hart, "Yoko and the Yippies," Rock & Roll Globe, December 17, 2018.
● "Paul McCartney and Jane Asher Announce Their Engagement," BeatlesBible.com, December 19, 2018.
● David Browne, "Flashback: John Lennon Writes and Records 'Instant Karma!' in One Day," Rolling Stone, January 27, 2019.
● Marisa Iati, "The Beatles Played on a London Rooftop in 1969. It Wound Up Being Their Last Show," Washington Post, January 30, 2019.
● Miami Herald archives, "What Happened When the Beatles Came to Miami? We Went Nuts and They Fell in Love," Miami Herald, February 3, 2019.
● Thomas Hobbs, "I Took the Last Ever Shot of the Beatles — and They Were Miserable," The Guardian, February 10, 2019.
● Kenneth Womack, "In 1969 the Fifth Beatle Was Heroin: John Lennon's Addiction Took Its Toll on the Band," Salon, February 15, 2019.
● Frank Mastropolo, "The Day Paul McCartney Married Linda Eastman," UltimateClassicRock.com, March 12, 2019.
● Olivia B. Waxman, "Behind the Photo: How John Lennon and Yoko Ono Came Up with the Idea of Their Bed-In for

Peace," Time, March 25, 2019.
- "The Beatles See the Rolling Stones Perform for the First Time," BeatlesBible.com, April 8, 2019.
- Alan di Perna, "'Imagine' This: How John Lennon and George Harrison Teamed Up to Record a Classic Album in 1971," Guitar World, April 17, 2019.
- Debra Wallace, "Julian Lennon on His Father's Legacy, White Feathers, and His New Book Love the Earth," Parade, April 30, 2019.
- Fiona Tapp, "What It's Like to Stay in the Montreal Hotel Suite Where John Lennon and Yoko Ono Held Their Bed-In," The Independent, May 9, 2019.
- Frank Mastropolo, "When John and Yoko's Bed-In Led to 'Give Peace a Chance,'" UltimateClassic Rock.com, May 26, 2019.
- Frances Katz, "When Elton John Met John Lennon," CultureSonar.com, June 27, 2019.
- Clara Bingham, "The Battle for People's Park, Berkeley," The Guardian, July 6, 2019.
- Laura Snapes, "The Beatles' First Contract with Manager Brian Epstein Sells for £275k," The Guardian, July 10, 2019.
- Kat Aaron, "Resurrected Stones Film Finds Pivot Point in Rock History," NPR.org, July 25, 2019.
- "The Scot Who Took the Beatles' Abbey Road Photo," BBC News, August 8, 2019.
- Rex Reed, " 'Holden Caulfield at 27': Esquire's 1968 Profile of Peter Fonda," Esquire.com, August 17, 2019.
- "Today in Music History: David Bowie's 'Fame' Went No. 1," The Current Morning Show, Minnesota Public Radio, September 20, 2019.
- Francis Schoenberger, "He Said, She Said: An Interview with John Lennon," Spin, October 9, 2019 (reprint of 1975 interview).
- Alexis Petridis, " 'This Is a Very Good Question, Bob Dylan': Elton John, Interviewed by Famous Fans," The Guardian, October 12, 2019.
- Tom Skinner, "Ringo Starr on Finding Out About John Lennon's Death: 'I Didn't Know What to Do,'" NME, October 30, 2019.
- Matt Schudel, "Robert Freeman, Photographer Who Helped Define the Image of the Beatles, Dies at 82," Washington Post, November 9, 2019.
- David Bowie and John Lennon's Middle Finger to 'Fame,'" Far Out, December 5, 2019.
- "John Lennon's Newport to Bermuda Sailing Voyage," Newport Buzz, December 8, 2019.
- Minnie Wright, "John Lennon: May Pang Sets Record Straight on Her AFFAIR with the Beatles Star," Express, January 18, 2020.
- Angie Martoccio, "5 High- lights from James Taylor's New Audio Memoir," Rolling Stone, February 7, 2020.
- "Listen to a Home Recording of John Lennon Sing- ing the Beatles with His Son Sean," Far Out, February 28, 2020.
- James McMahon, "The Shooting of John Lennon: Will Mark David Chapman Ever Be Released?" The Independent, March 2, 2020.
- "John's Aunt Met Yoko and Thought 'God, What Is That?'" Irish Daily Mail, March 21, 2020.
- Joshua David Stein, " 'He Didn't Even Pretend to Let Us Win' . . . Growing Up with the World's Biggest Stars, by Their Children," The Guardian, March 29, 2020.
- Bowie Reveals Lennon's 'SPITEFUL Sense of Humour,'" Express, April 11, 2020.
- "George Harrison Holidays with His Sister Louise in Benton, IL, USA," BeatlesBible.com, June 2, 2020.
- "Recording: Besame Mucho, Love Me Do, PS I Love You, Ask Me Why — The Beatles' first Abbey Road Recording Session," BeatlesBible.com, June 15, 2020.
- "Billion Dollar Babies Tour 1973," Alice Cooper eChive.com, 掲載開始日不詳.
- "Cold Turkey by John Lennon," Songfacts.com, 掲載開始日不詳.
- "Crack Cocaine: A Short History," Drugfreeworld.org, 掲載開始日不詳.
- David Rybaczewski, "Being for the Benefit of Mr. Kite!," Beatlesebooks.com, 掲載開始日不詳.
- David Rybaczewski, "'Rubber Soul' History," Beatlesebooks.com, 掲載開始日不詳.
- David Rybaczewski, "Sgt. Pepper's Lonely Hearts Club Band," BeatleseBooks.com, 掲載開始日不詳.
- David Rybaczewski, "Strawberry Fields Forever," BeatleseBooks.com, 掲載開始日不詳.
- David Rybaczewski, "Ticket to Ride," Beatlesebooks.com, 掲載開始日不詳.
- "February 7, 1964: Beatlemania Arrives in the US," On This Day, BBC.co.uk, 掲載開始日不詳.
- Fluxfilm No. 16: Four (1966/1967)," FluxusFoundation.com, 掲載開始日不詳.
- "Happy Xmas (War Is Over) by John Lennon,"Songfacts.com, 掲載開始日不詳.
- "John Lennon — Signed, Numbered Poets Lithograph, 1969,"RecordMecca.com, 掲載開始日不詳.
- "Paul Simon and John Lennon at the Grammy Awards Were Total Hilarity," Society Of Rock.com, 掲載開始日不詳.
- "The Ballad of John and Yoko by the Beatles," Songfacts.com, 掲載開始日不詳.
- "The Beatles — A Day in the Life: March 4, 1966," BeatlesRadio.com, 掲載開始日不詳.
- "Walking on Thin Ice by Yoko Ono," Songfacts.com, 掲載開始日不詳.

本書の各チャプターの冒頭には、ビートルズやジョン・レノンのほか、ジョン・レノンと同時期に活躍したアーティストの楽曲名が用いられています。邦訳に際して一覧にまとめました。

チャプター／曲名	アーティスト名	初リリース年
1 「Nowhere Man」	ビートルズ	1965
2 「Join Together」	ザ・フー	1972
3 「Help!」	ビートルズ	1965
4 「My Back Pages」	ボブ・ディラン	1964
5 「Julia」	ビートルズ	1968
6 「For What It's Worth」	バッファロー・スプリングフィールド	1966
7 「Street Fighting Man」	ローリング・ストーンズ	1968
8 「The Boxer」	サイモン&ガーファンクル	1969
9 「Getting Better」	ビートルズ	1967
10 「So You Wanna Be a Rock 'n' Roll Star」	ザ・バーズ	1967
11 「Everyday People」	スライ&ザ・ファミリーストーン	1968
12 「It Don't Come Easy」	リンゴ・スター	1971
13 「We Can Work It Out」	ビートルズ	1965
14 「It's Only Rock 'n' Roll (But I Like It)」	ローリング・ストーンズ	1974
15 「You've Got to Hide Your Love Away」	ビートルズ	1965
16 「(Sittin' on) The Dock of the Bay」	オーティス・レディング	1968
17 「Revolution」	ビートルズ	1968
18 「I Should Have Known Better」	ビートルズ	1964
19 「Lucy in the Sky with Diamonds」	ビートルズ	1967
20 「Baby, You're a Rich Man」	ビートルズ	1967
21 「Gimme Some Lovin'」	スペンサー・デイヴィス・グループ	1966
22 「Born to Be Wild」	ステッペンウルフ	1968
23 「My Generation」	ザ・フー	1965
24 「The Sound of Silence」	サイモン&ガーファンクル	1965
25 「She Said She Said」	ビートルズ	1966
26 「Working Class Hero」	ジョン・レノン	1970
27 「Eve of Destruction」	バリー・マクガイア	1965
28 「Tomorrow Never Knows」	ビートルズ	1966
29 「Baby Blue」	バッドフィンガー	1971
30 「Mrs. Robinson」	サイモン&ガーファンクル	1968
31 「Nobody Told Me」	ジョン・レノン	1983
32 「Shattered」	ローリング・ストーンズ	1978
33 「Feelin' Alright?」	トラフィック	1968
34 「(What's So Funny 'Bout) Peace, Love, and Understanding」	ブリンズリー・シュウォーツ	1974

ジョン・レノン 最後の3日間

令和3年12月10日　初版第1刷発行

著　者　ジェイムズ・パタースン
共著者　ケイシー・シャーマン
共著者　デイブ・ウェッジ
翻訳者　加藤智子
発行者　辻　浩明
発行所　祥伝社
〒101-8701
東京都千代田区神田神保町3-3
☎03(3265)2081(販売部)
☎03(3265)1084(編集部)
☎03(3265)3622(業務部)

印　刷　堀内印刷
製　本　積信堂

ISBN978-4-396-61772-1　C0098　Printed in Japan
祥伝社のホームページ・www.shodensha.co.jp